Lauterbach
—
„Die Ferien sind vorbei"

Für die flotte Beantworterin des Fragebogens AB!

Mit herzlichem Dank vom Autor

München, im November 2020

Kulturtransfer

Alltagskulturelle Beiträge

herausgegeben von

Burkhart Lauterbach

Band 11

Burkhart Lauterbach

„Die Ferien sind vorbei"

Überlegungen zur Kulturanalyse
touristischer Reisefolgen

Königshausen & Neumann

Bibliografische Information der Deutschen Nationalbibliothek

Die Deutsche Nationalbibliothek verzeichnet diese Publikation in der Deutschen Nationalbibliografie; detaillierte bibliografische Daten sind im Internet über http://dnb.d-nb.de abrufbar.

© Verlag Königshausen & Neumann GmbH, Würzburg 2021
Gedruckt auf säurefreiem, alterungsbeständigem Papier
Umschlag: skh-softics / coverart
Umschlagabbildung: Ausschnitt aus Plakatentwurf von Dieter von Andrian: „Deutsche Verkehrsausstellung München 1953 20. Juni – 11. Oktober"
Alle Rechte vorbehalten
Dieses Werk, einschließlich aller seiner Teile, ist urheberrechtlich geschützt.
Jede Verwertung außerhalb der engen Grenzen des Urheberrechtsgesetzes ist ohne Zustimmung des Verlages unzulässig und strafbar. Das gilt insbesondere für Vervielfältigungen, Übersetzungen, Mikroverfilmungen und die Einspeicherung und Verarbeitung in elektronischen Systemen.
Printed in Germany
ISBN 978-3-8260-7225-3
www.koenigshausen-neumann.de
www.ebook.de
www.buchhandel.de
www.buchkatalog.de

„Nachmittags standen wir vor dem Schloß – Touristen kamen und gingen" (Kurt Tucholsky 1931)[1]

„Ich besichtige Touristen. […]. Man wird allerdings kein Menschenfreund, wenn man Touristen allzulang beobachtet" (Matthias Politycki 2017).[2]

---

[1] Tucholsky (1931) 1989, S. 33.
[2] Politycki 2017, S. 110, 111.

Inhaltsverzeichnis

Von Schirmmützen und Schallplatten, mündlichen
Überlieferungen und begrifflichen Unklarheiten 9

- Mobilität und Mobilitäten 12
- Tourismus 15
- Empirie 22

Von Reisefolgen 29

- Fortfahren 31
- Heimkehren 33
- Dort und Hier 38

Von kulturellen Transfers 40

- Begegnungen und Beziehungen 44
- Traumfabrik Tourismus 49
- Kulissen 54
- Möglichkeiten 62

Von Veränderungen durch touristisches Reisen 74

- Psychologie 78
- Anthropologie 90

Von Handlungen und Wandlungen während der Reise 95

- System und Lebenswelt 104
- Touristische Selbst-Veränderungen 112

Von Handlungen und Wandlungen nach Abschluss der Reise.......... 119

- Aneignungen und Mitteilungen 125
- Erinnerungen 141
- Funktionen 146
- Vorerfahrungen und Nacherfahrungen 150
- Formen der Bewältigung 161
- Positionierungen 176
- Verweigerungen 183

Von Flexibilität und Kreativität 189

- Reise-Analyse 192
- Bildung 199
- Reale und ideale Ziele 202

Von Tendenzen der Selbst-Kosmopolitisierung 211

- Grenzüberschreitungen 215
- Kulturelle Prozesse 224
- Stereotype 236

Von krisenhaften Erscheinungen 245

Anhang 261

Nachbemerkung 301

Von Schirmmützen und Schallplatten, mündlichen Überlieferungen und begrifflichen Unklarheiten

„Man sollte jedem Deutschen noch fünfhundert Mark dazu geben, damit er ins Ausland reisen kann" (Kurt Tucholsky 1924).[3]

„Ein Mann, der Herrn K. lange nicht gesehen hatte, begrüßte ihn mit den Worten: ‚Sie haben sich gar nicht verändert'. ‚Oh!' sagte Herr K. und erbleichte" (Bertolt Brecht 1949).[4]

---

[3] Tucholsky (1924) 1989, S. 419.
[4] Brecht (1949) 1980, S. 117.

Birte hieß sie, die Schwester von Hans-Ulrich, genannt Pünktchen, einem meiner einstigen Freunde aus der Schulzeit. Etliche Jahre älter als ihr Bruder, studierte sie an der Universität in Freiburg / Breisgau. Wie wir beiden vierzehnjährigen, gerade eben Konfirmierten überhaupt auf die Idee kommen konnten, Birte zu besuchen, das lässt sich nicht mehr rekonstruieren. Von vornherein stand aber fest, dass die Reise eine Fahrradtour sein sollte und dass („Vertrauen ist gut – Kontrolle ist besser") uns empfohlen wurde, unterwegs bei mehreren Verwandten einzukehren. Von Darmstadt nach Karlsruhe gelangten wir per Bundesbahn; danach ging das Strampeln los.

Offensichtlich hatte uns das Ganze so gut gefallen, dass wir im Herbst desselben Jahres, 1965, gleich die nächste Reise zusammen unternahmen. Per Zug bis Aachen gelangt, radelten wir bis nach Amsterdam, von dessen attraktiver jugendkultureller Atmosphäre wir uns nur schwer trennen konnten, sodann nach Den Haag und nach Rotterdam. Bedingt durch wachsende Unlust in Bezug auf die sportliche Fortbewegung, beschlossen wir dort, den elterlichen Anweisungen zu trotzen, indem wir die Fahrräder per Bahn zurückschickten und uns von einem freundlichen Fernfahrer aus der Gegend von Salzburg bis nach Frankfurt am Main mitnehmen ließen. Der britische Piratensender „Radio Caroline" versorgte uns dabei mit allerbester Unterhaltung. Lieder wie „Like a rolling stone" von Bob Dylan, „I got you, babe" von Sonny and Cher sowie Dylans „If you gotta go, go now" in der Fassung von Manfred Mann, uns bis dahin wohl eher unbekannt, sind in bleibender Erinnerung; wenn ich sie heute höre, habe ich immer noch das Gefühl, in jenem LKW zu sitzen.

Zuhause angekommen, gab es, sehr zu unserem Erstaunen, nur eine milde Ermahnung, kein Donnerwetter! Irgendwann fing dann die Schule wieder an; der Unterricht erforderte konzentrierte Aufmerksamkeit; Hausaufgaben waren zu erledigen; Radeln und Rijksmuseum, Jugendherberge und Grachtenrundfahrt, Straßenmusik und Freiheit, alle diese positiven Eindrücke verblassten innerhalb kürzester Zeit. Der Alltag hatte uns eingeholt. Und hätten wir nicht diese olivgrünen Schirmmützen aus Armeebeständen erworben, die uns, jedenfalls in unserer eigenen Vorstellung, wie der damals als Protest-Sänger geltende Folk- und Popmusiker Donovan Leitch („Universal soldier", „Catch the wind") aussehen ließen, so wäre durchaus der Eindruck entstanden, die Urlaubs-Reise hätte gar nicht stattgefunden. Unterm Strich blieb, wenn man einmal von den eigenen Erinnerungen absieht, lediglich eine als ausgesprochen bedeutungsvoll betrachtete Kopfbedeckung übrig, ein kostbar gehütetes Souvenir, ein geradezu geschütztes, von dort nach hier transferiertes privates Kulturgut, welches Jahre später in einer Altkleidersammlung gelandet ist – und möglicherweise einen anderen jungen Menschen glücklich gemacht hat. Allem Anschein nach war also im Endeffekt von der abenteuerlichen Reise (per Fahrrad unterwegs sein, sich in der Fremde aufhalten, Grenzüberschreitung inbegriffen, ohne elterlichen Beistand) nichts übrig geblieben. Doch weit gefehlt: Eine Art von zumindest musikalisch-atmosphärischem Ersatz für die abgelegte Mütze, gewissermaßen ein Spät- oder Post-Souvenir, hat im Jahr 2009 die Welt des Kinos präsentiert, nämlich die britisch-deutsch-französische Koproduktion „The Boat That Rocked" („Radio Rock Revolution"), eine unter der Regie von Richard Curtis entstandene Komödie, in welcher das popularkulturelle Geschehen Mitte der 1960er Jahre auf einem Piratensenderschiff einschließlich der von mehreren Disc-Jockeys präsentierten zeitgenössischen Beat-, Rock- und Bluesmusik im Zentrum steht. Am Ende des Filmes sinkt das von der Obrigkeit angefeindete Schiff, immerhin aber werden die Akteure von ihrem Fanpublikum gerettet. In der empirischen Realität sendet das Vorbild, eben „Radio Caroline", von 1964 bis 1990 von der „Fredericia" und weiteren in der Nordsee schwimmenden Schiffen.[5]

Apropos 1960er Jahre: Mit dem Auftauchen von Songs der Beatles, Rolling Stones, Kinks, Yardbirds, Who, Cream und Co. in westdeutschen Hitparaden stieg bei uns Schülern der ideelle Wert einer Großbritannien-Reise ins schier Unermeßliche, gleich ob mit oder ohne Sprachkurs-Teilnahme, mit oder ohne Familien-Aufenthalt, in London oder in einem der südlichen Seebäder, wo sich durchaus einmal die Gelegenheit bieten konnte, etwa im hauptstädtischen Marquee-Club oder in einem ländlichen Ballroom eine der ganz großen Gruppen zu sehen und zu hören und dabei auch noch zu tanzen. Die britische Hauptstadt entwickelte sich in jenen Jahren, den „Swinging Sixties", geradezu, wie der Anglist Hans-Dieter Gelfert konstatiert, „zum Wallfahrtsort der europäischen Jugend".[6] Dies galt gleichermaßen auch noch in den 1970er Jahren, worauf der Schriftsteller Matthias Politycki in einem seiner rasanten Reisebücher aus dem Jahr 2017 verweist:

> „Seit über vierzig Jahren reise ich. Zunächst nur für ein paar Wochen nach Worthing an der englischen Südküste, wo ich mit meinem Schulfreund Robs Englisch lernen sollte, aber lieber nach Brighton oder London fuhr, um Plattenläden abzuklappern".[7]

Nun, die Plattenläden klapperten auch wir ab, beginnend einige Jahre früher. Und vor allen Dingen immer wieder, indem man nämlich mehr oder weniger in Serie die südlichen Gefilde der heißgeliebten Insel besuchte,

---

[5] The Boat That Rocked 2009; Radio Caroline, URL: https://de.wikipedia.org/wiki/Radio_Caroline [18.05.2020].
[6] Gelfert 1999, S. 321.
[7] Politycki 2017, S. 7.

allein oder mit Freunden, per Eisenbahn, per Anhalter, per Flugzeug, und auch mit dem Fahrrad. Singleplatten wie etwa „We love you" von den Rolling Stones und „Death of a Clown" von Dave Davies von den Kinks erinnern noch heute an die allererste einschlägige Reise 1967, dies einschließlich dreiwöchigem Aufenthalt bei Familie Moores im Seebad Margate, je einem Konzert der Moody Blues und der Tremeloes sowie dem Kennenlernen einer Uschi aus Düsseldorf, jedoch ohne Teilnahme an einem Sprachkurs. Schallplatten, selbst geschossene photographische Aufnahmen, entwertete Eintrittskarten, Busfahrscheine, Postkarten und weiteres Anschauungsmaterial dienten als jederzeit vorzeigbare Belegstücke, wodurch Unsereiner sich deutlich von der zeitgenössischen literarischen Figur des „kleinen Nick" von René Goscinny und Jean-Jacques Sempé unterschied. Dieser nämlich hatte, wovon die Geschichte „Ferienerinnerungen" aus den 1960er Jahren handelt, seinen Sommer, ohne Eltern, in einer Ferienkolonie verbracht – „und es war Klasse". Zu den Folgen jener Reise gehört unter anderem, konkret im Rahmen der Kommunikation mit der Nachbarstochter, eine nicht enden wollende Aufzählung der eigenen Leistungen, mit denen Nick sich gegenüber seinen Mitschülern wie auch den Betreuern im Ferienlager hervorgetan haben will. Da gibt es etwa die Rettung von anderen Kindern vor dem Ertrinken, die erfolgreiche Suche nach Kindern, die sich im Wald verlaufen haben, auch sportliche Erfolge. Der Kommentar von Marie-Hedwig, „Du schwindelst ja", ist allerdings durchaus nachvollziehbar.[8] Zu blöd, dass der kleine Gernegroß keine Beweismittel vorweisen kann.

Mobilität und Mobilitäten

Wir haben es in allen hier angesprochenen Fällen mit Geschehnissen, also menschlichen Handlungen, zu tun, die wir unter den Begriffen des Reisens oder des Tourismus oder des Urlaubs oder der Ferien subsumieren. Um noch ein weiteres und vorerst letztes, wiederum durchaus ego-dokumentarisches, Beispiel für menschliches Unterwegssein zu bringen, möchte ich auf eine Ferienerinnerung aus dem Jahr 1973 zurückgreifen. Gefragt, wovon ich bei einem kurz zuvor absolvierten Moskau-Aufenthalt in besonderem Maße beeindruckt gewesen wäre, verwies ich unter anderem auf ein bestimmtes Ölgemälde, das ich in der Staatlichen Tretjakow-Galerie entdeckt hatte. Das aus den 1880er Jahren stammende Bild „Ne ždali" („Unerwartet") des russischen Malers Ilja Jefimowitsch Repin (1844-1930), damals einer der Vertreter der sozialrealistischen St. Petersburger Künstlervereinigung „Peredwischniki" („Wanderer"), hält den Moment fest, in dem

---

[8] Goscinny / Sempé (1976) 2003, S. 91, 95.

ein aus politischen Gründen verbannter Mann, ernsthaften Blickes, mit aufgerissenen Augen, zurückhaltend und fast schon demütig, in den Kreis seiner Familie zurückkehrt, offensichtlich früher als erwartet, denn die Gesichter der in einem Wohnraum Versammelten zeigen Überraschung, möglicherweise gar Misstrauen,[9] so dass man sich als Betrachter fast vorstellen kann, worüber in dieser Personenkonstellation in den nächsten Minuten und Stunden, Tagen und Wochen wohl gesprochen werden wird. Mein eigener Moskau-Aufenthalt hat mit touristischem Reisen zu tun, kein Zweifel; die Heimkehr des Verbannten dagegen hat, auch wenn er von einem unbekannten Verbannungsort zum Wohnort seiner Familie zurückgereist sein mag, in keiner Weise etwas mit touristischem Unterwegssein zu tun, was in gleicher Weise auch etwa für die aus sowjetischer Kriegsgefangenschaft Heimgekehrten der Jahre 1945 bis 1956 gilt.[10] Als Gemeinsames lässt sich lediglich das Moment der Bewegung in Anschlag bringen, also ein Komplex, welcher inhaltliche Aspekte zunächst vernachlässigt oder gar gänzlich ignoriert.

Bewegung ist das zentrale Charakteristikum des Menschseins. Dies betrifft Körper und Geist, Seele und Träume, Wünsche und Ideen, die eigene Bildung und das eigene berufliche Fortkommen der Akteure, aber ebenso, Bruno Latour lässt grüßen, jene menschlicherseits erfundenen, konstruierten, in Gang gesetzten, sich zum Teil verselbstständigten Aktanten wie Maschinen und Apparate, Automaten und dergleichen mehr.[11] Das wiederum heißt nichts anderes, als dass mehr oder weniger sämtliche Wissenschaften in der Betrachtung und Einschätzung dessen, was sich bewegt, involviert sind. Und angesichts dieser Tatsache mutet es, vorsichtig formuliert, etwas seltsam an, wenn seit einiger Zeit die Erforschung von Mobilitäten[12] auf der Agenda steht und damit eine deutliche, Fakultäten übergreifende Wende hin zu einem neuen Forschungsparadigma, dem sogenannten „Mobility Turn", ausgerufen wird, so etwa von dem britischen Soziologen John Urry:

> „Die Wende hin zu den Mobilitäten verbindet die Analyse unterschiedlicher Ausprägungen von Reisetätigkeit, Transport sowie Kommunikation mit einer Vielfalt von Erscheinungsformen dessen, wie Wirtschaftsleben und gesellschaftliche Ordnungen, quer durch alle möglichen Räume und Zeiten, aufgebaut und organisiert werden".[13]

---

[9] Jackson 2012, S. 26-27; Judenkowa 2012, S. 184-185.
[10] Lehmann 1986.
[11] Latour 2007.
[12] Rolshoven u.a. 2014.
[13] Urry 2007, S. 6 (Übersetzung BRL).

Ist das solchermaßen umrissene Forschungsfeld nicht etwas zu klein und einseitig geraten, möchte man fragen? Nein, das ist es selbstverständlicherweise nicht; das Zitat befasst sich lediglich mit einem zentralen Beispiel. Um jedoch eine Vorstellung vom Umfang des gesamten Spektrums an Handlungsbereichen zu erhalten, welche das neue Paradigma umfasst, sei die Empfehlung ausgesprochen, der von Urry vorgeschlagenen Binnengliederung des brandaktuellen Mobilitätsgeschehens nachzuspüren, welche nahezu jegliche Art von Bewegung zu einem einzigen Forschungsfeld mit mehreren, reichlich untergliederten Schwerpunkten und zahlreichen Überlappungen zusammenzufassen versucht, so etwa Flucht und Migration, Nichtsesshaftigkeit und berufliches Unterwegssein, Forschungsreisen und Exkursionen, Kuraufenthalte und militärische Mobilität, diasporabezogenes Reisen und Rentnermobilität, berufliches Pendeln und Arbeitswanderung, Verwandtschaftsbesuche und auch touristisches Reisen, um einige der angeführten Formen von Mobilität zu benennen.[14] Urrys Argumentation bezieht sich zwar in starkem Maße auf Vorgänge, die sich unter anderem auch als kulturelle Transfers betrachten lassen, gleichwohl unterlässt er es, mit dem dazugehörigen Konzept zu operieren. Vielmehr macht er insgesamt fünf übergreifende Bündel von miteinander verflochtenen Formen von Mobilität aus, nämlich solche der menschlichen Reisetätigkeit (Arbeit, Freizeit, Familienleben, Migration, Flucht), des Unterwegsseins von Objekten (Waren, Geschenken, Souvenirs), des vorstellungsweise getätigten Reisens via Literatur und Bildmedien, des virtuellen Reisens sowie, schließlich, der direkten oder medial vermittelten zwischenmenschlichen Kommunikation.[15] Es fehlt nur noch der Hinweis darauf, dass, ausgesprochen offensichtlich, das gesamte menschliche Leben von „Mobilität(en)" gekennzeichnet ist, dies unter Einschluss sämtlicher materieller und immaterieller Lebensbedingungen, beginnend beim Geburtsvorgang, beim eigenen Kreislauf sowie beim körperlichen wie auch geistigen Wachstum, schließlich endend beim irgendwann einsetzenden Verfall und beim unwiderruflichen Ableben: Auch die „letzte Reise" hat mit Bewegung zu tun! Kurz und gut: Wir sollten uns intensiv mit jenen von der Kulturanthropologin Ramona Lenz andernorts formulierten Kritikpunkten gegenüber dem „Mobility Turn" auseinandersetzen, welche nachdrücklich demonstrieren, dass im gegebenen thematischen Zusammenhang unter anderem Mobilität nicht nur „nichts Neues" darstelle, dass Mobilität „zelebriert" und „die Bedeutung von Orten, Strukturen und Immobilien […] vernachlässigt"

---

[14] Ebd., S. 10-11.
[15] Ebd., S. 47.

werde, sondern auch, dass mit dem „mobility turn […] ein zu umfassender Erklärungsanspruch einher" gehe.[16]

Tourismus

Doch begeben wir uns noch einmal zurück zum Tourismus. In einem neueren Text des Kulturwissenschaftlers Dieter Kramer findet sich eine weitgehend offene Begriffsbestimmung, mit der wir, kulturwissenschaftlich wie auch multidisziplinär, gewiss leben können. Es heißt dort nämlich:

> „Die temporäre Ortsveränderung zu den unterschiedlichsten Zielen weltweit ohne Erwerbszwecke, zielend auf Genuss, Erleben und Erholung, praktiziert von Angehörigen der prosperierenden Schichten vor allem der Industrieländer, wird ‚Tourismus' genannt".

Die Definition ist präzise, denn sie bestimmt nicht nur Sinn und Zweck der bezeichneten Handlungen, sondern auch den handelnden Personenkreis. Der Autor weist ferner darauf hin, dass dieser Tourismus für die reisenden Akteure selbst einen „Teil des Konsumverhaltens" darstelle und „genügend freie Zeit und freie Kaufkraft voraus[setze]",[17] was, so ist zu ergänzen, die Möglichkeit implizit einräumt, mit einer ganzen Reihe von Forschungsfeldern zu kooperieren, nicht nur mit der Mobilitätsforschung, sondern ebenso mit der Konsum-, der Unterhaltungs- und Vergnügungs- sowie, übergreifend, der Freizeitforschung.

Tourismus ist nämlich mittlerweile zum allseits bekannten Mittel und Muster der Freizeitverbringung gereift; es haben sich einschlägige Wünsche und Träume herausgebildet, aber offensichtlich auch Erwartungen und Zwänge, die von innen und außen an das jeweilige Individuum herangetragen und die in unterschiedlicher Weise erlebt werden. Der Protagonist aus Jaume Cabrés Roman „Das Schweigen des Sammlers" bringt diese Zwiespältigkeit zum Ausdruck: „Ja, ich habe überlegt zu verreisen, aber ich weiß nicht, wohin und was ich dort tun soll'".[18] Darüber hinaus muss man offenbar in geeigneter Stimmung sein und über ein adäquates Nervenkostüm verfügen; so heißt es etwa in einem Roman von David Foenkinos: „Vielleicht sollte ich irgendwohin fahren? Keine Lust. Der Gedanke daran, in meinem Zustand eine Reise zu machen, stresste mich schon jetzt".[19] Die

---

[16] Lenz 2011, S. 14-18.
[17] Kramer 2014, S. 218-219.
[18] Cabré 2013, S. 805.
[19] Foenkinos 2015, S. 283.

Ich-Erzählerin aus Simone de Beauvoirs (1908-1986) autobiographischer Schrift „In den besten Jahren" dagegen ist entschlossen zu verreisen; sie verfügt über eine klare Orientierung und weiß genau, wohin sie sich wenden kann und was sie dort tun möchte; von „sollen" kann keine Rede sein:

> „Ich stieg eines Morgens in einen Zug, mein ganzes Gepäck
> war ein Rucksack, der Kleider, eine Decke, einen Wecker,
> einen Guide Bleu und einen Satz Michelin-Karten enthielt.
> In La Chaise-Dieu machte ich mich auf den Weg und wanderte drei Wochen lang".[20]

Sie ist bei dieser Reise, anders als in so vielen weiteren Fällen, innerhalb Frankreichs unterwegs; ihr sind nicht nur potentielle Ziele bekannt, so etwa eine von gedruckten Reisehandbüchern empfohlene Sehenswürdigkeit in Form einer von umfangreichen Waldgebieten umgebenen Abtei aus dem 15. Jahrhundert, der Église Saint-Robert (zwei Sterne) mitten in La Chaise-Dieu selbst (drei Sterne),[21] sondern auch die einschlägigen Hilfsmittel, als da sind: Eisenbahn, wetterfeste Kleidung, Landkarten und touristische Beratungsliteratur. Über letztere allerdings gehen die Urteile weit auseinander, was ihre Brauchbarkeit und Sinnhaftigkeit betrifft. So lässt sich den Tagebüchern des Romanisten Victor Klemperer (1881-1960) der recht deutlich vorgetragene Standpunkt entnehmen: „Mir ist die Stadt die liebste, von der Baedeker am wenigsten spricht. [...]. Jedes Baedekersternchen ist mir ein Warnungszeichen", notiert er in Málaga im Jahr 1926, da es auf eine reduzierte Darstellung verweise. Er selbst möchte dagegen „Spanien betont unkunstgeschichtlich sehen. Die Kunstgeschichte verdunkelt uns oder versperrt nur das spanische Wesen. [...] Und ich will Spanien unromantisch sehen".[22] In die Gegenrichtung zielt ein eher provokativer Text von Serge Gainsbourg (1928-1991), in dem unter anderem der Beratungsliteratur geradezu dichterische Qualitäten zugebilligt werden, wenn er schreibt:

> „Ihre Lieblingsdichter?
> Bottin und Michelin."[23]

---

[20] de Beauvoir (1961) 1987, S. 186.
[21] Fischer-Hachette 1986, S. 256.
[22] Klemperer (1926) 1997, S. 24.
[23] „Bottin" verweist auf den seit dem Jahr 1981 erscheinenden französischen Gastronomie-Führer „Le Bottin Gourmand"; „Michelin" bezieht sich auf die seit dem Jahr 1900 erscheinenden, gleichnamigen und seitdem mehreren Diversifikationen unterliegenden Reise-, Unterkunfts- und Gaststättenführer; Gainsbourg 2006, S. 117 (Übersetzung BRL); vgl. Francon 2001.

Offensichtlich gibt es unterschiedliche Wege, mit besuchter und besichtigter, also zu erfahrender, kultureller und natürlicher Umwelt umzugehen. Und es gibt gleichermaßen unterschiedliche Wege der dazugehörenden Selbst- und Fremddefinition. Da heißt es dann etwa, mit deutlich pejorativ gemeinter Bewertung: „Da war kein Tisch frei, und ich wollte nicht neben schwitzenden Touristen sitzen"; oder: „Touristen fotografieren alles, was ihnen vor die Linse kommt".[24] Kein Wunder, also, dass manche Akteure ihre Rolle zu relativieren bemüht sind:

> „Allein in Nizza?
> Ja.
> Sind Sie Tourist?
> Nicht so richtig".[25]

Aber es gibt zweifelsohne auch die andere, konstruktive, positive Seite des Herangehens an den eigenen temporären Rollenwechsel: „Hartmut wirft einen Blick in die Speisekarte und versucht, den langsamen Rhythmus des Tages zu genießen. Das, was Ferien ausmacht".[26] Den Prozess, der diesem Übertritt von der einen in die andere Rolle zugrunde liegt, beschreibt der schwedische Kulturwissenschaftler Orvar Löfgren in einer Art autoethnographischer Miniatur:

> „Allein in einer europäischen Stadt, in der ich zuvor noch nie war, habe ich vor der Konferenz einen freien Tag zu meiner Verfügung. Plötzlich merke ich, wie ich mich in einen Touristen verwandle: Während ich ziellos die Straße hinunter schlendere, programmieren sich sowohl mein Körper als auch mein Denken um. Ich fange an, nach Sehenswürdigkeiten Ausschau zu halten, mein Blick erforscht neugierig Gebäude und Stadtleben, meine Bewegungen werden langsamer und unbestimmter. Jetzt aktiviere ich den klassischen Touristenblick und die klassische Touristen-Gangart. Ich bin von Stadtpendlern auf ihren Wegen zur Arbeit umringt, und meine Bewegungen sind schlecht auf die ihren abgestimmt, ständig stoße ich mit Menschen zusammen, mein Schritttempo ist zu langsam, meine Bewegungen sind erratisch. Ganz klar: Ich bin einer von diesen Touristen!".[27]

---

[24] Thome 2013, S. 35, 43.
[25] Modiano 2014, S. 118.
[26] Thome 2013, S. 208.
[27] Löfgren 2014, S. 28-29.

Dem ist erst einmal nichts hinzuzufügen. Doch ziehen wir etwa eine Studie der Historikerin Feng Chen zurate und werfen wir einen Blick auf die von ihr untersuchte Gruppe von chinesischen Diplomaten, die während der zweiten Hälfte des 19. Jahrhunderts zum Teil ausgedehnte Reisen nach Europa unternimmt, so können wir durchaus den Eindruck gewinnen, dass es sich bei den Akteuren, die über gleichermaßen hohes ökonomisches, soziales und kulturelles Kapital verfügen,[28] um Touristen im Kramer'schen Verständnis handelt. Sie erkunden das städtische Leben an ihren jeweiligen Zielorten, in Deutschland, England und Frankreich, Italien, Österreich sowie Spanien.[29] Sie interessieren sich für öffentliche Verkehrsmittel und für Grünanlagen, für im damaligen China noch unbekannte Einrichtungen wie Galerien und Museen, für Tischsitten und für Mode, für das gesellschaftliche wie auch das Privatleben sowie für das politische System.[30] Das, was die Akteure unternehmen, sieht aus wie touristisches Tun; gleichwohl haben wir es bei den in den Blick genommenen Mitgliedern der Gruppe nicht mit Touristen zu tun, sondern mit Menschen, die nicht verschiedenartigen Freizeit-Vergnügungen nachgehen, sondern die gänzlich andere Ziele verfolgen, nämlich den Aufbau eines künftigen Netzwerks von Botschaften und dazugehörigem Botschaftspersonal vorzubereiten. Bei ihren Erkundungstätigkeiten in Europa ist ihnen stets bewusst, dass sie im Dienste der chinesischen Außenpolitik stehen und berufliche Aufgaben verrichten. Hier kann Kramers Begriffsbestimmung gar nicht greifen, was auch bedeutet, dass die Betrachtung des konkreten Fallbeispiels nach dem Umgang mit einer weit offeneren Begriffsbestimmung verlangt, mit der wir aus alltagskulturwissenschaftlicher Sicht ebenso leben können und soll(t)en.

Alles in allem lässt sich recht schnell der Eindruck gewinnen, dass in tourismusbezogenen Disziplinen unscharfe Bestimmungs- und Abgrenzungsversuche so sehr miteinander vermengt werden, dass eine auch nur tendenziell objektivierende Klärung beinahe unmöglich zu sein scheint; da kursieren vor allem Termini wie Fremdenverkehr, Tourismus, Reiseverkehr, touristische Reise, Urlaubsreise, Ferienreise, Freizeitreise, Erholungsreise und Bildungsreise. Es bietet sich, als Ausweg aus dem Dilemma, etwa die folgende Definition von Jörn W. Mundt (1950-2014) an. Unter dem „Oberbegriff Tourismus" fasst er

> „alle Reisen, unabhängig von ihren Zielen und Zwecken, zusammen, die den zeitweisen Aufenthalt an einem anderen

---

[28] Vgl. Bourdieu 1983.
[29] Chen 2001, S. 10, 16, 181-182.
[30] Ebd. S. 42-140.

> als dem Wohnort einschließen und bei denen die Rückfahrt Bestandteil der Reise ist",[31]

wobei es genau genommen adäquat wäre, im Fall der Untersuchung von Ferien- beziehungsweise Urlaubsaktivitäten ein zusammengesetztes Substantiv wie Ferientourismus oder Urlaubstourismus zu verwenden, um deutlich diese Variante von Tourismus, um die es in Mundts Studien ausschließlich geht, gegenüber weiteren Aktivitäten wie etwa Abfalltourismus und Katastrophentourismus, Polittourismus und Sextourismus, Messetourismus und Kongresstourismus, Medizintourismus sowie Tanktourismus und vor allem Geschäftstourismus abgrenzen zu können, um nur einige wenige der Kategorien zu benennen. Daher benutze ich im folgenden, den weltweiten Gepflogenheiten entsprechend, durchgängig den Begriff „Tourismus" im Mundt'schen Sinne, dies allerdings, wie gesagt, unter besonderer Berücksichtigung freizeitkultureller Aktivitäten.

In diesem Kontext ist es von zentraler Bedeutung, dass sich zwar eine bestimmte Nähe zwischen touristischen und nicht-touristischen Motiven und Motivationen sowie Praktiken des Unterwegsseins konstatieren lässt; man kann jedoch ebenso einen recht deutlichen Abstand zwischen Tourismus und weiteren Formen von Mobilität feststellen, wie allein der Versuch, einen direkten Vergleich zwischen Flucht-Migration und Urlaubstourismus, als Formen von Mobilität, herstellen zu wollen, verdeutlichen soll: Vereinfacht gesagt, streben es Touristen an, zum Zweck der Realisierung von Urlaub und Erholung, Erlebnissen und Abenteuern ihrer alltäglichen gesellschaftlichen Inklusion für einen bestimmten, in der Regel leicht überschaubaren, Zeitraum zu entfliehen und diese gegen eine tendenzielle, weil lediglich „symbolische", Exklusion einzutauschen; Migranten hingegen verfügen in keiner Weise über vergleichbare Ausgangsbedingungen, da ihnen, zunächst jedenfalls, jegliche Inklusionserfahrungen in der jeweiligen Zielgesellschaft fehlen, vor allem, wenn sie noch nicht einmal am Ziel angekommen sind.[32] Am Beispiel des Umgangs mit dem Mittelmeer verdeutlicht dies ein Artikel aus der Süddeutschen Zeitung:

> „Die einen wagen sich aus Spaß raus, die anderen aus Not. Die einen legen Rettungswesten an, falls das Boot voll Wasser schlägt. Die anderen haben sechs Schwimmflügel für hundert Menschen. Die einen sind auf alles vorbereitet, die anderen allem ausgeliefert. Die einen sind auf der Suche, die anderen sind auf der Flucht. Die einen haben Kapitän und Kurs und Hund, die anderen nicht einmal einen Motor am

---

[31] Mundt 1998, S. 3; vgl. Schmude / Namberger 2010, S. 1-4.
[32] Pott 2007, S. 78; vgl. Lenz 2010.

Boot. Die einen können schwimmen, die anderen können nur ums Überleben winken. Die einen machen einen Ausflug, die anderen werden ausgesetzt. Die einen erleben mal was Neues. Die anderen sterben".[33]

Der direkte Vergleich zwischen der Flucht-Migration und dem Urlaubstourismus lässt deren gewissermaßen gleichrangige Zuordnung zu einer Ober-Kategorie wie „Mobilität(en)" als geradezu zynisch und inadäquat erscheinen, nicht zuletzt deshalb, weil die Spezifik der jeweiligen Handlungen einschließlich der dazugehörigen Ausgangsbedingungen, Handlungskontexte und Folgen verdeckt werden. Andererseits wäre es durchaus denkbar, dass Tom Holert und Mark Terkessidis zur Lösung dieses offensichtlich nicht nur definitorischen Problems beitragen. Die Autoren suchen nämlich quer durch Europa und Nordafrika Orte auf, die gemeinsam von Touristen und Migranten, wenn auch für unterschiedliche Zwecke, genutzt werden; sie befassen sich mit deren eigenen beziehungsweise für sie bereit gestellten Architekturen sowie mit den jeweiligen Landschaftsgestaltungen, mit den politischen und rechtlichen Rahmenbedingungen und dem konkreten Agieren und Reagieren der verschiedenen beteiligten Gruppen von Akteuren. Ihre Studie „Fliehkraft" stellt insgesamt eine zum Teil massive Kritik sowohl der Migrationsforschung als auch der Tourismusforschung dar:

> „Wir schlagen vor, über Migration und Tourismus anders zu sprechen als gewohnt. Zu diesem Zweck sollen die Bezeichnungen ‚Migrant' und ‚Tourist' nicht nur auf reale Personen, sondern auch auf soziale Positionen in einer Gesellschaft in Bewegung verweisen. Als ‚Typen', als Konzept-Figuren können sie helfen, die Gesellschaft in Bewegung zu beschreiben"[34]

und einer Analyse zu unterziehen. Kein Wunder, dass sie den Band mit einem realen Szenario beginnen lassen, bei dem Touristen an einem spanischen Strand die Ankunft eines völlig überladenen Flüchtlingsboots aus Westafrika miterleben;[35] kein Wunder auch, dass auf jene andere Tradition in der Migrationsgeschichte verwiesen wird, mit Hilfe eines Touristenvisums ins gewünschte Zielland einzureisen.[36] Um dem Eindruck entgegenzutreten, dass, obwohl beide Handlungsfelder in der Tat von vorüber-

---

[33] Gertz 2015.
[34] Holert / Terkessidis 2006, S. 13.
[35] Ebd., S. 9-10.
[36] Ebd., S. 41.

gehenden Aufenthalten in der Fremde geprägt seien, das eine Handlungsfeld mit dem anderen Handlungsfeld, was die inneren Beweggründe betrifft, überhaupt nichts zu tun habe, formulieren die Autoren daher zunächst die etwas überzogene These: „Und so ist auch der Tourismus eine Art Migration", um dann zu der Empfehlung zu gelangen: „Statt von einer strengen Unterscheidung sollte man also von einem Kontinuum der Formen der temporären Mobilität in Zeit und Raum ausgehen", was mit der gemeinsamen, zeitlich überschaubaren Abwesenheit vom Wohnort sowie der damit verbundenen Arbeitsfreiheit während des jeweiligen Aufenthalts begründet wird.[37] Der Argumentationsgang produziert dennoch Unstimmigkeiten, dies insofern, als zu den „Formen der temporären Mobilität in Zeit und Raum" auch, um Urry'sche Kategorien zu verwenden,[38] Formen des beruflichen Unterwegsseins einschließlich Pendelns, Forschungsreisen, militärischer Mobilität sowie Arbeitswanderung gehören, Formen mithin, die sich durchaus dadurch charakterisieren lassen, dass sie von Arbeitshandeln geprägt sind.

Zudem fällt es auf, dass der Tourismus bisher nicht einmal ansatzweise in ganzheitlicher Manier, gleich von welcher wissenschaftlichen Disziplin, untersucht worden ist, etwa als ein in je unterschiedlichem Maße konstruiertes, sozioökonomisch und kulturell zusammenhängendes System von Vor-Urlaubs-, Urlaubs- sowie Nach-Urlaubs-Zeiten. Die Frage ist zu stellen, ob es sich nicht eher so verhält, dass eine Vielzahl und Vielfalt tourismuskultureller Dinge und Handlungen von verschiedenen wissenschaftlichen Disziplinen durchaus erkundet worden sind, aber was sich da im Einzelnen im Innenleben allein der Touristen abspielt, wie sie agieren sowie auf die jeweilige, gleich ob fremde oder eigene, Umwelt reagieren, darüber wird letztlich dann doch eher gemutmaßt. Und kann es nicht sein, dass dem touristischen Tun viel zu sehr eine Art von, wie der vorgenannte Orvar Löfgren formuliert, „leichtgewichtiger Luftigkeit"[39] unterstellt wird – und man dieses deshalb nicht ganz so ernst zu nehmen braucht? Von dem Luzerner Geschichtswissenschaftler Valentin Groebner stammt ein in gerade dieser Richtung gehender Befund: „Wenn sich Historiker mit der Vergegenwärtigung der Vergangenheit beschäftigten, war Tourismus sehr lange kein Thema – zu alltäglich, kommerziell und banal".[40]

Gerade weil mittlerweile eine immer umfassendere Anzahl von Menschen an der Aktivität namens Tourismus teilnimmt, weswegen wir auch mehr und mehr von Massentourismus sprechen, erhöht sich nicht nur die Zahl der Reisenden, sondern auch diejenige der eigenen Erlebnisse und

---

[37] Ebd., S. 242.
[38] Urry 2007, S. 10-11.
[39] Löfgren 1999, S. 5 (Übersetzung BRL).
[40] Groebner 2018, S. 25.

gleichermaßen die Vielfalt der Bedeutungen für die eigene Existenz und vor allem für die verschiedenen Lebensphasen.

Apropos Phasen: Eine Reise lässt sich, wie bereits angesprochen, in verschiedene Phasen unterteilen; da gibt es zunächst die der Planung und der Vorbereitung der Reise; es folgt die Phase des eigentlichen Unterwegsseins, die von der Abreise über den Aufenthalt in der Fremde bis zur Rückreise reicht; und dann gibt es noch jene Phase, die mit der Heimkehr einsetzt und das nun folgende Handeln der Akteure umfasst. Es fällt auf, dass in der multidisziplinären Reise- und Tourismusforschung just diese dritte Phase, das Danach, weitgehend vernachlässigt wird und dass es kaum Untersuchungen zur Thematisierung dessen gibt, wie das Leben der Akteure weitergeht, nachdem sie von einer Reise zurückgekehrt sind:

> „Was tatsächlich erlebt wurde und was davon integriert oder weitergetragen wird, darüber gibt die Forschung bislang wenig Antworten, obwohl die Mund-zu-Mund-Werbung (innerhalb eines mehrstufigen Kommunikationsflusses) neben dem professionellen Tourismusmarketing zur effizientesten Vermittlungsform zählt".[41]

Man könnte also durchaus davon ausgehen, dass angesichts eines breiten Spektrums von alltagskommunikativen Austauschmöglichkeiten, -praktiken und -taktiken das angesprochene Forschungsfeld längst konturiert und etabliert worden ist und mit einer Vielzahl sowie Vielfalt an Forschungsleistungen aufgewartet hat. Aber da dem nicht so ist, muss man wohl oder übel schlussfolgern: Eine Forschungslücke hat sich aufgetan. „Die Ferien sind vorbei"[42] – und es stellen sich die Fragen: Was bleibt eigentlich von einer touristischen Reise nach der Heimkehr übrig, außer beispielsweise einigen fremdländischen Münzen? Und was macht die Reise mit „uns", den Akteuren? Es geht im Grunde genommen darum, herauszufinden, ob und wie welche Kulturtransfers durch touristisches Reisen hinein in das jeweilige Alltagsleben geschehen, zudem, für welche Zeiträume derartige Aus- und Nachwirkungen gelten.

Empirie

Nichts anderes soll in den nächsten Kapiteln zur Erörterung gelangen, dies mittels Auswertung von kultur- und sozialwissenschaftlicher Forschungsliteratur und von Werken der Belletristik, von eigenen Reiseerfahrungen

---

[41] Luger (2005) 2018, S. 283.
[42] Suter 2012, S. 177.

bzw. Reiseerinnerungen sowie von einer überschaubaren Stichprobe von via E-Mail an 53, wie der Soziologe Peter Atteslander formuliert, „schreib- und denk[...]gewandte Personen" versandten Fragebögen.[43] Die Entscheidung für eine schriftliche Befragung habe ich, ungeachtet der gängigen Kritik an diesem Verfahren,[44] bewusst getroffen, passt dieses doch zum Selbstverständnis meiner Ausführungen als kulturanalytische Exploration,[45] gewissermaßen als Einstieg in eine Thematik. Erfragt wurden autobiographische Angaben zum eigenen Reiseverhalten, bezogen auf jeweils eine einzige, im Leben der jeweiligen Individuen als bedeutend betrachtete und bewertete Urlaubsreise, gleich, wann sie stattgefunden hat (Jahr, Jahreszeit), und gegliedert nach den drei Phasen: vor der Reise; während des Aufenthalts; nach der Reise. Das in der von der Forschungsgemeinschaft Urlaub und Reisen e.V. angewandte Verfahren der „ReiseAnalyse 2019", sich auf die jeweilige „Haupturlaubsreise"[46] der Informantinnen und Informanten während eines bestimmten Jahres zu konzentrieren, ließ sich nicht auf mein eigenes Tun übertragen, da sich bereits in der Vorbereitungsphase herausstellte, dass sich das genannte Kriterium angesichts der Tatsache, dass, um ein älteres Beispiel zu bringen, manche der zu Befragenden innerhalb eines einzigen Jahres für jeweils eine Woche in Mallorca, in Korfu und in Südtirol unterwegs waren, nur schwer oder überhaupt nicht mit dem Selbstverständnis der Reisenden vereinbaren lassen würde. Zwischen Anfang Oktober 2019 und Mitte Januar 2020 haben 27 der Angesprochenen komplett ausgefüllte Fragebögen sowie drei weitere Befragte kürzere, aber konstruktive Mailtexte, welche relevante Aussagen enthalten, zurückgesandt. Einige Antworten sind mir in Aussicht gestellt worden, aber leider nicht eingetroffen.

Im folgenden geht es primär darum, die Akteurinnen und Akteure, meine Gewährsleute in gewissermaßen eigener Sache, vorzustellen und in diesem Kontext zunächst die von ihnen gelieferten allgemeinen Angaben heranzuziehen: Die Berufstätigkeit der 16 Damen und 14 Herren im Alter von zwischen 24 und 75 Jahren, die mehrheitlich in München und Südbayern wohnen, ferner in den Räumen Würzburg und Frankfurt am Main, in Berlin, Kiel, Mannheim sowie in Graz, findet vorwiegend im Bereich Bildung / Ausbildung / Kulturvermittlung (im universitären Betrieb und in weiteren Bildungseinrichtungen, im Museums- und Ausstellungswesen, im Journalismus) statt, daneben in der Beratung (in der Psychoanalyse, der Paartherapie, der Sozialarbeit, der Personalberatung) und in der Organisation (im Projektmanagement einer Textagentur). Es fällt auf, dass manche

---

[43] Siehe Anhang.
[44] Atteslander 1991, S. 167-168, Zitat S. 168.
[45] Vgl. Ehn / Löfgren 2012, S. 283-285.
[46] ReiseAnalyse 2019. Detailliertes Modulangebot, S. 4.

der Befragten in gleich mehreren Berufsfeldern tätig sind. Da gibt es die freiberufliche Lektorin und Korrektorin, die parallel als freie Autorin und als selbstständige Lebenskrisen-Beraterin arbeitet; die Vorstandsassistentin einer Wohngenossenschaft, die gleichzeitig als heilpraktische Psychotherapeutin und als Stadtführerin tätig ist; die Kulturwissenschaftlerin, die eine Dissertation schreibt, zusätzlich ein Masterstudium im Fach Psychologie aufgenommen hat und familientherapeutische Dienste in einer Ambulanz leistet; eine weitere Fachkollegin, die zunächst jahrelang als Hebamme gearbeitet und später promoviert hat; schließlich den Kunsthistoriker, der seit langem Reiseleitungen organisiert und durchführt, als freier Autor aktiv ist, Ausstellungen kuratiert hat und sich erst seit wenigen Jahren als Hochschullehrer im Ruhestand befindet. Sodann gibt es je einen Architekten und einen Verleger, die als Dozenten arbeiten, nicht zu vergessen den konsularischen Angestellten, der nebenbei promoviert. Insgesamt ist zu sagen: Allein die beruflichen Tätigkeiten der befragten Akteurinnen und Akteure verweisen darauf, dass es sich bei meiner Studie um eine solche handelt, welche sich ganz allgemein der autoethnographischen Forschung, als „Idee der wissenschaftlichen Selbsterzählung" innerhalb der Kulturwissenschaften verpflichtet fühlt,[47] weswegen sie sich zunächst auf die Erkundung der Reiseerfahrungen meines eigenen soziokulturellen Umfeldes konzentriert.

Was die Angaben zum Freizeitverhalten der Befragten betrifft, so dominieren mit Abstand die kulturellen Unternehmungen, gleich ob aktiv oder passiv, gleich ob daheim oder aushäusig, gleich ob produktiv (etwa Schreiben, Musizieren, Zeichnen, Photographieren, Filmen, Tanzen) oder rezeptiv betrieben (etwa Lesen, Theater-, Konzert-, Ballett-Aufführungen sowie Museums- und Ausstellungsbesuche). Es folgen die Interaktionen mit Familienmitgliedern und Freunden sowie sportliche Aktivitäten, sodann arbeitsähnliche Betätigungen (etwa Stricken, Gärtnern, Imkern, Angeln, Ausrichten von Stadtrundgängen, außeruniversitäres und universitäres Forschen), Rekreatives (etwa Meditieren, Spazierengehen, Wellness und Faulenzen), schließlich Reisen, Medienkonsum sowie ehrenamtliches Tun. In vergleichbarer Weise fallen die Antworten auf die Frage nach den eigenen kulturellen Interessen im engeren Sinne aus. Hier dominieren die gewissermaßen klassischen Sparten der verschiedenen Künste, konkret die Befassung mit Musik, Literatur, dem Museums- und Ausstellungswesen, den darstellenden Künsten, aber auch Architektur und Städtebau. Weitere Nennungen beziehen sich auf Pop- und Alltagskultur, gesellschaftliches Engagement, Sport, Psychoanalyse und Psychologie, Philosophie, Politik, Geschichte, Religion, die Umwelt, das Reisen, schließlich die „‚Natur-Kultur-Verknüpfung' (z.B. Schamanismus)" sowie „Menschen und ihre Ge-

---

[47] Ploder / Stadlbauer 2013, S. 374; vgl. Bönisch-Brednich 2012; Ehn / Löfgren 2012, S. 277.

schichten oder auch, wie Wirklichkeiten konstruiert, verstanden und gelebt werden, sowohl beruflich als auch privat".[48] In einem einzigen Fall findet gar eine kritische Auseinandersetzung mit dem aktuellen Freizeit-Begriff statt: Dieser

> „spielt in meinem persönlichen Weltbild keine große Rolle. Denn ich unterscheide nicht deutlich zwischen ‚Arbeitszeit' und ‚Freier Zeit'. Daraus folgt, dass ich mich auch in meiner ‚Freizeit' eher mit Fragen der Kunst- oder Kulturgeschichte befasse, egal, ob ich ins Kino gehe, eine Ausstellung besuche, ein Buch lese – oder eine Reise unternehme".[49]

Wird bereits im Rahmen der Antworten auf die Fragen nach den jeweiligen Freizeitaktivitäten und den kulturellen Interessen im engeren Sinne, wenn auch eher am Rande, auf die eigene Reisetätigkeit verwiesen, so ergibt sich anhand der Angaben zu jener Rolle, welche speziell das Reisen im eigenen Leben einnimmt, ein durchaus ambivalentes Bild: Zum einen betonen die Befragten mehrheitlich, Unterwegssein sei wichtig oder gar sehr wichtig. In einem Fall lautet die Antwort gar ausgesprochen direkt: „Man kommt heutzutage ja kaum ohne aus".[50] Bisweilen wird die eigene Antwort durch weitere Feststellungen bekräftigt. Da heißt es dann etwa, eher allgemein gehalten:

> „Reisen ist für mich zentraler Faktor im Prozess der Selbstentwicklung (Bildung), also eigentlich sehr klassisch-bürgerlich. Reisen ist zudem elementar, um Welt differenzierter zu verstehen. Und sie in ihrer Diversität wahrzunehmen".[51]

Oder aber, unter besonderer Berücksichtigung weiblicher Lebenspraxis:

> „Mich vom Alltag zu lösen und – vor allem alleine – auf Reisen zu gehen, hat mich als Mensch, als Frau, schon immer geprägt. Es bringt mich den Grenzen meiner Vorstellung von mir selbst und meinem Leben nahe und öffnet meinen Horizont, um mein ‚Selbst / Ich' aus vorher nicht vorstell-

---

[48] Fragebogen BA und AO.
[49] Fragebogen AC.
[50] Fragebogen AN.
[51] Fragebogen AT.

baren neuen Perspektiven zu sehen und mein ‚Selbst / Ich'
in anderen möglichen Realitäten zu denken".[52]

Beide Zitate mögen für etliche ähnlich lautende Äußerungen stehen. Eine weitere, geradezu bekenntnishafte Aussage vermag dies zu vertiefen, durch vergleichende Betrachtung verschiedener Urlaubsverbringungen:

„Zeitweise (als Student) bin ich jeden Sommer in Griechenland gewesen, nicht um dort zu baden usw., sondern um das Land möglichst gut kennenzulernen, da habe ich einen gewissen Ehrgeiz entwickelt. Reine Erholungsreisen, Badereisen u.ä., mache ich bis heute nicht. Habe auch nicht das Gefühl, mich von meiner ‚Arbeit' erholen zu müssen".[53]

Zum anderen gibt es ein ganzes Spektrum von differenzierenden und relativierenden Antworten, welche das Reisen prinzipiell positiv beurteilen, ihm aber zum Beispiel „keine existentielle" Rolle zubilligen[54] oder aber in ähnlicher Weise diese Aktivität als „ab und an [...] sehr schön, aber nicht lebensnotwendig [bezeichnen]; d.h., es zieht mich nicht unbedingt in die Ferne".[55] In mehreren Antworten wird die Dialektik zwischen dem Zuhause und der Ferne angesprochen, indem man den Wert des Unterwegsseins in Beziehung setzt zu den „'kleinen Freuden' im Alltag, wie ein gutes Mittagessen, [welche] wichtiger sind, als jedes Jahr eine große Reise zu machen",[56] oder indem man darauf hinweist, dass angesichts ausgesprochen umfangreicher „Freizeitbeschäftigungen in München für ausgedehntere Fernreisen" lediglich „einmal jährlich ein kleiner Erholungsurlaub innerhalb Europas" angesagt sei,[57] schließlich, indem man den Prozess der eigenen inneren Auseinandersetzung adäquat zu beschreiben versucht:

„Wenn ich daheim bin, denke ich: Ich bin hier so glücklich, ich muss hier nicht weg, wozu reisen? Wenn ich reise, denke ich: Wie konnte ich nur so lange daheim sitzen, reisen ist die einzig wahre Daseinsform".[58]

Eine andere Antwort enthält die Selbsterkenntnis, dass

---

[52] Fragebogen BA.
[53] Fragebogen AC.
[54] Fragebogen AB.
[55] Fragebogen AG.
[56] Fragebogen AK.
[57] Fragebogen AM.
[58] Fragebogen AP.

"ich ständig Fernweh habe und mich die Sehnsucht, Neues zu entdecken, schon bald nach meiner letzten Reise wieder packt".[59]

In zwei Fällen findet das Reisen eher keine positive Bewertung, wenn es, mehr oder minder konsequent formuliert, heißt:

"Eigentlich reise ich gar nicht gerne, bin lieber Gastgeberin als Gast oder Besucherin und fühle mich zuhause am wohlsten".[60]

Immerhin hat diese Informantin bei der Umfrage mitgemacht und den Fragebogen komplett ausgefüllt, während ein weiterer Befragter meine Untersuchung zwar als "vielversprechend", sich selbst jedoch als "der vollkommen falsche Ansprechpartner, da ich ein Urlaubsreisemuffel bin", bezeichnet – und von einer Beantwortung der Fragen leider absieht. Immerhin erklärt er sich bereit, für ein potentielles Projekt über Urlaubsverweigerer zur Verfügung zu stehen.[61] Voilà!

Kehren wir wieder zurück zu den tatsächlich unternommenen Reisen: Sie sind in der Zeit zwischen den Jahren 1972 und 2019 unternommen worden, dies zu einem Zeitpunkt, zu dem die von mir Angeschriebenen zwischen 18 und 73 Jahren alt waren, mehrheitlich der Gruppe zwischen 21 und 40 Jahren zugehörig, sowie für einen Zeitraum von zwischen einer Woche und sieben Monaten, wobei man überwiegend zwischen zwei und vier Wochen unterwegs war. Die Reisen führten die Akteurinnen und Akteure nach Tansania, nach Indien, nach Indien und Sri Lanka, nach Indonesien, nach Thailand, nach Japan, nach Neuseeland, in die Vereinigten Staaten, nach Großbritannien, nach Irland, nach Italien, nach Spanien, nach Portugal, nach Kroatien, nach Montenegro, nach Tschechien und Polen sowie nach Schweden, auch nach "Europa" als Ganzheit. Hervorzuheben sind vier ausführliche Rundreisen, eine fünfwöchige Radtour, bei der eine Strecke von ungefähr 2.700 km zurückgelegt wurde (entlang der Loire, dann durch die Normandie, durch Belgien und die Niederlande zurück nach Deutschland),[62] je eine Überland-Reise nach Afghanistan (sieben Wochen) und nach Nepal (knapp sechs Monate)[63] sowie eine siebenmonatige Reise durch

---

[59] Fragebogen AY.
[60] Fragebogen AS.
[61] Briefmail AV.
[62] Fragebogen AI.
[63] Fragebögen AZ und AX.

„Mittel- und Südamerika, von Mexico City auf dem Land- und Wasserweg bis nach Panama, Flug nach Ecuador und von dort aus wieder auf dem Landweg über Peru nach Bolivien. Zurück nach Lima und von dort aus nach Paris – danach (mit Freund und Bus) noch einen Monat in Frankreich und Spanien verbracht".[64]

In zwei Fällen ist meine Absicht, Informationen und Einschätzungen zu jeweils einer einzigen, für die Kontaktpersonen bedeutenden, Reise vermittelt zu bekommen, dahingehend missverstanden worden, dass zum einen über Jahre hinweg immer wieder gezielte Kurzreisen nach Tschechien und Polen, zum anderen ein fünfjähriger Auslandsaufenthalt in den USA einschließlich mehrerer Reisen nach Mexiko, Kanada, Puerto Rico sowie in die Dominikanische Republik als jeweils eine (Gesamt-) Reise behandelt wurden.[65] Die betreffenden Fragebögen habe ich dennoch in meine Betrachtung soweit wie möglich einbezogen, da die einschlägigen Antworten ebenso zentrale Beschreibungen, Analysen sowie Ausdeutungen der eigenen Reisepraxis und Reiseerfahrungen enthalten wie jene Fragebögen, die meinen ursprünglichen Absichten entsprechend ausgefüllt worden sind. Zudem ist in diesem Zusammenhang noch einmal daran zu erinnern, dass die vorliegende Untersuchung die Ergebnisse einer Form von kulturwissenschaftlichen Exploration präsentiert.

---

[64] Fragebogen AL.
[65] Fragebögen BC und AO.

Von Reisefolgen

„Was bleibt der Erinnerung, wenn ein Schiff oder ein riesiger Vogel uns wieder weggeführt hat aus dem Land unserer Reiseneugier? Wohl Bilder aus dem Verkehrsgewimmel von Algier und den anderen Großstädten, die allesamt etwas von Enttäuschung enthielten. [...]. Oder sind es nicht eher noch die Menschen, denen man begegnet?" (Alfred Renz 1986).[66]

„Alle vier blicken frontal in die Kamera, ihre Gesichter und Körper sind in der Pose erstarrt, auf die man sich zu Beginn der Fotografie geeinigt hat, um zu beweisen, dass man zur selben Zeit am selben Ort war und dort nichts anderes dachte, als dass man es ‚schön hatte'. Auf der Rückseite: Trouville, März 1999" (Annie Ernaux 2019).[67]

„Mir gingen Erinnerungen an eine Zeit durch den Kopf, da ich mich auch als ein Reisender gefühlt hatte. Sonne auf der Haut, Möwen am Himmel, und im Gesicht das Gesprüh von Meerwassergischt" (Urs Widmer 1984).[68]

---

[66] Renz 1986, S. 7.
[67] Ernaux 2019, S. 211.
[68] Widmer 1984, S. 19.

Momente dessen, was wir heutzutage „Urlaubs-Tourismus" nennen, kommen bereits in den Aufenthalten der europäischen Aristokratie in Kurbädern und Seebädern zum Vorschein, gleichermaßen in der bildungsbezogenen Grand Tour der jungen britischen Adeligen, die zwischen dem 16. und dem späten 18. Jahrhundert Festlandseuropa erkundeten, besonders Italien. Da ging es nämlich unter anderem auch um Erholung, Muße, Vergnügen und Unterhaltung. Dennoch konstituierte sich der uns heutzutage vertraute Tourismus letztlich erst Mitte des 19. Jahrhunderts, als Industrialisierung und Reisetätigkeit eine enge Verbindung miteinander eingingen. Erst die Indu-strialisierung ermöglichte die Herstellung mannigfaltiger Gegenstände, die zum Reisen notwendig waren, so zum Beispiel Lokomotiven und Waggons, Landkarten und Hotelbetten, Sonnenbrillen und Gummireifen für Motorräder und Automobile.[69]

So kam es, dass die Industrie vom Unterwegssein in vielerlei Hinsicht von Menschen und Dingen abhängig war. Und nicht zuletzt brachte sie, freilich unbeabsichtigt und durchaus paradox, mit sich, dass die Menschen Bedürfnisse und Wünsche entwickelten, vorübergehend vor ihr zu fliehen. Die Industrialisierung produzierte, zugespitzt ausgedrückt, den Urlaubs-Tourismus gleich mit.

Um das Jahr 1900 praktizierten Unternehmen deutliche soziale Unterscheidungen, indem sie die geistige Arbeit vor der manuellen Arbeit rangieren ließen und ihren Angestellten Urlaub gewährten, den manuell Tätigen jedoch nicht, obwohl diese genauso eine Auszeit vom Arbeitsalltag benötigten. Das zeitigte auch kulturelle Auswirkungen: Wer keinen Urlaub gewährt bekam, verfügte nicht über die Möglichkeit, den eigenen Horizont zu erweitern. Zudem waren Urlaubsreisen um 1900 für den weitaus größten Teil der Bevölkerung unerschwinglich. Auch die Regelungen der Arbeitszeit machten längere Reisen unmöglich; und so unternahmen viele Menschen, denen Urlaub bewilligt wurde, entweder nur kurze Reisen in den Nahbereich, zu Verwandten oder in die Sommerfrische – oder sie blieben gleich ganz zu Hause. Gleichwohl gab es durchaus einen regen Fremdenverkehr, der sich allerdings zunächst auf eine kleine Anzahl von Orten und Regionen beschränkte, auf Kur- und Seebäder, Wintersportorte, das mittlere Rheintal, den Genfer See, schließlich auf Großereignisse wie die Weltausstellungen, welche konzentriert in London (1851, 1862) und Paris (1855, 1867, 1878, 1889, 1900) als Örtlichkeiten und Gelegenheiten der Entstehung von neuen Traditionen fungierten.[70] Andernorts gab es noch keine passablen Infrastruktureinrichtungen (Verkehr, Kommunikation, Versorgung, Entsorgung, Beherbergung), welche saisonal auftretende

---

[69] Zur Tourismusgeschichte vgl. Lauterbach 2015b, S. 19-36, 57-66.
[70] Vgl. Bausinger 1995.

Menschenmengen hätten aufnehmen können, was auch für die Verkehrsmittel galt.

Von zentraler Bedeutung für die zögerliche Entwicklung des Urlaubs-Tourismus war es, dass etwa in der ersten Hälfte des 19. Jahrhunderts eine 80- bis 90-Stunden-Woche für Arbeiter in Manufakturbetrieben keinen Seltenheitswert besaß, dass dieser Wert um 1900 immer noch bei rund 60 Stunden lag und erst nach dem Zweiten Weltkrieg und der Wiederaufbauzeit die 40-Stunden-Woche Einzug hielt. Das Reichsgesetz für Beamte von 1873 regelte bereits einen Minimalanspruch auf mehrere arbeitsfreie Tage, während Arbeiter-Organisationen erst 1891 die Festlegung erreichten, dass Sonn- und Feiertagsarbeit weitgehend untersagt wurde. Doch Urlaub tauchte als Faktor erst Jahrzehnte später in Tarifverträgen auf: In der Metallindustrie gewährte man beispielsweise vor 1933 drei Tage. Ein Bundes-Urlaubsgesetz gab es ab 1963 und erst nach 1967 zwischen 18 und 24 Tage Urlaub. Dieser wurde zunächst im Inland verbracht, mehr und mehr aber auch im nahen Ausland. Hauptattraktion war Italien mit seinen Küsten und Stränden – und der Möglichkeit, den Urlaub zu verlängern, indem man nach der Heimkehr „zum Italiener" essen ging, die Eisdiele „Venezia" aufsuchte oder aber die eigenen Fremdsprachenkenntnisse im Gespräch mit den süditalienischen Arbeitskollegen testete.

Fortfahren

Wer aber verreist heute (2019) – und wer bleibt daheim? Nun, bei der deutschen Gesamtbevölkerung betragen die Werte für die Reiseintensität 61 Prozent und folglich für das Daheimbleiben 39 Prozent. Gut ein Drittel (35 Prozent) aller Reisenden zieht es zu inländischen Urlaubszielen, vorwiegend nach Bayern, knapp die Hälfte (48 Prozent) zu europäischen Zielen; knapp ein Fünftel (17 Prozent) unternimmt sogenannte Fernreisen, wobei die durchschnittliche Urlaubsdauer insgesamt 12 Tage beträgt.[71] Selbstverständlich müsste jetzt noch eine genauere Differenzierung erfolgen, dies nach Geschlechtern, Einkommensgruppen, Ausbildungsqualifikationen, Altersgruppen und beruflichen Positionen, außerdem nach regionaler Herkunft sowie Qualität des jeweils eigenen Lebensstils. Diese Befunde werden immer wieder durch neu angesetzte Erhebungen bestätigt, erweitert, korrigiert. Dies gilt nicht minder für die Erhebung der Urlaubsmotive; sie lauten, seit Jahrzehnten konstant bleibend: Tapetenwechsel; Abschalten, Ausspannen; Zeit füreinander haben; gut essen; Spaß und Unterhaltung haben; Sport treiben, sich Bewegung verschaffen; sich

---

[71] Stiftung für Zukunftsfragen: Tourismusanalyse 2020. URL: https://www.tourismusanalyse.de/ [25.06.2020].

verwöhnen lassen; reinere Luft, sauberes Wasser genießen; Horizont erweitern; Verwandte, Bekannte besuchen. Es dominieren rekreative Motive, gefolgt von sozialen Motiven. Kulturelle Motive im engeren Sinn spielen erstaunlicherweise keine bedeutende Rolle.[72]

Die Motive der Nichtreisenden haben dagegen fast durchgängig mit dem Hemmfaktor Angst zu tun, mit der Angst, den Kontakt zum gewohnten heimischen Umfeld zu verlieren, die eigene Wohnung unbeaufsichtigt zu lassen oder den Arbeitsplatz zu vernachlässigen; mit der Angst, sich in ungewohnten Verhältnissen orientieren zu müssen; auch mit der Angst vor fremden Personen sowie Völkern. Viele, die sich hingegen für das Reisen entscheiden, erleben das, was uns der Schriftsteller Erich Kästner (1899-1974) in seinem „Brief aus Paris" (1929) überliefert hat:

> „Die Sonne schien. Die Luft war weich.
> Die Menschen sind bekanntlich gleich.
> Und ist man auch kein Lord -
> man zählte Geld. Es war genug.
> Man nahm den Koffer, fuhr zum Zug
> und fort".[73]

Man fährt fort, als Tourist unter Touristen, auch wenn man sich bisweilen von dieser Rolle distanzieren mag; man fährt freiwillig fort; man sucht die Veränderung, den Kontrast zum Normalalltag, aber auch die Weiterentwicklung desselben. Und man bewegt sich irgendwann einmal in die Gegenrichtung: Man kehrt, und das scheint die Regel zu sein, aus dem Urlaub wieder zurück, von einer Reise also, die einen zeitlich begrenzten Aufenthalt an einem anderen als dem Wohnort impliziert und bei der, worauf uns nicht nur der Schriftsteller Hans Magnus Enzensberger aufmerksam macht, die Rückfahrkarte das zentrale Symbol darstellt.[74] Rückfahrt, das bedeutet: Man ist, nachdem man Planung und Vorbereitung, Anreise, Ankunft und erste Orientierung, Beherbergung und Verpflegung, unterschiedliche Aktivitäten vor Ort sowie die Abreise erfolgreich absolviert hat, am Ende der sogenannten „touristischen Servicekette" angelangt und kann sich voll und ganz dem Handlungsfeld „Erinnern und Bestätigung finden" widmen.[75] Zum Vorgang der Rückfahrt gehört, diesen abschließend, eine weitere Ankunft, nämlich diejenige an einer dafür vorgesehenen Einrichtung zur Abwicklung des Personenverkehrs, ganz so, wie uns das etliche der Protago-

---

[72] Schmude / Namberger 2010, S. 66-73.
[73] Kästner (1929) 1998, S. 334.
[74] Vgl. Campert 2007, S. 77; vgl. Enzensberger (1958) 1971b, S. 205.
[75] Strauß 2016, S. 99-100, bezieht sich hier auf ein Betrachtungs- und Planungsmodell des Allgemeinen Deutschen Automobilclubs aus dem Jahr 2003.

nistinnen und Protagonisten des britischen Spielfilms von (wiederum) Richard Curtis, „Love Actually" („Tatsächlich… Liebe"), in der Zeit gegen Ende der Weihnachtsferien vorführen, gleich wo sie sich vorübergehend aufgehalten haben: In der Empfangshalle eines der Londoner Flughäfen treffen sie, die verschiedenen Filmfiguren, dargestellt etwa von Alan Rickman und Colin Firth, Hugh Grant und Bill Nighy, mit den Daheimgebliebenen, dargestellt etwa von Emma Thompson, Claudia Schiffer und Liam Neeson, zusammen. Und man kann sich durchaus vorstellen, dass eine oder einer von den Reisenden im Vorfeld der eigentlichen Reise gegenüber der Partnerin oder dem Partner geäußert hat: „Ich werde immer optimistisch, wenn ich in Paris bin; alles sieht freundlicher aus von dort. Sollen wir nicht für ein paar Tage hinfahren?"[76] Was der Protagonist aus Hanif Kureishis Roman „The Last Word" („Das letzte Wort") hier vorschlägt, das ist nicht einfach aufs Geratewohl daher gesagt worden, sondern diese Selbsteinschätzung beruht durchaus auf eigenen Erfahrungen, auf Erfahrungen, deren Beurteilungen nach der Heimkehr von Reisen offensichtlich noch Gültigkeit besitzen, Erfahrungen mithin, welche sich in gänzlich unterschiedlichen Formen offenbaren können, wie in den folgenden Kapiteln zu zeigen sein wird.

Touristisches Reisen, zum Zweck der Verbringung von Urlaub, gleich ob an einer Meeresküste oder im Gebirge oder in einer fremden Stadt, das ist nach der Zürcher Kulturwissenschaftlerin und Architektin Gabriela Muri ein Bestandteil dessen, was wir heute als eine von mehreren „Pausen im Jahreslauf" der Menschen bezeichnen, wobei die Autorin selbst zu den Schlussfolgerungen gelangt, dass die Pause einem jeweils aktuellen gesellschaftlichen Ordnungssystem zugehört, dass sie eine zeitlich klar begrenzte Entlastung für die betroffenen Menschen bedeutet und diese die alltäglichen Anforderungen leichter ertragen lässt, darüber hinaus, dass sie ein zentrales Merkmal jeglichen gesellschaftlichen wie auch persönlichen Agierens darstellt, sowie schließlich, dass sie, gewissermaßen summarisch, als ein „Territorium des Selbst'" zu betrachten sei.[77]

Heimkehren

Die Gewissheit der zeitlichen Begrenztheit der Pause, gleich ob im Arbeits- oder Freizeit-Alltag, verweist darauf, dass die Unterbrechung einer jeweiligen Tätigkeit durch einen deutlich markierten Anfang und durch ein ebensolches Ende charakterisiert wird. Das wiederum heißt nichts anderes, als dass auf die Pause eine Phase folgt, die sich als ein „Danach" benennen

---

[76] Kureishi 2014, S. 332 (Übersetzung BRL).
[77] Muri 2003, S. 294-295; dies. 2004, S. 287.

lässt. Kulturwissenschaftlicher Forschung stellt sich in diesem Zusammenhang, ganz allgemein formuliert, die Aufgabe, den Umgang mit Pausen jedweder Art zu untersuchen, aber auch die Rückkehr in das Leben „danach", also die einschlägigen Folgen, näher in den Blick zu nehmen, um solchermaßen eine adäquate Beschreibung und Analyse dessen leisten zu können, was von einer Pause bleibt, übrig bleibt, also gleichsam nachhaltig weiterlebt. Und mir selbst geht es im konkreten Fall zentral darum, eine ganz bestimmte Form der Rückkehr von der Pause, nämlich die nach-touristische Lebensphase, genauer zu erkunden.

Der Germanist Peter J. Brenner spricht, wie so viele andere Autoren aus einer Vielzahl von Universitätsdisziplinen auch, von „Reisekultur", die er ganz grob in drei „Dimensionen" einteilt: Da gibt es zunächst die Reiseaktivität selbst, sodann deren Voraussetzungen und Bedingungen sowie, schließlich, deren Folgen, wobei unter letzteren etwa die Entstehung einer Bericht erstattenden Literaturform, aber auch die Herausbildung eines speziellen Diskurses über Sinn und Zweck des Unterwegsseins verstanden wird.[78] Der Historiker Rüdiger Hachtmann geht gar einen Schritt weiter, indem er Beziehungen zwischen touristischem Reisen und jenem nicht nur wirtschaftlichen, sondern ebenso sozialen und kulturellen Prozess hervorhebt, den wir heutzutage „Europäisierung" nennen. Damit fordert er implizit dazu auf, geeignete Forschungsprojekte zu entwerfen, zu diskutieren und aktiv umzusetzen.[79]

In eine nochmal ganz andere Richtung des Umgangs mit dem „Danach" einer touristischen Reise zielt etwa ein psychologisches Projekt, das sich „Holidaily – der Erholungscoach" nennt und das gemeinsam an den Universitäten Lüneburg, Tampere und Trier sowie der Fachhochschule Lübeck, in Verbindung mit der gesetzlichen Krankenkasse Barmer GEK, durchgeführt wird. Es geht dabei um eine

> „interessante neue App [...]: die Holidaily-App. Mit ihr soll ein neues Erholungstraining für die Zeit nach dem Urlaub erprobt werden. [...]. Ein internationales Forscherteam untersucht, ob die Erholung nach dem Urlaub mit Hilfe der neu entwickelten App [...] länger anhält. Dazu begleitet die [...] App den Urlauber schon bei den Vorbereitungen, im Urlaub und in der Zeit danach mit kleinen Übungen nach dem Motto ‚Jeden Tag ein wenig Urlaub in den Berufsalltag

---

[78] Brenner 1997, S. 1-2.
[79] Hachtmann 2007, S. 184.

bringen'. Der Nutzer bekommt täglich drei bewährte Übungen zur Auswahl [...]".[80]

Vorübergehendes Fazit: Die Heimkehr von der touristischen Reise, das Danach, gerät mehr und mehr in den Fokus der multidisziplinären Forschung. In diesem Zusammenhang ist es nicht unwichtig, darauf hinzuweisen, dass es durchaus einige wenige Vorläufer-Projekte gibt, die sich insgesamt unter der Kategorie „Reisefolgenforschung" subsumieren lassen. Was aber könnte sich hinter diesem Begriff ganz genau verbergen?

Nun, Mathis Leibetseder etwa stellt sich in seiner germanistischen Doktorarbeit die Frage nach Formen und Wandlungen der sogenannten Kavalierstour im 17. und 18. Jahrhundert, einer in adeligen und bürgerlichen Oberschichten verbreiteten Erziehungsreise innerhalb Europas für heranwach–sende junge Männer. Seine von Einzelfallstudien durchzogene Arbeit befasst sich mit der Reise als Teil einer jeweiligen Familientradition, mit den finanziellen Aspekten der Reise (Kosten und deren Deckung) und auch mit den personalen Konstellationen (begleitendes Gefolge, Hofmeister, Kompanien), den Kontakten während der Reise (mit Professoren, Diplomaten und weiteren Gastgebern, auch in Form von Besuchen bei Hof), den Reflexionen des eigenen Tuns (Sehen und Aufschreiben) sowie den Herkunfts- und den Zielländern der Reisenden. Ausgehend von einer vertieften Auseinandersetzung mit überlieferten Instruktionen und Testamenten, Reiserechnungen, Briefwechseln sowie Reiseberichten, als auszuwertenden Quellen, verfolgt der Autor jene Reisepraktiken, wie sie in verschiedenen sozialen Milieus, dem evangelischen und dem katholischen Landadel sowie den städtischen Oberschichten aus deutschen Landen, vorherrschten. Und er gelangt zu dem Schluss: Weder lasse sich die von der Forschung aufgestellte These von der Kavalierstour als Vergnügungsreise halten noch diejenige von der Kavaliersreise als Übergangsritual (rite de passage) im Sinne des französischen Ethnologen Arnold van Gennep (1873-1957), der sich mit Situationen, Abläufen und Formen von lebensgeschichtlichen Veränderungen auseinandergesetzt und drei Stufen des Übergangs herausgearbeitet hat, das Trennungsritual, das Umwandlungsritual und das Angliederungsritual. Nach Leibetseder spricht hingegen alles dafür, dass die von ihm erkundete Reiseform ein Mittel der gesellschaftlichen Integration darstelle, durchaus untergliedert nach unterschiedlichem Rang und Status sowie nach Funktion und Bedeutung, um die jungen Reisenden mit den Traditionen des eigenen Herkunftsmilieus vertraut zu

---

[80] Meldungen aus der Forschung. https://www.leuphana.de/news/meldungen-forschung/ansicht/datum/2016/08/01/wie-man-erholungserfahrungen-aus-dem-urlaub-in-den-berufsalltag-uebernimmt... [23.02.2018]; vgl. https://www.geton-training.de/Holidaily.php [23.02.2018]; https://magazin.barmer.de/holidaily/ [23.02.2018].

machen, um ihnen die Grundlagen für Kommunikation und Interaktion in diesem Milieu zu vermitteln.[81]

Und aus genau diesem Grund interessiert sich der Autor auch für die „Folgen der Touren", die er in drei Bereiche unterteilt, einen destruktiven (Risiken auf Reisen: Krankheit, Tod) und zwei konstruktive (Chancen: einerseits das Anlegen von Sammlungen jeglicher Art, andererseits die Vorbereitungen in Hinblick auf das Einschlagen bestimmter beruflicher Laufbahnen) als den primären Auswirkungen der Reisetätigkeit. Da geht es bei den letzteren um allgemeinen Prestigegewinn und um die konkrete Übermittlung und Einführung neuer Fremdwörter, um die Ergänzung der jeweiligen Familienbibliothek durch mitgebrachte Bücher sowie um Sammlungsobjekte und Porträts der reisenden Akteure, zusammengefasst: um den Erwerb, wie der französische Soziologe Pierre Bourdieu (1930-2002) das genannt hat, sozialen wie auch kulturellen, also Bildungs-Kapitals, stets verknüpft mit der Erweiterung individueller Wissensbestände und der damit verbundenen Qualifikationen interkultureller Provenienz. Man weilte über einen längeren Zeitraum in fremden Ländern und kannte sich nunmehr dort aus, mit der Landschaft, mit den Städten, vor allem aber mit den Menschen.[82]

Die Formulierung „Folgen der Touren" bezieht sich hier auf jenes Unterwegssein, das wir heutzutage als Prototourismus oder prototouristisches Reisen, als Vortourismus oder vortouristisches Reisen, bezeichnen. Und auch für das übergeordnete Forschungsfeld gibt es mittlerweile einen treffenden Begriff, nämlich „Reisefolgenforschung". Diese verfolgt die dreifache Zielsetzung, zu eruieren, welcher, wie es heißt, „Erfahrungsertrag" nach der Heimkehr der reisenden Akteure in welcher Art und Weise zum einen dokumentiert, zum anderen publizistisch verbreitet und zum dritten möglicherweise gar „retrospektiv überhaupt erst konstruiert wurde, um die Reise als positives, womöglich als lebensgeschichtlich bedeutsames Ereignis erscheinen zu lassen".[83] So untersucht beispielsweise der Historiker Joachim Berger das Wirken von Anna Amalia, Herzogin von Sachsen-Weimar-Eisenach (1739-1807), in ihrer Rolle als Vermittlerin italienischer Kultur während des späten 18. und des frühen 19. Jahrhunderts, dies unter anderem bezogen auf ihre Reisen nach Rom und Neapel in den Jahren 1788 bis 1790. Der Autor ordnet seine Studie dem Feld der Reisefolgenforschung zu, dies angesichts der Tatsache, dass er der Fragestellung nachgeht,

„wie sich die ehemalige Landesregentin während des Italienaufenthalts der Kunst und Gesellschaft Italiens näherte,

---

[81] Leibetseder 2004, S. 205-206; vgl. van Gennep (1909) 1986; Turner 1989.
[82] Leibetseder 2004, S. 175-196; vgl. Bourdieu 1983.
[83] Rees 2002, S. XXIV.

und inwieweit sie in den Jahren danach in der Residenz Weimar als Vermittlerin italienischer Kultur auftrat", wobei er unter Kultur jene, wie er das nennt, „Manifestationen" zusammenfasst, „in denen sich eine Gesellschaft über ihre Lebensformen verständigt".[84]

In seiner Zusammenfassung zweier internationaler geschichtswissenschaftlicher Kolloquien zur Bestimmung der Bedeutung des Reisens innerhalb europäischer Kulturentwicklungen fordert der Historiker Werner Paravicini: „Stets ist danach zu fragen, was nach der Rückkehr geschieht". Und er lässt den zukunftsorientierten, an seine Fachkollegen gerichteten, Wunsch folgen: „Wir sollten mehr darüber wissen".[85]

Wir sollten in der Tat mehr darüber wissen – und vor allem sollten wir durch eigene Forschungs- sowie Schreibpraxis erkunden, wie sich die bisherige Reisefolgenforschung durch Auseinandersetzung auch mit in diesem Kontext mehr oder weniger unbeachteten touristischen Reisen einschließlich massentouristischer Reisen ergänzen und ausbauen lässt; schließlich könnte man sich von einem solchen Übertragungsvorgang eine Modifikation und somit eine Weiterentwicklung des Konzepts in inhaltlicher, formal-organisatorischer, methodischer und theoretischer Hinsicht versprechen. Nicht von ungefähr ist bereits im Jahr 1992 dazu von kulturanthropologischer Seite eine These formuliert worden, der zufolge das „wirklich spannendste am Urlaub" aus der Heimkehr bestehe, wozu sich gleich mehrere Aufgabenstellungen anböten, Aufgabenstellungen durchaus beträchtlicher Reichweite:

> „Was bleibt von einer Reise, das wäre zu fragen. Doch davon wissen wir noch viel zu wenig. Löscht der Alltag etwa alle Nachwirkungen aus, oder heben Lernprozesse an, die zur Auseinandersetzung mit der erlebten Wirklichkeit führen? Ist die Reise Baustein in der Konstruktion individuell verlaufender Biographien, dient sie der Kontinuität einer Normalbiographie? Was also verändert, bestätigt oder stabilisiert das Urlaubserleben tatsächlich?".[86]

Man kann die Aufgabenstellungen auch dahingehend zusammenfassen, dass zu Beginn der 1990er Jahre noch nicht in adäquater Weise untersucht worden sei, „wie, auf welche Weise, in welcher Form und zu welchen Bedingungen Touristen die Erlebnisse ihrer Urlaubsreise in ihre Lebenswirk-

---

[84] Berger 2002, S. 276.
[85] Paravicini 2005, S. 673.
[86] Lutz 1992, S. 248.

lichkeit einbauen",[87] wie sie folglich die eigenen Erfahrungen verarbeiten, wie sie mit ihnen konkret umgehen. Und es ist, ganz im Sinne der kommunikationswissenschaftlichen Rational-Choice-Theorie, nach dem Sinn des konkreten touristischen Tuns zu fragen, nach dem Gewinn, der aus dem Reisen gezogen werden kann,[88] nach dem „Gebrauchswert für die Zeit nach der Rückkehr",[89] konkret gesagt: nach dem Nutzen touristischer Aktivitäten für die Befriedigung von Bedürfnissen und somit für eine konstruktive Gestaltung des eigenen Alltagslebens.

Dort und Hier

Um eine einschlägige Antwort zu erhalten, reicht es keinesfalls aus, sich lediglich für jene überschaubaren Veränderungen zu interessieren, welche während und nach einer Reise oder während und nach einer Phase des vorübergehenden Lebens im Ausland geschehen, sondern im Mittelpunkt muss das Moment des Bleibenden stehen, das, was die Heimkehr von einer Reise oder einem Aufenthalt in der Fremde für einen bestimmten, auf jeden Fall deutlich wahrnehmbaren, Zeitraum überdauert.

Es geht insgesamt darum, nicht das „Dort" zu untersuchen, sondern das von touristisch aktiven Menschen selbst erlebte und angeeignete, internalisierte und erinnerte, transferierte und kommunizierte „Dort" im „Hier" zu erforschen, dies in räumlicher, zeitlicher und sozialer, in ökonomischer und psychischer, in materieller und immaterieller Hinsicht, dies als Bündel von auszuwertenden Repräsentationen, also Darstellungen und Vorstellungen, aus den Phasen während sowie nach Abschluss einer Reise. Ernst zu nehmen ist mithin eine weitere These des Kulturanthropologen Ronald Lutz, welche eigentlich eher eine Hypothese darstellt: „Absurd wäre es jedenfalls zu behaupten, dass nach der Rückkehr alles beim Alten bliebe, das Leben so weiterginge wie vorher".[90] Wenn man sich allerdings etwa die Sussex-Reise mit Pferd und Wohnwagen eines adeligen Ehepaars aus Brandenburg, den Protagonisten eines im Jahr 1909 in der englischen Originalausgabe unter dem Titel „The Caravaners" und in deutscher Übersetzung 1994 unter dem Titel „Die Reisegesellschaft" erschienenen Romans von Elizabeth von Arnim (1866-1941), vornimmt, dann lässt sich die zitierte These mühelos dekonstruieren. Otto Baron von Ottringel, der Ehegatte und Ich-Erzähler, stellt nämlich einige Zeit nach der Heimkehr von der Reise fest:

---

[87] Ebd., S. 234.
[88] Vester 1999, S. 21; vgl. Bourdieu 1983.
[89] Bausinger 1991, S. 350.
[90] Lutz 1992, S. 234.

> „Schon längst haben wir uns wieder in unseren Storchwerder Alltag eingelebt, [...]. Längst haben wir unsere Besuche abgestattet, um unserem großen Bekanntenkreis anzuzeigen, dass wir zurück sind. Wir haben wieder unsere Pflichten aufgenommen, wir führen unser geregeltes Leben von früher [...]."[91]

Das klingt geradezu eindeutig danach, dass die Reise durch den Süden Englands zwar eine kommunizierbare Aktivität darstellt, sonst gäbe es nicht den Reisebericht, an dessen Korrektur der Ich-Erzähler gerade sitzt, dass ansonsten jedoch keine persönlichen Veränderungen zu verzeichnen sind. Ob die zitierte Selbstauskunft allerdings auf einer realistischen Einschätzung des eigenen Tuns beruht, das wird die geneigte Leserschaft, der gewählten Textgattung wegen, leider niemals erfahren können. Was zu bedauern ist!

Um aber überhaupt in dieses übergreifende Forschungsfeld eintreten zu können, ist es nicht nur durchaus sinnvoll, sondern dringend notwendig, den einschlägigen, kulturwissenschaftlich fundierten Fragen nachzugehen: Wie drücken die individuellen Reisenden ihre subjektiven Erfahrungen und Erlebnisse, Eindrücke und Erkenntnisse, Empfindungen und Emotionen wie auch Einwände aus? Welche Folgen, dies im Sinne von „Bewältigungsformen der Reiseerlebnisse", also von Wirkungen, wahrnehmbar anhand von Veränderungen im Alltagsleben, zeitigt das jeweils konkrete Reisen, und welche Bedeutung besitzt dieses Tun für die Reisenden selbst, für die jeweiligen gruppenspezifischen und für die gesamtgesellschaftlichen Handlungskontexte, gleich ob in kurz-, mittel- oder gar langfristiger Perspektive?[92]

---

[91] von Arnim (1909) 2016, S. 370.
[92] Vgl. Beuchelt 1988, S. 387.

Von kulturellen Transfers

„Paris stand für Schönheit und Macht, ein geheimnisvolles Gebilde […]. Wer eine Weile dort gelebt hatte oder auch nur zu Besuch gewesen war und den Eiffelturm gesehen hatte, den umgab eine Aura der Überlegenheit. An Sommerabenden, nach einem langen staubigen Ferientag, ging man zum Bahnhof [der eigenen Kleinstadt] und beobachtete die Reisenden, die aus den Fernzügen stiegen, die Glücklichen, die anderswo gewesen waren, die mit Koffern und Printemps-Einkaufstüten dem Zug entstiegen […]"
(Annie Ernaux 2019).[93]

---

[93] Ernaux 2019, S. 37. – „Printemps": französische Großwarenhauskette mit Zentrale im Pariser Opernviertel.

Wir haben es nicht nur beim Wirken von Herzogin Anna Amalia, sondern unter anderem auch bei sämtlichen tourismusbezogenen Aktivitäten mit Kulturprozessen zu tun, die wir seit einigen Jahrzehnten unter dem Begriff des Kulturtransfers zusammenfassen, dessen einschlägiger Hintergrund kurz skizziert sei: Zunächst gibt es da den Kulturvergleich. Dieses methodische Prinzip verfolgt den Zweck, Übereinstimmungen, Ähnlichkeiten und Unterschiede zwischen mindestens zwei Kulturen herauszuschälen, was dadurch geschieht, dass man bestimmte Inhalte zueinander in Beziehung setzt, entweder in historischer, typologischer oder symbolischer Hinsicht.[94] Der Soziologe Friedrich H. Tenbruck (1919-1994) weist in seiner Kritik darauf hin, dass der herkömmliche Kulturvergleich allzu deutlich durch den weltweiten Nationalismus des 19. Jahrhunderts geprägt worden sei und zur Einseitigkeit neige, indem er sich zentral mit der Entwicklung einer Gesellschaft „aus sich selbst heraus" befasse, Einflüsse von Kulturberührungen und Kulturbegegnungen eher nicht berücksichtige und das Interesse an einer gleichberechtigt-wechselseitigen Praxis der Gegenüberstellung von bestimmten Inhalten negiere.[95]

Diese Kritik wird bereits in den 1980er Jahren aufgegriffen, als eine deutsch-französische Forschergruppe am Centre National de la Recherche Scientifique in Paris sowie an der Universität Leipzig das gleichermaßen autoreflexiv und heteroreflexiv angelegte, interkulturalistisch ausgerichtete geschichtswissenschaftliche Konzept des Kulturtransfers entwickelt,[96] um besonders für die Zeit des 18. und 19. Jahrhunderts das „Phänomen einer wechselseitigen kulturellen Beeinflussung und Durchdringung zwischen Frankreich und Deutschland" in intensiverer Weise auf die Agenda zu setzen.[97] Das Konzept zeichnet sich dadurch aus, dass es zentral „die vielfältigen Durchdringungs- und Rezeptionsvorgänge zwischen den Kulturen" erforscht, in diesem Zusammenhang auch „Elemente des Fremden in der eigenen Kultur" in den Blick nimmt und dem „spezifischen Stellenwert der ‚Vermittler'" nachgeht, was sich etwa auf Kaufleute, Künstler, Handwerker sowie Gelehrte bezieht, um nur einige wenige Gruppen zu benennen.[98] Das Spektrum der Anwendungsmöglichkeiten reicht von der Erkundung „kleiner Räume hinsichtlich der Kommunikation zwischen verschiedenen Sozialgruppen" über „Vergleiche zwischen mutmaßlichen Kulturräumen (Regionen, Staaten, ‚Kulturen')" bis hin zur Untersuchung raumübergreifender „individuelle[r] oder soziale[r] Kommunikationsnetzwerke".[99]

---

[94] Schweizer 1978, S. 8; Gerndt 1997, S. 55.
[95] Tenbruck 1992, S. 13-14, 21-23, 28.
[96] Schmale 1998, S. 10-11, 91, 101.
[97] Espagne / Greiling 1996, S. 12.
[98] Ebd., S. 10, 12-13; Schmale 1998, S. 105.
[99] Schmale 1998, S. 104-105.

Der Historiker Michael Werner präzisiert die Angaben rund um die Thematik des Untersuchungsmaßstabs:

> „Kulturtransfer kann auf vielen Ebenen untersucht werden, wobei zwischen räumlichen Ebenen (vom Lokalen über das Regionale bis zum Globalen), Zeitebenen (vom Moment einer einzelnen Handlung bis zu Prozessen der *longue durée*) und sozialen Ebenen (von der Familie über Gruppen wie Schüler und Lehrer, Vereine, akademische Gemeinschaften, Berufsverbände usw. bis zu sozialen Großformationen wie Klassen, Eliten) unterschieden werden kann".[100]

Allerdings ist festzuhalten: Ausgangspunkt ist dabei zwar zunächst die Nation, aber dies stets in dem Verständnis, dass sie nichts anderes darstellt als einen äußeren Rahmen der wissenschaftlich relevanten Handlungen. Es geht nicht vorrangig darum, dass zum Beispiel zwei nationale Kulturen aufeinandertreffen, sondern darum, zunächst jedenfalls, dass unterschiedliche Kulturen aus zwei oder mehreren Nationen aufeinandertreffen. Die Betonung liegt auf den Kulturen, nicht auf den Nationen. Dies gilt gleichermaßen für Untersuchungen, die in historischer wie auch in gegenwartsbezogener Perspektive angelegt sind. Kulturwissenschaftliche Forschung, deren Studien längst nicht mehr nur im Rahmen sowie im Umkreis der angesprochenen deutsch-französischen Forschungskooperation entstehen, nimmt keineswegs nur mobil gewordene Menschen (etwa Flüchtlinge, Arbeitsmigranten, Touristen) in den Blick, sondern auch die ebenso in Bewegung geratenen Dinge, Medien, Bilder und Texte, Informationen, Ideen und Diskurse, Handlungskonzepte und Praktiken, schließlich Bewertungen und Bedeutungen. In der Regel wird das Ziel verfolgt, verschiedene Formen solcher Kulturtransferaktivitäten in Vergangenheit und Gegenwart zu thematisieren und zu problematisieren. Es geht also insgesamt um die Untersuchung von Vermittlungsprozessen einschließlich der jeweiligen Akteure.[101]

Kulturtransfer meint dabei die Übertragung von Bestandteilen einer jeweils fremden Kultur auf eine jeweils eigene Kultur oder einer jeweils eigenen Kultur auf eine jeweils fremde Kultur. Der Übertragungsvorgang geschieht durch direkte, also interpersonale Kommunikation, oder durch indirekte, medial vermittelte Kommunikation. Wie aber geht ein solcher Transfer genau vonstatten?

Nun, es gibt unterschiedliche Formen der Aneignung, die bis hin zu Vermischungspraktiken reichen:[102] Übertragung nach Festlegung durch

---

[100] Werner 2015, S. 30; vgl. Lauterbach 2013.
[101] Keller 2006, S. 101; Hannerz 1995, S. 68-73.
[102] Burke 2000, S. 17-23.

die Empfänger, Nachahmung, bis hin zur Plünderung reichende Aneignung, Anpassung, Synkretismus und Hybridisierung (Vermischung unterschiedlichen Grades); es gibt unterschiedliche Transfersituationen, die sich nach dem Grad der Stärke im Kommunikationsprozess (von Gleich zu Gleich oder zwischen ungleich Mächtigen), dem Grad des Aneignungs- und Übernahmevermögens (abhängig von den jeweilgen Traditionen: schwach oder stark) sowie nach dem konkreten Schauplatz des kulturellen Austauschs differenzieren lassen (Metropolen, Hafenstädte, Grenzgebiete);[103] es lassen sich verschiedene Strategien der Reaktion auf kulturelle Austauschpraktiken ausmachen, nämlich einerseits Akzeptanz oder freundlicher Empfang, andererseits Widerstand oder kulturelle Grenzziehung gegen das Eindringen fremder Einflüsse, schließlich Segregation oder Bikulturalität, bei der die Trennlinie nicht zwischen einer jeweils eigenen und einer jeweils anderen und somit fremden Kultur verläuft, sondern innerhalb der eigenen Kultur, „wobei der Gedanke, das gesamte Territorium verteidigen zu müssen, aufgegeben wird und man sich lieber darauf konzentriert, bestimmte Teilgebiete vor einer Kontamination mit ausländischen Einflüssen zu bewahren",[104] also etwa, um ein Beispiel zu bringen, das großbürgerliche deutsche Villenviertel vor der vermeintlich proletarischen, aus England stammenden Gartenstadt oder die Welt des deutschen Turnens vor der Macht des insularen Fußballsports.[105]

Der Begriff der Aneignung umfasst, ganz allgemein gesagt, ein eher breites Spektrum von Bedeutungen: Man kann sich ein Kunstwerk in einem Museum aneignen; dann geht es darum, dieses zu „entschlüsseln".[106] Man kann im Zusammenhang mit Bestrebungen der Arbeiterbewegung des 19. und 20. Jahrhunderts ein „aneignendes Verhältnis" zur jeweiligen nationalen, also bürgerlichen, Kultur entwickeln.[107] Wichtig ist dabei allerdings, zu erkennen, dass Aneignung sich nicht auf subversive Praktiken und Taktiken einer jeweils dominierten Bevölkerungsmehrheit reduzieren lässt, sondern dass die jeweils dominanten gesellschaftlichen Gruppen sich nicht minder – und zwar ausgesprochen selbstbewusst – derartiger Verfahrensweisen bedienen,[108] wovon Moritz Eges Studie über die sogenannte „Afroamerikanophilie" in den 1960er und 1970er Jahren des vergangenen Jahrhunderts in der Alt-Bundesrepublik beredt Zeugnis gibt, dies vor allem bezogen auf die Handlungsfelder Werbung, Popmusik, Sexualität, Literatur, Mode, Ästhetik, aber auch politische Theorie, was letztlich nicht nur

---

[103] Ebd., S. 24-28.
[104] Ebd., S. 28-34, Zitat S. 33.
[105] Lauterbach 2004, S. 31-45, 85-102.
[106] Bourdieu / Darbel 2006, S. 69; vgl. Jullien 2018, S. 61-62.
[107] Kramer 1987, S. 274.
[108] Hahn 2012, S. 29; vgl. ders. 2011.

zu Fragen der Identität (der in sich vielfältig differenzierten schwarzen US-Bevölkerung) und der Identifikation (ausgewählter, in sich vielfältig differenzierter hiesiger Bevölkerungsgruppen mit ausgewählten, in sich vielfältig differenzierten schwarzen US-Bevölkerungsgruppen), zu Fragen der Stereotypenbildung, auch zu Fragen der Herausbildung von Schuldgefühlen angesichts unterschiedlicher sozialer Standorte und Standards von hiesigen Interessenten und dortigen Bezugsgruppen führt.[109]

Begegnungen und Beziehungen

Der britische Historiker Peter Burke betont das junge Alter der Kulturaustausch- und Kulturtransferforschung sowie deren kulturpolitische Bedeutung; er geht davon aus, dass angesichts der von Globalisierung und verstärkter Mobilität geprägten Jetztzeit die wissenschaftliche Auseinandersetzung mit Austauschprozessen ein geradezu selbstverständliches Projekt darstellt.[110] Er spricht gar von einem „Begegnungsmodell" und weist darauf hin, dass sich Kulturhistoriker mittlerweile zwar immer mehr für Begegnungen interessieren, aber nicht nur für die positiven und konstruktiven Aspekte, sondern auch für die „destruktiven Aspekte solcher Kontakte", als da sind: der „'Zusammenprall' oder ‚Konflikt' zwischen Kulturen", darüber hinaus jegliche „‚Kontroverse' und ‚Invasion'".[111] Es geht thematisch um die Erkundung „der Art und Weise, wie die an einer Begegnung Beteiligten sich gegenseitig wahrnahmen und verstanden oder eben nicht verstanden".[112]

Kulturtransferforschung begreift sich als Beziehungsforschung. Um den Ablauf des Transferprozesses noch einmal in abstrakter Form darzustellen: Zunächst gibt es da „die Definition oder implizite Annahme einer Grenze zwischen zwei Handlungseinheiten. Es muss überhaupt etwas als ‚anders', als nicht ‚zu uns' gehörig, wahrgenommen werden". Von besonderer Bedeutung ist dabei der Umstand, dass insbesondere im 19. Jahrhundert Grenzen zwischen Nationen die deutlichsten Markierungen darstellten. Dennoch könne Kulturtransferforschung auch anhand von weiteren, wie es heißt, „Handlungseinheiten" untersucht werden. Genannt werden „Religionsgemeinschaften und Wirtschaftsregionen",[113] welche sich etwa durch Freundeskreise und Familien ergänzen lassen, wobei die Beschränkung auf zwei Handlungseinheiten in keiner Weise bindend sein muss.

---

[109] Ege 2007.
[110] Burke 2000, S. 9.
[111] Ders. 1998a, S. 268.
[112] Ebd.
[113] Muhs / Paulmann / Steinmetz 1998, S. 18.

Sodann können sich die untersuchten Handlungen durchaus auch in der Gegenwart abspielen. Zudem gibt es ein kompliziertes Handlungsgeflecht, welches mit Import- und / oder Exportabsichten zu tun hat, mit unterschiedlichen Interessen und Beweggründen, mit Aneignungspraktiken und Aneignungsmodalitäten, mit Prozessen also, welche als Ensemble dafür sorgen, dass die transferierten Dinge, Ideen und Handlungen vielfältigen Umformungsvorgängen unterworfen werden, bevor das Transfergeschehen abgeschlossen ist, wovon sich jedoch erst dann sprechen lässt, „wenn die angeeigneten, ursprünglich fremden Kenntnisse oder Informationen in Argumentations- und Handlungszusammenhänge des eigenen Landes eingefügt werden", genauer gesagt: der eigenen Kultur.[114] Dies führt dazu, dass man in unterschiedlichen wissenschaftlichen Disziplinen den Blick stärker auf jene Vorgänge richtet, „wie wir die ‚Kulturgüter', die wir von anderen übernehmen, modifizieren und unseren eigenen Bedürfnissen anpassen",[115] und mehr und mehr Zweifel an der vormals unhinterfragten „Dichotomie zwischen kultureller ‚Produktion' und ‚Konsumption'" zu hegen beginnt. Für dieses neuere kulturwissenschaftliche Interesse liefert Burke selbst ein ausgesprochen anschauliches Beispiel, indem er – immer wieder – die unterschiedlichen Prozesse erkundet, die zur Ausbreitung der italienischen Renaissance geführt haben. In seinen Ausführungen taucht konsequenterweise eine Forschungsempfehlung auf, der zufolge es sich lohnen könnte, „nach dem Nutzen zu fragen, den sich die Künstler, Schriftsteller und Gelehrten des restlichen Europa während des fünfzehnten und sechzehnten Jahrhunderts von Italien versprachen", was nichts anderes bedeutet, als dass die Forschungsperspektive insofern eine deutliche Modifikation erfährt, als nicht mehr die Seite des „‚Angebots'", sondern die der „‚Nachfrage'" im Zentrum des Interesses steht. Noch einmal anders gesagt: Es geht weniger darum, zu fragen, „welche Anleihen bei wem gemacht wurden, als wie das Fremde oder Neue assimiliert, integriert, umgearbeitet, umgestaltet und dem Vertrauten angeglichen wurde".[116]

Kulturtransferforschung verfolgt somit das Ziel, nicht nur die Migration von Elementen einer Kultur in eine andere Kultur nachzuzeichnen, sondern, und das stellt das entscheidende Element des Verfahrens dar, dies unter besonderer Berücksichtigung der dabei entstehenden Veränderungen zu tun. Sie konzentriert sich auf einzelne Vorgänge und „untersucht den raum- und gesellschaftsübergreifenden Austausch und die wechselseitige Durchdringung von Kulturen", wobei sie sich schwerpunktartig nicht so sehr für Ausbreitungsvorgänge und für „die Filter der Diffusion", als vielmehr für die „als kreativer Akt betrachtete Rezeption der Empfänger"

---

[114] Ebd., S. 19; vgl. Kortländer 1995, S. 7.
[115] Burke 1998b, S. 54.
[116] Ebd.

interessiert. Kulturtransferforschung versucht etwa Fragen danach zu beantworten, wie Empfänger „dem ‚fremden' Import Bruchstücke entnehmen, bearbeiten und derart mit der ‚eigenen' Kultur zusammenfügen, dass insgesamt etwas Neues, Traditionen Veränderndes hergestellt wird: das zu rekonstruieren, ist das Anliegen dieser Forschungsrichtung".[117] Um den dazugehörigen Angleichungsprozess adäquat nachzeichnen zu können, sei es notwendig, zunächst näher zu bestimmen, was angeeignet wird, um sodann den Spezifika der aneignenden Akteure, des Ablaufs der Aneignungsmodalitäten, des Ortes und der Zeit der Aneignungsvorgänge, schließlich der dabei verfolgten Absichten und Zielsetzungen nachgehen zu können.[118] Während die „klassische Transferforschung von zweipoligen Strukturen ausging (Ausgangs- und Rezeptionskultur, dazwischen die von den Vermittlern getragene Transferbewegung)", setzt sich die zur Verflechtungsgeschichte (Histoire Croisée) weiterentwickelte Forschungsrichtung das Ziel, „die Vielzahl der Verflechtungen und der Bewegungsrichtungen zu berücksichtigen", dies indem sie Versuche unternimmt, „die Mannigfaltigkeit der Verknüpfungen und der Interdependenzen […] an einzelnen Gegenständen, Situationen oder Personengruppen aufzuzeigen".[119]

Nehmen wir allein das Beispiel jener Objekte, die wir uns Souvenir zu nennen angewöhnt haben: In ihrer Erzählung „Ungeschickte Reisende" beschreibt Natalia Ginzburg (1916-1991) den etwas umständlich geratenen Entscheidungsprozess, der bestimmte Touristen dazu bringt, ein derartiges Erinnerungsobjekt zu erwerben. Es handelt sich dabei um einen nicht näher charakterisierten

> „verstaubten Eierbecher; sie bereuen es sofort, denn sie denken daran, dass in ihrem Land die Tabakläden jedes abgelegenen Fleckens oder Dorfes voll von ähnlichen verstaubten Eierbechern sind".[120]

Erheblich zupackender verhalten sich Mary und Tommy, die Protagonisten aus der Erzählung „Vergnügen" von Doris Lessing (1919-2013), die auf der Rückreise aus Südfrankreich auf dem Weg nach England in Paris fünf Stunden Aufenthalt zu bewältigen haben. Auf einem Töpferwaren-Markt kommt es zu diesem kurzen Dialog:

---

[117] Eisenberg 2003, S. 399.
[118] Huck / Bauernschmidt 2012, S. 232-240.
[119] Werner 2015, S. 41.
[120] Ginzburg 1996, S. 16.

„Die große Schale dort', rief sie aus, ihre Stimme klang neu belebt, ‚die große rote dort – das wäre gerade richtig für den Weihnachtsbaum'.
‚Los, kauf sie dir, Mädchen', stimmte er sofort zu, unendlich erleichtert".[121]

Wir wissen zwar nicht, ob auch die große rote Schale eingestaubt war oder nicht, wir wissen zudem nicht, aus welchem Material (Kunststoff, Metall oder Keramik, zum Beispiel Ton oder Porzellan, Steingut oder Steinzeug) und in welcher Technik (handwerklich oder industriell) sie gefertigt ist, aber wir erfahren etwas über deren geplanten Verwendungszweck, der wiederum nicht unbedingt mit der ursprünglichen Funktion übereinstimmen muss. Und wir haben es sowohl beim Eierbecher als auch bei der Schale mit einer Objektkategorie zu tun, über die es einen innerwissenschaftlichen Streit gibt: Kann ein alltägliches Gebrauchsobjekt überhaupt als Souvenir fungieren – oder lässt sich dieser Vorgang nur mithilfe von eigens für diesen Zweck hergestellten Dingen realisieren?[122] Wenn es allerdings als erwiesen gilt, dass aus bestimmten Gründen benutzte oder gar bevorzugte Dinge zur menschlichen Biographie dazugehören und über jeweils konkrete Bedeutungen für die Akteure verfügen, dann ist es durchaus berechtigt, der Frage nachzugehen, welche Folgen der Umgang mit Dingen, also etwa die spezielle Ausgestaltung des eigenen allernächsten Lebensumfelds mit Souvenirs, zeitigt. Der Kulturwissenschaftler Burkhard Pöttler spricht nicht von ungefähr vom „Urlaub im Wohnzimmer",[123] was unter anderem dazu einladen kann, wenn man das so möchte, sich näher mit Reinhard Johlers Konzept der von ihm so benannten „europäischen Orte" zu befassen, welche sich, gleich ob als Städte, Plätze oder Gebäude, dadurch auszeichnen, dass sie als Schauplätze und Tatorte dienen, an denen „'das neue Europa' gerade ausgehandelt und in symbolisierter und materialisierter Form wahrnehmbar wird".[124] Wäre es nicht vorstellbar, auch eine Wohnung als „europäischen Ort" zu betrachten – oder gar als übergreifenden kosmopolitischen Handlungsort? Das vorgenannte Forschungskonzept „Kulturtransfer" nämlich lässt sich durchaus in Bezug auf die Erkundung „individuelle[r] oder soziale[r] Kommunikationsnetzwerke" anwenden,[125] wobei sich die Frage stellt, was genau etwa die vorgenannten konkreten Dinge, ein verstaubter Eierbecher oder eine große rote Schale, in diesem thematischen Zusammenhang symbolisieren können, etwa im Vergleich zu weiteren

---

[121] Lessing 1985, S. 246.
[122] Pöttler 2009, S. 119-120.
[123] Ebd., S. 119.
[124] Johler 2005, S. 42.
[125] Schmale 1998, S. 105.

transferierten Dingen wie den von dem Semiologen Roland Barthes (1915-1980) analysierten Miniatur-Eiffeltürmen als Reiseandenken.[126]

Nun haben wir es aber bei verschiedenen Ausprägungen von transferkulturellen Vorgängen nicht nur mit transferierten Objekten, also Kulturgütern, zu tun, sondern nicht minder mit einem breiten Spektrum von Ideen, Handlungskonzepten und möglicherweise daraus resultierenden Praktiken. Dies könnte sich auf die Erweiterung der persönlichen Geschmackspräferenzen beziehen, etwa auf einen veränderten Speiseplan (mediterran statt deftig-mitteleuropäisch), auf das Verreisen zu anderen als den gewohnten Zielen (Osteuropa statt Südeuropa, Westafrika statt Nordafrika) und Zeiten (im Frühling oder Herbst statt in der Sommersaison), auf die Wahl anderer als der üblichen Verkehrsmittel (Eisenbahn statt PKW oder Flugzeug) sowie anderer Aktivitäten (Bergsteigen statt Schwimmen, Radfahren statt Stadtbesichtigungen), schließlich auf das Erlernen von Fremdsprachen und vieles andere mehr.

Der Historiker Till Manning etwa unternimmt in einer Monographie den produktiven Versuch, am Beispiel des (alt-) bundesrepublikanischen Italientourismus eine neuere Variante der sogenannten traditionellen, vermeintlich uralten, deutschen Italiensehnsucht zu erkunden und die unterschiedlichen Facetten, Vorstellungen und Erwartungen, Verhaltensweisen und Praxisformen des Alltagslebens dorthin zu Urlaubszwecken Reisender während der 1950er und 1960er Jahre einer Analyse zu unterziehen. Er hat es mit einem multidisziplinär bearbeiteten Forschungsfeld zu tun, wahrt aber zu einer Vielzahl von Schlussfolgerungen kritische Distanz. So wertet er das einschlägige Reisen zu Beginn der zweiten Hälfte des 20. Jahrhunderts als „Erfindung der Italienreise als massentouristisches Phänomen", an welchem, ungeachtet der eigenen sozialschichtlichen wie auch generationalen Zugehörigkeit, im Prinzip sämtliche Westdeutsche partizipieren konnten, sofern das einschlägige Interesse vorhanden war und sofern sie über ausreichende finanzielle Mittel verfügten. Diese spezifische, wie Manning das nennt, „Popularisierung des Urlaubs" war geprägt von den Elementen Erholung, Vergnügen, Sonne, Strand, Meer sowie – von zentraler Bedeutung – Konsum, womit ein neuer Reisestil umschrieben ist, der fortan eine Art von touristischem Leitbild darstellen sollte, dies in deutlicher Opposition zu elitären Vorstellungen vom Reisen als Bündel von Bildungspraktiken sowie in deutlicher Einbettung in intergenerationale Auseinandersetzungen. Der Autor spricht in diesem Zusammenhang vom „Konzept einer Stilgeneration", für die Italien die Funktion einer geeigneten Projektionsfläche übernahm.[127] Und das vom jeweiligen Urlaub (Übrig-) Bleibende bestand zuvörderst darin, dass sich bundesdeutsche Ferienreisende selbst

---

[126] Barthes (1964) 2015, S. 47-54.
[127] Manning 2011, S. 8, 25, 27.

umprogrammiert und für sich selbst festgelegt haben, fortan wiederholt gen Italien zu reisen, gleich ob als Individuen, Familien und / oder Gruppen. Davon gibt ein vor knapp drei Jahrzehnten von einem kulturwissenschaftlichen Fachkollegen bei einem Antiquar in Basel erstandenes Album beredt Zeugnis, welches auf 70 Seiten humorvolle Verse sowie aquarellierte Federzeichnungen von Inge(borg) Horstmann versammelt. Das gleichermaßen historische wie literarisch-künstlerische Dokument aus einer abgeschlossenen Phase deutscher Nachkriegsentwicklung stammt aus dem Jahr 1948; und es setzt sich mit dem Thema „Die Italien-Reise" auseinander. Die letzten Verse veranschaulichen den starken Eindruck, welchen der männliche Teil des reisenden Protagonisten-Paars nach der Rückkehr von der Reise bei seinen heimischen Mitmenschen hinterlässt:

> „Erst zuhause merkt man richtig:
> Nervi's Sonne war doch tüchtig…!
> Denn erfreulich kaffeebraun
> ist Herr Krause anzuschaun -
>
> All die Bleichgesichter staunen
> ob des Tons, des bronzebraunen -
> auf der Strasse schrei'n die Kinder:
> ‚Mööönsch! Nee, kiek doch bloss: een Inder!'
>
> Wenn Herr Krause morgens jetzt
> am CIT-Büro vorüberwetzt,
> bleibt er stets ein wenig stehn:
> Nächstes Jahr – auf Wiedersehn!".[128]

Traumfabrik Tourismus

Und dann gibt es da noch einen weiteren Aspekt zu bedenken, den die Ethnologin Ingrid Thurner anspricht, nämlich den, dass im Zentrum des Handlungsfelds Tourismus „die Realisierung von Fantasien und Wunschvorstellungen" stehe. Weiter heißt es: „Die Reise ist eine Verbindung zwischen realer (Körperwelt) und imaginärer (imaginierter) Welt", was die Autorin zur Schlussfolgerung gelangen lässt: „Die touristische Industrie ist

---

[128] Die Italien-Reise. Herrn Dir. Reginald Fritsch in Dankbarkeit gewidmet. Ingeborg Horstmann. Berlin, 04.11.1948. Album mit Federzeichnungen und gereimten Versen. 71 Seiten (Kopie); vgl. Hugger 2005. – Nervi: Kurort, Fischerdorf, Stadtteil von Genua; CIT: Compagnia Italiana del Turismo.

eine Traumfabrik".[129] Ein Beispiel möge diesen Zusammenhang illustrieren: So geschieht etwa das Wirken der Künstlerin Caterina Valente durchaus im Rahmen verschiedener Praxisformen der Traumfabrik, der unterhaltungskulturellen Industrie, zum einen unter formalen Aspekten, da sie vorwiegend als Sängerin mit breitem musikalischen Repertoire, als Filmschauspielerin und als Tänzerin ihr Publikum unterhält, zum zweiten unter inhaltlichen Aspekten, da sie sich in manchen Liedern sogar mit Fragen des Tourismus auseinandergesetzt und somit an der in den 1950er Jahren einsetzenden Welle der „Tourismusschlager"[130] partizipiert.

Aus der Filmkomödie „Bonjour Kathrin" (Deutschland 1956) stammt etwa das von Valente, Silvio Francesco und Peter Alexander gesungene Lied „Komm ein bisschen mit nach Italien", in dem es unter anderem heißt:

„Komm ein bisschen mit, weil sich das lohnt
Denn am Tag scheint dort die Sonne und am Abend scheint der Mond. [...]

Und wir tun als ob das Leben eine schöne Reise wär' [...]

Aber dann, aber dann
Zeigt ein richt'ger Italiener, was er kann
Aber dann, aber dann
Fängt beim Sternenschein die Serenade an
  Eine Nacht, eine Nacht in San Remo
Ist für uns so wunderschön
Diese Nacht, diese Nacht in San Remo
Müsste nie zu Ende geh'n".[131]

Das Lied kommt nicht nur als Bestandteil der sogenannten leichten Muße daher, sondern es zeichnet sich, wie die gesamte Richtung der auf Fremdenverkehr bezogenen Schlager, dadurch aus, dass es in mehr oder weniger offener Form wie ein Werbetext aufgebaut ist. Wir haben es, grob gesagt, mit einem Beitrag zu einer Art von Joint Venture zu tun, einer Kooperationsaktivität im Bereich des Medienverbunds, dies mit einem durchaus geschlossenen Wirkungskreis: Schlager fungieren als Reklame für touristische Ziele; und der Tourismus kommt ohne unterhaltungsmusikalische Begleitung nicht aus; zu denken ist etwa an einschlägige akustische Berieselung in Reisebussen, Hotelfoyers, Restaurants, Bars, Kaufhäusern, Malls und

---

[129] Thurner 2013, S. 174; vgl. Hennig 1999, S. 53-59.
[130] Mezger 1975, S. 187-195.
[131] https://www.lyrix.at/t/caterina-valente-komm-ein-bisschen-mit-nach-italien-385 [21.06.2019].

dergleichen mehr. Valentin Groebner verweist gar auf die enge Verbundenheit von einerseits „Tourismus als Hersteller und Provider von Emotionen" sowie andererseits „der zweiten großen Retroindustrie des 21. Jahrhunderts, der Popmusik".[132]

Apropos Pop: Immer wieder einmal wird in diesem thematischen Zusammenhang das Konzept der Massenkultur diskutiert und speziell in Studien über die Entwicklung des Freizeitsektors zur Anwendung gebracht, etwa dann, wenn der Kulturwissenschaftler Kaspar Maase seiner Schrift „Grenzenloses Vergnügen" den Untertitel „Der Aufstieg der Massenkultur 1850-1970" verpasst.[133] Es sei in diesem Zusammenhang allerdings an Theodor W. Adornos (1903-1969) Erklärung erinnert, der zu Folge Max Horkheimer (1895-1973) und er selbst in der Entwurfsphase zur 1947 veröffentlichten Aufsatzsammlung „Dialektik der Aufklärung" den Begriff „Massenkultur" durch „Kulturindustrie" ersetzt haben, „um von vornherein die Deutung auszuschalten, [...] dass es sich um etwas wie spontan aus den Massen selbst aufsteigende Kultur handele".[134] Allein aus diesem Grund, aber auch unter dem Gesichtspunkt, dass der Begriff über einen nur geringfügigen sozialen Differenzierungsgrad verfügt, kann ein dazugehöriges Konzept nur schwerlich eine umsichtige und abwägende Betrachtung kultureller Güter und Handlungen gewährleisten. Noch einmal: „Kulturindustrie" verweist auf einen Industriesektor, der geistig-kulturelle Erzeugnisse als Konsumwaren herstellen und / oder verbreiten lässt.

Hans Magnus Enzensberger dagegen ist überhaupt nicht mit dieser Begriffsersetzung einverstanden: Keineswegs decke

> „der Name Kulturindustrie, mit dem man sich bislang beholfen hat, die Sache. Er ist einer Augentäuschung ihrer Kritiker zuzuschreiben [...]. Immerhin weist der Name, wenn auch undeutlich, auf den Ursprung jenes ‚gesellschaftlichen Produktes', des Bewusstseins hin. Er liegt außerhalb aller Industrie. Daran möchte das ohnmächtige Wort Kultur erinnern: dass Bewusstsein, und wäre es auch nur falsches, industriell zwar reproduziert und induziert, jedoch nicht produziert werden kann. Wie aber dann? Im Dialog des einzelnen mit den andern".[135]

---

[132] Groebner 2018, S. 148.
[133] Maase 1997; vgl. Becher 1990, S. 175-194.
[134] Adorno 1967, S. 60; vgl. Horkheimer / Adorno (1944 / 1947) 1984.
[135] Enzensberger (1962) 1971a, S. 8.

1971 hat sich der Philosoph Wolfgang Fritz Haug kritisch mit dem hier zur Debatte stehenden Themenfeld auseinandergesetzt, dies in seiner Studie „Kritik der Warenästhetik", in der er statt „Massenkultur" oder „Kulturindustrie" oder „Bewusstseinsindustrie" die Funktionsbegriffe „Illusionsindustrie" und "Zerstreuungsindustrie"[136] verwendet und damit für eine perspektivische Einengung sorgt. Bei Haug steht stets eine Art von Verschwörungsfurcht im Hintergrund; er sieht allerorten Manipulation am Werk, dies im Sinn der Definition: „Manipulation bezeichnet die nichtterroristische Lenkung des Bewusstseins und Verhaltens der Massen durch sprachliche und ästhetische Mittel".[137]

Um wieviel offener nähern sich nur wenige Jahre später, 1974, die Autoren des Sammelbandes „Segmente der Unterhaltungsindustrie" ihrem Thema, wenn sie im Vorwort schreiben: Die in ihrem Band versammelten Beiträge, über die Musikbox und den Flipperautomaten, Bowling und Gaststätteneinrichtungen, Diskotheken und Motorradfahren, diese Beiträge also „stehen sowohl der Unterhaltung als einer notwendigen, wesentlichen menschlichen Bedürfnissen entgegenkommenden Tätigkeitsweise wie auch der industriellen Produktion und Reproduktion von Unterhaltungsmöglichkeiten positiv gegenüber; das unterscheidet sie von jeder gewollt oder ungewollt konservativen Kulturkritik".[138]

Seit Mitte der 1990er Jahre nun verfolgt Kaspar Maase das Ziel, das einschlägige Forschungsfeld neu zu konturieren, was, wie bereits erwähnt, dazu führt, dass er – in Auseinandersetzung mit den vorgenannten Konzepten – wieder beim Begriff der „Massenkultur" angelangt ist, der von ihm selbst „rein beschreibend verwendet [wird], gleichbedeutend mit Populärkultur".[139] Dies wiederum bezieht sich auf die Entwicklung westlich-moderner Kultur seit der Mitte des 19. Jahrhunderts, die mit industrieähnlicher Herstellung, mit finanziellen Interessen, mit Absatzwirtschaft (alias Marketing), offener Publikumsausrichtung und weiteren Faktoren zu tun hat. Und sie spaltet sich auf in körperlich passive Unterhaltung und in körperlich aktive Vergnügung, anders gesagt: in „‚Konsum' versus Eigenaktivität".[140] Es fällt auf, dass das Handlungsfeld des massenhaften Tourismus bei Maase – und das unterscheidet seinen Ansatz von Enzensbergers Aufsatzband zur „Bewusstseins-Industrie" – keine zentrale Rolle spielt, was insofern erstaunt, als bereits im Jahr 1990 die französische Originalausgabe von Paul Virilios Essay „Rasender Stillstand" („L'inertie polaire") erschienen ist, ein Text, welcher Beziehungen zwischen der von Horkheimer,

---

[136] Haug 1972, S. 155-156; vgl. Rexroth 1974; Haug 1975.
[137] Haug 1970, S. 140.
[138] Alberts u.a. 1974, S. 9.
[139] Maase 1997, S. 25-29, Zitat S. 26.
[140] Ders. 2013, S. 25-34, Zitat S. 27.

Adorno, Enzensberger, Haug und anderen behandelten Themenvielfalt (vor allem Massenmedien, Freizeitangebote und Warenästhetik betreffend) und der Entwicklung des Tourismus herstellt, dies unter besonderer Berücksichtigung der Neuerungen im Bereich der Telekommunikation und Unterhaltungselektronik samt den dazugehörigen wissenschaftlichen Reflexionen. Virilio lässt nicht von ungefähr die älteren Begrifflichkeiten wie „Kulturindustrie", „Bewusstseinsindustrie", „Unterhaltungsindustrie", „Zerstreuungsindustrie" oder „Illusionsindustrie" hinter sich, um statt dessen von einer „Simulationsindustrie" zu sprechen, die dafür sorge, dass etwa, um zwei Beispiele zu bringen, das Heimtrainingsgerät das reale Radfahren ersetzen könne oder der Streckensimulator das reale Autofahren, dies mit der übergreifenden Konsequenz: „der Raum breitet sich nicht mehr aus, das Moment der Bewegungslosigkeit löst die fortwährende Bewegung ab"; es gebe die Möglichkeit „zur Fortbewegung, ohne sich zu bewegen", zur „Reise ohne Reise",[141] gewissermaßen als Fortentwicklung des aus sozio-ökonomischen, psychischen sowie weiteren Gründen geschehenden Zuhausebleibens während der geradezu klassischen Ferienzeiten, was Olivier, ein Pariser Rechnungsprüfer, in einer Erzählung von Anna Gavalda anschaulich thematisiert:

> „Dann bin ich auf den Flohmarkt gegangen.
> Es kommt äußerst selten vor, dass ich mir Zeit für mich nehme.
> Ich fühlte mich wie ein Tourist in Paris".[142]

Der Soziologe Heinz-Günter Vester allerdings hält, in Anbetracht „tatsächlicher Reisezahlen und Urlaubswünsche", die hier angedeutete, wie er das nennt, „Variante des Posttourismus" für „wenig realistisch – zumindest solange die wichtigsten Ressourcen des Tourismus (Finanzkraft der Touristen, Rohstoffe für den Transport, bereisbare Destinationen) nicht erschöpft sind".[143] Doch gleich, ob man Virilio selbst oder seinen Kritikern[144] folgt, der Einbezug der „Fortbewegung ohne Fortbewegung"[145] zeitigt auf jeden Fall Konsequenzen für theoretische wie auch methodische Ansätze einer künftigen multidisziplinären Tourismuswissenschaft.

Es stellt zwar einen massiven Unterschied dar, ob man die Kathedrale Notre-Dame de Paris oder das Centre Georges-Pompidou, die Kunstsammlungen des Louvre oder das Disneyland Resort Paris zum einen

---

[141] Virilio 1998, S. 49, 36, 38-39, 50, 151.
[142] Gavalda 2003, S. 139-140.
[143] Vester 1999, S. 116.
[144] Etwa Hörisch 1993; vgl. Enzensberger 2012.
[145] Virilio 1998, S. 151.

direkt, also im Original, besichtigt und sich in räumliche, zeitliche, soziale und akustische Konkurrenz zu einer Unmenge weiterer Touristen begibt, oder ob man, zum anderen, das jeweilige Objekt indirekt, also durch mediale Vermittlung, vorgeführt bekommt und es virtuell erkundet. Aber bei beiden Vorgehensweisen geht es um die Auseinandersetzung mit jener Aktivität, welche die französischen Philosophen Pascal Bruckner und Alain Finkielkraut als zentrale Form touristischer Aneignung ausgeben, nämlich „das Schauen". Durch dieses „bemächtigt" sich ein touristischer Akteur „der Dinge in der Außenwelt und bringt sie dazu, sich auszuliefern". Der einschlägige Blick wird definiert als ein „symbolischer Akt der Aneignung", welcher zu der These führt: „Hinter ihrem harmlosen und friedlichen Äußeren sind die Touristen eingebildete Eroberer", deren Handeln der Logik „sehen = haben = sein" zu folgen scheint: „Was ich betrachte, besitze ich; was ich habe, bin ich".[146]

Kulissen

Diese Logik gilt sogar dann noch, wenn man etwa Gebäudeensembles, die aus touristisch in höchstem Maße frequentierten Städten wie etwa Venedig stammen, in reproduzierter, kulturindustriell und kulturtransferiell nachgeahmter Form in Venice (Kalifornien), Las Vegas (Nevada) oder in Dongguan (China) besucht oder aber vergleichbare Themenparks besichtigt:

> „Der Architekturprofessor Douglas Kelbaugh zitiert eine amerikanische Studentin nach ihrer Europareise folgendermaßen: ‚In Disney World liegen alle europäischen Länder näher beieinander und von jedem wird nur das Beste gezeigt. Europa dagegen ist langweilig, man spricht dort viele merkwürdige Sprachen und kann tagelang herumlaufen, ohne etwas Interessantes zu sehen. In Disney World passiert immer etwas Neues und alle sind happy. Es macht einfach mehr Spaß'. Schwer zu glauben, dass diese peinlich berührenden Worte wirklich so ausgesprochen worden sind, mit Sicherheit authentisch ist jedoch das Prinzip, das ihnen zugrunde liegt. Das Andersartige ist langweilig, das (mit einem selbst) Identische wirkt beruhigend und macht daher glücklich".[147]

Der das Zitat im Zitat abschließende Kommentar des Professors ist etwas unpräzise ausgefallen, denn im Grunde genommen trifft er das studentische Bekenntnis überhaupt nicht. Bisher ist nämlich die multidisziplinäre

---

[146] Bruckner / Finkielkraut 1981, S. 52-53.
[147] Settis 2019, S. 60-82, Zitat S. 76.

Tourismuswissenschaft weitgehend davon ausgegangen, dass es ein in einem entfernten geographischen und sozio-kulturellen Kontext angesiedeltes Monument recht leicht haben kann, von Reisenden bewundert und als interessant und positiv eingeschätzt zu werden, ungeachtet dessen, ob es etwas Vergleichbares in der eigenen Heimat gibt und man es dort überhaupt wahrnimmt oder nicht. John Urry geht davon aus, dass eine zu besuchende Destination auf jeden Fall ein Minimum an Eigenschaften aufweisen muss, die im Kontrast zu dem stehen, womit man im eigenen Alltagsleben üblicherweise konfrontiert ist. Tourismus sei insgesamt als das Ergebnis einer elementaren binären Trennung zwischen dem Normal-Alltäglichen und dem eher Außergewöhnlichen zu betrachten; die einschlägigen Erfahrungen würden sich durch verschiedene Faktoren qualifizieren, welche vergnügliche Erlebnisse ermöglichen und sich damit deutlich vom Normal-Alltäglichen unterscheiden. Als ein Beispiel unter vielen bringt Urry die touristische Begegnung mit einem weltweit einmaligen und einzigartigen Objekt wie dem Eiffelturm ins Gespräch.[148]

Wenn aber das gleiche, eben noch bewunderte Monument als kulturelle Innovation in die Heimat der (möglicherweise gar aus Übersee stammenden) Reisenden gelangt, als Innovation, die mittels kulturellen Transfers „von außen" kommt, also Grenzen überschreitet, dann gibt es, wie bereits ausgeführt, mehrere Möglichkeiten der Reaktion: Man kann sich positiv und konstruktiv verhalten und dem transferierten Ding einen freundlichen Empfang bereiten, was dazu führt, dass dieses Objekt à la longue in die gewissermaßen eigene Kultur aufgenommen wird; oder man kann Widerstand leisten und eine deutliche Grenze gegenüber fremden Einflüssen ziehen, was zu Ablehnung, Verweigerung und im extremsten Fall dazu führt, dass ein „fremdes Ding" niemals aufhört, ein „fremdes Ding" zu sein, dass, um ein konkretes, für touristische Besuche und Besichtigungen durchaus beachtenswertes Beispiel zu bringen, etwa eine Moschee in einer mehrheitlich nicht-islamischen Gesellschaft, etwa einer westeuropäischen oder nordamerikanischen Metropole, als Objekt mit transnationalem Hintergrund, stets ein Objekt mit transnationalem Hintergrund bleiben wird.[149] Die dritte Möglichkeit besteht darin, dass nach jenem Konzept des kulturellen Pluralismus vorgegangen wird, das am deutlichsten in der alternativen Metapher von der Salatschüssel zum Ausdruck kommt. Diese Metapher betont im Zusammenhang von Kulturbegegnungen[150] nicht das Moment des Verschmelzens, sondern das Moment der Identifizierbarkeit einzelner Kulturen oder Kulturelemente, was auch bedeutet: das

---

[148] Urry 2002, S. 12.
[149] Vgl. Lauterbach / Lottermoser 2009.
[150] Treibel 1999, S. 48-54.

Moment des Nebeneinanders. Deswegen sprechen wir in diesem Zusammenhang auch von Bikulturalität.[151]

Sind die unterschiedlichen Elemente aus ebenso unterschiedlichen Gesellschaften und Kulturen, Räumen und Zeiten aber noch erkennbar, dann ergeben sich fast zwangsläufig Fragen danach, in welchem Verhältnis sie zueinander stehen, sowie, welche kulturelle Ordnung sie konstituieren. Kultur wäre dann im Sinne des Ethnologen Claude Lévi-Strauss (1908-2009) als eine Form von „bricolage"', also als Bastelei im konstruktiven, positiven Sinne, zu verstehen, bei der es zentral um die Regelung von Aneignungs- und Anpassungsprozessen geht[152]. Auf nichts anderes spielt die zitierte Studentin, wenn auch eher unfreiwillig, an, indem sie am Beispiel des Disney'schen Umgangs mit europäischen Kultureinheiten bzw. Kulturelementen vorführt, dass der Vorgang eines Kulturtransfers weit mehr als lediglich die Ansiedlung von „fremden Dingen" bedeutet. Es findet nämlich eine Veränderung des konkreten Objekts statt, dies durch die bloße Nachahmung, durch eine modifizierte Größe, durch eine gewandelte kontextuelle Verortung, durch eine neue performative Rahmung, durch inhaltliche Abweichungen, durch neue gestalterische Akte, neue funktionale Ausrichtungen und, daraus folgend, veränderte Betrachtungsweisen.

Das vom zitierten Kommentar zur studentischen Äußerung so benannte „Andersartige" ist im übrigen keineswegs a priori langweilig, denn sonst würden bestimmte Destinationen in bestimmten Gegenden dieser Welt nicht Jahr für Jahr, gleich zu welchen Jahreszeiten, gleich auf welchen Kontinenten gelegen, gleich mit welchen Verkehrsmitteln erreichbar, gleich für welche Reisedauer, von touristischen Massen regelrecht überschwemmt werden. Und bestimmte Materialisierungen und Manifestationen dieses „Andersartigen" würden nicht in die jeweils eigene, vertraute Welt eingegliedert werden, dies mit dem Effekt, dass eine mehr oder weniger starke Spannung zwischen Replik und Original entsteht. Derartiges lässt sich in konzentrierter Form in Las Vegas beobachten, wo im Jahr 1999 ein pseudo-französische Atmosphäre vermittelnder Hotel-Casino-Komplex namens „Paris Las Vegas" eröffnet wurde, dies einschließlich verkleinerter Versionen von Eiffelturm, Arc de Triomphe, (Garnier-) Oper und Louvre sowie einer Ladenstraße mit Kopfsteinpflaster, laut der Journalistin Maureen Dowd „ein gigantisches Gallisches Cliché".[153] Es findet somit zunächst ein kultureller Transfer auf der institutionellen Ebene statt, aus-

---

[151] Burke 2000, S. 34.
[152] Ders. 1998a, S. 276; Lévi-Strauss 1991, S. 29-36.
[153] Levenstein 2004, S. 287-288; Dowds Kommentar in der New York Times vom 05. September 1999, zit. ebd. S. 288 (Übersetzung BRL). Zu den künstlich hergestellten Paradiesen vgl. Häntzschel 2001 sowie Kappacher (1990) 2009, S. 61-78.

gehend von einem (möglicherweise vom Hotelmanagement) selbst erlebten Paris, vermittelt über ein phantasiertes Paris hin zur Entstehung eines gewissermaßen simulierten, zum realen Las Vegas gehörigen Pseudo-Paris.

Nehmen wir noch einmal den bereits genannten Eiffelturm als ein Beispiel unter vielen für ein markantes Objekt, welches in Las Vegas nachgebaut worden ist. Der Turm, in seiner Originalversion, sei, nach Roland Barthes, „der ganzen Welt gegenwärtig", dies als „universales Symbol für Paris überall da, wo Paris zum Ausdruck gebracht werden soll", aber nicht nur das, sondern er stehe gleichermaßen „für die Modernität, für Kommunikation, für Wissenschaft oder für das 19. Jahrhundert" und damit für „die Einführung des Eisens in die Architektur", mithin für den „Übergang vom Architekten zum Ingenieur" – und nicht zuletzt für die „Demokratisierung des Tourismus, diese moderne Mischung von Vergnügen und Reise, die sicher eines der bedeutendsten Fakten unserer modernen Geschichte ist", was einen zentralen Beitrag zu „massiver Institutionalisierung der Reise nach Paris" geleistet habe.[154]

Alle diese Ausdeutungen führen dazu, dass die französische Hauptstadt ein weithin sichtbares, wie Barthes schreibt, „Symbol des schöpferischen Wagemuts" beherberge.[155] Just dies lässt sich jedoch nicht von dem „Eiffelturm" in Las Vegas sagen, der eine möglicherweise verschlüsselte Botschaft vermitteln soll, letztlich jedoch in eher vordergründiger Art und Weise für die Welt der Vergnügungsökonomie steht und zur Anbahnung von Konsumhandlungen aufrufen soll. Er schmückt sich im Grunde mit fremden Federn, denn er versucht, die Bekanntheit und Beliebtheit des Originals einfach und unkompliziert zu verlängern und für den eigenen kommerziellen Erfolg nutzbar zu machen. Zudem stellt er zum Zeitpunkt seiner Errichtung weder eine technische Innovation dar noch ist er bei dieser Gelegenheit durch das Purgatorium namhafter zeitgenössischer Zivilisationskritiker durchgegangen. Im Fall der Entstehungsphase des Pariser Originals meldeten sich am 14. Februar 1887 in der Tageszeitung „Le Temps" bekannte Schriftsteller und Künstler zu Wort. Der Architekt der Pariser Oper, Charles Garnier, der Komponist Charles Gounod, die Schriftsteller Charles-Marie-René Leconte de Lisle, Émile Zola, Guy de Maupassant und Alexandre Dumas d. J. verfassten gar eine Protestschrift, in welcher es unter anderem heißt:

> „Wir Schriftsteller, Bildhauer, Architekten und Maler, leidenschaftliche Liebhaber der Schönheit von Paris, erheben im Namen des missachteten französischen Geschmacks, im Namen der bedrohten Kunst und Geschichte Frankreichs

---

[154] Barthes (1964) 2015, S. 10, 11, 38, 52.
[155] Ebd., S. 53.

mit all unseren Kräften, all unserer Entrüstung Protest gegen die Errichtung des nutzlosen und monströsen Eiffelturms mitten in unserer Hauptstadt".[156]

Die Pariser Weltausstellung von 1889, genau 100 Jahre nach der Französischen Revolution veranstaltet, wurde nach einer bestimmten Laufzeit wieder abgebaut; aber etwas war weithin sichtbar und erkennbar: Der Turm blieb stehen. Und wie schnell verwandelte sich die vormalige Abneigung in Bewunderung und Jubel. Ihm wurden gar Gedichte gewidmet, etwa von Guillaume Apollinaire und Jean Cocteau; und er tauchte auf Gemälden auf, etwa von Camille Pissarro, Raoul Dufy, Maurice Utrillo, Georges Seurat, Albert Marquet und Robert Delaunay. Aber auch im Bereich der Alltagsästhetik nahm und nimmt man sich seiner an: „Als Souvenir wird er in alle Welt getragen".[157] Das vormals fremde Ding hat also aufgehört, ein fremdes Ding zu sein, dies in intrakultureller wie auch transkultureller Perspektive, was im konkreten Fall nicht nur in miniaturisierter Form geschieht und solchermaßen dokumentiert wird, sondern nicht minder in Form von mit dem Vorbild vergleichbaren Gebäuden. So entstand fast ein Jahrhundert früher als in Las Vegas, nämlich in den Jahren zwischen 1891 und 1894, im nordwestenglischen Seebad Blackpool der Blackpool Tower, dessen Konstruktion deutlich an die oberen Segmente des Eiffelturms erinnert und der, ganz wie das im Entstehungsjahr 1889 312 Meter hohe Pariser Bauwerk, im Lauf der Jahre Wahrzeichenfunktionen übernehmen sollte, dies ungeachtet dessen, dass er mit 157 Metern Höhe nur halb so hoch ausgefallen ist.[158] Ein deutlich sichtbarer Kulturtransfer hat somit stattgefunden.

Derartige Gesichtspunkte haben bei der Realisierung der Paris-Imitation in der Wüste von Nevada überhaupt keine Rolle gespielt. Im Gegenteil, Individualismus und Hedonismus waren besonders in den 1990er Jahren angesagt; man versuchte sich durch Konsum und Vergnügen selbst zu verwirklichen; und zu den einschlägigen Einrichtungen, welche die sogenannte Spaßgesellschaft zur Verfügung stellte, gehörten zum Beispiel die verschiedenen Themenparks des weltweit aktiven Unternehmens Walt Disney Company, mit Sitz in Burbank (Kalifornien), und die Themenhotels der ebenfalls international rührigen Firma Caesars Entertainment Corporation, mit Sitz in Las Vegas (Nevada), Einrichtungen, die sich zusammengefasst als Autoritäten auf dem Feld künstlicher Erlebniswelten, genauer gesagt: „multifunktionale Freizeitgroßeinrichtungen", kategorisieren lassen, welche durch immer wieder neue Angebote architektonischer, institutio-

---

[156] Ebd., S. 6.
[157] Michelin 1990, S. 60.
[158] Wehling 2007, S. 100; Köhler 1990, S. 123.

neller wie auch thematisch-programmatischer Provenienz im Gespräch bleiben.[159]

Beide Typen von Erlebniswelt entsprechen sich darüber hinaus darin, dass sie sich als Nicht-Orte charakterisieren lassen. Mit dieser Kategorie bezeichnet der Ethnologe Marc Augé zwei Sachverhalte, die direkt aufeinander bezogen sind: „Räume, die in Bezug auf bestimmte Zwecke (Verkehr, Transit, Handel, Freizeit) konstituiert sind, und die Beziehung, die das Individuum zu diesen Räumen unterhält", indem es zum Beispiel reist, einkauft oder Erholung sucht und in diesem Zusammenhang mit Autobahnen, Flughäfen, jeweils unterschiedlichen Verkehrsmitteln als „mobilen Behausungen", Hotelketten, Freizeitparks, Einkaufszentren und mit je dazugehörigen, konkreten Umgangsweisen zu tun hat. Im Vordergrund steht dabei das Moment des Transitorischen, des Vorübergehenden, während das Gegenteil, die „anthropologischen Orte", sich „mit dem Begriff einer in Zeit und Raum lokalisierten Kultur", ausgedrückt in sozialen Beziehungen oder in einer gemeinsamen Geschichte, verbinden lässt,[160] wobei in diesem Zusammenhang mit dem Historiker Michel de Certeau (1925-1986) eine Unterscheidung zwischen Raum und Ort zu treffen ist: Ein Raum stellt das Resultat von menschlichen Aktivitäten dar, ein Ort dagegen „die Ordnung (egal, welcher Art), nach der Elemente in Koexistenzbedingungen aufgeteilt werden. [...] Ein Ort ist also eine momentane Konstellation von festen Punkten. Er enthält einen Hinweis auf eine mögliche Stabilität".[161]

In diesem Zusammenhang ist noch einmal auf die zitierte Äußerung der studentischen Europa-Reisenden aus den USA zurückzukommen. Es spielt nämlich letztlich überhaupt keine Rolle, ob Menschen sich für authentische Reiseziele (Großstädte, Mittelstädte, Kleinstädte, Dörfer, Inseln, Meeresküsten, Seen, Gebirge) oder für künstliche Reiseziele (Erlebniswelten, gleich ob Las Vegas'scher oder Disneyland'scher Prägung) entscheiden. In sämtlichen Fällen ist es durchaus berechtigt und vor allem von übergreifender Relevanz, herauszufinden, was nach der Rückkehr von der Reise im Leben der touristischen Akteure passiert, wie die konkreten Nachwirkungen aussehen, ob und wie eine Auseinandersetzung mit den eigenen Erlebnissen stattfindet, kurz: was von der jeweiligen Reise übrigbleibt, anders gesagt, ob es dauerhafte kulturelle Transfers gibt oder nicht – und um welche es sich genau handelt.

Auf der Ebene wissenschaftlicher Programmatik vermag die zitierte Textstelle, bestehend aus studentischer Äußerung samt professionellem akademischen Kommentar, zu verdeutlichen, dass die Tourismuswissen-

---

[159] Steinecke 2010, S. 141-142; ders. 2013, S. 49-51; ders. 2014, S. 50; Löfgren 1999, S. 256-259.

[160] Augé 2010, S. 42, 83-84, 96-97, 124.

[161] de Certeau 1988, S. 217-218.

schaft und die Massenkulturforschung zusammen gedacht gehören, denn wir haben es in den genannten Fällen zentral mit Erkenntnissen über Wissen und seine Vermittlung, aber auch mit Unterhaltung und Vergnügen als Freizeitaktivitäten sowie mit Illusionen zu tun, welche sich Reisende machen und / oder welche die Tourismusbranche verbreitet, was insgesamt dazu einlädt, „nach der Diskrepanz zwischen Image und Empirie" zu fahnden,[162] beispielsweise den Fragen nachzugehen, welche Fiktionen in den einschlägigen Vermittlungsprozessen zur Geltung gelangen, welche Orte dabei entstehen,[163] auch, wie sich Menschen ihre von Fall zu Fall unterschiedlichen Umwelten aneignen, wie sie mit ihnen umgehen und welche Bedeutungen sie ihnen beimessen.

Das Forschungsfeld der touristischen Umweltaneignung weist einen hohen Grad an Emergenz auf; gleichzeitig wartet es dem Anschein nach mit allerlei Fallen im Feld auf, was unweigerlich dazu führen könnte und sollte, noch intensiver und extensiver herauszuarbeiten, dass nicht erst heutzutage, etwa in Städten, nicht nur menschliche Akteure unterwegs sind, sondern insgesamt jede Menge weiterer, nicht notwendigerweise als anthropomorphe Wesen auftretende Aktanten,[164] genauer gesagt, dies am Beispiel der französischen Hauptstadt:

> „zahllose Vermittlungsagenturen, die am Zusammenleben von Millionen von Parisern teilhaben", so etwa "Volks- und Betriebswirtschaft, Soziologie, Wasser, Elektrizität, Fernsprechwesen, Wähler, Geographie, das Klima, Abwasserkanäle, Gerüchte, Untergrundbahnen, polizeiliche Überwachung, Normen, Zusammenfassungen und Übersichten: Alles dies wird in Paris im Fluss gehalten [...]";[165]

und es stellt in seiner Gesamtheit die auf die Kreativität der Menschen zurückgehende materielle, geistige wie auch soziale Infrastruktur dar. Gleich, ob man der eher lockeren Aufzählung von den Soziologen Bruno Latour und Emilie Hermant den Begriff des Tourismus hinzufügen mag oder nicht, eines lässt sich deutlich erkennen: In eben diesem menschlichen Handlungsfeld befindet sich schlicht und einfach alles im Fluss, was nichts anderes bedeutet, als dass nahezu sämtliche der Vermittlungsagenturen nicht nur das Leben der einheimischen Bevölkerung betreffen, also beeinflussen, sondern ebenso, in nicht minderem Ausmaß, das der Touristen als temporären Stadtbewohnern. Zudem ist die Aufzählung um den ganzen

---

[162] Lipphardt 2014, S. 214.
[163] Groebner 2018, S. 11, 163, 173.
[164] Latour 2007, S. 94-95.
[165] Latour / Hermant 2006, S. 101 (Übersetzung BRL).

Bereich von Kultur und Bildung zu ergänzen, denn er ist durchaus auch als Materialisierung von Mobilität zu verstehen; zusätzlich zur räumlichen Mobilität kämen dann soziale und geistige Mobilitäten zur Geltung, dies unter Einschluss der Praktiken und Taktiken von Kultur-, Bewusstseins-, Illusions-, Zerstreuungs-, Unterhaltungs- und Simulationsindustrie sowie unter besonderer Berücksichtigung kulturtransferieller Aspekte.

Und nicht zuletzt ist ein weiterer Aspekt zu berücksichtigen, den wir auf gar keinen Fall im Rahmen tendenziell ganzheitlichen Forschens übersehen dürfen: Es gibt Menschen, die nicht im Flugzeug sitzen – und die daher auch möglicherweise nicht ausschwärmen, um Las Vegas oder die verschiedenen Disneylands, gleich ob in Anaheim (Kalifornien) oder Tokio, Paris, Hong Kong oder Shanghai kennenzulernen. So heißt es etwa in dem im Jahr 1982 im schwedischen Original und 2009 in deutscher Übersetzung erschienenen Roman „Daisy Sisters" des schwedischen Erfolgsautors Henning Mankell (1948-2015) über die Fabrikarbeiterin Vivi aus Malmö: „Sie hat Urlaub, aber sie will nicht verreisen"[166]. Die Protagonistin scheint nicht ganz den gesellschaftlichen Erwartungen zu entsprechen, denen zufolge Urlaub sowie Reise offenbar zusammengehören, und sie erfährt daher, allein die Verwendung der Konjunktion „aber" impliziert dies, so etwas wie gesellschaftliche Exklusion. Es stellt sich die Frage, ob die Formulierung nicht auch hätte lauten können: „Sie hat Urlaub und verbringt ihn zuhause"? Wirft man in diesem Kontext einen kritischen Blick auf die tourismusbezogene Sparte der multidisziplinären Bewegungs- und Begegnungsforschung, so lassen sich insgesamt drei Beobachtungen anstellen: Im Zentrum derselben stehen bisher vorwiegend die Touristen mit ihren Performanzen und Kompetenzen;[167] die sogenannten Bereisten finden zwar mehr und mehr Beachtung[168], aber die Gruppe der Zuhausebleibenden stößt auf weitgehende Vernachlässigung, was nichts anderes bedeutet, als dass ein lediglich marginales Interesse daran besteht, zu erkunden, wie es dazu kommt, dass bestimmte Menschen nicht zur umfangreichen Gruppe der Weltenbummler gehören – und wie sie mit dieser Praxis umgehen. Annie Ernaux, laut Selbstbeschreibung „Ethnologin ihrer selbst", verweist in ihrer autobiographischen Schrift „Die Jahre" ganz allgemein auf einen potentiellen Beweggrund für das Nicht-Reisen(können), nämlich auf „die Angst vor dem Anderswo, vor der Fremde, denn für einen, der nie irgendwo hinfährt, liegen alle Großstädte am Ende der Welt".[169] Und wer

---

[166] Mankell 2009, S. 163.

[167] Gyr 2008; Lauterbach 2015b; Löfgren 1999.

[168] Krippendorf 1986, S. 87-108; Guntern 1979; Lauterbach 2009; zuletzt Reso 2016; Röthl 2018.

[169] Ernaux 2019, S. 32; die Selbstbeschreibung wird in einem Verlagskommentar zitiert, ebd. S. 2.

nie irgendwo hinfährt, der erlebt keine Heimkehrphase nach einem Urlaub – und er kann auch keine Auskunft darüber geben, was von einer touristischen Reise übrig bleibt. Der bereits zitierte Kommentar „Das Andersartige ist langweilig, das (mit einem selbst) Identische wirkt beruhigend und macht daher glücklich"[170] erscheint somit in einem vollkommen anderen Licht.

Allerdings sollte dies nicht dazu verleiten, wie das etwa in den 1970er Jahren vorgekommen ist, einseitig dafür zu plädieren, in verstärktem Maße „sozial-, persönlichkeits- und motivationspsychologische Untersuchungen" zu erstellen und „intensivere psychologische Forschung" über die Zuhausebleibenden zu betreiben.[171] Gegen eine solche Forderung ist zunächst kein Einwand zu erheben, allerdings dürfte auch die vielfältigste und vielseitigste psychologische Erkundungstätigkeit nicht ausreichen, um ein umfassendes Bild vom Geschehen zu erhalten, von einem Geschehen, bei dem gleichermaßen ökonomische, soziale, psychische wie auch kulturelle Prozesse am Wirken sind, was ein erheblich breiteres Spektrum an beteiligten Disziplinen auf den Plan ruft. Es besteht nämlich insgesamt durchaus die Gefahr, das Zuhausebleiben im Sinne eines defizitären Lebensentwurfs zu deuten und es damit letztlich, wenn auch möglicherweise unbewusst beziehungsweise unbeabsichtigt, zu denunzieren. Anders gesagt: Touristisches Nichtreisen sollte prinzipiell als mit den unterschiedlichen Formen von Reiseaktivität gleichberechtigtes Urlaubshandeln betrachtet werden, wobei „Zuhausebleiben" nicht notwendigerweise bedeutet, dass die jeweiligen Akteure ihre eigene Wohnung oder ihr eigenes Haus oder ihren Wohnort nicht verlassen. Der Begriff kann ebenso auf das regionale oder inländische Verreisen bezogen werden – und es ist zu erwarten, dass auch Formen von touristischer Praxis ohne Grenzüberschreitung durchaus in der Lage sind, deutliche kulturtransferielle Reisefolgen zu zeitigen.

Möglichkeiten

Es gibt jede Menge Studien aus dem Bereich der multidisziplinären Kultur- und Sozialwissenschaften, welche Gegenstandsbereiche erkunden, die in der einen oder anderen Weise, gleich ob offen oder eher versteckt, Bezüge zur tourismusbezogenen Kulturtransferforschung aufweisen können, ohne dass dies zur Erörterung gelangen und / oder der Begriff auch nur ein einziges Mal verwendet werden würde. Einige wenige beispielhafte Texte, an denen jederzeit angeknüpft werden kann, seien im folgenden vorgestellt:

---

[170] Settis 2019, S. 76.
[171] Lehmann 1975, S. 24.

Zur Fortbewegung mittels U-Bahnfahrens und damit zur kulturwissenschaftlichen Ersterkundung eines Forschungsfeldes hat der Ethnologe Marc Augé einst eine stilistisch lockere und geradezu improvisiert erscheinende, im konstruktiven Sinn essayistische Studie vorgelegt: "Ein Ethnologe in der Métro". Der Autor geht bei seinen Forschungsprojekten stets in höchstem Maße menschennah vor; er arbeitet anthropologisch; sämtliche seiner Bücher könnten daher den Untertitel „Eine Anthropologie" oder „Eine kleine Anthropologie" tragen. Im konkreten Fall erfolgt der Einstieg in den Text mittels eigener „Lebenserinnerungen"; sodann widmet er sich den in der Untergrundbahn Fahrenden mit ihren Befindlichkeiten und ihrem jeweiligen Eigenleben, um dann die Umsteigebahnhöfe als soziale und kulturelle Brennpunkte einer Betrachtung zu unterziehen. Dabei geht es ihm um die physische Morphologie von Bahnhöfen genauso wie um die dort stattfindenden Aktivitäten, um die Soziologie der einzelnen Linien wie um die zeitlich-räumliche Differenzierung und vieles andere mehr. Augés Text aus den 1980er Jahren stellt, ebenso wie seine Folgestudie, „Le Métro Revisité" aus den 2000er Jahren, den Versuch dar, konkretes menschliches Handeln näher zu erkunden und stärker ins Zentrum der Betrachtung zu rücken. Es geht also nicht so sehr um die Erörterung des gesamten Systems Untergrundbahnverkehr, das gleichermaßen von außen an das Individuum herangetragen wird, innerhalb dessen sich dieses bewegt und eigene Wirkungen entfaltet, sondern darum, dem handelnden Menschen in je konkreten räumlichen, zeitlichen und sozialen Kontexten nachzuspüren, um ein Bild vom tatsächlichen Geschehen erstellen zu können. Es geht um die Erarbeitung einer genuinen Anthropologie des Untergrundbahnverkehrs, die thematisiert und problematisiert, was das spezifische Handeln für die Menschen selbst bedeutet, welche Möglichkeiten sich ihnen bieten, welche sie ergreifen, welchen Einflüssen sie ausgesetzt sind und welche Entwicklungen sie selbst beeinflussen. Zu derartigen Einflüssen könnte im gegebenen Argumentationszusammenhang durchaus die Möglichkeit gehören, dass etwa deutsche Paris-Touristen, welche gerade eben verstärkt erfahren haben, wie immens praktisch, unkompliziert, zeitsparend und kostengünstig der Transport durch den Untergrund der französischen Hauptstadt ist, zumal sonntags der innerstädtische Busverkehr weitgehend eingestellt ist, nach der Heimkehr in ihren Wohnort vermehrt gerade dieses oder ein vergleichbares öffentliches Verkehrsmittel benutzen und das Automobil in der Garage stehen lassen. Und darüber hinaus kann der gesamte Vorgang der Verhaltensmodifikation immer wieder im Rahmen des eigenen soziokulturellen Milieus kommuniziert werden.[172]

In ähnlicher Weise könnten Reisende, die ihre Urlaubswochen in den Niederlanden oder in Frankreich verbracht haben, letzteres womöglich

---

[172] Augé 1988; ders. 2008.

noch unter Einbezug eines Abstechers hin zur Tour-de-France-Strecke, nach der Rückkehr in die heimischen Gefilde vom Automobil auf das Fahrrad umsteigen, um zur Arbeitsstelle oder zur Schule, zum Lebensmittelladen oder zum Kino, zur Sporthalle oder zur Kneipe zu gelangen. In zum Beispiel niederländischen Städten treffen ausländische Touristen auf ein regelrechtes Gewimmel von Tausenden von radfahrenden Menschen; in Frankreich dagegen sind vor allem am Wochenende, eher auf dem sogenannten Land als in den größeren Städten, umfangreiche Pulks von Rennradfahrern in ihrer bunten sportiven Bekleidung unterwegs. Auch zu diesem mobilen Handlungsfeld gibt es eine in den 2010er Jahren erschienene Publikation aus der Feder von Marc Augé: „Lob des Fahrrads". Weit davon entfernt, eine Kulturgeschichte des Radfahrens oder eine systematische, auf europäische Entwicklungen bezogene Ethnologie des Radfahrens zu erstellen, erarbeitet der Autor auch in diesem Fall eine genuine Anthropologie des Radfahrens.[173]

Den Mythos des Fahrradfahrens betrachtet Augé als weitgehend zerstört, belässt es aber nicht bei dieser Negativ-Bilanz, sondern er geht aus von den nicht nur in Paris, sondern in zahlreichen größeren Städten nicht nur in Europa öffentlich angebotenen Leihfahrrädern, dies als Möglichkeit, Städte, gleich ob als Einheimische oder Touristen, selbstständig und unabhängig von, was die Verkehrsführung betrifft, starren Systemen des Öffentlichen Personen-Nahverkehrs wahrnehmen zu können. Von neuer Freiheit ist die Rede, von neuen Erfahrungen, neuen Aneignungsweisen städtischen Raums, von spielerischem Umgang mit der Umwelt wie auch mit dem Vehikel selbst, wobei der Autor auch die Gefahren sieht, dass Radfahren sich hauptsächlich zum Eldorado des sommerlichen Tourismus entwickle und dass die Konkurrenz mit anderen, vor allem automobilen, Verkehrsmitteln zunächst bestehen bleibe. Eines der Unterkapitel trägt im übrigen den Titel „Zurück zur Erde" und erinnert sehr stark an eine neuere Publikation des französischen Soziologen Bruno Latour, „Das terrestrische Manifest", welche engagiert Ideen zur Wiederherstellung der menschlichen Erdung oder Bodenhaftung bei gleichzeitiger Welthaftigkeit präsentiert. Bei Augé heißt es dazu: „sobald wir im Sattel sitzen, verändert sich alles und wir finden uns wieder, wir nehmen uns wieder selbst in die Hand".[174] Kein Wunder, dass er das Radfahren als eine Aktivität im Sinne des Humanismus betrachtet.

Zu einem weiteren Set von alltagspraktischen Handlungen, die via Kulturtransfer in fremde Länder gelangt sind, liegt eine, wiederum schmale, Publikation von Marc Augé vor, nämlich eine richtiggehende „Liebeserklärung" an jene Einrichtung der Nahrungsaufnahme, die man „Bistro" nennt:

---

[173] Ders. 2016; vgl. Hochmuth 1991; Hahn 2004; Timm 1986.
[174] Augé 2016, S. 101; vgl. Latour 2018.

„Das Bistro ist nicht nur eine Idee: Es hat eine Geschichte, eine Geografie, eine überreichliche Materialität, hölzerne Tische, verzinkte Tresen, Spiegel, Kronleuchter, Geschirr, von den Speisen und Getränken ganz zu schweigen. Und wenn es dargestellt wird, dann in seiner ganzen Materialität, die es nicht nur als ein Bistro, sondern als dieses oder jenes Bistro erkennbar macht",

wie man es etwa aus Filmen kennt, was aber speziell ausländische Touristen nicht dazu verleiten sollte, sich an Ort und Stelle in Paris von „vorfabrizierter Nostalgie und Klischees" täuschen zu lassen.[175] Es ist nachgerade zu bedauern, dass Augé es unterlassen hat, in seine Betrachtungen eigene Erfahrungen im Umgang mit Bistros in der restlichen, also der nicht-französischen, Welt einzubeziehen. Wenn ich allein an die zahlreichen Bistros in meinem Wohnort München denke, dann frage ich mich, welche Umstände und kulturtransferiellen Vorgänge dazu geführt haben, dass sich diese Einrichtung ausbreitet. Oder wird lediglich die zunächst außergewöhnlich klingende Bezeichnung übernommen? Welche Gemeinsamkeiten, Ähnlichkeiten sowie Unterschiede zwischen Bistros in Frankreich und solchen in Deutschland lassen sich ausmachen? Wer sind die beteiligten Menschen, wie handeln sie, wie gehen sie miteinander um, gleich ob im Bereich der Produktion, der Distribution oder der Konsumtion? Sind hiesige Bistros möglicherweise gar ausschließlich in der als innovativ geltenden, kosmopolitischen Großstadt anzutreffen?

Von Kosmopolitismus im weiteren Sinne handelt eine weitere Studie, die ebenfalls eine Vielfalt an Kulturtransfers zu beleuchten vermag, eine Studie, welche gegenwartsbezogen ausgerichtet ist und den Umgang einer bestimmten Anzahl von zeitgenössischen Menschen mit einem bestimmten Verkehrsmittel auf ethnographischer, also auf den Alltag bezogener, Basis erkundet. Kerstin Schaefer geht den Fragen nach: „Wie machen sich die Menschen das Fliegen? Wie sehen die symbolischen und kulturellen (Be-) Deutungen zu dieser Art der Fortbewegung aus? Und wie können durch empirische Erkenntnisse über das Unterwegssein im Flugzeug große Themen unserer Gesellschaft wie Mobilität oder Globalisierung kulturanthropologisch geerdet werden?".[176]

Auch diese Studie operiert mit Marc Augés Überlegungen zum Verhältnis von Orten und Nicht-Orten; und sie fühlt sich durchgehend den Anregungen der Akteur-Netzwerk-Theorie von Bruno Latour und anderen verpflichtet, wenn es darum geht, Materielles und Immaterielles, Äußeres

---

[175] Augé 2017, S. 101, 99; vgl. ders. 2010.
[176] Schaefer 2017, S. 10.

und Inneres, von Menschen Gemachtes und Menschliches in ihren gegenseitigen Durchdringungen zu erfassen. Die Autorin erstellt, vermittelt über die von ihr bei unterschiedlichen Flugreisen im Forschungsprozess begleiteten zehn Interaktionspartnerinnen und Interaktionspartnern, Fallstudien, um das Handeln der von ihr selbst als „Wahrnehmungsflieger"[177] Bezeichneten, zu beschreiben und zu analysieren. Abgesehen davon, dass im Rahmen der Ausdeutung naheliegende Forschungskonzepte zur Erörterung gelangen, so etwa bezogen auf die Flugreise als Übergangsritual, das Flugzeug als liminaler Raum oder als Heterotopie, der per Flugzeug durchquerte Raum als Übergangs- und Zwischenraum sowie das Fliegen als Kulturtechnik, erfolgt eine kritische Auseinandersetzung damit, wie man das bereits erwähnte Orte-versus-Nicht-Orte-Konzept von Marc Augé mit Korrekturen versehen könne. Dessen Bestimmungen eines Nicht-Ortes (Verlust von anthropologischen Bezugssystemen, Bindungslosigkeit, Isolation etc.) seien viel zu sehr daran orientiert, Fehlendes zu eruieren (Soziales, Geschichte, Verwurzelung, Individualität, Identität), während er, zumindest in seiner einschlägigen Studie, es unterlasse, Vorhandenes zu erkunden (Wissensbestände, Normen, Materialitäten, Atmosphären, persönliche Einstellungen, gesellschaftliche Diskurse etc.).[178] Der Kritik der Autorin ist unbedingt zuzustimmen, denn just dieser Aspekt der untersuchten Vorgänge besitzt zentrale Bedeutung, allerdings übersieht sie, dass Augé sein 1992 erstmals publiziertes Konzept bereits in seiner 2008 im französischen Original erschienenen Studie „Le Métro Revisité" tendenziell zur Aufweichung bringt, indem er den dazugehörigen Transitraum einer genaueren Analyse unterzogen und dort durchaus sozio-kulturelle und auch historisch fundierte Qualitäten erkannt hat: Da gibt es die allen Passagieren vertrauten Geräusche und Gerüche im jeweilgen Bahnhof und in den Zügen selbst, die allen bekannte Werbung, die Warnungen vor Taschendieben, das Zusammengepferchtsein speziell während der Stoßzeiten, die fast schon intime körperliche Nähe, das zwischen gegenseitiger Rücksichtnahme und Rücksichtslosigkeit wechselnde Verhalten auf den Rolltreppen, die gegenseitige Wahrnehmung von Gesten und Gesichtsausdrücken, die eigenen Erinnerungen an früheres Métrofahren, die Chansons darüber und die Filme, in denen der Verkehr im städtischen Untergrund eine Rolle spielt. All dies kommt in einer Art Schlussfolgerung deutlich zum Ausdruck; da heißt es nämlich: „die Métro ist kein Nicht-Ort",[179] womit er sich selbst deutlich korrigiert hat.

In vergleichbarer Weise führt Kerstin Schaefer vor, wie die von ihr untersuchten Flugreisenden sich verhalten, beim Buchen, beim Einchecken,

---

[177] Ebd., S. 233.
[178] Ebd., S. 234-236.
[179] Augé 2008, S. 33-36, Zitat S. 33 (Übersetzung BRL).

beim Warten, beim Umgang mit der Sicherheitskontrolle, beim Gehen durch die Abflughalle wie auch durch das Flugzeug, beim Sitzen, beim Umgang mit den Klapptischen, beim Umgang mit Flugangst, bei der Kontaktaufnahme mit Sitznachbarn, bei der Landung, beim Einsammeln des Gepäcks, beim Einchecken in ein Hotel, beim Kofferpacken und weiteren Handlungsbereichen, wobei stets auch auf die jeweiligen individuellen Karrieren als Flugzeuge nutzende Menschen eingegangen wird. Und darüber hinaus liefert die Studie nicht nur eine Ethnographie des Fliegens, sondern sie vermittelt ebenso einen Aus- und Einblick in das potentielle weitere Forschungsgeschehen, indem sie einschlägige Forschungsfragen formuliert:

> „Was für Menschen mit welchen Fähigkeiten sitzen hier (und wer sitzt hier nicht)? Wann und wo müssen die Flugreisenden ankommen und was sind ihre Reisegründe? Wer reist mit ihnen? Welche Sprachen werden von ihnen in welchen Zusammenhängen gesprochen? Wie hängt das Warum ihres Fliegens mit dem Wie zusammen? Womit beschäftigen sich die Passagiere und was beschäftigt sie? Und was sagt das alles über Arbeit, Familie, Liebe, Gesundheit, Migration, Krieg, Alter, Nation oder Urbanität aus?".[180]

Lediglich in einer Hinsicht ist Kritik zu üben. Es wird nämlich nicht erkannt, dass Flugzeugpassagiere nicht erst dann „Teil des Systems Fliegen" werden, wenn sie den „Check-in" hinter sich gebracht haben,[181] sondern weit früher in ihrem Leben, etwa im Zusammenhang mit verschiedenen Prägungen, sei es durch die Eltern, durch Mitschüler, die aus den Ferien zurückkommen und wie selbstverständlich über das Fliegen berichten, sei es durch die Nähe des eigenen Wohnorts zu einem Großflughafen und vieles andere mehr. Von einer ganzheitlichen Forschung ließe sich folglich erst dann sprechen, wenn eine kombinierte Untersuchung die Zeiten vor, während und nach der eigentlichen Reise in den Blick nehmen würde, denn letztlich können die erste Idee und die weitere Planung und Vorbereitung wie auch die Auf- und Nachbereitung eines getätigten Fluges sowie der Flug selbst nicht losgelöst voneinander betrachtet werden, um zu Aussagen über den Stellenwert dieser Aktivitäten für das Individuum, bestimmte Gruppen wie auch die gesamte Gesellschaft zu gelangen.

Ein Blick auf die Praxis von beispielsweise Städtetouristen zeigt, dass wir es mit einem ausgesprochen komplexen Vorgang zu tun haben: Menschen fahren per Bus, Untergrundbahn oder Taxi von der eigenen Woh-

---

[180] Schaefer 2017, S. 257.
[181] Ebd., S. 88.

nung zum nächstgelegenen Flughafen. Sie checken ein und bekommen einen Sitzplatz zugewiesen. Sie schauen aus dem Fenster und registrieren, dass das eben gestartete Flugzeug an Höhe gewinnt. Sie fliegen. Und sie erhalten ein Begrüßungsgetränk. Möglicherweise gibt es auch eine Mahlzeit sowie die Gelegenheit zu zollfreiem Einkauf von Kosmetika und bestimmten Genussmitteln. Am Ziel angekommen, gelangen sie mit bestimmten Verkehrsmitteln zu einer bestimmten Unterkunft. Zusammengefasst gesagt, begeben sie sich beispielsweise in nahe oder ferne Großstädte, um dort das Stadtbild zu betrachten, um zu flanieren, Sehenswürdigkeiten zu besichtigen, Museen zu besuchen, in außergewöhnlichen Restaurants Mahlzeiten einzunehmen und um in besonderen Geschäften einzukaufen. Sie bewegen sich von einem Ort zum anderen und demonstrieren damit räumliche Mobilität. Sie begeben sich damit gleichzeitig in andere als die vertrauten sozialen Milieus, womit sie horizontale soziale Mobilität demonstrieren. Indem sie am fremden Ort etwas erleben, was die eigene soziale Bezugsgruppe zuhause (noch) nicht aus eigener Erfahrung kennt, etwa den Besuch eines eben gerade erst eröffneten Museums, Kulturinstituts, Flohmarkts oder Luxuskaufhauses, begeben sie sich in eine Art von sozialer Ausnahmestellung und demonstrieren damit vertikale soziale Mobilität. In einem engen Zusammenhang damit steht jener Bereich, den man kulturelle Mobilität nennen könnte, nämlich die von Pierre Bourdieu so benannte „Inkorporierung von kulturellem Kapital", wozu auch der „Erwerb von Bildung" gehört,[182] was hier etwa in der Erweiterung des eigenen Horizontes durch eine Städtereise, in der Verbesserung der eigenen Fremdsprachenkenntnisse, in der Erprobung ungewohnter Formen der Freizeitverbringung sowie in der Herausbildung neuer Sichtweisen auf fremde Kulturen zum Ausdruck kommt. Nach einer bestimmten Zeit (Tage, Wochen) setzt der gleich Vorgang in umgekehrter Richtung ein: Transport zum Flughafen, Rückflug, Ankunft, Transport zur eigenen Wohnung. Sämtliche dieser Prozesse haben mit dem alltäglichen Lebensvollzug von Menschen in unterschiedlichen gesellschaftlichen Konstellationen zu tun, wobei insbesondere angesichts unseres sogenannten Globalisierungszeitalters der Frage nachzugehen ist, wie sich der in jeder Hinsicht "flexible Mensch"[183] herausbildet, auch, wie und in welchem Ausmaß im jeweils konkreten Fall langfristige räumliche, soziale und kulturelle Bindungen Veränderungsprozessen unterworfen sind, welche Transfers da konkret stattfinden und welche Einflüsse sich im gegebenen Zusammenhang ausmachen lassen. Das Gemeinsame an den drei Studien von Marc Augé sowie der Arbeit von Kerstin Schaefer besteht darin, dass wir an ihren anthropologischen Befunden

---

[182] Bourdieu 1983, S. 186-187.
[183] Sennett 2000; zur als historische Vorläuferin und Wegbereiterin der Globalisierung zu betrachtenden frühneuzeitlichen "Kommunikationsrevolution" vgl. Behringer 2002.

anknüpfen können, um derartige Transferprozesse – als Reisefolgen – näher erkunden zu können.

Wenden wir uns daher, dieses Kapitel abschließend, erneut den Ergebnissen meiner eigenen Umfrage zu und gehen wir den Trends nach, welche sich aus den einschlägigen Antworten zur Frage der Einflüsse hinsichtlich der gewissermaßen ersten Stufe des Reisens, nämlich der Reisezielsuche und Reiszielfindung, herauslesen lassen. Nun, zunächst spielt Pragmatik eine nicht zu übersehende Rolle im Entscheidungsfindungsprozess für ein bestimmtes Reiseziel. Da wird von einigen wenigen Bedingungen ausgegangen, welche die Ziele selbst einschließlich des ganzen Umfelds erfüllen müssen. Das klingt dann etwa folgendermaßen: „Außereuropäisches Reiseziel [Thailand], Fokus: Besondere Tauchspots"[184], oder aber, etwas ausführlicher:

> „Die Reise sollte in ein uns bislang fremdes Land führen und vor Ort eine Kombination aus Erholung am Meer und Ausflügen ins Landesinnere ermöglichen. Zudem spielten auch die Reisekosten eine nicht unerhebliche Rolle bei der Wahl des Ziels – Montenegro war zu diesem Zeitpunkt noch wesentlich günstiger als andere, zur Wahl stehende Reiseziele".[185]

Diese Argumentation kann man wiederholt nachlesen, wobei dann etwa auch auf die leichte Erreichbarkeit Kroatiens mit dem PKW, die Freundlichkeit der Einheimischen gegenüber Touristen sowie die bürokratische Unkompliziertheit des Landes dank Mitgliedschaft in der Europäischen Union verwiesen wird.[186] Man kann den Eindruck gewinnen, dass das konkrete Reiseziel erst nach reiflicher Überlegung, nach Abwägen der Gründe dafür sowie dagegen, festgelegt worden ist. Wie anders liest sich nun aber ein Gegenbeispiel:

> „Meine Frau und ich haben nach einem bezahlbaren Reiseziel in Europa gesucht. Als wir auf einem Ausflug nach Rosenheim am Bahnsteig standen, kam ein Zug nach Italien vorbei. Da kam die Idee: Mit dem Zug nach Italien! Meer und gutes Essen!"[187]

---

[184] Fragebogen BA.
[185] Fragebogen AY.
[186] Fragebogen AE.
[187] Fragebogen AM.

Wir haben es also mit einem weit spontaneren Entschluss zu tun, einem Entschluss, der, ohne dass der einschlägige Begriff durchgängig fällt, mit jener Faszination zu tun haben dürfte, die sich auf ein Reiseziel, gleich ob ganz konkret oder eher allgemein, ebenso beziehen kann wie auf die Reisebedingungen einschließlich der jeweiligen emotionalen Konstellationen. Um dazu passende Beispiele zu bringen, sei eine überschaubare Auswahl zitiert. Da gibt es die sieben jungen Männer zwischen 18 und 22 Jahren, die sich 1998 auf eine gemeinsame Autoreise begaben:

> „Ich war damals fasziniert von Schottland durch den Film ‚Braveheart', das Mittelalter und insbesondere Tolkiens Fantasy-Welt aus ‚Der Herr der Ringe'. Zu dieser Zeit war mein Hobby das Live-Rollenspiel. Im englischen Derby fand Europas größte Live-Rollenspiel-Convention, ‚The Gathering', statt. Meine Freunde und ich wollten unbedingt dorthin. […]. Und wenn man schon einmal auf der Insel ist, dann muss man natürlich auch weiter nach Schottland, um auf den Spuren von William Wallace und Robert the Bruce die Highlands zu erkunden".[188]

In weiteren Fragebögen wird in ähnlicher Weise, wenn auch etwas weniger emphatisch, auf die eigene Begeisterung, das eigene Hingerissen-Sein, verwiesen, wenn es heißt: „Lebenslange Faszination für japanische Kultur" oder „Indien ist einer der letzten ‚Heterotope', ein Land ganz anders als andere", oder „Indien ist jedesmal überwältigend".[189] Die eigene Inspiration holt man sich mehrheitlich durch Kommunikation mit Freunden oder Familienmitgliedern, was in zwei Fällen gar auf eine spätere Ehebahnung hinausläuft: Eine der beiden angegebenen USA-Reisen geschah „der Liebe zu einem deutschen Ingenieur wegen", die andere ging zurück auf einen „Vorschlag meines späteren Ehemanns".[190] Und dann lässt sich solch eine Reise in die Ferne auch dazu nutzen, um Distanz zu gewinnen, also sich abzulenken:

> „Ein Freund war kurze Zeit vorher dort [in Neuseeland] und total begeistert. Nach einem Dia-Abend, den er veranstaltet hat, wollte ich da unbedingt auch hin. Außerdem hatte ich im Jahr vorher auf meiner Interrail-Tour in Schottland einen Neuseeländer (Steve) kennengelernt zu dem ich Briefkontakt hatte und der meine Anlaufstelle vor Ort

---

[188] Fragebogen AQ.
[189] Fragebögen AA und AD.
[190] Fragebögen AO und AS.

wurde. Ach ja: und ich hatte Liebeskummer. Besagter Freund meinte, Neuseeland hätte genau die richtige Entfernung, um zu vergessen...".[191]

Einer der befragten Indienreisenden ist bereits zehnmal in dem Land unterwegs gewesen, eine weitere Reisende rund ein halbes Dutzendmal auf Menorca.[192] In einigen Fällen ist zwar das Land durchaus bereits bekannt, aufgrund eigener Anschauung, nicht jedoch das eigentliche Reiseziel. Bisweilen wird auf grenzüberschreitende persönliche Kontakte verwiesen. Und was die medialen Einflüsse in der Phase der Reisevorbereitung betrifft, so lässt sich ein breites Angebot ausmachen: Man besucht Vorträge, lauscht Berichten und Erzählungen, schaut sich politische Sendungen im Fernsehprogramm, Filme und Photographien an, man bedient sich der unterschiedlichen sozialen Medien, man nimmt an einem Sprachkurs teil und liest unterschiedliche Genres von Literatur, man erinnert sich an den Geographie- sowie Geschichtsunterricht[193] und man leiht sich einen Reiseführer aus.[194]

Die genannten Aktivitäten haben fast ausnahmslos zur Folge, dass ein Interesse geweckt oder, wenn bereits vorhanden, verstärkt wird, dass Spannung sich ausbreitet und Neugierde, Vorfreude sowie Lust entstehen, die konkrete Reise tatsächlich zu unternehmen. In diesem Zusammenhang gibt es durchaus die Möglichkeit, eigenes kulturelles Kapital zu nutzen. Etwa so:

„Frankreich ist mir als Pfälzerin schon seit jüngster Kindheit vertraut. Man kennt die Sprache und weiß mehr oder weniger viel. Zudem habe ich Geschichte studiert und kenne natürlich die Schlachtfelder und Geschehnisse in der Normandie".[195]

Oder es heißt:

„Mein Großvater war früher berufsbedingt oft dort [in Thailand] mit einem Freund der Familie. Mein Bruder und ich hatten als Kinder zwei Freundinnen (die Töchter des Familienfreunds), die aus einer deutsch-thailändischen Ehe

---

[191] Fragebogen BB.
[192] Fragebögen AD und AG.
[193] Fragebogen AL.
[194] Fragebogen AR.
[195] Fragebogen AI.

hervorgegangen sind und wir haben oft mit der deutsch-thailändischen Familie Feste gefeiert".[196]

Einigen Antworten lässt sich so etwas wie eine Haltung der Ambivalenz entnehmen. Da ist etwa die Rede von „Furcht" vor dem angestrebten Reiseziel New York.[197] Und da wird kritisch abgewogen, wenn es einerseits, von deutschen Verhältnissen ausgehend, heißt:

> „Das Verhalten der hier lebenden Inder, insbesondere der Umgang mit den Frauen, hat mich immer sehr befremdet. Auch der ‚Gehorsam' der Familie gegenüber, z.B. bei der Auswahl des Partners […]",

und wenn andererseits, direkt im Anschluss, geäußert wird:

> „In den Fernsehberichten haben mich die vielen Menschen auf den Straßen und die kräftigen Farben der Kleidung und Architektur sehr gefallen. Dies wirkte auf mich lebendig und lebensfroh".[198]

Lebendig und lebensfroh hat auch die künftige Neuseeland-Reisende auf eine mediale Vermittlung, in Form eines Dia-Abends, reagiert:

> „Ich hatte das Gefühl, ich muss sofort meinen Rucksack packen und auch da hin. Ich war voller Vorfreude – obwohl ich erst mal noch gar nicht wusste, wie ich diese Reise finanzieren sollte".[199]

In diesem thematischen Zusammenhang lohnt es sich, einen Blick auf die kommunikationswissenschaftliche Selektionsforschung zu werfen, welche Selektionsentscheidungen auf vier Ebenen untersucht, zunächst bezogen auf die Mediennutzung und ihre Alternativen, sodann auf das Medium selbst, zum dritten auf das redaktionelle Angebot sowie zuletzt auf die einzelnen Informationen.[200] Die genannten Ebenen lassen sich mehr oder weniger mühelos auf das touristische Tun übertragen: Auf der ersten Ebene findet die Entscheidung für oder gegen das Reisen statt und auf der zweiten Ebene die Festlegung der Verkehrsmittel und der Entfernungen, welche

---

[196] Fragebogen BA.
[197] Fragebogen AS.
[198] Fragebogen AK.
[199] Fragebogen BB.
[200] Bilandzic 2016, S. 80-83, 90-92.

den eigenen Vorstellungen entsprechend zurückzulegen sind; auf der dritten Ebene geschieht die Bestimmung der zu besuchenden Destination sowie, auf der vierten Ebene, die Auswahl des konkreten Aktivitätenprogramms und die dazugehörige Praxis an Ort und Stelle, dies in allen vier Handlungsbereichen unter besonderer Berücksichtigung der benutzten Hilfsmittel (Ratschläge von Freunden, Studium von Informationsmaterialien etc.) sowie der einschlägigen Argumentationen. Erst dann, wenn man diese Zusammenhänge, in einem freilich umfassenden Forschungsprojekt, genauer in den Blick nehmen würde, ließe sich Genaueres über das tatsächliche kulturtransferielle Geschehen befinden, welches in den touristischen Prozessen am Wirken ist.

Von Veränderungen durch touristisches Reisen

„Tauch in fremde Städte ein,
lauf in fremden Gassen;
höre fremde Menschen schrein,
trink aus fremden Tassen"
(Kurt Tucholsky 1924).[201]

„Beispielsweise war bereits die Rom-Reise die absolute Bildungsexplosion für mich gewesen. Rein theoretisch war ich durch viel schulisches Lesen ganz gut vorbereitet auf Architektur, Geschichtliches und natürlich die Kunstgeschichte. Und dann war ich von allem gleichzeitig umgehauen"
(Fragebogen Nr. AX 2019).[202]

„In meiner Familie wurde nicht ‚verreist', sodass ich mit Eintritt ins Erwachsenenleben offenbar einiges zu kompensieren hatte. Reise spielte für mich eine irrsinnig wichtige Rolle. Ich pflegte auch den Mythos, abseits der ‚Touristenrouten' und auch alleine reisend (Rucksack, Bus) gut zurechtzukommen. Die Touristen waren die anderen bis – ja, bis ich mich dann intensiver mit Tourismusforschung beschäftigte. Das hat mein Reiseverhalten und meine Einstellung zum Reisen an sich schon sehr verändert. Mythos adé – fast ein bisschen schade…"
(Fragebogen Nr. AL 2019).[203]

---

[201] Tucholsky (1924) 1989, S. 534.
[202] Fragebogen AX.
[203] Fragebogen AL.

Im Jahr 1928 reist der US-amerikanische Autor Henry Miller (1891-1980) für mehrere Jahre nach Europa; Jahrzehnte später erklärt er im Gespräch mit seinem französischen Übersetzer Georges Belmont: „[...] in Paris habe ich mich verändert. Und diese Veränderung kam nicht allein von mir. [...] hinsichtlich des Schreibens verdanke ich Paris sehr viel. Das heißt, so einfach war es nicht. In Paris lernte ich den Abgrund kennen".[204] Die dortigen Erlebnisse markieren somit eine Art Zwischenphase beziehungsweise Übergangsphase in seinem Leben, dies vor allem in Hinblick auf sein weiteres literarisches Schaffen, das dann im wesentlichen in seinem Heimatland stattgefunden hat.

Apropos Übergangsphase: Der Tourismusforscher Karlheinz Wöhler zeichnet in einer Aufsatzveröffentlichung, die sich dem Vergleich von Pilgerfahrten und touristischem Reisen widmet, unter Bezugnahme auf einschlägige Konzepte aus der Ritualforschung des bereits erwähnten Arnold van Gennep sowie von Victor Turner (1920-1983), einem britischen Sozialanthropologen, den formalen Ablauf derartiger Praktiken nach. Zuerst gebe es da einen Aufbruch, ein Abschiednehmen vom eigenen Alltagsmilieu, von vertrauten Menschen einschließlich dazugehörenden Örtlichkeiten; sodann finde eine Bewegung in Richtung einer ungewohnten und ungewissen Fremde und Losgelöstheit statt. Diese zweite Phase sei durch sogenannte „Liminalität" charakterisiert; man habe es mit einer Form von Schwellenzustand (Lat. limen: Schwelle) zu tun, bei der man eine Lebensphase, ein Milieu, eine Szene, eine Formation, ein Ordnungssystem zwar verlassen, ein neues Ganzes jedoch noch nicht erreicht habe: Man befinde sich nicht mehr in seinem Normal-Alltag, sondern in einem Bereich, den Turner „Anti-Struktur" nennt. Die dritte und letzte Phase zeichne sich dadurch aus, dass die Akteure wieder in die eigene Alltagswelt zurückkehren, von ihr wieder aufgenommen werden.[205] Dabei stehe den aus der Fremde eintreffenden Heimkehrern ein breites Spektrum an Handlungsmöglichkeiten zur Verfügung, gleichsam an Ritualen zur Bewältigung des „Wiedereinstieg[s] in den Alltag", hier also zum „Wechsel vom touristischen Habitus in den des Alltagsmenschen", bestehend aus Begrüßung, mündlicher Kommunikation und vielem anderen mehr.[206] Eines scheint auf jeden Fall, zum Beispiel in Hans Magnus Enzensbergers Worten, sicher zu sein: „Zum Programm der touristischen Reise gehört als letzter Punkt die Heimkehr, die den Touristen selbst zur Sehenswürdigkeit macht";[207] und nicht nur das, sondern die „Anerkennung zu Hause schafft eine zusätzliche

---

[204] Miller 1973, S. 27-28.
[205] Wöhler 2011a, S. 246; vgl. van Gennep (1909) 1986; Turner 1989.
[206] Vester 1999, S. 33, 75.
[207] Enzensberger (1958) 1971b, S. 202-203; vgl. Kapitel „Going home: constructing a space for self" in: Elsrud 2004, S. 179-184.

Befriedigung, macht das Unternehmen ex post zu einem Erlebnis der besonderen Art, auch wenn man vieles durchlitten hat", so lässt sich mit Kurt Luger ergänzend hinzufügen.[208] Dies gelingt in besonderem Maße, wenn sich ein Reisender, wie etwa der Klassiker Johann Wolfgang von Goethe (1749-1832), während einer Reise, konkret während seines zweiten Rom-Aufenthalts 1787 / 1788, „umgeboren und erneuert und ausgefüllt" sowie als „fast ein andrer Mensch als vorm Jahr" vorgekommen ist,[209] was die Erwartungshaltung seiner Familie, Freunde, Gefährten und Kollegen in der vorübergehend verlassenen Heimat beträchtlich gesteigert haben dürfte. Man hat nach einer solchen Reise etwas zu bieten, was nicht alle der Zuhausegebliebenen jemals zu bieten haben werden, nämlich eine wie auch immer erkennbare Erhöhung dessen, was Pierre Bourdieu unter den verschiedenen, bereits angesprochenen Kapitalsorten versteht – und was einen Zuwachs an Ressourcen, an Erfahrungen, an Beziehungen, an Kenntnissen und an Wissen umfasst. Vielleicht bietet sich an dieser Stelle die Gelegenheit, einem Vorschlag von Heinz-Günter Vester erhöhte Aufmerksamkeit zu schenken:

> „Man könnte hier auch vom touristischen Kapital sprechen, einem besonderen symbolischen Schatz, der verfügbares ökonomisches, kulturelles und soziales Kapital in idealer Weise kombiniert. Wer reich an touristischem Kapital in diesem Sinne ist, versteht aus seinen Möglichkeiten – seinen Mitteln in ökonomischer, kultureller und sozialer Hinsicht – das Beste zu machen".[210]

Touristen erkunden Städte und Landschaften; sie nehmen selbst-initiierte Handlungen vor, welche über ganz bestimmte Bedeutungen verfügen, für die anvisierte Gesellschaft, für die Ökonomie, für Gemeinden und für Gebietskörperschaften, für das jeweilige Herkunftsmilieu und nicht zuletzt für die Touristen selbst. Für kulturwissenschaftliche Forschung, welche sich ja vorrangig der Erkundung alltäglicher Lebenswelten widmet, stehen im gegebenen thematischen Zusammenhang als Handlungsträger zunächst die Touristen selbst im Zentrum der Betrachtung, und damit vorrangig jene Funktionen, welche ihre eigenen Handlungen für sie selbst erfüllen. Allgemein formuliert, gilt es hier zu erörtern, welche Inhalte und Formen diese Kulturprozesse aufweisen, welche Interessen damit zum Ausdruck kommen und welche Bewertungen dieses Tun erfährt. Erst dann kann man sich ein Bild von den Folgen touristischer Reisetätigkeit machen. Um ein Bei-

---

[208] Luger (2004) 2018, S. 308.
[209] Goethe (1816 / 1817) 2017, S. 386, 383.
[210] Vester 1999, S. 78; Bourdieu 1983.

spiel zu bringen: Da gibt es die eher überschaubaren Perspektivkorrekturen, etwa das Registrieren von vorher nicht einmal wahrgenommenen Armenvierteln im Rahmen von Stadtbesichtigungen; bei Simone de Beauvoir heißt es Mitte der 1930er Jahre dazu: „Von Neapel nach Palermo schliefen wir an Deck des Schiffes. Da Neapel uns mit dem Elend vertraut gemacht hatte, konnte ich es in Palermo ertragen, obgleich es wirklich grauenhaft war".[211] Diese Reisefolgen reichen bis hin zu den bereits angedeuteten elementaren Formen des Rollentauschs, den Möglichkeiten des „Anderssein-Könnens"[212] oder gar des „Kulturwandels"[213] durch die Aktivität des Reisens, wobei Kulturwandel hier eher nicht auf das „Danach" im persönlichen Feld der reisenden Akteure bezogen wird, sondern vorwiegend auf allgemeinere „Wirkungszusammenhänge im Tourismus", auf Innovations- und Modernisierungsvorgänge auf Seiten der Touristen (Ausgangsgesellschaft) sowie nicht minder auf Seiten der Einheimischen (Zielgesellschaft).[214]

Anders gesagt: Eine Untersuchung von kulturellem Wandel müsste nicht nur Veränderungen von bestimmten – einzelnen – Handlungen und vor allem nicht nur das Veränderungspotential eines einzigen reisenden Menschen in den Blick nehmen; vielmehr ist dazu der Einbezug umfangreicherer sozialer und kultureller Einheiten bzw. Elemente notwendig, denn zentrale Faktoren bei der Bildung von Gruppen oder ganzen Gesellschaften sind miteinander geteilte Bedürfnisse, Gefühle, Interessen, Ideen, Vorstellungen, Weltanschauungen einschließlich daraus gefilterter Bewertungsmaßstäbe.[215] Und das gilt ebenso für die dazugehörige Untersuchung der Dynamiken zwischen Touristen, ihren Mit-Touristen, den bereisten Einheimischen sowie den Daheimgebliebenen als potentiellen wie auch realen Kommunikationspartnern.

Auch wenn bisweilen wissenschaftliche Texte unter Zuhilfenahme verschiedener Gedanken aus berufenem philosophischen Mund (etwa von Jean-Paul Sartre, Martin Heidegger, Hans Blumenberg oder Bernhard Waldenfels) entstehen,[216] so kann man doch durchaus den Eindruck gewinnen, dass bisherige theoretische Grundlagen der multidisziplinären Tourismusforschung eher nicht ausreichen, um die hier angesprochenen Vorstellungs- und Handlungs-Zusammenhänge adäquat beschreiben und einer Analyse unterziehen zu können, Konstruktive Ansätze bietet etwa

---

[211] de Beauvoir (1961) 1987, S. 232.
[212] Wöhler 2012; vgl. das Unterkapitel bei MacCannell 2001, S. 383-384: „Is it Possible to Experience ‚Otherness' While on Tour?" sowie das Kapitel „Ein anderer werden", in: Politycki 2017, S. 199-207.
[213] Vgl. Berkemeier / Callsen / Probst 2004.
[214] Fischer 1984, S. 28.
[215] Vgl. Gerndt 1997, S. 117.
[216] Vgl. etwa Wöhler 2012.

das Einführungswerk in die „Tourismusgeographie" von Jürgen Schmude und Philipp Namberger, welches ein umfangreiches Kapitel über „Wirkungen und Effekte des Tourismus" enthält. Dort werden die Beziehungen zwischen Tourismus und Ökonomie, Ökologie sowie Soziokultur als separate Handlungs- und Problembereiche wie auch, speziell unter dem Aspekt der Nachhaltigkeit, im Ensemble, in ihren wechselseitigen Beeinflussungen, erörtert. Für Kulturwissenschaftler sind dabei vorrangig die Ausführungen zum Verhältnis von Tourismus und Soziokultur von Interesse. Da geht es um einschlägige Belastungen auf Seiten der Reisenden und der Einheimischen, um räumliche und zeitliche Perspektiven, um die Differenzierung nach Demonstrations-, Imitations-, Identifikations- und Akkulturationseffekten, um die Gegenüberstellung von Quellgebiets- und Zielgebietskulturen sowie von Gäste- und Gastgeberkulturen, um nur die wichtigsten Themen zu benennen.[217] So problemorientiert und kritisch die beiden Autoren ihr Forschungsfeld aber auch konturieren, so lässt es sich bedauern, dass sie weitestgehend darauf verzichten, die persönliche Perspektive derartiger Kulturprozesse in ihre Darstellung einzubeziehen. Möglicherweise ist dieses Verfahren aber der disziplinären Herkunft der Autoren aus der Wirtschaftsgeographie geschuldet – und daher durchaus nachvollziehbar.

Ebenfalls aus der Geographie stammt der Autor eines Einführungswerks in die Marktstrukturen und Perspektiven des „Kulturtourismus", Albrecht Steinecke. Auch er unterscheidet nach ökonomischen, ökologischen sowie soziokulturellen Wirkungen des Tourismus; auch er befasst sich mit Risiken und Chancen dieser touristischen Sparte; auch er setzt sich mit Strategien der Nachhaltigkeit im gegebenen thematischen Kontext auseinander, aber auch er interessiert sich lediglich am Rande für Formen und Inhalte der persönlichen Reisefolgen, für das also, was, nach der Rückkehr der Akteure in heimische Gefilde, im jeweiligen Privatbereich in je eigener Weise passiert.[218]

Psychologie

Von Seiten der freizeitbezogenen Psychologie liegt eine Studie vor, die genau die hier zur Debatte stehenden Aspekte des touristischen Geschehens ausleuchtet, das individuelle Reisen, ergänzt um das vorübergehende, wie es heißt, „Leben im Ausland". Martina Zschocke unternimmt einen konstruktiven Versuch, diese beiden Formen des grenzüberschreitenden Un-

---

[217] Schmude / Namberger 2010, S. 86-116.
[218] Steinecke 2007, S. 15-25.

terwegsseins zu beschreiben und einer Analyse zu unterziehen. Die Zielsetzung, zeitlich begrenzte Fremdaufenthalte am Beispiel von Auslandsreisen und Auslandsaufenthalten untersuchen zu wollen, erinnert ein wenig an manche ältere Tourismus-Definitionen, die aber längst nicht mehr in der Lage sind, das aktuelle wie auch das vergangene touristische Geschehen adäquat zu erfassen. Gerade im Zusammenhang mit der zentralen Bedeutung der Rückkehr nach Hause, nach Abschluss einer Reise, erscheint es als wenig sinnvoll, Tourismus gewissermaßen zwangsläufig mit grenzüberschreitendem Reisen zusammenzudenken, da dann jeder Mensch, der von Würzburg, Jena oder Dortmund nach Sylt, Bodenmais oder in den Schwarzwald zu Urlaubszwecken reist, nicht als Tourist rangiert, sondern in den Genuss einer derartigen Kategorisierung erst dann gelangt, wenn die Reiseziele Sardinien oder Korsika, Grönland oder Mauritius heißen,[219] wobei nicht zur Berücksichtigung kommt, dass etwa norddeutschen Touristen möglicherweise ein Urlaubsaufenthalt in Oberbayern Fremderfahrungen vermittelt, die man selbst nicht von Aufenthalten in den Niederlanden oder in Skandinavien her kennt, oder dass etwa oberbayerische Touristen sich in manchen Gegenden Österreichs wie zu Hause fühlen können, während ein Besuch im deutschen Nordosten für sie eine Herausforderung in Sachen Überwindung von Fremdheitsgefühlen durchaus darstellen könnte. Interkulturell-grenzüberschreitende Begegnungen bieten keineswegs automatisch einen höheren Grad an Exotik als intrakulturelle, nicht-grenzüberschreitende, Begegnungen, zumal seit dem Beginn des Schengener Abkommens, welches ab 1995 den Verzicht auf Personenkontrollen an den gemeinsamen Grenzen zwischen den Mitgliedsstaaten der Europäischen Union festgelegt hat, gänzlich neue Formen von Fremdheitserfahrungen möglich geworden sind.

Doch ungeachtet dessen verfolgt Martina Zschocke konsequent das Ziel, mit ihrer Studie bestimmte Formen von neuerer Mobilität aus der Sicht der Sozialpsychologie untersuchen zu wollen, um durch Datenerhebung und Auswertung mittels Methoden der qualitativen Sozialforschung, im konkreten Fall auf der Basis von 72 teilstrukturierten Interviews, Grundlagenforschung betreiben zu können. Die dazu passende Hypothese lautet: „Der Aufenthalt in der Fremde kann die Sichtweise auf sich selbst und andere verändern".[220]

Reisen, das zeigt Zschockes Empirie, vermag dazu beizutragen, „eine möglichst große Anzahl der eigenen Fähigkeiten auszuleben oder diese zu erweitern", die, wie es heißt, „eigene Selbstwirksamkeitserwartung" zu erhöhen, „neue Verhaltensweisen zutage [zu] fördern oder die Möglichkeit [zu] bieten, sich von alten zu trennen", die „eigenen Kräfte und Fähig-

---

[219] Zschocke 2005, S. 15; vgl. Armanski 1978, S. 8; Prahl / Steinecke 1981b, S. 15.
[220] Zschocke 2005, S. 15, 146, 148, 334, Zitat S. 15.

keiten" zu erproben, das „Gefühl von Lebendigkeit" zu vermitteln, die „Vereinfachung des Lebens auf das Nötigste" zu ermöglichen sowie die Aspekte der Freiheit, Leichtigkeit und Schwerelosigkeit zu betonen, was in der Gesamtheit mehrheitlich positiv bewertet wird.[221] Beim Reisen finde, das zeigen Zschockes Befragungen, eine „Wahrnehmungsverschiebung im Verhältnis der Sinne" zueinander statt, was darin zum Ausdruck komme, dass das Sehen zwar nach wie vor eine wesentliche Rolle spiele, dass aber weitere Sinne eine immer stärkere Bedeutung als im Bereich des Alltagslebens daheim erlangen würden. [222]

Nun ist des Öfteren schon die Rede vom Sehen, vom Visuellen, von Bildern gewesen. Die Kulturwissenschaftlerin und Psychologin Gudrun Schwibbe führt, den einschlägigen Hintergrund ausleuchtend, vor, wie sich im 18. und dem frühen 19. Jahrhundert

> „im Spannungsfeld der philosophischen Diskurse des Rationalismus, Empirismus und Idealismus, der gesellschaftspolitischen Entwürfe von Aufklärung und Romantik und der bedeutenden Veränderungen in Medizin, Naturwissenschaften und Technik ein wissenschaftlicher und gesellschaftlicher Umbruch vollzog: Im Zuge der endgültigen Ablösung des aristotelischen Weltbildes wurden die Sinne ‚vertrauenswürdig' und die Wirklichkeit aus der sinnlichen Erfahrung heraus erklärbar".[223]

In ihrer Studie über „Die sinnliche Erfahrung der Stadt" wertet die Autorin eine Vielfalt von Textquellen, Bildquellen, Topographien, Studienschriften, Reiseberichten, Tagebüchern und weiteren autobiographischen Schriften sowie Briefen aus. Die dazugehörige Kontextanalyse geschieht anhand dreier thematischer Schwerpunkte, der Wahrnehmung der Stadt Göttingen, einschließlich der baulichen Ausstattung sowie des dort stattfindenden Alltagslebens, der Rezeption einer Auswahl von Sehenswürdigkeiten sowie, schließlich, des Blicks auf den Menschen und seinen Körper. Schwibbe gelangt zu dem Fazit, dass während ihres Untersuchungszeitraums die Sinne mehr und mehr erkenntnistheoretische Qualität zugesprochen bekommen, dass sie in dieser Funktion ernst genommen werden, wobei eine Hierarchisierung der Sinne unter besonderer Bevorzugung des Sehsinns stattfindet. Dieser Sehsinn wiederum erlebt Spezifizierungen, die von gesellschaftlichen Konventionen, gesamtgesellschaftlichen Entwick-

---

[221] Ebd., S. 178-180, 187, 191, 193, 196.
[222] Ebd., S. 216; vgl. Bruckner / Finkielkraut 1981, S. 52; Urry 2002, S. 2-3; zur Kritik speziell an Urrys Position vgl. Spode 2005, S. 142-144.
[223] Schwibbe 2002, S. 11.

lungen sowie den dazugehörigen Diskursen geprägt werden und stets Veränderungen unterliegen.[224]

In Auseinandersetzung mit Konzepten von John Urry bis Walter Benjamin und Maurice Merleau-Ponty bis Michel de Certeau liefert die schwedische Ethnologin Susanne Österlund-Pötzsch einen à la longue weiterführenden Entwurf, der Auskunft darüber gibt, dass sich speziell beim Reisen unter anderem auch eine spezifische Fortbewegungsart ausmachen lasse und wie man sich einem Zusammenwirken von Blicken und Bewegungen nähern könne:

> „Analog zum touristischen Blick läuft die touristische Gangart auf Interaktionen mit der Umwelt hinaus, und sie kann definiert werden als eine Fortbewegungsform, deren Zweck darin besteht, eine größtmögliche Nähe zum eigenen Umfeld zu gewährleisten",

wobei der entscheidende Beitrag der fußläufigen Bewegung daher rühre, dass die Umwelt intensiver erlebt werden könne, mit dem Körper und dem Gehirn – nicht nur mit den Augen. Zudem biete die Kooperation verschiedener Sinne die Chance, ein erhöhtes Maß an Subjektivität und Individualität im Umgang mit touristischen Aktivitäten zu realisieren.[225] Martina Zschocke wiederum arbeitet heraus, dass Geruch, Gehör und Geschmack gleichermaßen eine zentrale Rolle im Handlungsfeld des Reisens einnehmen.[226] Es scheint gar eine Art von Hierarchie der Sinne zu geben, worauf aus psychiatrischer Sicht Mazda Adli verweist: Im Rahmen der menschlichen Entwicklungsgeschichte müsse der Geruchssinn zum einen als der älteste der fünf Sinne betrachtet werden; zum anderen zeichne er sich dadurch aus, dass er „auf direktem Wege mit unseren Emotionen und Erinnerungen verbunden" sei. Zudem kursiere die auf Forschung basierende These, der zufolge „der Geruch eines bestimmten Ortes der Eindruck von ihm ist, der sich am deutlichsten auf unsere Emotionen niederschlägt".[227]

Wer würde das bezweifeln wollen? Man denke nur an die letzte eigene Reise etwa nach Italien: Man geht eine belebte Straße entlang oder schlendert über einen Markt – und man hört menschliche Stimmen in einer Ballung, auf die man zuhause in vergleichbaren Situationen niemals stoßen würde; man geht in einen Lebensmittelladen – und es riecht vollkommen anders als daheim, denn da gibt es zum Beispiel andere Wurst- und Käsesorten sowie Gewürze im Angebot, deren sehr spezieller Geruch einem

---

[224] Ebd., S. 280-281.
[225] Österlund-Pötzsch 2010, S. 16-17 (Übersetzung BRL).
[226] Zschocke 2005, S. 215-216.
[227] Adli 2017, S. 271.

bereits bei der Klassenfahrt nach Rom im Jahr 1967 erstmals aufgefallen ist; und schließlich nimmt man in einem Restaurant Platz zum Essen und erlebt ein ganzes Spektrum an neuen Geschmacks- und darüber hinaus eben Geruchserfahrungen, selbst wenn man zufälligerweise in der deutschen Heimatstadt mehrfach pro Monat „beim Italiener" einkehren sollte.[228]

Es scheint so, als ob man Simone de Beauvoirs Einschätzung vom Gewicht und der Bedeutung, welche die verschiedenen Sinne besitzen, als durchaus einseitig bezeichnen kann. In einer ihrer autobiographischen Schriften konstatiert sie nämlich:

> „Reisen: das war immer einer meiner brennendsten Wünsche gewesen. Wie sehnsüchtig hatte ich damals Zazas Bericht gelauscht, als sie aus Italien zurückgekommen war! Von den fünf Sinnen schien mir einer bei weitem der wichtigste zu sein: das Sehen. [...]. Die Vorstellung, sechs Wochen lang nur zu reisen und zu schauen, begeisterte mich".[229]

Und dann gibt es da noch die viel tiefergreifenden Umformungen im Bereich der Identität, von denen Martina Zschocke drei als zentral hervorhebt, zum ersten „Veränderungen von Selbst und Persönlichkeit", zum zweiten „Verhaltensveränderungen" sowie zum dritten „Wertveränderungen bzw. Stabilisierung". Zur ersten Kategorie gehören reiseinduzierte Tendenzen zur eigenen Befreiung von den Ansprüchen und Erwartungen anderer Menschen, zur Distanzierung von vertrauten kulturellen Normen, zum Ausloten eigener Grenzen, zur Konzentration auf die eigene Authentizität, zur Erweiterung des Selbstbildes sowie zur Erhöhung des Selbstvertrauens. Die zweite Kategorie umfasst eine Vielzahl von Vorgängen, die vom Ablegen etablierter Gewohnheiten über das Aneignen bisher fremder Kulturtechniken bis hin zur Modifikation eigener Verhaltensformen, etwa im Handlungsfeld von Kommunikation und Interaktion, reichen. Die dritte Kategorie der Identitäts-Umformungen bezieht sich auf sieben thematische Bündel, welche die Autorin folgendermaßen bezeichnet: „Toleranz und Offenheit; Aktivitätsorientierung; Abnahme materieller Orientierung; Unsicherheitstoleranz; Tendenz zu weniger Konformität und Veränderung in der Zeitorientierung" sowie in der relationalen, also auf das eigene wie auch auf das fremde soziokulturelle Umfeld bezogenen, Orientierung.[230]

---

[228] Vgl. Thoms 2006.
[229] de Beauvoir (1961) 1987, S. 73.
[230] Zschocke 2005, S. 258, 271-281, 283-292, Zitat S. 284.

Es ist der Autorin mit ihrer Studie „Mobilität in der Postmoderne" auf jeden Fall gelungen, wissenschaftliches Neuland zu betreten, indem sie einen ausgesprochen komplexen Beitrag zur Erkundung tourismusbezogener Reisefolgen geliefert hat. Der gewählte Ansatz schließt durchaus – und zwar ganz bewusst – alltagskulturwissenschaftliche Themenbehandlungen mit ein, die sich etwa dann zeigen, wenn einfachste und möglicherweise als banal empfundene Handlungen der Akteure in die Analyse miteinbezogen werden, die Übernahme von „Kleinigkeiten" wie Kaffeetrinken aus Pappbechern, in den USA kennengelernt und in Berlin praktiziert, oder die Einführung einer italienischen Espressomaschine in den eigenen hiesigen Haushalt.[231] Wird eher sporadisch darauf eingegangen, dass die von den Kontaktpersonen selbst ins Spiel gebrachten, ganz konkreten reisebedingten Veränderungen wie beispielsweise das erhöhte Maß an Offenheit und die insgesamt zu registrierende Schärfung der eigenen Wahrnehmung „oft noch über die Reise hinweg"[232] anhalten, so ist es geradewegs zu bedauern, dass diesem Aspekt nur geringfügige Beachtung geschenkt wird, denn immerhin verweist er direkt auf die Entwicklung soziokultureller Nachhaltigkeit und damit auf ein umfassendes Konzept zur Lösung zentraler Probleme der Menschheit.

Als ein wesentliches Charakteristikum von Urlaubsreisen betrachtet der Tourismusforscher Jörn W. Mundt das „Erleben anderer Zeitstrukturen", was dadurch zustande komme, dass die „Erlebnisdichte von nicht alltäglichen Eindrücken und Handlungen" zu einem, wie er das nennt, „Gefühl der Zeitverlängerung" führe, wobei er hinzufügt, dass dies „allerdings fast ausschließlich während der Reise und vielleicht noch für eine kurze Zeit nach der Heimkehr" gelte, gewissermaßen bevor die als normal empfundenen, alltäglichen Geschehnisse wieder die Oberhand gewönnen.[233] Zweifellos teilt man während einer Urlaubsreise die zur eigenen Verfügung stehende Zeit anders ein, indem man etwa später aufsteht, später zu Bett geht, nicht arbeitet, dafür Freizeitaktivitäten verrichtet, sich anders ernährt, sich anders kleidet und vieles weitere mehr. Mundts Beweisführung kommt ausgesprochen freihändig daher, ohne Einbezug jeglicher Beispiele als Belege für seine These, womit er sich eine erkenntnisfördernde Chance entgehen lässt, denn genau darum geht es doch in der Diskussion darüber, was die Partizipation am massenhaften oder auch nicht-massenhaften Tourismus eigentlich bewirkt: Wie kommt es dazu, dass wir alle immer wieder an dieser Form von Mobilität partizipieren, gleich ob einmal oder mehrere Male pro Jahr, und was führt dazu, dass der urlaubsinduzierte Verände-

---

[231] Ebd., S. 231.
[232] Ebd., S. 212; vgl. zur Einstellungsänderung durch Fernreisen allgemein Gast-Gampe 1993.
[233] Mundt 1998, S. 170, 172.

rungseffekt, zumindest nach Mundts Angaben, nur über eine so kurze Gültigkeitsdauer verfügt, dass man bisweilen konfrontiert wird mit „dem etwas enttäuschenden Gefühl, das so ist, ‚als sei man nie weggewesen'"[234] – oder dass mittlerweile gar spezielle Apps konstruiert werden, welche den Urlaubseffekt verlängern helfen sollen? Die vierte Auflage von Mundts Einführungswerk, im Jahr 2013 erschienen unter dem Titel „Tourismus", nicht mehr „Einführung in den Tourismus" wie noch 1998, zeigt, dass der Autor weder seine Ausführungen zur Dauer des „Gefühl[s] der Zeitverlängerung" überarbeitet noch zur Kenntnis genommen hat,[235] dass der einschlägige Forschungsstand einer beträchtlichen Erweiterung unterzogen wurde; dabei hätte schon allein eine Auseinandersetzung mit Martina Zschockes Studie sein eigenes Werk mit zahlreichen konkreten Befunden bereichern können.

Weitere zwei für meinen Argumentationszusammenhang wertvolle Projekte aus dem Bereich der Psychologie haben sich darüber hinaus im Laufe der Karriere von Mundts Einführungswerk zu veritablen Publikationen entfaltet, zum einen zwei Studien zum Verhältnis von Reisen und seelischem Wohlbefinden aus der Feder von Bettina Graf sowie, zum zweiten, ein ganzes Konvolut von Texten zu Problemen der Urlaubsverbringung und deren Aus- und Nachwirkungen, welche von beziehungsweise im Umfeld von der in Deutschland geborenen und nach Erwerb ihrer akademischen Qualifikationen in den Niederlanden nunmehr an der Universität von Tampere in Finnland lehrenden Gesundheits-, Arbeits- und Organisationspsychologin Jessica de Bloom verfasst worden sind.

Die beiden Publikationen der Psychologin Bettina Graf gehen auf ihr Dissertations-Projekt zurück, bei dem sie anhand der Gegenüberstellung von sogenannten Travellern (Alleinreisenden mit Rucksack und Zielen im europäischen Ausland) und Wohnwagentouristen (zusammen mit anderen Reisenden mit weitgehend innerdeutschen Zielen) den übergeordneten Fragen nachgeht: „Was steht hinter dem Drang nach Mobilität? Welche psychischen Veränderungen werden durch das Reisen hervorgerufen?".[236] Die auf eigener Empirie beruhenden Untersuchungsergebnisse fördern unter anderem die folgenden Erkenntnisse zutage: Wohnwagenurlauber empfinden die mit der Heimkehr von der Reise einsetzenden Übergänge als weich und fließend, Traveller dagegen als hart und abrupt; bei der ersteren Gruppe überwiegen, was den psychologischen Nutzen der Reise betrifft, die Funktionen der Regenerierung und Stabilisierung der eigenen Psyche und Physis, während es den Travellern eher um das Erleben von Veränderungen im Sinne von persönlicher Weiterentwicklung und Entfaltung geht

---

[234] Ebd., S. 172.
[235] Vgl. ders. 2013, S. 170, 570.
[236] Graf 2002, S. 9.

und somit dynamisierende Elemente im Vordergrund stehen. Gemeinsam ist beiden Gruppen, dass zwischenmenschliche Kontakte während des Urlaubs als bedeutungsvoller empfunden werden als im Alltagsleben daheim und dass das Reisen, als eher egozentrische Aktivität, die Gelegenheit bieten kann, dass Wünsche und Träume, zumindest partiell, erfüllt werden. Von der „heilsamen Kraft von Urlaub und Reisen" ist die Rede, wobei auf eine Forschungslücke aufmerksam gemacht wird:

> „Woran es liegt, ob ein Transfer der therapeutischen Erfahrungen in den Alltag gelingt oder nicht, ist eine wichtige Frage, deren Beantwortung weiter aussteht."[237]

Die vorgenannte Autorin Jessica de Bloom hat, zusätzlich zu ihrer Dissertation, zusammen mit mehreren Kolleginnen und Kollegen aus unterschiedlichen Ländern seit dem Jahr 2009 eine Vielzahl von Aufsatzveröffentlichungen vorgelegt, die sich zentral mit Problemen der Urlaubsverbringung und deren Auswirkungen befassen.[238] Stets geht es ihren empirischen Studien darum, mittels quantitativer Längsschnittanalysen einem Bündel von Fragen nachzugehen, die um Entlastungs- beziehungsweise Erholungseffekte von Urlaubsreisen, um Möglichkeiten der Wiederherstellung von Gesundheit und Wohlbefinden, um dazugehörige Aktivitäten und Erlebnisse sowie um Eigenart und Zeitdauer dieser Nachwirkungen kreisen, schließlich, wie und durch wessen Bemühungen man positive Auswirkungen sichern und ausbauen kann, was auch für den Wissenschaftsbetrieb gelte. Untersucht wurden verschiedene Personenkreise von niederländischen Berufstätigen, von denen die ersten einen neuntägigen Skiurlaub, die nächsten einen vier- bis fünftägigen Kurzurlaub und wiederum andere einen längeren Sommerurlaub im Umfang von durchschnittlich gut drei Wochen verbracht und somit unterschiedliche Auszeiten vom Arbeitsleben erfahren haben. Die Befunde fallen zunächst positiv aus: Gesundheit und Wohlbefinden verbessern sich während der Urlaubsreisen beziehungsweise während der Aufenthalte in der Fremde, wobei sich diese Prozesse erst nach einigen wenigen Tagen einstellen; vielfältige Aktivitäten und Erlebnisse zeitigen unterstützende Wirkungen; aber es wird registriert, dass die positiven Effekte in der Nach-Urlaubs-Zeit binnen nur weniger Tage,[239] bisweilen gar, wie ein weiteres Forschungsprojekt herausgearbeitet hat, erst zwei bis vier Wochen nach Wiederaufnahme der eigenen Arbeit weitgehend verblassen,[240] so dass man sich berechtigterweise fragen muss, warum und

---

[237] Ebd., S. 185, 209, 231, 262, Zitat S. 259; vgl. dies. 2003, S. 59-61.
[238] de Bloom 2011, 2012, 2015; de Bloom u.a. 2009, 2010, 2014.
[239] de Bloom 2012, S. 45-49, 72-73, 127-128, 200.
[240] Kühnel / Sonnentag 2011, S. 125, 138.

wie es dazu kommt, dass „alle Welt", wie Theodor Fontane gesagt haben würde,[241] dann überhaupt einen bekanntermaßen komplexen und gesellschaftsübergreifenden Aufwand rund um das Reisen, im Sinne von Urlaubmachen, als Teil des „Weltsystems" oder „Megaphänomens"[242] massenhafter Tourismus, betreibt.

Die unterschiedlichen, kritisch und zugleich selbstkritisch ausgerichteten empirischen Studien aus dem Fach Psychologie liefern Verbesserungsvorschläge für die weitere Forschung,[243] wobei sie mit diesen an dem eigenen Befund anknüpfen, demzufolge, von der Tendenz her, Nicht-Urlauber öfter krank werden als Urlauber, ja, dass sie sogar früher sterben als jene Menschen, die in regelmäßigen Abständen Urlaub nehmen und verreisen.[244] Allerdings bleibt festzuhalten, dass der gewählte Forschungsansatz im Rahmen von weitgehend durchgängiger formaler Problem-Betrachtung verharrt; dennoch ist es von zentraler Relevanz, dass er auf jeden Fall quantitativ ermittelte Anhaltspunkte für qualitatives Weiterarbeiten bereitzustellen vermag. Darin besteht seine ausdrückliche Leistung. In diesem Zusammenhang ist zu beachten: Sämtliche der untersuchten Aktivitäten von der umfassenden und übergreifenden Urlaubsreise bis hin zu einzelnen Handlungsfeldern begrenzten Umfangs verfügen über eine bestimmte inhaltliche Dimension, über Bedeutungen (für die Handelnden selbst, für ihre Bezugsgruppe wie auch für die jeweilige Gesellschaft) und somit über jene Qualität, welche der Soziologe Max Weber (1864-1920) als „subjektiven Sinn" bezeichnet,[245] worauf die hier angesprochenen Forschungen jedoch nur eher marginal eingehen.

Drei beispielhafte Themenbehandlungen bieten sich zur weiteren Diskussion an: So wird Urlaub etwa als Möglichkeit gesehen, „die Bedeutsamkeit von Arbeit zu relativieren",[246] ohne dass dabei berücksichtigt werden würde, dass es durchaus Menschen gibt, die für, durch und in ihrer Arbeit leben, ja geradezu in dieser aufgehen, Menschen, für die Arbeit also nicht zwangsläufig einen eher negativ bewerteten Lebensbereich darstellt. Arbeit spielt sich, ohne jeden Zweifel, für das Gros der Weltbevölkerung tatsächlich in Form von tagtäglicher Erwerbstätigkeit ab; sie stellt eine materielle Notwendigkeit dar. Damit verbunden ist der folgende Sachverhalt: „Für das handelnde Individuum sind das Erwartungen, Zumutungen, die von außen an es herangetragen werden. Arbeitshandeln ist aber für das Individuum mehr. Es empfindet Freude oder Leid bei der Arbeit, es bildet sich bei

---

[241] Fontane (1873) 2007, S. 5.
[242] Gyr 2001, S. 469.
[243] Vgl. de Bloom 2012, S. 217: „Empfehlungen für Urlaubsforschung".
[244] Ebd., S. 183, 216; Kühnel / Sonnentag 2011, S. 140.
[245] Weber (1921) 1980, S. 1.
[246] de Bloom 2012, S. 216.

der Arbeit oder wird durch sie entfremdet".[247] Es ginge also darum, zu erkunden, was die Arbeit für den Menschen selbst bedeutet; es müsste der Versuch unternommen werden, die subjektive Seite des menschlichen Arbeitshandelns zu berücksichtigen, sie stärker in den Mittelpunkt der Betrachtung zu rücken, um auf dieser Basis das jeweilige konkrete Urlaubsverhalten fundiert, qualitativ und quantitativ, einschätzen zu können. Und darüber hinaus müsste der Frage nachgegangen werden, ob es nicht viel wichtiger für die Beschäftigten ist, „mehr Freiheit am Arbeitsplatz" zu erlangen:

> „In vielen Berufen ist zum Beispiel die ständige Präsenz am Arbeitsplatz gar nicht mehr unbedingt notwendig. Schließlich ermöglichen es Internet, E-Mail und Videokonferenzen mittlerweile, überall erreichbar zu sein – selbst in einem Strandcafé, unter Palmen oder im Stadtpark. Setzt man die moderne Technik klug ein, lassen sich dem starren Büroalltag zum Teil ungeahnte Freiheitsgrade abgewinnen",[248]

was während der Corona-Pandemie im Jahr 2020 weltweit in die Praxis umgesetzt wurde, aber zweifellos nur für bestimmte Branchen sowie Sektoren gilt.

Oder nehmen wir die Ausführungen zur Urlaubsaktivität Lesen, die, wie Fernsehen, als passive Aktivität betrachtet wird, ohne dass es zur Klärung dessen kommt, worin der Unterschied zwischen dem Lesen eines, wie es heißt, Buches generell oder eines bestimmten Buches einer ganz bestimmten Gattung, etwa eines Romans, besteht, um welche Lesestoffe es sich in den konkreten Fällen genau handelt, was den Lesenden im Laufe ihrer Lektüren, etwa eines Romans von Sally Rooney oder Paul Nizon, Assia Djebar oder Amos Oz, abverlangt wird, und vor allen Dingen, welche inhaltlich-thematischen Qualitäten und damit Funktionen diese Beschäftigungen erfüllen (sollen).[249] Das Gleiche gilt für den Umgang mit Urlaubserinnerungen, die als potentielle Pufferzonen „gegen zukünftigen Stress", aber nicht im Lichte etwa der übergreifenden kulturwissenschaftlichen Gedächtnisforschung im Hinblick auf den kommunikativen Wert derselben betrachtet werden, gleich ob in ihrer Funktion und damit Wertigkeit für die Akteure selbst oder für die jeweilige eigene Bezugsgruppe.[250]

---

[247] Beck / Spittler 1996, S. 5-6; vgl. den von Krista Federspiel und Hans Weiss 1990 herausgegebenen Sammelband, der fünfzig Porträts unter dem Aspekt „Arbeit" aus beiden Teilen Deutschlands präsentiert.
[248] Schnabel 2010, S. 246-249, Zitat S. 247.
[249] de Bloom 2012, S. 113, 119, 175.
[250] Ebd., S. 157, 183, 201, 216; vgl. Assmann 2002.

Zudem ist, gerade angesichts der Tatsache, dass die hier angesprochenen psychologischen Studien sich ausschließlich auf die Auswertung von Selbstauskünften stützen,[251] mit Nachdruck an das Verdikt des Soziologen und Ethnologen Gerd Spittler zu erinnern, demzufolge die „Annahme, dass die Aussagen der Informanten" über ihr eigenes „Denken und Handeln wirklich Aufschluss geben", durchaus naiv sei: „Häufig handelt es sich um nachträgliche Rationalisierungen",[252] was ihn selbst dazu bringt, sich bei seinen Feldforschungen stärker auf die Methode der teilnehmenden Beobachtung, im Sinne einer dichten Teilnahme, zu konzentrieren. Diese allerdings ließe sich, so muss realistischer Weise eingewandt werden, im konkreten Fall der Erforschung von touristischen Reisefolgen nur mit einem erheblichen Aufwand realisieren, denn dazu wäre es nötig, gleichermaßen sämtliche Phasen einer Urlaubsreise in den Blick zu nehmen, die touristischen Akteure gewissermaßen durchgängig zu begleiten, sie, zum Zweck erster Beobachtungs- und Gesprächserfahrungen, im häuslichen Milieu aufzusuchen, systematische Beobachtungen (etwa beim Kofferpacken oder beim Zusammenstellen der Reiselektüre) und Befragungen (etwa über die Reiseroute oder die Auswahl der Unterkünfte, Aktivitäten, Sehenswürdigkeiten) zu beginnen sowie konsequent zu verfolgen und außerdem jene Praxis aktiv anzugehen, die der Soziologe Dean MacCannell im Wesentlichen als einen vorläufigen vergleichenden Forschungsansatz betrachtet, welcher darauf hinausläuft, den Touristen auf Schritt und Tritt zu folgen,[253] was auch während des Urlaubs der Akteure zu geschehen hätte. Das aber würde umso mehr die grundsätzliche Bereitschaft voraussetzen, sich tatsächlich des komplexen Forschungsdesigns der von dem Anthropologen George Marcus konzipierten mehrörtigen ethnographischen Forschung („multi-sited ethnography")[254] zu bedienen. Die zeitgenössische Kritik an Dean MacCannell, er habe in seiner Touristen-Studie in methodischer Hinsicht zu sehr darauf gebaut, das Verhalten der Touristen direkt zu untersuchen und nicht deren eigene Repräsentationen vom touristischen Geschehen,[255] ließe sich mühelos im Forschungsdesign berücksichtigen, wenn man, wie bereits angedeutet, die Nach-Urlaubszeit ebenso intensiv untersucht wie die Vor-Urlaubszeit, dies als Phase der Herausbildung des eigenen Vorhabens, sowie den eigentlichen Urlaub, selbstverständlich unter Zuhilfenahme einer Vielfalt von Methoden, wozu auch die Untersuchung jenes Bereiches zu zählen ist, den wir materielle Kultur nennen – und der von urlaubsbezogenen Ausstattungs- und Ausrüstungsgegenständen bis

---

[251] Kühnel / Sonnentag 2011, S. 138.
[252] Spittler 2001, S. 21.
[253] MacCannell 1976, S. 174.
[254] Marcus 1995.
[255] Thurot 1983, S. 175.

hin zu Erinnerungsobjekten reicht.[256] Das Methodenspektrum sollte darüber hinaus, und das lässt sich durchaus als Anregung von Seiten der Kritik verstehen, Auseinandersetzungen mit dem Umfeld der Touristen und dessen eigenen Repräsentationen einbeziehen, wozu es auch gehören dürfte, Erkundungen darüber anzustellen, wie die etwa von Jessica de Bloom befragten Akteure selbst mit dem Tatbestand umgehen, dass die positiven, kreativen, konstruktiven, entspannenden und das Bewusstsein erweiternden Auswirkungen von Urlaubsreisen über eine lediglich kurze Geltungsdauer innerhalb ihres eigenen Lebens verfügen und einen verhältnismäßig begrenzten Raum einnehmen.

In einer aktuellen, von ihrem Autor selbst, aus meiner Sicht allerdings vollkommen zu Unrecht, als „essayistisch" gekennzeichneten Aufsatzveröffentlichung nähert sich der Wirtschaftspsychologe Martin Lohmann dem hier verhandelten Thema der touristischen Reisefolgen von einer ganz anderen, nämlich übergreifenden Fragestellung her. „Machen Urlaubsreisen glücklich?", so lautet der Titel des Textes, wobei „Glück" als ein potentieller Reiseeffekt betrachtet wird und die konkreteren, bisher vernachlässigten Forschungsfragen wie folgt lauten: „Finden denn die Ferienmenschen, was sie suchen? Was haben sie tatsächlich von ihrer Reise?". Unterschieden wird nach kurzfristigen Effekten, die sich bereits während der Reise einstellen (Glück, Abenteuer, Entzückung, Ärger, Wohlbefinden, Staunen, Besorgnis), sowie nach längerfristigen, über den Zeitraum der Reise anhaltenden Nachwirkungen (Gesundheit / Krankheit, Erholung, Wissen, soziale Anerkennung), wobei die kurzfristigen in den längerfristigen Aus- und Nachwirkungen aufgehen können. In diesem Zusammenhang wird, eher beiläufig, eine Art von wissenschaftshistorischer Korrektur vorgenommen: Die Geschichtswissenschaft ist keineswegs die erste Disziplin, die sich der Reisefolgenforschung widmet; bereits in den 1920er Jahren gab es Ansätze einer „Kurerfolgsforschung", einer Vorstufe heutiger, wie Lohmann das nennt, „Urlaubsreiseeffektforschung".[257] Und wie diese, vor allem psychologischer Provenienz, arbeiten könnte, das wird in einer Art Mélange aus Überblick und Skizze am Beispiel des Reiseeffekts „Glück" vorgeführt, wobei man gespannt sein darf, wie die vorläufig formulierten, aus früheren Studien abgeleiteten Untersuchungskategorien wie Natur, Zusammensein, Erinnerung, Erfolg („etwas geschafft haben") und spirituelle Erfahrung Eingang finden in ein erst noch aufzustellendes detailliertes Kategoriensystem, einschließlich der weiteren Bestandteile eines sozialwissenschaftlich fundierten Forschungsdesigns. Und eventuell erweist es sich als sinnvoll, in diesem Zusammenhang auch auf kulturwissenschaftliche Kategorien zurückzugreifen, um die Beschreibung, Analyse und Interpretation der

---

[256] Vgl. Köstlin 1991; Canestrini 2001; Moser / Seidl 2009; Gyr 2014.
[257] Lohmann 2019, S. 15, 17-20.

konkreten Objektivationen und der dazugehörigen Subjektivationen leisten zu können, gleich ob es im konkreten Fall um den Bereich „materielle", „soziale" oder „geistige" Kultur oder, anders formuliert, den Bereich der „Kulturgüter" oder den der „Handlungen" geht.[258] Da könnten dann zusätzliche Kategorien auftauchen wie etwa kulturelle Aneignung (fremder Kulturen), Integration (von Urlaubsbezogenem in den heimischen Alltag), Kommunikation (Begegnungen), Bildung (allgemeine Erweiterung des eigenen Horizontes), Innovation (Entdeckung neuer Urlaubsländer, -orte, -aktivitäten), Kreativität (Erweiterung des eigenen Handlungsspektrums), Identität (Auseinandersetzung mit Selbst- und Fremdzuschreibungen, etwa in Hinblick auf das Erleben kultureller, ethnischer, sozialer, ökonomischer, politischer, sexueller Vielfalt), um nur einige wenige Beispiele zu benennen. Diese lassen sich ihrerseits ergänzen durch manche jener Kategorien, die der wirtschaftswissenschaftliche Tourismusforscher Stephen Page in die Diskussion eingebracht hat, so etwa generell die Erfüllung von Wünschen, die Intensivierung der Familienbande und, nicht zuletzt, den „Prestigegewinn, dies angesichts des Tatbestandes, dass verschiedene Reiseziele dafür sorgen können, dass man eine soziale Aufwertung unter Seinesgleichen erfährt".[259] Ungeachtet all dessen vermittelt uns Lohmanns Text unmissverständlich, dass es mittlerweile mehrere Disziplinen aus unterschiedlichen Fakultäten gibt, die an der Erforschung von urlaubsbezogenen Reisefolgen arbeiten.

Anthropologie

Auch wenn sich die hier vorwiegend angesprochenen psychologischen von beispielsweise kulturwissenschaftlichen Forschungen unter methodischen und methodologischen Gesichtspunkten deutlich unterscheiden, so entsprechen sie letzteren doch in strategischer Hinsicht, dies „auch außerhalb der Marketingperspektive":[260] Sie formulieren, allerdings eher lakonisch, Vorschläge, wie sich die reisenden Akteure selbst „gut" auf ihre Urlaubsreisen und Urlaubsaufenthalte vorbereiten sollten – und wer darüber hinaus dazu beitragen könnte, dass die vorübergehende Abwesenheit vom Arbeitsplatz in Bezug auf die Stabilisierung beziehungsweise Verbesserung von Gesundheit und allgemeinem Wohlbefinden von Erfolg gekrönt sein würde. Dazu formuliert Jessica de Bloom in einer ihrer Studien eine Reihe von Vorschlägen gegenüber Arbeitgebern einerseits sowie der Politik andererseits. Die ersteren werden aufgefordert, dafür zu sorgen, dass

---

[258] Gerndt 1997, S. 75; Wiegelmann 1970, S. 189.
[259] Page 1995, S. 25 (Übersetzung BRL).
[260] Lohmann 2019, S. 26.

Arbeitnehmer den ihnen zustehenden Urlaub tatsächlich antreten, auch etwa in Form mehrerer Kurzurlaube, und nicht Urlaubstage „horten", darüber hinaus, dass auch „längere" Urlaube gewährt werden, um das Aufkommen von Stress bei der Arbeit verhindern und die Wiederherstellung von Wohlbefinden garantieren zu können. Die Politik hingegen solle die einschlägigen rechtlichen Bedingungen schaffen, damit die genannten Ziele, Urlaub als Erholung von der Arbeitsbelastung, realisiert werden können.[261]

Weit schärfer und direkter argumentiert der italienische Tourismusforscher Duccio Canestrini, wenn er die folgende Kritik formuliert:

> „Es stimmt, dass wir ein großes Bedürfnis nach Ausbruch haben, aber Ferien müssen wir ganz einfach deshalb machen, weil das System unserer Erholung bedarf. Wenn man uns die Abreaktionsmöglichkeiten der Ferien wegnähme, bräche eine planetare Revolte aus".

Daraus zieht er den Schluss:

> „Es gibt also eine Pflicht auf Urlaub als auch eine Pflicht auf Tourismus, das heißt auf Mobilität in der arbeitsfreien Zeit. Tourismus ist ein Muss, weil er dem Produktionssektor dient und der Pflege der Arbeitskraft".[262]

Damit wären wesentliche Funktionen, also Bedeutungen, des touristischen Unterwegsseins für das jeweilige Wirtschaftssystem und für die im Zentrum meiner Darstellung stehenden, dortselbst tagtäglich Tätigen benannt. Wenn „Arbeitskräfte" das Kulturmuster „touristisches Reisen" annehmen und übernehmen, dann zeigt das auch, dass, historisch gesehen, mehrere verschiedene äußere und innere Grundbedingungen bereits erfüllt sind: Eine ausreichende Menge an arbeitsfreier Zeit steht zur Verfügung; sie wird benötigt, um die touristischen Freizeitaktivitäten auszuüben. Das Gleiche gilt für ein diese Aktivitäten ermöglichendes Einkommen sowie für die gesellschaftliche, die gruppenspezifische und die individuelle Akzeptanz dessen, was man unter touristischen Freizeitaktivitäten versteht.[263] Allgemein formuliert, gilt es hier zu erörtern, welche Funktionen dieser Aktivitäten die multidisziplinäre Forschungsliteratur bisher herausgearbeitet hat, Funktionen im Sinne von Bedeutungen für die eigentlichen Akteure, Funktionen, welche – als Reisefolgen – zu Veränderungen im Leben der Akteure führen können.

---

[261] de Bloom 2012, S. 217.
[262] Canestrini 2006, S. 134-135.
[263] Vgl. Becher 1990, S. 153-156.

In der Reise- und Tourismusforschung ist eine ganze Zeit lang jener Ansatz verbreitet gewesen, ein bestimmtes touristisches Motiv unmittelbar aus den konkreten Arbeitsverhältnissen eines bestimmten Akteurs oder einer bestimmten Akteurin als gewissermaßen zwangsläufige Folge herauszuarbeiten. Veranschaulichen lässt sich dies an jenem bereits angesprochenen tourismusbezogenen Einführungswerk von Jörn W. Mundt, welches unter anderem verschiedene Beschreibungs- und Erklärungsansätze diverser Wissenschaften parallel zueinander vorstellt, ohne sich für den einen oder anderen aus möglicherweise guten Gründen zu entscheiden. Da gibt es zum einen übergreifende Motivationsansätze; zu diesen gehören die Defizittheorie: Reisen als Flucht vor den als negativ empfundenen alltäglichen Verhältnissen (in Arbeit, Umwelt, Wohnung, Freizeit); die These vom Reisen als Suche nach verlorener Authentizität (versus Entfremdung in der Industriegesellschaft); den physiologischen Erklärungsansatz: Urlaub zum Abbau der kumulierten Ermüdungsstoffe (versus durchgängige physische und psychische Belastung); den psychologischen Erklärungsansatz I: Selbstverbesserung und symbolische Selbstergänzung (Ziel: Anerkennung, Bestätigung, Kompensation); den psychologischen Erklärungsansatz II: die Urlaubsreise als Kontrast zum Alltag (zeitweilige Ersetzung der alltäglichen Reize); den psychologischen Erklärungsansatz III: die Reise als Zeitverlängerung und Abmilderung der Wirkungen des Alltags (Umstrukturierung des Umgangs mit Zeiteinheiten). Zum zweiten gibt es spezielle Motivationsansätze, so die These vom Reisen zum Erhalt oder zur Förderung der Gesundheit; die These vom Ausleben von Sexualität als Reisemotiv; schließlich die These vom Reisen selbst als Motiv für das Reisen.[264]

In einem mehr als drei Jahrzehnte alten Band über die „Geographie des Freizeit- und Fremdenverkehrs" setzen sich die Autoren unter anderem auch mit zwei Ansätzen zur Typisierung von Urlaubern nach Urlaubsinteressen kritisch auseinander. Interessen verweisen direkt auf Motivationen, Beweggründe, Antriebskräfte, Wünsche, Erwartungen. Da geht es zum einen um eine gegenseitige Abgrenzung von so benannten Wandertypen, Freiraumtypen, Landschaftstypen, Rundfahrertypen, Promeniertypen, Sporttypen sowie Bildungstypen. Zum anderen werden einander gegenübergestellt: der S-Typ (Sonne-, Sand- und See-orientierter Erholungsurlauber), der F-Typ (Ferne- und Flirt-orientierter Erlebnisurlauber), der W-1-Typ (Wald- und Wander-orientierter Bewegungsurlauber), der W-2-Typ (Wald- und Wettkampf-orientierter Sporturlauber), der A-Typ (Abenteuer-Urlauber) sowie der B-Typ (Bildungs- und Besichtigungsurlauber).[265] In vergleichbarer Weise nehmen sich die beiden Autoren einer 2010 erschienenen Einführung in die Tourismusgeographie verschiedene

---

[264] Mundt 1998, S. 119-144.
[265] Kulinat / Steinecke 1984, S. 36-37.

Typologien kritisch vor, etwa soziodemographische, sozioökonomische und soziogeographische Merkmale von Touristen, Lebensphasengruppen, Urlauber-, Lebensstil- sowie Touristen- und Freizeit-Typen.[266]

Derartige Beschreibungs- und Erklärungsmodelle greifen, darauf wird immer wieder kritisch hingewiesen, viel zu kurz, weil sie völlig losgelöst psychologische Typenbildung betreiben, ohne die jeweiligen ökonomischen, geographischen, sozialen und kulturellen Hintergründe auch nur ansatzweise zu beleuchten. Zudem besteht die offenkundige Schwäche dieser Beschreibungs- und Erklärungsansätze darin, dass sie sich viel zu sehr für die Festlegung klar und eindeutig definierbarer Handlungstypen interessieren. Kann es nicht sein, dass reisende Menschen sich in der empirischen Realität stets zwei oder drei oder gar vier dieser Klassifikationsgruppen zuordnen lassen, dass sie also als Kombinationstypen agieren? Orvar Löfgren bezeichnet derartiges wissenschaftliches Tun als „plattfüßige Soziologie und phantasielose Psychologie", welche auf eine richtiggehende Tradition zurückblicken können und einer unglücklichen Verbindung zwischen Marktforschung und positivistischem Wissenschaftsverständnis entstammen. Er selbst dagegen plädiert dafür, die breite Palette von Aktivitäten, Zielen, Beförderungsmitteln und Beweggründen, die dem Tourismus innewohnen, um nur einige wenige Faktoren zu benennen, in ihrer Vielfalt ernst zu nehmen, um zu einer realistischen Einschätzung des tatsächlichen touristischen Geschehens in Vergangenheit und Gegenwart gelangen zu können.[267]

Überflüssig zu erwähnen, dass erst ein derartiges Vorgehen gewährleisten kann, zu fundierten Erkenntnissen darüber zu gelangen, ob es bei touristischen Aktivitäten stets primär um Erholung und Abwechslung gegenüber dem eigenen Normalalltag geht,[268] um die Befreiung von Stress, Ethnozentrismus, Ängsten und Konsumzwängen,[269] um Begegnungen mit fremden Menschen,[270] um Anregungen für alternative Verhaltensformen,[271] um Unterhaltung und Vergnügung,[272] um die Erfahrung eigener psychischer und physischer Grenzen,[273] auch um soziale Anerkennung,[274]

---

[266] Schmude / Namberger 2010, S. 61-66.
[267] Löfgren 1999, S. 267 (Übersetzung BRL).
[268] Bausinger 2015, S. 100.
[269] Canestrini 2006, S. 173-174.
[270] Bausinger 2015, S. 101; Luger (2010) 2018.
[271] Bausinger 2015, S. 102; Schnabel 2010, S. 201-258; Wöhler 2011d.
[272] Urry 2002, S. 74-93; Hennig 1999, S. 72-101; Wöhler 2010.
[273] Damm 1995, S. 149-150.
[274] Vester 1999, S. 55, 78, 81.

um nur einige wenige Funktionen zu benennen, wobei die These von Ingrid Thurner von durchaus zentralem Gewicht sein könnte:

> „Es geht im Tourismus nicht um Erkenntnis, nicht darum, fremde Welten kennen zu lernen [...]. Die touristische Wahrnehmung sucht nicht, das Fremde zu verstehen, sondern macht sich das Fremde aufgrund von kollektiven Fantasien und individuellen Bedürfnissen zurecht".

Und weiter heißt es:

> „Wenn also die Tourismuskritik dem Tourismus Realitätsferne vorwirft, geht das am Tourismus vorbei, die Kritik trifft ihn gar nicht, weil er ja keine Realität sucht".[275]

---

[275] Thurner 2013, S. 174; vgl. Hennig 1999, S. 53-59.

Von Handlungen und Wandlungen während der Reise

„Die Fremde begann in der nächstgrößeren Stadt. Der Rest der Welt war unwirklich" (Annie Ernaux 2019).[276]

„Wie eigenartig war es früher für mich, […], dass die aus der Ferne glänzenden Orte, allen voran Paris und Rom, und die berühmten Landschaften wirklich irdisch existierten! Es war erschreckend, ernüchternd, es verminderte sie, wenn man sie sah und dass man sie sah" (Brigitte Kronauer 2016).[277]

„Menschenskind, Mecki, ruft es vom Nebentisch.
Heulendes Elend am Strand. Umständehalber
schmelzen Peseten. Zufallsbekanntschaften,
sehnsüchtig eingekremt. […]
Ekelhaft, dieser Tintenfisch auf dem Teller.
Das gähnende Zimmer. Sand in den Handtüchern.
[…]
Die Dusche riecht muffig. Auf der Straße kichert es.
Motorräder starten. Dann ist nur noch das Meer da, das in der Ferne ächzt. […]"
(Hans Magnus Enzensberger 1980).[278]

„Wer schreibt keine Ansichtskarten aus Capri?"
(Hans Magnus Enzensberger 1960).[279]

---

[276] Ernaux 2019, S. 37.
[277] Kronauer 2016, S. 308.
[278] Enzensberger (1980) 1999, S. 22.
[279] Ders. (1960) 1999, S. 41.

Wenden wir uns, Ingrid Thurners These im Hinterkopf behaltend, jenen Aktivitäten zu, welche während der Urlaubsaufenthalte der von mir Befragten im jeweiligen Vordergrund gestanden haben, denn just dieses konkrete Tun könnte durchaus etwas über die Bezüge der Reisenden zu bestimmten Formen von Realität verraten, gleich ob sie sich unterwegs oder daheim oder unterwegs und daheim ausmachen lassen.

Zunächst sei betont, dass fast keine der Antworten auf meinen Fragebogen einen Hinweis auf ein jeweiliges Reiseziel enthält, welches in Deutschland liegt, wenn man einmal die um drei Tage Aufenthalt in Weimar verlängerten Kroatien-Ferien eines jungen Paares außer Acht lässt. Zwölfmal ist EU-Europa in der Liste der Reiseziele vertreten, einmal Rest-Europa, fünfmal Südasien, je zweimal Ostasien beziehungsweise Südostasien, zweimal Nordamerika, einmal Lateinamerika, einmal Ozeanien sowie einmal Ostafrika. Wenn man diesen Befund mit neueren Statistiken konfrontiert, denen zufolge knapp 40 Prozent der Deutschen keine Urlaubsreise antreten und von allen Reisenden gut ein Drittel einheimische Reiseziele ansteuern,[280] so kann man nur den Schluss ziehen, dass die von mir getroffene Auswahl an Informantinnen und Informanten keinen Anspruch erheben kann, einen Querschnitt der deutschen Gegenwarts-Bevölkerung zu repräsentieren, was jedoch bei einer Exploration zunächst nicht weiter ins Gewicht fallen dürfte.

Die Aktivitäten am Urlaubsort oder in der gewählten Urlaubs-Region werden dominiert von einer Art von Gemengelage, welche die Nennungen „Erholung und Entdeckung", „schöne Strände", „Sport" (einschließlich Bungee-Jumping), „Wandern", „Natur" (einschließlich Tauchen), „Ausflüge", „Wellness", „Herumfahren" sowie „Essen und Trinken" umfasst und sich dadurch kategorisieren lässt, dass rekreative Aspekte im Vordergrund des jeweils eigenen Tuns stehen (20). Es folgen Besichtigungs- und Besuchsunternehmungen, gleich ob es dabei um Städte, einzelne Bauobjekte, Institutionen kultureller Sammlungstätigkeit oder Umwelt- und Tierschutz-Organisationen geht (17), bei denen zwar das Rekreative ebenfalls eine gewisse Rolle spielt, vor allem jedoch bildungsbezogene Aspekte. Eine dritte Gruppe wird gekennzeichnet durch kommunikative Aspekte, also etwa Versuche, in der Fremde einheimische Menschen kennenzulernen (11). Und schließlich gibt es eine vierte Gruppe, bei der im Zentrum „Unterwegs-Sein" und das „Woanders-Sein" an sich steht (9). Kommt hinzu, dass die hier genannten hauptsächlichen Handlungsfelder sich durchaus miteinander kombinieren lassen.

---

[280] Stiftung für Zukunftsfragen: Tourismusanalyse 2020. URL: https://www.tourismusanalyse.de/ [25.06.2020].

Ins Detail gehen dann die Antworten auf die Frage, was den Informantinnen und Informanten auf ihren Reisen am besten gefallen hat. Zwei ungefähr gleich starke Themengruppen lassen sich als dominant ausmachen: Da gibt es zunächst jenen Bereich, den man, in Ermangelung eines geeigneteren Begriffs, als die natürlichen oder als natürlich betrachteten Reisebedingungen bezeichnen könnte. Darauf bezieht sich etwa die nach einer Afghanistan-Reise im Volkswagen-Bus, im Jahr 1973, getroffene Feststellung:

> „Glück empfand ich nachts in der persischen Wüste. Die atemberaubende Stille, der unfassbare Sternenhimmel – das klingt noch bis heute nach. Ganz generell hat mich die Weite fasziniert, wo wir ihr begegnet sind, egal ob Berglandschaft, Steppe oder eben Wüste – Hauptsache weit und leer".[281]

Zu den naturbezogenen Reisebedingungen gehören zudem, um einige wenige Beispiele zu benennen, die Sonne und Wärme auf Menorca, das Wetter insgesamt als wichtiges Erlebnis-Element bei einer Fahrradtour durch das westliche Europa, die Hochgebirgslandschaften des Ladakh, die Cliffs of Moher an der irischen Westküste, die „beeindruckende Mischung von Bergen und Meer und die vielfältige Natur auch im Landesinneren" in Montenegro, vor allem aber das bereits genannte Meer, gleich ob es als die „überraschend lebendige Flora und Fauna" an der kroatischen Küste, als Bestandteil der „schönen, fremden Landschaft" auf Bali, als Ausgangspunkt für ausführliches „Whalewatching" rund um Madeira, als Handlungsfeld für ausführliche und ehrfürchtige Tauchgänge in Thailand oder – generell – als Element, mit dem man sich aktiv und produktiv auseinandersetzen kann, thematisiert wird: „drin sein, draufgucken, es hören, riechen, schmecken usw."[282]

Sodann gibt es die soziokulturellen Reisebedingungen, was sich etwa auf die „farbenfrohen Klöster, auch die darin wohnenden fröhlichen Mönche und Nonnen; [sowie generell auf] die stark traditionsverhaftete Kultur" im Ladakh bezieht, auf den im Gegensatz zu anderen asiatischen Ländern geringeren Amerikanisierungsgrad Indiens, auf die „Schönheit der Menschen in Kathmandu, insbesondere die der Tibeter", auf den in Japan registrierten „respektvollen Umgang der Menschen miteinander, trotz extrem hoher Dichte", schließlich auf die in mehreren Zielgebieten zu spürende Atmosphäre aus Lebenslust und Leichtigkeit.[283] Darüber hinaus gibt

---

[281] Fragebogen AZ.
[282] Fragebögen AB, AC, AE, AG, AH, AI, AJ, AR, AY, BA.
[283] Fragebögen AC, AD, AX, AF, AG, AN.

es noch vier weniger umfangreiche Themengruppen, einerseits Besuche und Besichtigungen von Orten (das heißt: von Städten wie Kyoto, Stadtvierteln wie der Gegend um den Central Park in New York, Gebäuden wie bestimmter indischer Palast-Architektur von filigraner Ästhetik oder schottischen Burgen und Ruinen),[284] andererseits körperliche Aktivitäten und Anstrengungen (Schwimmen im Meer, Besuch heißer Bäder, Hunderte von Kilometern Radfahren, Teilnahme an der Kubb-Weltmeisterschaft in Schweden),[285] zum dritten die Partizipation an weltlichen und religiösen Ritualen (etwa an einem Volksfest in Japan, einer buddhistischen Prozession in Sri Lanka, „mit geschmückten Elefanten, Tanz- und Musikgruppen"),[286] schließlich das eigene „Unterwegs-Sein an sich und das tägliche Improvisieren", das „Gefühl absoluter Freiheit", was sich insbesondere in der Möglichkeit ausdrückt, „dem eigenen Rhythmus folgen" zu können.[287]

Was aber hat den von mir Befragten nun eigentlich nicht gefallen? Nun, dazu lassen sich fünf Themenbereiche ausmachen, zunächst die Kritik ausgewählter Reisebedingungen, sodann die Kritik der Bereisten, die Kritik der anderen Reisenden, die Kritik der „eigenen" Mitreisenden, schließlich die Selbstkritik. Zu den monierten Reisebedingungen gehören keineswegs nur die üblicherweise genannten infrastrukturellen Themen wie Müll- und Schmutzprobleme etwa in Indien und in Guatemala sowie „unzählige ,gruselige' Unterkünfte" in Lateinamerika, sondern auch politische Themen wie zum Beispiel die Tatsache, dass Machu Picchu, die in Peru gelegene Ruinenstätte aus der Zeit der Inkas, grob gesagt aus dem 15. Jahrhundert, „von ,den Chilenen' gekauft und touristisch vernutzt wurde, was ,die Peruaner' – und ich – nicht so gut fanden", weshalb es aus Protest zu einem individuellen Boykott dieser weltbekannten Sehenswürdigkeit gekommen ist. In vergleichbarer Weise haben eine Verhaftung bei der Einreise, die genauere Kenntnisnahme des Gesundheitssystems, der Arbeitsverhältnisse, des Mutterschutzes wie auch Politik und Auftreten Donald Trumps bei einer Reisenden zu einer „Entidealisierung der USA" geführt.[288]

Unter den Bereisten sind im gegebenen Kontext jene Menschen zu verstehen, die zumeist als die Einheimischen bezeichnet werden, Menschen also, die in den touristisch erkundeten Städten, Regionen und Ländern leben und denen die Reisenden, wie etwa die drei Afghanistan-Fahrer im Jahr 1973, in vollkommen unterschiedlichen Situationen begegnen und dabei Andersheit, also Differenz, registrieren und bewusst anekdotisch wiedergeben:

---

[284] Fragebögen AF, AS, AK.
[285] Fragebögen AG, AA, AI, AT. – Kubb: Rasen-Geschicklichkeitsspiel.
[286] Fragebögen AA und AK.
[287] Fragebögen AL, AQ, BB, AG.
[288] Fragebögen AK, AL, AO.

„Das Andere war erst einmal ‚komisch‘: die türkischen Soldaten, die händchenhaltend spazierengingen […], die rückständigen Methoden der anatolischen Landwirtschaft, die Kinder mit ihren Amulettsäckchen um den Hals, die ständig unseren Bus umlagerten und uns irgendetwas zum Kauf / Verzehr anboten, die Dörfler, die sich nicht fotografieren lassen wollten, die Lastwagen, die im Dunkeln entweder ohne Licht oder mit mindestens vier Flakscheinwerfern unterwegs waren, das geschniegelte Militär in Persien, das verwahrloste in Afghanistan, die Aggressivität der persischen Grenzer, als sie aufeinander losgingen, die Aggressivität zweier Afghanen, die im Beisein etlicher Leute fast in einen Totschlag (d.h. mit dem Messer) gemündet hätte, die Aggressivität einer Gruppe Perser in Ghom, die unseren Besuch offensichtlich nicht so hochschätzten, wie wir erwarteten. Die spürbare […] Aggressivität einer Türkengruppe, die uns mit großen Steinen bewarf, der Polizist, der gleich zu Beginn der Befragung seine Pistole vor sich hinlegte, der ewige Beschiss beim Tanken in Persien und beim Eintrittzahlen in der Türkei. Ehrlich waren die Afghanen – so arm waren die".[289]

Um eine gänzlich andersgeartete Gruppe handelt es sich bei den vorgenannten „anderen" Reisenden; darunter lassen sich jene Menschen subsumieren, welche ebenfalls unterwegs sind und mit denen Begegnungen nicht immer positiv, konstruktiv, kommunikativ und erfreulich ablaufen, sei es zu später Stunde mit „betrunkenen Australiern" auf Bali oder, während eines Kroatien-Urlaubs, mit „durch Unfreundlichkeit und Arroganz" aufgefallenen Urlaubern, die „sich so verhalten [haben], als gehöre ihnen alles […]. Besonders in Erinnerung geblieben sind mir Österreicher, die offenbar der alten Habsburger Monarchie etwas zu sehr hinterher trauerten".[290]

Die „eigenen" Mitreisenden wiederum sind dann in die Kritik der Bericht Erstattenden geraten, wenn es immer wieder zu Unstimmigkeiten über die inhaltlich-programmatischen Zielsetzungen der jeweiligen – gemeinsamen – Reise gekommen ist. Da geht es dann etwa um den Konflikt zwischen „kulturellen Gemeinschaftserlebnissen" wie Besichtigungen von bedeutenden Kulturdenkmälern auf der einen Seite und dem Autofahren als Quasi-Zwang, somit als Selbstzweck („Kilometerklotzen").[291]

---

[289] Fragebogen AZ.
[290] Fragebögen AR und AE.
[291] Fragebögen AZ und AQ.

Und dann gibt es da noch das Feld der Selbstkritik, die hier durch ein weiteres ausführliches Zitat aus dem Kontext der Afghanistan-Reise dreier junger Männer im Volkswagen-Bus dokumentiert sei:

> „Bei genauerer Betrachtung meines Sentiments gegenüber der jeweiligen Bevölkerung [...] wundere ich mich über meine eigenen Ressentiments; letztlich habe ich die gleiche Arroganz gespürt und wohl auch spüren lassen, wie z.B. Europäer als Kolonialisten ganz allgemein. Den Eingeborenen konnte man nie ganz trauen; gleichzeitig war man von ihnen abhängig. Das trug durchaus zur Verunsicherung bei und diese Verunsicherung ihrerseits zur schon vorhandenen Arroganz aufgrund unserer ‚natürlichen‘, westlichen Überlegenheit. Gleichzeitig hielten uns die Eingeborenen für reiche Leute, bei denen Bescheißen erlaubt war. Sicher, wir hatten ein Auto, fuhren arbeitslos durch den Orient und hatten Geld. Man kann es, das Bescheißen, ‚den Leuten‘ nicht einmal übelnehmen".[292]

Betrachtet man das gesamte Ensemble der thematisierten Reiseaktivitäten, einschließlich der jeweiligen Höhepunkte und auch Tiefpunkte, so stellt sich geradezu direkt die Frage: Was fangen Reisende eigentlich während des eigenen Unterwegsseins mit diesen Erlebnissen und Erfahrungen an? Nun, vereinfacht gesagt: Sie kommunizieren darüber, mit ihren Mitreisenden, mit anderen Reisenden, denen man unterwegs begegnet, aber auch mit Bereisten. Es handelt sich im gegebenen Fall zuerst um mündliche Kommunikation. Um diese Form des interpersonellen und interkulturellen Austausches näher betrachten zu können, verfolgt mein Fragebogen unter anderem auch das Ziel, an nähere Informationen über die jeweiligen Gesprächspartnerinnen und Gesprächspartner zu gelangen: Mit wem wurde also an Ort und Stelle über das jeweilige touristische Tun gesprochen? Nun, zunächst gab es da, eindeutig übermächtig, eine Gruppe, der sich, um die notierten Bezeichnungen wiederzugeben, Partner, gleich ob Mann oder Frau, Lebensgefährten, Freunde, mitreisende Begleitungen, eigene Familie oder Reisegruppe, zuordnen lassen (zusammen 22 Nennungen), gefolgt von „anderen" Reisenden einschließlich sogenannten Zufallsbekanntschaften (9), Einheimischen und Dienstleistenden wie den indischen Tuk-Tuk-Fahrern (8) sowie sich gleichfalls am konkreten Urlaubsort aufhaltenden Arbeitskollegen (2).

---

[292] Fragebogen AZ.

Auch wenn nach diesem Befund lediglich in acht Fällen Kontakt zu Einheimischen stattgefunden hat, so ergeben die Antworten auf die Frage, die sich direkt auf das Verhältnis zu den Einheimischen beziehen, ein gänzlich anderes Bild: Zunächst fallen 21 Antworten positiv aus; sodann taucht die Information, man habe gar in „ständigem" Kontakt zu den Bereisten gestanden, in acht von diesen Antworten auf. So resümiert eine Befragte: „Ich bin alleine gereist [...]. Habe bei vielen einheimischen Gastfamilien gelebt".[293] In ähnlicher Weise heißt es in einem anderen Fragebogen: „Während des Live-Rollenspiels in Derby waren wir für eine Woche in ständigem Austausch mit den Einheimischen. Wir spielten alle dasselbe Spiel".[294] Eine Antwort liefert eine Auflistung der Kontaktgelegenheiten, „in Bus, Bahn, Boot, Sammeltaxi, beim Trampen, in Unterkünften, beim Einkaufen, Essen, beim Arzt usw."[295] Und in einer weiteren Antwort wird gar eine religiöse Erklärung angedeutet und eine Unterteilung der kontaktierten einheimischen Bevölkerung vorgenommen:

> „Die Einheimischen auf Bali sind sehr offen, hilfsbereit und kommunikativ (was sie selbst häufig auf ihren starken Glauben an Karma zurückführen). Wir hatten daher relativ viel Kontakt. Vor allem mit Taxifahrern, Personal in den Unterkünften, aber auch häufiger mit Einheimischen, die dort selbst ihrer Freizeit nachgingen".[296]

Möglicherweise hätte im Fragebogen ein anderer Begriff als „Kontakt" verwendet werden müssen, denn offensichtlich kann just dieser missverstanden werden, was eine weitere Antwort signalisiert, in der es heißt: „Kontakt praktisch ständig (bin ja allein gereist), allerdings [sprachbedingt] kaum Austausch".[297] Um Präzision ist die folgende Antwort bemüht:

> „Vermittelt durch unseren Reiseleiter, der alle diese Orte schon mehrfach besucht hatte, gab es Gespräche mit Mönchen, auch Äbten, einem traditionell-tibetischen Arzt, kranken Kindern, denen wir mit Medikamenten halfen, woraufhin wir als ‚Wunderheiler' weitergereicht wurden. Aber eigentlich keine persönlichen Kontakte mit Einheimischen".[298]

---

[293] Fragebogen AN.
[294] Fragebogen AQ.
[295] Fragebogen AL.
[296] Fragebogen AR; vgl. Fragebogen AM.
[297] Fragebogen AA.
[298] Fragebogen AC.

Einschlägige persönliche Kontakte wiederum hätte man nicht nur durch Vermittlung von Reiseleitern oder einheimischen Dienstleistenden, beide mehrfach genannt, herstellen können, sondern vor allem durch die Aktivität, in Eigeninitiative „Leute anzuquatschen"[299] und Versuche zu unternehmen, „ein bisschen ‚going native'" zu praktizieren,[300] damit nicht das passiert, was einem Teilnehmer an einer zwölftägigen Rundfahrt durch japanische Städte geschehen ist; er notierte in seiner Antwort: „Kein näherer Kontakt!"[301]

Kehren wir noch einmal zurück in jene Phase der Urlaubsreise, welche man als Übergangsphase zwischen dem Unterwegssein und dem Daheimsein betrachten kann, jene Phase, in der man sich, da das Ferienende naht, auf die Heimfahrt vorbereitet, diese antritt und sie absolviert, so erheben sich die Fragen: „Wie haben Sie die Rückreise erlebt? Welche Stimmung hat überwogen?".

Drei verschiedene Reaktionsformen lassen sich ausmachen. Zum ersten gibt es die durchgängig positive Bewertung des Urlaubs. Da ist die Rede etwa von einer „tollen Zeit" (Bali); man sei „entspannt" (Madeira), „glücklich" (Toskana), „voller bunter Eindrücke" (New York) gewesen, man habe „Freude und Dankbarkeit dafür [empfunden], die Reise und die darin enthaltenen Erlebnisse und Erfahrungen machen zu dürfen" (Thailand), und es habe sich „ein gewisses ‚Sättigungsgefühl' eingestellt, dass die Reise genau richtig gewesen ist – für die Erholung, die vielen Eindrücke und Erlebnisse" (Montenegro).[302] Lediglich die über eine Strecke von 18.000 Kilometer führende Kleinbusreise bis nach Afghanistan, die ursprünglich bis nach Indien führen sollte, wird im Nachhinein als „eine Enttäuschung (im engsten Wortsinne)" bewertet; die in diesem Fall zitierten Textstellen geben zum Teil drastisch, aber umso eindeutiger Zeugnis davon, dass hier eine Unternehmung „retrospektiv überhaupt erst konstruiert wurde, um die Reise als positives, womöglich als lebensgeschichtlich bedeutsames Ereignis erscheinen zu lassen".[303]

Zum zweiten gibt es die ebenfalls durchgängige, aber mit gemischten Gefühlen getätigte Bewertung des Urlaubsendes, zusammengefasst in Sätzen wie: „Rückreisen sind immer stimmungsdämpfend, weil die Alltagsroutinen wieder nahen", oder aber: „Schrecklich. Wir haben beide geweint und wollten nicht zurück nach Deutschland".[304] Dies zeigt sich ebenso in der

---

[299] Fragebogen AE; vgl. Fragebogen AG.
[300] Fragebogen AH.
[301] Fragebogen AF.
[302] Fragebögen AR, AJ, AS, BA, AY.
[303] Rees 2002, S. XXIV.
[304] Fragebögen AT, BB.

mehrfachen Verwendung von Vokabeln wie „Wehmut", „Traurigkeit", „Melancholie" und dergleichen mehr. Allerdings überwiegt keineswegs der Eindruck des Negativen, denn es ist – zum dritten – die gleichermaßen verbreitete Haltung der Vorfreude auf das eigene Zuhause zu erkennen, was sich auf die eigene Arbeit („Tatendrang") ebenso bezieht wie auf Hygienefragen („z.B. jederzeit verfügbare heiße Duschen") wie auf das Alltagsleben nach dem eigenen Rhythmus, dies als Reaktion auf vorübergehend herrschenden „Gruppenzwang" während der Gruppenreise durch Ladakh.[305] In einem Fall gestaltete sich die Rückfahrt von den Britischen Inseln gar als ein umfangreiches Abenteuer, mit Handlungselementen wie dem gegenseitigen Verfehlen der auf zwei Autos verteilten Reisenden, dem zunehmenden Schrumpfen der eigenen finanziellen Mittel, dem umfangreichen Umweg, um bei einer Tante in Brüssel Geld zu borgen, sowie dem inständigen Hoffen, dass man die Rückfahrt überhaupt in Gänze absolvieren könne. Gleichwohl ist die Rede von „der Zuversicht und der Beseeltheit, ob all der schönen Erlebnisse und natürlich des Nervenkitzels des noch zu bestehenden Abenteuers".[306] Jene Reisende, die sechs Monate lang in Lateinamerika und danach noch einen weiteren Monat in Frankreich und Spanien unterwegs gewesen ist, fasst das zentrale Moment dieser Übergangsphase zwischen dem Unterwegssein und dem Daheimsein präzise zusammen, wenn sie auf die eigene Einsicht hinweist, „dass das Leben jetzt wieder etwas ernsthafter werden würde bzw. werden müsste".[307] Dem gibt es nichts hinzuzufügen – oder doch?

Wenn man von einer Hinwendung zu einer ernsthafteren Ausrichtung des eigenen Lebens spricht, dann bedeutet das nichts anderes, als dass die eben gerade beendete Reise im Kontrast dazu eine treffende Kennzeichnung durch Antonyme verdient wie zum Beispiel: ausgelassener, fröhlicher, heiterer, lustiger, scherzhafter, spaßiger, witziger, entspannter, leichter, lockerer, unbeschwerter, ungefährlicher, unbesonnener. Die Auswahl an einschlägigen Adjektiven, die der Microsoft-Word-Thesaurus anbietet, lässt sich zusammenfassen durch ein weiteres Adjektiv, nämlich „spielerisch", womit sich die Frage ergibt, ob sich die folgenden tourismusbezogenen Aktivitäten tatsächlich demgemäß kategorisieren lassen? Besteht Tourismus tatsächlich aus spielerischem Tun, wenn wir uns mit dem Ziel der Erholung, der Entspannung, des Kennenlernens fremder Strände oder Bergwelten, des Kennenlernens fremder Menschen, gleich ob es sich um Touristen oder Einheimische handelt, in die nahe Ferne oder in die ferne Ferne begeben? Sind Schwimmen, Sonnenbaden, Wandern, Sehenswürdigkeitenbetrachten, Sangriatrinken, Paellaessen, Sexkaufen, Hotelsuchen,

---

[305] Fragebögen AG, AB, AK, AL, AC.
[306] Fragebogen AQ.
[307] Fragebogen AL.

Routeplanen usw. tatsächlich spielerische, mithin unernste, Tätigkeiten, ganz zu schweigen von Anreise, Abreise und dem Herumfahren während des Urlaubs, gleich ob mit dem eigenen oder einem Leihautomobil? Doch wohl kaum! Es zeigt sich, dass die Kategorie des Spielerischen nicht ausreicht, um die Vielfalt historischer und gegenwärtiger touristischer Reisen zu erfassen, denn das Zusammenspiel von Sein und Schein, anders formuliert: Realität und Fiktion, wird nicht adäquat berücksichtigt: „Spiel-Elemente durchziehen das moderne Reisen, doch Tourismus ist mehr als ‚nur ein Spiel'".[308] Und zu dieser Welt des teils Spielerischen und teils Nicht-Spielerischen gehört nicht nur das Spektrum der genannten konkreten Handlungen und Handlungszusammenhänge, sondern ebenso der weite Sektor der von den reisenden Akteuren selbst hervorgebrachten Repräsentationen.

System und Lebenswelt

Reisen gibt es in mannigfachen Formen, von unterschiedlicher Länge und Dauer, mit unterschiedlichen Zielen und unterschiedlichen Funktionen. Nehmen wir allein die Grand Tour des 17. und 18. Jahrhunderts, jene zum Teil mehrere Jahre dauernde Europareisen junger britischer Männer, der Söhne der insularen Aristokratie, später auch der Altersgenossen aus weiteren tonangebenden und aufsteigenden Sozialschichten (Händler, Staatsdiener, Angehörige freier Berufe), so geht es darum, einer bestimmten Gruppe von Reisenden Bildung und Erziehung angedeihen zu lassen, ihnen die Möglichkeit zu geben, Erfahrungen zu sammeln und so etwas wie Weltläufigkeit, einschließlich Formen der Zerstreuung, zu erlernen, dies mit dem Ziel, Fähigkeiten und Kenntnisse zu entwickeln, welche für „die Mitglieder einer neuen gesellschaftlichen Führungsschicht sowohl auf dem Gebiet der öffentlichen Verwaltung als auch bei der Ausübung freier Berufe von großer Bedeutung" sein würden; „und den Sprößlingen der Aristokratie nützten sie bei der umsichtigen und zeitgemäßen Verwaltung ihrer Vermögen".[309] Die Reisen geschahen unter besonderer Berücksichtigung beziehungsweise Bevorzugung von italienischen und auch französischen Städten und weiteren Örtlichkeiten. Oder nehmen wir das touristische Unterwegssein seit dem 19. Jahrhundert in den Blick; beide Reiseformen stellen zunächst, ganz allgemein formuliert, eine „Ortsveränderung [dar], bei der es um den Besuch und das Kennenlernen bestimmter Stätten geht",[310] wobei sich diese „Stätten" nicht zwangsläufig auf Kirchen und Museen,

---

[308] Hennig 1999, S. 88.
[309] Brilli 1997, S. 22.
[310] Ebd., S. 8.

Schlösser und Burgen reduzieren lassen, sondern durchaus auch Seebäder und Landschaften, Märkte und unterhaltende Veranstaltungen einschließen können, dies stets unter Berücksichtigung jeglicher menschlicher Akteure. Die Konfrontation mit dem jeweils Neu-Erlebten führt dann etwa, historisch betrachtet, dazu, dass einschlägige Erlebnisse und daraus gewonnene Erfahrungen kommuniziert werden, dies zunächst in Briefen und Berichten, in denen einem bestimmten Publikum das Neueste vom Neuesten mitgeteilt wird.

Der Romanist Karlheinz Stierle führt in seiner fulminanten Studie „Der Mythos von Paris" anschaulich vor, wie sich am Ende des 18. Jahrhunderts in deutschen Landen eine „Form der ‚Briefe aus Paris'" herausbildet, ein Genre gewissermaßen fiktionaler Briefe, deren sich etwa Ludwig Börne und Heinrich Heine gründlich bedient haben, in späteren Zeiten auch, und zwar in Gedichtform, Erich Kästner.[311]

Nähern wir uns dem kommunikativen Medium selbst, so ist auf die kulturwissenschaftliche Perspektive zu verweisen, „Briefe als Medium der Alltagskommunikation" zu untersuchen. Dazu heißt es in einem einschlägigen Projektbericht: „Um den Referenzrahmen der Briefkommunikation wenigstens in Ansätzen rekonstruieren zu können, bedarf es zum einen soziobiographischer Kontextinformationen und zum anderen eines mikroanalytischen Diskurses, der dichten Beschreibung einzelner Briefbestände", dies um eine möglichst ganzheitliche Erkundung der „von Briefpartnern gemeinsam konstruierten Alltagswirklichkeit"[312] gewährleisten zu können.

Darauf wird zurückzukommen sein! Es gibt nämlich eine ganze Reihe von Erweiterungen der eigentlichen – und zwar privaten – Briefkommunikation, so zunächst vor allem das Postkartenschreiben, aber auch, in zunehmendem Maße, das Telefonieren sowie das Versenden von E-Mails und SMS, speziellen Gattungen, die, gleich mit welcher Tendenz sie abgefasst sind, zum Teil an rationalisierungsbezogene Vorgänge erinnern, die der Philosoph und Soziologe Jürgen Habermas folgendermaßen beschreibt:

> „Die Frontlinie zwischen System und Lebenswelt bekommt [...] eine ganz neue Aktualität. Heute dringen die über die Medien Geld und Macht vermittelten Imperative von Wirtschaft und Verwaltung in Bereiche ein, die irgendwie kaputt gehen, wenn man sie vom verständigungsorientierten Handeln abkoppelt und auf solche mediengesteuerten Interaktionen umstellt".

---

[311] Stierle 1998, S. 154, 288-336; Kästner (1929) 1998, S. 334-335.
[312] Götz / Löffler / Speckle 1993, S. 177-179.

Er selbst diagnostiziert in diesem Zusammenhang „Funktionsnotwendigkeiten kapitalistischer Modernisierung",[313] was im konkreten Fall nur bedingt zutrifft, denn das alte Medium Brief wird ja durch das eine oder andere neuere Medium nicht etwa verdrängt. Im Gegenteil, es lebt weiter, erhält jedoch einen „neuen Systemplatz",[314] einen Platz, der ihm zwar von einer Vielfalt von weiteren Medien, allen voran den neueren digitalen Kommunikationstechnologien, streitig gemacht wird, der aber allein schon aufgrund der Partizipation an diesem Streit seine Legitimation findet, denn:

> „Tatsächlich kann ich in der Alltagswelt nicht existieren, ohne unaufhörlich mit anderen zu verhandeln und mich mit ihnen zu verständigen. [...] In der Gesellschaft sein heißt mit anderen Worten, an ihrer Dialektik teilhaben".[315]

Die Autorinnen und Autoren von persönlichen Briefen verstehen sich, was aus den Inhalten jener vielen unterschiedlichen Schriftstücke deutlich hervorgeht, die jemals durch zum Beispiel meine eigenen Hände gegangen sind, durchaus als Teile einer je bestimmten sozialen Gruppe; sie stecken in dazugehörigen sozialen Beziehungen, deren Ordnung von Verwandtschafts-, Bekanntschafts- und Freundschaftsverhältnissen geprägt ist; sie verfügen über gemeinsame Gruppenziele, sie handeln in situationsübergreifenden Interaktionsprozessen, sie sind mit einem System von verbindlichen Normen und Sanktionen vertraut und nehmen bestimmte Rollen in dem gesamten System ein. Zentraler Bestandteil der Gesamtheit der Gruppe ist es, „dass sie von den Mitgliedern als ein ‚Wir' anerkannt wird, das sich von einem ‚Nicht Wir' abgrenzt".[316] Private Briefe spiegeln familiale oder zumindest vergleichbare Traditionen wider; Beziehungspflege steht an erster Stelle, abzulesen nicht nur an den konkret vermittelten Inhalten, sondern, aus der Sicht der Empfänger, ebenso allein durch die Tatsache, dass man überhaupt zum Kreis der Adressaten gehört. Soweit lässt sich das kommunikationskulturelle Tun, im Max Weber'schen Sinn, in der Gemengelage zwischen traditionalem, affektuellem sowie wertrationalem Handeln ausmachen, als Handeln, das „durch eingelebte Gewohnheit", aber auch durch Gefühle und nicht minder durch den Glauben an den „Eigenwert" dieses Tuns geformt ist.[317] Traditional insofern, als die schreibenden Akteure das so von den Eltern und Geschwistern sowie Freunden und Freundinnen gelernt haben; sie bedienen sich mit dem Brief immerhin eines Mediums, über

---

[313] Habermas 1985, S. 189.
[314] Hörisch 2004, S. 178.
[315] Berger / Luckmann (1966) 1997, S. 26, 139.
[316] Bahrdt 1984, S. 91-97, Zitat S. 90.
[317] Weber (1921) 1980, S. 12.

das man schon 1788 von Adolph Freiherr von Knigge (1752-1796) die Empfehlung nahegebracht bekommt: „Dehne [...] deinen Briefwechsel sowie deinen Umgang nicht über Gebühr aus! [...] Sei ebenso vorsichtig in der Wahl derer, mit denen Du einen vertrauten Briefwechsel anfängst [...]".[318] Das heißt, Briefeschreiben gehört in bestimmten Phasen unserer Geschichte (und Gegenwart) zur Primär- und Sekundärsozialisation; man kommuniziert – und man kommuniziert über den Vorgang des Kommunizierens.[319] Als affektuell lässt sich das Schreiben nicht nur von Liebesbriefen, sondern auch von jeglichen, an einen wie auch immer disparaten Empfängerkreis gerichteten privaten Briefen einschätzen, da durchaus emotionale Verbindungen zu den Adressaten bestehen (können). Und als wertrational kann man persönliche Briefe betrachten, da Familien- und Freundschaftsbeziehungen für viele Menschen sogenannte Werte an sich darstellen und die interpersonelle Kommunikation innerhalb dieser Kreise traditionellerweise dazugehört, dies als Mittel, immaterielle kulturelle Transfers zu ermöglichen.

Nun kommt aber im konkreten Fall noch eine weitere Funktion hinzu: Der persönliche Brief verkörpert nämlich auch noch zweckrationales Handeln, also Handeln im Sinn bestimmter Zweckdienlichkeiten.[320] Hier bietet es sich an, jene von der israelischen Soziologin Eva Illouz im Zusammenhang mit ihrer Untersuchung über die komplexe Thematik der Partnerwahl im Zeitalter der Internet-Kommunikation herausgearbeiteten „rationalen Methoden" des Verhaltens probe- und vorstellungsweise auf das Handlungsfeld der familienbezogenen und vergleichbaren weiteren Schreib-Kommunikation zu übertragen. Da geht es um Mechanismen, die ausnahmslos den Zweck verfolgen, aufkommende Emotionen nach vernunftgemäßen Gesichtspunkten auszurichten und somit systematisch unter Kontrolle zu bringen,[321] wobei die Mechanismen keineswegs auf der gleichen gedanklichen Ebene angesiedelt sind und sich zudem partiell überschneiden: „Intellektualisierung" würde sich auf eine in höchstem Maße durchdachte, logisch begründbare und verbal kommunizierbare Darstellung des eigenen Lebensverlaufes während einer bestimmten Zeit beziehen; ähnliches gilt für die „rationale Steuerung des Stroms der Begegnungen", etwa mit als interessant ausgegebenen Mitmenschen, Destinationen, Objekten, Aktivitäten und Ereignissen samt der Kommunikation darüber; „Visualisierung" würde der im Vorhinein fest zu legenden Auswahl an manchen der beschriebenen „Begegnungen" dienen, mit Städten und Landschaften etwa; „Kommensurabilisierung" könnte sich auf die Umwandlung

---

[318] Knigge (1788) (um 1935), S. 58.
[319] Vgl. Berger / Luckmann (1966) 1997, S. 139-157.
[320] Weber (1921) 1980, S. 12.
[321] Illouz 2012, S. 324-326.

von qualitativen Zuschreibungen (wie etwa: historisch, sozial, freundschaftlich, liebevoll, entspannend, reizvoll) in quantitative Zuschreibungen beziehen (wie etwa: der, die, das Beste, Schönste, Klügste, Größte, Kleinste, Höchste, Tiefste, Längste, Kürzeste, Schnellste); „Konkurrenzdenken" verweist auf die komparative Dimension im Prozess des Auswählens möglichst besonderer, der Differenzierung und der Distinktion dienender Handlungen; „Nutzenmaximierung" schließlich bezeichnet den Einbezug des Moments der planmäßigen Berechnung des erwarteten und eingetroffenen Erkenntnis-, Unterhaltungs-, Lust- und / oder Prestigegewinns in den gesamten kommunikativen Prozess.[322]

Diese Form von Handeln beinhaltet jedoch noch keinen Medienwechsel, etwa hin zum per E-Mail, gleich ob via Computer oder Smartphone, verbreiteten Brief einschließlich Anhängen und sämtlichen weiteren Finessen, weswegen es sich nicht empfiehlt, hier einen Vorgang komplett vollzogener Modernisierung erkennen zu wollen, sondern allenfalls das, was der Historiker Jürgen Kocka als „partielle Modernisierung" bezeichnet.[323] Im Interesse ganzheitlicher Forschung stellt sich, quasi von selbst, die Aufgabe, zu untersuchen, wer aus dem Urlaub welche Formen und Inhalte brieflicher Kommunikation an welche Empfängerinnen und Empfänger richtet und wie die Briefsendungen rezipiert werden. Wie gehen sie damit um, bezogen auf den konkreten Inhalt, aber auch bezogen auf die gewählte Form? Und wie reagieren sie? Indem sie sich, etwa im Rahmen eigener Überlegungen zur Beantwortung der Frage, wer denn heutzutage überhaupt noch Briefe im traditionellen Sinn verfasst und postalisch versendet, in „kulturkritische Distinktionsdiskurse" oder besonders „Legitimationsdiskurse" oder „Risiko- und Gefahrendiskurse" einschalten oder sich gar dieser Kommunikationsform verweigern, also sich selbst gegenüber ein Verbot durchsetzen?[324] Oder aber wird den Zusendungen ein rundum freundlicher bis begeisterter Empfang bereitet? Erlangen sie eine besondere persönliche Bedeutung; sind sie gar von außerordentlichem Wert für die Adressaten? Welche Zusendungen werden wie, aus welchen Gründen und wie lange aufgehoben? Und in welchen Handlungs-, Gebrauchs- und Verwendungszusammenhängen erinnert man sich ihrer? Eines sollte in diesem Zusammenhang nämlich nicht vergessen werden: Der dem hier verhandelten kommunikationspraktischen Genre innewohnende Anspruch auf Realisierung einer „von Briefpartnern gemeinsam konstruierten Alltagswirklichkeit"[325] ist noch lange nicht erfüllt, nur weil die einen oder anderen Mitmenschen sich möglicherweise eines vermeintlich veralteten Kommuni-

---

[322] Ebd., S. 326-330.
[323] Kocka 1981, S. 166-167.
[324] Burkart 2007, S. 93-99.
[325] Götz / Löffler / Speckle 1993, S. 179.

kationsmediums bedienen, um verschiedene kulturelle Transfers zu initiieren.

Die Konfrontation mit dem jeweils touristisch Neu-Erlebten führt im Laufe der Kulturgeschichte, über die Briefkommunikation hinausgehend, dazu, dass das sehr viel ältere Medium teilweise durch ein neues Medium mehr und mehr ergänzt und / oder abgelöst wird, nämlich durch die Postkarte. Die Vorgeschichte der Bild- und Photopostkarte unserer Tage reicht zurück bis in die zweite Hälfte des 19. Jahrhunderts. Seit 1865 gibt es Postanweisungen und Drucksachenkarten mit immerhin kleinem Raum für handschriftliche Mitteilungen, seit 1870 dann die Korrespondenzkarte, welche als brauchbares Medium durch den deutsch-französischen Krieg als Feldpostkarte schnell populär wird. 1872 folgt die offizielle Bezeichnung „Postkarte" und 1878 mit der Einführung der Bezeichnung „Weltpostkarte" auch eine internationale Vereinheitlichung des Formats. 1905 gibt es eine weitere Neuerung, nämlich die Zweiteilung der Adressenseite, was dazu führt, dass man nun nicht mehr auf die Bildseite schreiben muss, sondern auf die linke Hälfte der Adressenseite schreiben darf. 1925 erlebt man die amtliche Einführung der Kategorie Bildpostkarte, amtlich insofern, als es sich dabei um Karten handelt, welche im Auftrag der Postreklame hergestellt werden. Das aber heißt nicht, dass es nicht bereits vorher illustrierte Karten gegeben hätte. Wenn Orvar Löfgren vorsichtig darauf hinweist, dass behauptet werde, die erste, wie er das nennt, „souvenir postcard" sei anlässlich der Pariser Weltausstellung im Jahr 1889 zur Veröffentlichung gekommen, dies selbstverständlich mit einer Darstellung des Eiffelturms, dann dürfte er tatsächlich die Postkarte, und zwar die bebilderte Postkarte, als Massenphänomen im Blick haben, nicht die ersten Versuche, dieses Kommunikationsmedium auf den Weg zu bringen.[326] Allerdings wissen wir damit immer noch nicht genau, ob es sich bei der Eiffelturm-Darstellung um eine Graphik oder eine Photographie handelte.

Das Medium illustrierte Postkarte ist bestens geeignet, für eine solche Kommunikation zu sorgen, welche aus kurz gefassten und eilig notierten Mitteilungen der im Modus des Unterwegsseins befindlichen Reisenden an die Zuhausegebliebenen besteht: Es gewährt nur begrenzten Platz für handschriftliche Kommunikation, man muss sich diesbezüglich beschränken und auf die Aussagekraft der jeweiligen Abbildung vertrauen; persönliche Verbindlichkeit wird gleichwohl tendenziell durch unpersönliche Anschaulichkeit ersetzt. Das Medium Postkarte löst damit Ende des 19. Jahrhunderts zunehmend die bis dahin vorherrschenden Medien Tagebücher, Reiseberichte sowie etwa Skizzen ab, die nach der Rückkehr die Voraussetzungen für jegliche Kommunikation über die absolvierte Reise schaffen. Das neue Medium besitzt nämlich den Vorteil, noch während der

---

[326] Löfgren 1999, S. 77.

Dauer der Reise Kommunikation als Übermittlung von Eindrücken zu ermöglichen, wenn auch keine direkte Kommunikation. Und die zentrale Aussage von Hans Magnus Enzensbergers Tourismus-Theorie, diese Mitte des 19. Jahrhunderts entstandene Freizeitaktivität sei gekennzeichnet durch zunehmende Normung, Montage und Serienfertigung,[327] lässt sich direkt auf die Postkartenproduktion beziehen: Bestimmte Motive (Sehenswürdigkeiten) beziehungsweise Motivgattungen (Auswahl aus dem Angebot an Sehenswürdigkeiten: Kirchen, Paläste, Museen, Plätze, Parks, Wohnhäuser von Prominenten) werden einheitlich angeboten, in Heidelberg wie in Rom, in Santiago de Compostella wie in Stockholm; sie werden also genormt. Sie werden zumindest teilweise zu Bildfolgen montiert, was konkret heißt, dass mehrere Motive auf einer einzigen Karte zum Abdruck kommen. Und schließlich werden die Motive in Serien gefertigt, als zusammengehörige Folgen von mehreren Ansichten ein und desselben Denkmals (Kirche oder Palast oder Museum oder Park) oder von mehreren besonderen Sehenswürdigkeiten (Kirche und Palast und Museum) oder aber von mehreren Denkmälern derselben Kategorie (15 Kirchen eines Ortes oder einer Gegend).

Dass illustrierte Postkarten Souvenirfunktionen im oben skizzierten Sinn erfüllen, liegt auf der Hand, es fragt sich nun allerdings, in welcher Relation dazu das private Photographieren steht. Enzensberger fordert im Grunde genommen dazu auf, ein Forschungsprojekt zu entwerfen und aktiv anzugehen, dessen Ausgangspunkt eine seiner lakonischen Formulierungen darstellen könnte, dies durchaus im Sinne einer Hypothese:

„Die bunten Aufnahmen, die der Tourist knipst, unterscheiden sich nur den Modalitäten nach von jenen, die er als Postkarten erwirbt und versendet. [...] Er bestätigt das Plakat, das ihn verlockt hat, sich in sie [die touristische Welt] zu begeben".[328]

In ganz ähnlicher Weise, wenn auch mit polemischerem Zungenschlag, erklärt der französische Photograph Robert Doisneau (1912-1994):

„Das erste, was Reisende bei der Ankunft in den exotischen Tourismusparadiesen tun [...], ist, ihren Freunden eine Ansichtskarte zu schicken. Mit dem Karneval von Rio auf der Vorderseite, dem Mönch vom Berg Athos, der Safari in Kenia und dem malenden Jivaro, was weiß ich".

---

[327] Enzensberger (1958) 1971b, S. 196-199.
[328] Ebd., S. 203.

Er selbst konfrontiert dies mit seiner eigenen Lebenswelt, der Pariser Banlieue, indem er unter Bezugnahme auf seinen eigenen Lebensverlauf formuliert:

> „Um die Exotik der Vorstädte und die malerischen Kostüme der Einheimischen zu zeigen, gab es kaum Ansichtskarten. Was blieb mir übrig, als Abhilfe zu schaffen".[329]

Doch gleich wie, die einen Ansichtskarten werden unbeschrieben mit nach Hause genommen, als Souvenirs, um für sich selbst und ebenso für das eigene soziale Umfeld einen wie auch immer abgelaufenen Urlaub belegen zu können. Die anderen Ansichtspostkarten steckt man, beschrieben und frankiert, in den Briefkasten. Auf ihnen wird den Adressaten beispielsweise mitgeteilt:

> „Ich liege hier direkt an der Ostsee bei strahlendstem Sonnenschein. Habe schon viele Sommersprossen zugekriegt" (Fehmarn, 18.07.1961).

Oder:

> „Gestern waren wir in Heldritt, ich sah 15 Wildschweine" (Coburg, 29.12.1961).

Oder:

> „Hier ist es der totale Oberwahnsinn, ich bin sooo voll von Eindrücken, dass ich schier platze" (Tokio, 25.10.1985).

Oder:

> „Wir sind das erste Mal seit zweieinhalb Jahren zur Ruhe gekommen. Und wir sind glücklich! Ohne jegliches Kulturprogramm, ohne Gourmet-Restaurants, dafür vollkommene Stille, mondhelle Nächte und jede Menge Zikaden" (Monpazier, Périgord, 06.09.1993).

Oder:

> „Hier werden Gedanken und Empfindungen von Grillenzirpen, Lavendelduft und den grandiosen Steindenkmälern

---

[329] Doisneau 2004, S. 64.

der alten Römer ganz eingenommen" (Orange, Vaucluse, 12.09.1996).[330]

Die in Kurzform verfassten Botschaften signalisieren Inhalte, welche im direkten Kontext zur gerade absolvierten Reise stehen; sie kommentieren dieselbe, gleich ob es sich um den eigenen Körper oder die eigene Psyche oder um die wahrgenommene Umwelt handelt. Sie präsentieren das selbst Erlebte als neu oder ungewöhnlich oder außerordentlich – und damit als mitteilenswert. Stets wird eine Differenzierung, ja geradezu eine Dichotomisierung, zwischen dem Ort des Geschehens und jenem Ort, an dem die Empfänger der Botschaften leben, vorgenommen, letztlich allerdings nur implizit, denn auf die vorübergehend verlassene, heimische Alltagswelt wird nicht näher eingegangen. Es findet im Kommunikationsakt eine Transformation statt: Das im alltäglichen, heimischen Sprachgebrauch als ein „Dort" Bezeichnetes (Meeresküsten, hochalpine Natur, südliche Landschaften, Metropolen) wird, während des Urlaubs in der Ferne, und zwar explizit, zum „Hier". Es handelt sich um Veränderungen, die über die vorgenannten Ortsveränderungen hinausreichen, ob sie sich allerdings als bleibend oder dauerhaft oder langfristig oder nachhaltig wirkend kategorisieren lassen können, bleibt zunächst fraglich.

Touristische Selbst-Veränderungen

In diesem Zusammenhang ist auf zwei weitere Aspekte einzugehen, die, gleich ob realistisch fundiert oder nicht, mit Selbst-Veränderungen zu tun haben können, zunächst auf das Verhältnis von Urlaubsreisenden und Menschen, denen sie unterwegs begegnen. Da lassen sich verschiedene Haltungen ausmachen, so etwa die der intrakulturellen Solidarisierung sowie die der interkulturellen Solidarisierung. Bei der zuerst Genannten freut man sich darüber, oder gibt dies zumindest vor, in der Fremde eigene Landsleute anzutreffen beziehungsweise eigene Gewohnheiten von Zuhause ausleben zu können:

> „Wir reisen kreuz und quer durch Dalmatien. Göttliches Wetter. Wir haben jede Menge Franzosen getroffen! Wir essen verdammt guten Käse. Herzliche Grüße".

Im Gegensatz dazu heißt es bei der Haltung der interkulturellen Solidarisierung dann etwa: „Eingeborene angenehm", „Wir teilen unsere Mahl-

---

[330] Alle 5 Postkarten: Archiv Lauterbach, München.

zeiten mit sehr distinguierten Engländern", „Die Iren sind wunderbar", „Die Dänen sind toll!"[331]

Sämtliche der hier zitierten fünf Beispiele entstammen dem posthum veröffentlichten Text „Zweihundertdreiundvierzig Postkarten in Echtfarbendruck" von Georges Perec (1936-1982), in dem der französische Schriftsteller einschlägige, von ihm selbst erfundene Grußbotschaften hintereinander montiert hat, was einer Parodie gleicht, da es stets um positive bis schwärmerische Botschaften mit nahezu einheitlichen Inhalten geht (bestes Wetter, Sonnenbrand, nette Mitmenschen, wohl mundendes Essen, Datum der Rückkehr, Grüße). Ein Text, der im Gegensatz dazu eine deutliche intrakulturelle oder auch interkulturelle Distanzierung enthält, fehlt dagegen. Gute Laune ist angesagt, positives Denken, was den Eindruck, beim eigenen Urlaubsaufenthalt handele es sich um eine höchst erfolgreich ablaufende Unternehmung, deutlich unterstreicht.

Der zweite Aspekt des vorübergehenden Sich-Veränderns hat mit menschlichem Rollenverhalten zu tun, damit, „dass ‚Rolle' eine Gesamtheit zusammengehöriger und als Einheit erlebter Verhaltensweisen ist. Diese sind zum großen Teil, aber nicht durchweg, Handlungen".[332] Und es besteht durchaus die Möglichkeit, dass Menschen, die sich gerade auf Reisen befinden und in die Rolle von sogenannten Touristen schlüpfen, parallel dazu in eine ganz andere Rolle schlüpfen, nämlich in diejenige der besuchten Einheimischen, was durch die Übernahme von „Rollenattributen"[333] zum Ausdruck kommt: Auswärtige Besucher des Münchner Oktoberfestes bemühen sich darum, genau dies zu realisieren,[334] wenn sie in Dirndl und Lederhose über die Theresienwiese schlendern, eine Runde Looping fahren, ein Bierzelt betreten oder in der Innenstadt zum Einkaufen auf die Maximilianstraße oder die Kaufingerstraße gehen und sich somit insgesamt einer Art von „Als Ob"-Kultur hingeben, das heißt, spielerisch bestimmte Rollen übernehmen.[335] Britische Hawaii-Besucher unternehmen den Versuch, sich bekleidungsstilistisch zu akklimatisieren, indem sie ihre wollene Oberbekleidung durch kurzärmelige bunte Aloha-Hemden und kurze Hosen ersetzen, ganz in der Art der Ortsansässigen.[336] Ausländische Wien-Besucher besichtigen die fremde Metropole und statten einem Konzert der Wiener Philharmoniker oder einer Vorführung der Hofreitschule einen Besuch ab; sie bemühen sich gleichzeitig, ihre Ess- und Trinkgewohnheiten an diejenigen der Einheimischen anzupassen. Oder aber sie erkunden die

---

[331] Perec (1989) 2014, S. 27, 29, 30, 34, 47.
[332] Bahrdt 1984, S. 73.
[333] Ebd., S. 71.
[334] Vgl. Egger 2008.
[335] Enzensberger 2012.
[336] Lodge 1992, S. 83, 91, 126.

österreichische Hauptstadt mit dem Fiaker, suchen mit einem Friedensreich-Hundertwasser-Katalog in der Hand ein Kaffeehaus auf und versuchen einschlägige Austriazismen für alle möglichen Bereiche des Alltagslebens zu erlernen, von Baba, Beisl, Erdapfel, Fleischkäse und Jause über Marille, Melange, Paradeiser und Präpotenz bis hin zu Sackerl, Schlagobers, Spital und Topfen.[337] Deutsche wie auch andere ausländische Paris-Besucher erkunden die französische Hauptstadt mit einem Reiseführer aus dem Hause Michelin in der Jackett-Tasche; sie versuchen Französisch zu sprechen und ihren Ess- sowie Trinkstil à la française auszurichten, wovon der Text einer Ansichtspostkarte aus Paris kündet:

> „Welche Gegensätze: Ich wohne hier bei Freunden hoch über den Dächern, wo die Tauben schlafen, in einer für nicht wahr geglaubten Bohèmewohnung und nähre mich von Weißbrot und Wein, und bin dann wieder in dem Glanz einer Opernaufführung einer Großstadt" (31.12.1964).[338]

Ausländische Besucher können versuchen, sich vestimentär anzugleichen und unter anderem auch die immer wieder auftauchende Frage zu lösen, welche einheimische Tageszeitung man eigentlich am ehesten erwerben sollte, wenn man gerade touristische Besichtigungsaktivitäten absolviert, ganz so wie der niederländische Protagonist eines Romans von Remco Campert, der, unterwegs zum Eiffelturm, sich für „Le Monde" entscheidet, jedoch kurz danach ins Sinnieren gerät:

> „Vielleicht hätte er besser die ‚Herald Tribune' kaufen sollen oder eine niederländische Zeitung, aber die gab es an dem Kiosk nicht. [...] Seine neue Rolle als Tourist erforderte Anpassung. Er wollte ein normaler, unauffälliger Tourist sein, also sollte er in der Metro besser nicht ‚Le Monde' lesen, denn das konnte angeberisch wirken, ein Tourist, der ‚Le Monde' las".[339]

Nun mag man sich durchaus fragen, inwiefern der Kauf von „Le Monde" auf andere Menschen blasiert wirken mag – und vor allem: von welchen Menschen die Rede ist, weiblichen oder männlichen, jungen oder älteren, konservativen oder progressiven, außerdem, welche der in Paris erscheinenden Tageszeitungen wohl eher dem Anspruch genügen würde, etwa heutzutage die Rolle eines vermeintlich normalen und unauffälligen

---

[337] Vgl. für das frühe 20. Jahrhundert Loos (1919) 1982.
[338] Postkarte: Archiv Lauterbach, München.
[339] Campert 2007, S. 79–80.

Touristen adäquat zu unterstreichen, die eher linksliberale Qualitätszeitung „Le Monde", der konservative „Le Figaro" oder die dem linken Alternativmilieu entstammende „Libération", eines der Gratisblätter oder eben jene in Paris erscheinende Zeitung, welche zwischen 1967 und 2013 den Titel „International Herald Tribune" getragen hat und seitdem „The International New York Times" heißt?

Presseerzeugnisse scheinen in diesem zwischen Sein und Schein changierenden Gebaren eine nicht ganz unbedeutende Rolle zu spielen, was uns auch der Ich-Erzähler in einer der zahlreichen „Entrüstungen" von Joseph v. Westphalen vermittelt. Er weigerte sich auf Reisen zunächst nicht, Sehenswürdigkeiten zu meiden, aber er photographierte sie nicht:

> „Stattdessen querte ich mit verächtlicher Miene die Rummelplätze der Kulturreisenden, eine Landeszeitung unter dem Arm, und tatsächlich wurde ich in dieser Zeit einmal – oh Sternstunde meines Touristendaseins! – von einheimischen Passanten in London für einen Inländer gehalten und nach dem Weg zum Hyde Park Corner gefragt".[340]

Vielleicht geht es aber zentral auch gar nicht um die nationale Herkunft des jeweiligen Presseerzeugnisses, sondern möglicherweise weit eher um den konkreten Umgang damit in verschiedenen alltäglichen Situationen, so wie es etwa in einem Roman von David Foenkinos beschrieben wird:

> „Anlässlich ihres dreißigsten Geburtstags reiste Alice nach Paris. Um sich wie eine Pariserin zu geben, las sie in der Métro im Stehen".[341]

Und dann gibt es das breite Spektrum von interkulturellen Fehldeutungen, jenen Missgeschicken, welche gerade Reisenden allzu leicht unterlaufen können. Was sind überhaupt Deutungen und damit eben auch Fehldeutungen? Der Kunsthistoriker Ernst H. Gombrich (1909-2001) unterscheidet zwischen einerseits Sehen und andererseits Deuten und Schließen, wobei er fließende Übergänge zwischen den verschiedenen Aktivitäten durchaus anerkennt.[342] Sehen, das ist ein gewissermaßen alternativloser Vorgang, bei dem Sinneseindrücke gesammelt werden. „Das Deuten und Schließen [dagegen] sind Bewusstseinsvorgänge, bei denen wir oft zwischen Entscheidungen schwanken und das Für und Wider abwägen",[343] wobei „eine

---

[340] v. Westphalen 1988, S. 48.
[341] Foenkinos 2014, S. 190.
[342] Gombrich 1994, S. 15.
[343] Ebd., S. 17.

Deutung nur da möglich ist, wo sie [das heißt: die wahrgenommenen Dinge] eben feste ‚Anhaltspunkte'" bieten,[344] was sich gleichermaßen auf den Umgang mit mündlichen und bildlichen Informationen durch Fremde oder mit eigenen Eindrücken etwa bei einem Stadtrundgang beziehen lassen kann. Ist dies nicht der Fall, liegt die Gefahr des bloßen Erratens von Zusammenhängen nahe und damit das, was man in der Psychologie Projektion nennt, nämlich die ausschließlich von eigenen Erwartungen gesteuerte Wahrnehmung.[345]

Ein adäquates Beispiel für derartige Vorgänge liefert die von Martina Zschocke über ihre Rom-Reise befragte Rentnerin Marianne B., der es nach eigener Auskunft wichtig war, „sich dem Leben der Stadt anzupassen, im Rhythmus und im Essen. ‚Da habe ich gesagt, wenn wir in Rom sind, müssen wir doch italienisch leben. Ich habe da eine Freundin, mit der haben wir jeden Tag woanders gegessen'".[346] Leider kommt es Zschockes Studie nicht zur Analyse dessen, was die Darstellung der Gesprächspartnerin ganz genau an Informationen und Schlussfolgerungen enthält. Anders gesagt: So nachvollziehbar das Bedürfnis sein mag, jeden Tag in einem anderen Stadtviertel in einem anderen Restaurant zum Essen zu schreiten, so sehr geht die befragte Akteurin von vollkommen einseitig ausgelegten Informationen und Vorstellungen aus. „Italienisch leben", das heißt nach ihrer Äußerung: Zum einen auswärts essen; und zum anderen die Vielfalt an Angeboten nutzen. Ob sich das wohl verifizieren lässt? Wir sprechen in diesem Zusammenhang von Stereotypvorstellungen, die hier zur, wenn auch überschaubaren, Verbreitung führen. Möglicherweise hätte eine klarere Analyse der zur freimütigen Äußerung gekommenen Vorstellungen zu mehr Erkenntnisgewinn geführt, denn es gehört nun einmal zur Funktion von Stereotypen, dass sie Überverallgemeinerungen realer Bezüge darstellen. Und es ergibt sich die Aufgabe, deren Spuren zu verfolgen, um herauszufinden, ob die jeweiligen Klischees einen realen Kern besitzen, vor allem aber, worin dieser besteht, außerdem, wie diese Klischees real wirken, wie sie im Alltagsleben der Menschen der Orientierung dienen.[347] Im konkreten Fall wäre es wohl eher darum gegangen, zu erkunden, welche Menschen aus welchen sozio-kulturellen Milieus über den Habitus verfügen, in einer europäischen Großstadt, wie zum Beispiel in Rom, regelmäßig auswärts essen zu gehen, wie sie diese Praxis genau gestalten und wie sie mit den eigenen Erfahrungen umgehen.

Die hier beispielhaft genannten Räume Paris, München, Hawaii, Wien und Rom stellen die Handlungskontexte für sämtliche Aktivitäten dar,

---

[344] Ebd., S. 12.
[345] Ebd., S. 15-16.
[346] Zschocke 2005, S. 236.
[347] Bausinger 1988. S. 13.

welche durch das Unterwegssein der Akteure bedingte Veränderungen zur Folge haben, Veränderungen freilich, die erst einmal primär für die Dauer der Reise selbst gelten. Aber es gibt auch weiterreichende Überlegungen: Da reflektiert Goethe im Laufe seiner im Jahr 1786 sowie ein Jahr später angetretenen Reisen durch Italien immer wieder seine Stimmungen, dies unter besonderer Berücksichtigung seiner Wissens-, Bildungs- und Erkenntnisfortschritte, was sich dann etwa folgendermaßen liest:

> „Auch neue Gedanken und Einfälle hab' ich genug; ich finde meine erste Jugend bis auf Kleinigkeiten wieder, indem ich mir selbst überlassen bin, und dann trägt mich die Höhe und Würde der Gegenstände wieder so hoch und weit, als meine letzte Existenz nur reicht. Mein Auge bildet sich unglaublich, und meine Hand soll nicht ganz zurückbleiben. Es ist nur ein Rom in der Welt, und ich befinde mich hier wie der Fisch im Wasser und schwimme oben wie eine Stückkugel im Quecksilber, die in jedem anderen Fluidum untergeht".[348]

Insgesamt gilt des Autors Italien-Reise als „Dokument eines biographischen Umbruchs und einer vertieften Einsicht in Kunst und Geschichte", welches die beiden psychologischen Elemente der Flucht aus „den als bedrückend empfundenen deutschen Verhältnissen" sowie der „Selbstfindung unter den günstigen Bedingungen des Südens, der Freiheit, des Umgangs mit Kunst und Altertum" enthält.[349]

Werfen wir einen Blick auf das Handlungsfeld des Reisens generell und bleiben wir bei der Suche nach einschlägigen Beispielen allein im Bereich des literarischen Feldes, so können wir schnell registrieren, dass, um einige Darstellungen beliebig herauszugreifen, nicht nur Goethe durchaus die zukünftige Anwendung der während seiner Reise durch Italien gewonnenen Erkenntnisse mitbedenkt; sondern dass sowohl Henry Miller als Autor wie auch der Protagonist und Ich-Erzähler seines eigenen Romans „Tropic of Cancer" („Wendekreis des Krebses") durch neue Lebens-, aber auch Lektüre- und Kunsterfahrungen in der Pariser Fremde einen wie auch immer zustande gekommenen Neuanfang als Schriftsteller und Künstler wagen, was zunächst auf der Ebene veränderter Selbstdefinition stattfindet. Das Gleiche gilt etwa für Prosawerke wie Ernest Hemingways Roman „A Moveable Feast" („Paris, ein Fest fürs Leben") oder Peter Weiss' Roman „Fluchtpunkt" ebenso wie, um das Medium zu wechseln, für Silvio Soldinis

---

[348] Goethe (1816 / 1817) 2017, S. 354; vgl. ebd., S. 134, 350, 365.
[349] Maurer 1991, S. 228.

Spielfilm „Pane e Tulipani" („Brot und Tulpen"),[350] in dem die Protagonistin, eine von ihrer Reisegruppe an einer Autostrada-Raststätte zurückgelassene italienische Ehefrau und Mutter, per Anhalter nach Venedig gelangt, wo sie in kürzester Zeit mehrere für sie wichtige Menschen kennenlernt, irgendwann den Entschluss fasst, sich von ihrer Familie in Pescara zu trennen, und ankündigt, in Venedig bleiben zu wollen, um ein neues Leben zu beginnen. In sämtlichen genannten Werken werden Leser und Zuschauer dann allerdings im Unklaren belassen, ob die jeweilige Veränderung tatsächlich gelingt, wodurch den Rezipienten Gelegenheit gewährt wird, eigene Vorstellungen zu entwickeln, wie das Leben der Akteure wohl aussähe, wenn die hier angesprochenen vorläufigen Veränderungen im Anschluss an eine Reise zu dauerhaften Umgestaltungen desselben führen würden – und was dies möglicherweise mit dem eigenen Lebensverlauf zu tun haben könnte.

---

[350] Goethe (1816 / 1817) 2017, S. 150-151; Miller 1973, S. 27-28; ders. (1934) 1968, S. 9-10, 76, 103-104; Hemingway (1964) 2011, S. 116; Weiss 1969, S. 191-192, 196; Pane e Tulipani 2009.

Von Handlungen und Wandlungen nach Abschluss der Reise

„Wenn einer vom Urlaub zurückkommt, dann ist er noch gar nicht da, wenn er da schon da ist. ‚Na, wie wars?' sagen die andern. ‚Sie sehn aber schön erholt aus! Gutes Wetter gehabt?' Darauf fängt er an zu erzählen. Wenn er aber Ohren hat, zu hören, so merkt er, dass die Frage eigentlich mehr gesellschaftlicher Natur war – so genau wollen es die andern gar nicht wissen. […]

Wenn einer vom Urlaub zurückgekehrt ist, gehört er in den ersten beiden Tagen noch nicht so recht zum Betrieb. […]

In seinen Gesprächen flackert, also da kannst du nichts machen, immer noch der Urlaub auf. […]

In diesen ersten Tagen geht die Arbeit eigentlich nicht leichter als vor dem Urlaub; sie geht eher etwas schwerer vonstatten. Die Lungen sind noch voll frischer Luft, der Körper hat noch den Rhythmus des Schwimmens und des Laufens in sich, die Haut fühlt sich in den Stadtkleidern noch nicht wohl, und der Hals nicht im Kragen. […]

Nach sechs Tagen fragt ihn kein Mensch mehr nach dem Urlaub, nun kommen auch die letzten Sommerurlauber zurück, alle sind wieder da und fangen ganz langsam an, sich auf den nächsten Urlaub zu freuen" (Kurt Tucholsky 1931).[351]

---

[351] Tucholsky (1931) 1989, S. 292-293.

Mit Arthur D. aus Pittsburgh (Pennsylvania) habe ich mir im Sommer 1969, bald nach dem Abitur, in London einige Tage lang ein Bed-and-Breakfast-Zimmer geteilt. Die Adresse weiß ich heute noch: Rebecca Garnett, 23, Estelle Road, N.W. 3. Ein Jahr später hat der Vorgenannte mich zuhause in Darmstadt besucht, kurz nach meiner Rückkehr aus Nordamerika, wo ich drei Monate herumgereist war, ohne ihn jedoch zu treffen. Barbara S. aus dem britischen Cambridge habe ich im Sommer des Jahres 1971 im Busbahnhof von Titograd in Jugoslawien (heute Podgorica, Montenegro) kennengelernt, nachdem ich einen gesamten Tag lang vergebens versucht hatte, in Richtung Athen zu trampen. Anderen ging es ebenso; als sich der Bus am nächsten Morgen in Richtung Skopje in Bewegung setzte, nahmen wir, Rucksackreisende aus allen möglichen Ländern Westeuropas, aus Nordamerika und Australien, garantiert die Hälfte der Plätze ein. Patrick B. aus London traf ich auf derselben Reise, in Nafplion auf dem Peloponnes. Und dann waren da noch Mimi und Allison aus Kalifornien, ein David aus Paris sowie jede Menge weiterer, als polyglott empfundene junge Menschen, die alle das gleiche Ziel verfolgten, nämlich die Welt kennenzulernen, dies vorübergehend ohne direkten Druck durch Arbeit, Studium und / oder Familie, und die sich heute immer noch kreuz und quer, ohne dass mir die Namen immer gleich einfallen würden, durch meine Erinnerungen an die Zeit zwischen den späten 1960er und den frühen 1980er Jahren bewegen.

Mit Arthur, Barbara und Patrick stehe ich heute noch, auch nach einem halben Jahrhundert, in regelmäßigem Kontakt, mit letzterem sogar mittels gegenseitiger Besuche. Diese Verbindungen sorgen in starkem Maße dafür, dass die dazugehörigen Reisen immer wieder von Neuem angesprochen und erinnert, die verschiedenen Sichtweisen diskutiert und, wenn nötig, korrigiert und somit insgesamt aktualisiert werden. Die Reisen der von mir für die vorliegende Publikation Befragten sind, wie bereits erwähnt, in den Jahren zwischen 1972 und 2019 unternommen worden, was ebenfalls einen beträchtlichen zeitlichen Handlungsspielraum umfasst, mehr als viereinhalb Jahrzehnte nämlich, und quasi automatisch zu der Frage führt, welche Erinnerungen an die eine, für sie selbst bedeutende Urlaubsreise, die Akteure noch heute haben?

Viererlei fällt auf, zunächst dass, gleich wann die Reise unternommen wurde, detaillierte, offensichtlich einprägsame Teilaspekte erinnert werden und daher die Antworten, in Form von Aufzählungen, dominieren. Um zwei Beispiele anzuführen, sei auf eine Japanreise und eine Fahrradtour durch mehrere Länder Westeuropas Bezug genommen:

> „Dazu reicht hier der Platz nicht. Das Gefühl, mir müsste der Kopf platzen, wenn ich die zahllosen Eindrücke nicht teilen / loswerden könnte. Die feine Zurückhaltung der

Japaner und deren Nachlassen im institutionalisierten Rausch. Blutende Füße nach endlosen Stadtwanderungen. Türkisfarbene Vulkanseen im Nebel; danach kleine, bitter schmeckende Fische auf Bambusspießchen gegrillt. Die unfassbare Hitze in Tokyo. Der ohrenbetäubende Lärm der Zikaden. Die Feuerwerke am Flussufer; Familien, die sich dazu getrocknete Tintenfische aus Papiertüten teilen. Die tiefe Entspannung und der Geruch nach faulen Eiern auf der Haut nach dem Onsen [heißes Baden]. Die Schönheit der Mädchen. Salarymen, die sich entschuldigen, wenn man ihnen im Zug auf den Fuß tritt. Usw., endlos".[352]

Es liegt auf der Hand, dass auf einer fünfwöchigen Reise durch weit weniger exotische Nachbarländer der Bundesrepublik Deutschland, nämlich durch Frankreich, Belgien und die Niederlande, auf der zudem 2.700 Kilometer durch eigenes sportliches Tun bewältigt worden sind, andere Schwerpunkte gesetzt werden:

„Die Sonne, der Wind, die anstrengenden Steigungen, das gute Baguette und der Tomatensalat im Zelt, das Gefühl der Freiheit, ein Gefühl des Landstreicher-Lebens, die wunderschöne und vor allem abwechslungsreiche Landschaft, das Meer, ein Brand auf dem Campingplatz, die Schafe auf dem Deich".[353]

Zum zweiten fällt auf, dass eine Vielzahl von Antworten, wie schon angedeutet, sich mit dem Meer befasst, sei es „das Tauchen und das Schwebegefühl unter Wasser" in Thailand, die „schöne Unterwasserwelt" Kroatiens, sei es das in Menorca wahrgenommene „Meeresrauschen; wenn Wasser gegen nahe Klippen prallt; Wellen im Wasser, wenn der Wind stärker ist; Wasser und Sonne auf Haut", sei es „der weite Blick auf das endlos scheinende Meer [vor Madeira] und die Wale und Delphine, die ich vom Boot aus gesehen habe", sei es der Geruch der Meeresluft einschließlich der morgens und abends sinkenden Temperatur derselben, sei es jener im Wirkungsbereich der Wellen liegende Teil der Meeresküste, den wir Strand nennen – und wo, konkret in Bali, einer der männlichen Akteure seiner Freundin einen Heiratsantrag gemacht hat, dies „kurz vor Sonnenaufgang".[354]

Zum dritten fällt auf, dass lediglich in zwei Fällen Kritik geübt wird, am Zustand der Infrastruktur im besuchten Land und an konkreten

---

[352] Fragebogen AA.
[353] Fragebogen AI.
[354] Fragebögen BA, AE, AG, AJ, AM, AY, AR.

Verhaltensweisen, was jedoch ebenfalls bereits im letzten Kapitel angesprochen worden ist. Und zum vierten wird in nur einer einzigen Antwort Quellenkritik geübt, bezogen auf die zuvor mehrfach eingebrachte Afghanistan-Reise per VW-Bus aus dem Jahr 1973. Der eine Mitfahrer ist in der Zwischenzeit verstorben, zu dem anderen ist der Kontakt abgebrochen:

> „Den Weißt-du-noch-Effekt gibt es so leider nicht; er allein könnte – über abweichendes Noch-Wissen einer anderen Person – die eigenen Erinnerungen auf den Prüfstand stellen, sie korrigieren, erweitern, ja, auch reduzieren (in dem denkbaren Falle nämlich, dass man Eindrücke einer ganz anderen Reise nach vielen Jahren dieser einen zuschreibt). Immerhin gibt es – für meine Verhältnisse viele – Fotos, die als Gedankenkrücke taugen. Aber sie haben wesentliche Elemente dieser Reise nicht eingefangen, weil sie nicht fotografierbar waren. Und meine Sicht auf diese hier beschriebene Fahrt hat sich ohnehin erst nachher entwickelt und sogar erst nach Jahren gefestigt".[355]

Das hieße aber auch: Die Zeit direkt nach der Rückkehr von der Reise würde nur eine begrenzte Aussagekraft besitzen. Da die Phase des Wiedereintritts in die heimatlichen Gefilde und damit in die eigene Alltagswelt jedoch ebenfalls zum Bereich der Erinnerungen gehört, ist es notwendig, an dieser Stelle die verschiedenen Antworten auf die Frage zu betrachten: „Wie hat das 'Danach' ausgeschaut, also die Zeit direkt nach der Reise-Rückkehr?". Zunächst sei ein kurzer Bericht über den Ablauf eines beispielhaften Wiedereintritts, im Gefolge eines Bali-Urlaubs, zitiert:

> „Nach einem langen, sehr unbequemen Rückflug (viel weniger Beinfreiheit als beim Hinflug) kamen wir an einem Sonntag um die Mittagszeit an. Meine Eltern holten uns vom Flughafen ab und fuhren uns zu uns nach Hause. Sie hatten Kuchen und ein paar Sachen zum Essen mitgebracht und blieben noch eine Weile bei uns, um sich erzählen zu lassen, wie es war. Danach, kann ich mich erinnern, war es sehr angenehm und gemütlich, wieder zuhause auf dem Sofa zu sein. Der Urlaub war wunderschön, es war aber auch toll, wieder im gewohnten Klima zu sein. Ich hatte es teilweise als sehr heiß empfunden".[356]

---

[355] Fragebogen AZ.
[356] Fragebogen AR.

Auf die positive Bewertung des eigenen Zuhauses und seines Umfeldes sowie auf die Kommunikation über die gerade absolvierte Reise wird in fast jedem Fragebogen eingegangen, gleich ob letztere sich im Kreise der Familie und / oder Freunde, gleich ob in Kombination mit einem Essen oder auch nicht, gleich ob mit ergänzender Kommunikation via Telefon oder auch nicht abspielte. In einem Fall stand dem Berichterstatter noch eine ganze Woche zur Verfügung, um „in Erinnerungen an Italien schwelgen und mich über die Reise freuen" zu können.[357] Die etwa nach einer Indien-Reise als „schwierig und langwierig" betrachtete „Eingewöhnungsphase", von der in einer weiteren Antwort die Rede ist,[358] zeigt sich hingegen in gänzlich anderen Handlungskontexten, in solchen nämlich, welche, gleich wo man sich in der Fremde aufgehalten hat, mit der Verrichtung von Arbeitsvorgängen zu tun haben. Da geht es zunächst, was fast alle Befragten betrifft, um reproduktive Tätigkeiten wie Waschen und Reinigen, um die Organisation des eigenen Haushalts, ebenso um die Wiederaufnahme der eigenen universitären Ausbildung,[359] vor allem aber um die Wiederaufnahme der eigenen beruflichen Tätigkeit oder der beruflichen Ausbildung, die mehr oder weniger sofort einsetzt.[360]

Beim Versuch, diesen Befund adäquat einschätzen zu wollen, stößt man prompt auf Informationen, die signalisieren, dass dieses Thema immer noch durchaus aktuell ist. So hat die Hamburger Stiftung für Zukunftsfragen festgestellt, dass in Deutschland knapp über 50 % der Urlaubsreisenden nach der Rückkehr gleich am nächsten oder übernächsten Tag die eigene regulär-alltägliche Tätigkeit („Arbeit, Haushalt, Schule, Uni etc.") wieder aufnimmt, was skeptisch kommentiert wird mit einer praxisbezogenen Empfehlung:

> „Die Koffer in Ruhe auspacken, das Urlaubsessen nachkochen, die Fotos nicht nur auf dem Handy anschauen, sondern auch mal wieder ausdrucken, oder einfach noch in Erinnerungen schwelgen. All das hilft, um die Erholung nachhaltiger zu konservieren und mehr Positives aus dem Urlaub zu ziehen. Wer sich dagegen sofort wieder in die Arbeit stürzt, läuft Gefahr, nach wenigen Tagen bereits wieder das Gefühl zu haben, urlaubsreif zu sein".[361]

---

[357] Fragebogen AM.
[358] Fragebogen AD.
[359] Fragebögen AB und AL.
[360] Fragebögen AC, AG, AH, AJ, AS, AT, BB.
[361] Stiftung für Zukunftsfragen 2015, S. 3-4; vgl. den „Box text – Holiday boosters" mit einschlägigen Handlungsempfehlungen in de Bloom 2015, S. 7-8.

Ganz in diesem Sinne gibt in einem Interview mit BBC News der britische Organisationspsychologe Cary Cooper von der Universität Manchester gar an, dass 76 % der von den Sommerferien heimkehrenden Angestellten die Einschätzung verträten, bereits eine Woche nach Wiederaufnahme der jeweiligen beruflichen Tätigkeit das Stressniveau der Vor-Urlaubszeit erreicht zu haben. Es ist gar die Rede vom „Nach-Urlaubs-Blues".[362]

Ein Comic von Claire Bretécher (1940-2020), „Sonne, Meer und Sand", kommt wie ein spöttischer Kommentar zum hier verhandelten Thema, was vom Urlaub übrig bleibt, daher. In zwölf Einzelbildern wird eine junge Dame gezeigt, die einen umfangreichen Koffer schleppt, ihre Wohnungstür aufschließt, sich entkleidet, in die Dusche steigt, sich abtrocknet, ein Nachthemd anzieht und sich ins Bett legt. Als sie zu einem Buch greift und dieses aufschlägt, rieselt Sand auf die Bettdecke. Diese Ansammlung winziger Mineralkörner ist im konkreten Fall möglicherweise just das, was vom Urlaub übrig bleibt. Ironisch formuliert, könnte dies, zumindest für ein deutschsprachiges Lesepublikum, bedeuten: Der Urlaub – und damit der ganze Komplex einschlägiger Erinnerungen – ist letztlich auf Sand gebaut, ist in den Sand geschrieben, ist im Sande verlaufen, ja, über ihn wird Sand gestreut.[363] Anders gewendet: Der Nach-Urlaubs-Stress beginnt, in diesem Fall, schon gleich am Abend des Ankunftstages.

Der Wirtschafts- sowie Freizeit- und Tourismuswissenschaftler Jost Krippendorf (1938-2003) gibt dem genannten Thema eine ausgesprochen unironische Wendung, indem er Fragen formuliert:

> „Was nimmt der Mensch von seiner Reise mit nach Hause? Sind die Souvenirs, die man ins Bücherregal stellt oder an die Wand hängt, oder die Fotos im Album die einzigen bleibenden Erinnerungen? Oder hat man etwas dazugewonnen? Ist man um eine Erfahrung reicher geworden oder wirken sich die Erlebnisse vielleicht sogar in einer Veränderung der Lebenseinstellung und des alltäglichen Verhaltens aus?".

Er selbst bezeichnet diese Fragen als wichtig, gibt aber zu bedenken, dass „man" insgesamt erst wenig darüber wisse, wenn man einmal absehe von zwei einschlägigen „Thesen", wie er das nennt, Hypothesen, wie möglicherweise die adäquate Formulierung lauten würde. Zum einen gehe es darum, dass die Wiederaufnahme des Normal-Alltagslebens „alle Nachwirkungen der Reise auslöscht"; zum anderen könne das Unterwegssein vier

---

[362] Beating post-holiday blues. In: BBC News, Homepage, World Service, 29. August 2000. URL: http://news.bbc.co.uk/2/hi/uk_news/901053.stm [04.09.2019].
[363] Bretécher 1994, o.P; vgl. Röhrich 2001, S. 1279-1280.

zwar verschiedene, sich jedoch teilweise überlappende Folgen zeitigen, nämlich sich zunächst der aktuellen eigenen Wirklichkeit bewusst zu werden, sodann die eigenen, alltäglichen und somit geläufigen kulturellen Werte und Normen zu hinterfragen, zum Dritten alternative Wege menschlichen Zusammenlebens zu reflektieren und schließlich, zum Vierten, die ganz persönlichen Lebensumstände kritisch zu betrachten.[364] Wahrnehmungsveränderungen könnten dann, so lässt sich anhand der einschlägigen Forschungsliteratur schließen, einen sichtbaren, nachhaltig wirkenden Einstellungswandel nach sich ziehen,[365] wobei man, unter Umständen gar ein „'anderer' Mensch" geworden, die modifizierte Einstellung gewissermaßen als „Trophäe" nach Hause mitbringt, was an eine Art von mentalem Souvenir erinnert,[366] sich aber auch in ganz (vermeintlich) vordergründigen, ja geradezu banalen Beobachtungen und Gefühlen äußern kann:

> „Im Zug von Frankfurt nach Hersfeld der übliche Katzenjammer nach einer Reise. (Wärst Du doch in Israel geblieben.) Es ist kalt, feucht, trüb, ungemütlich, und wie immer nach einer längeren Auslandsreise kommen mir die Leute merkwürdig schäbig vor. Irgendwie muffig".[367]

Oder aber, anders formuliert:

> „Es ist immer wieder ein Kulturschock, wenn man am Flughafen München [nach der Rückkehr von einer Reise nach Thailand] in die Gesichter der ernsten, unfröhlichen, beschwerdefreudigen Deutschen blickt".[368]

Aneignungen und Mitteilungen

Orvar Löfgren sieht, auf die reisenden Akteure bezogen, in der Geschichte des Urlaubs-Tourismus eine richtiggehende, sich stets weiterentwickelnde, vielfältige und vielseitige, Schulungspraxis am Wirken; er spricht von einem permanenten, immer wieder zu erneuernden Lernprozess, aber auch von weit tiefer reichenden Einflüssen, die mit individuellen wie auch kollektiven Entdeckungen, Wagnissen und Befreiungsaktivitäten zu tun haben:

---

[364] Krippendorf 1986, S. 115.
[365] Vgl. Jehle 1989, S. 208-209.
[366] Luger (2004) 2018, S. 302.
[367] Chotjewitz / Chotjewitz-Häfner 1980, S. 327.
[368] Fragebogen BA.

> „Urlaubmachen ist nicht einfach gleichzusetzen mit Unterrichtetwerden im Rahmen eines gegebenen Lehrplans oder einer geheimen Tagesordnung, sondern es hat ebenso mit der Geschichte der Erlangung von Selbstständigkeit zu tun, mit der Sondierung bisher unbekannter Handlungsmöglichkeiten und Herausforderungen".[369]

Die grundsätzliche Frage zur Erkundung jener Phase im Leben der individuellen Akteure lautet dann, in der Diktion von Mathis Leibetseder: „Was blieb aber von dem kostspieligen und zeitraubendem Unterfangen [...]",[370] nämlich der Reise selbst? Was direkt nach der Heimkehr geschieht und welche Handlungsmöglichkeiten es zu jenem Zeitpunkt gibt, ist bereits erörtert worden. Es stellt sich somit die Aufgabe, näher zu bestimmen, welche Objekte Touristen benutzen, welche Gedanken sie speichern, welche Erzählungen sie produzieren und welche Beziehungen sie zu ihren Mitmenschen aktivieren, um eigene Reisen nicht zu vergessen oder nicht vergessen zu machen. Und wie und warum sie dies tun.

Beginnen wir also mit der Betrachtung des allseits Sichtbaren und gehen wir der Frage nach: „Was haben Sie aus dem Urlaub nach Hause mitgebracht?". Zum Einstieg sei die Antwort einer Montenegro-Reisenden in voller Gänze wiedergegeben:

> „Eine besondere Erinnerung habe ich auch an die ‚Schätze', die ich von dort mitgenommen habe: Mir ist es ein besonderes Anliegen, auf Reisen möglichst der einheimischen Kultur so nah wie möglich zu kommen und vor allem landestypische und im Land selbst gefertigte Produkte einzukaufen – also nicht in Läden großer Ketten zu kaufen, die ich auch hier in München habe. Daher habe ich mir bei ein paar alten Damen an der Strandpromenade selbst gestrickte Socken und eine dicke weiße Wollweste mit Blumenmuster gekauft. Die erinnert mich immer noch an den Urlaub und vermittelt mir ein sehr positives Gefühl – zum einen, weil sie ein Unikat ist, und zum anderen, weil ich mit dem Kauf dieser Produkte die Frauen unterstützt habe. Bei einem Straßenhändler habe ich mich mit selbstgemachtem Schmuck aus Leder eingedeckt und auch Mitbringsel für meine Freundinnen hier bei ihm gekauft. Bei einem Ausflug ins Landesinnere haben wir uns mit Honig und Kirschwein

---

[369] Löfgren 1999, S. 281-282 (Übersetzung BRL).
[370] Leibetseder 2004, S. 175.

auf einem Weingut eingedeckt, den ich zuhause stark rationiert habe, damit wir möglichst lange etwas davon haben. Honig und Kräuter von Bauern haben wir auch als Mitbringsel für unsere Familien gekauft. In einem Laden an der Strandpromenade habe ich mir Schmucksteine gekauft, die ich zuhause zu Ohrringen verarbeitet habe – ich trage sie auch heute noch. Bei einem Tagesausflug nach Kotor (im Süden) habe ich mir einen Rock von einer montenegrinischen Designerin gekauft".[371]

Gleich, ob die erworbenen Gegenstände durchgängig nach den ökonomischen und ökologischen Prinzipien nachhaltiger Entwicklung produziert worden sind, eines dürfte erkennbar sein: In sozio-kultureller Hinsicht, insbesondere was die Programmatik der vertretenen Position und die Konsequenz der Haltung angeht, entsprechen die getätigten Einkäufe im konkreten Fall durchaus einer auf deutlichen Wertewandel abzielenden Politik.[372] Das, was die Befragten insgesamt von ihren Urlaubsreisen mitgebracht haben, lässt sich in drei Gruppen einteilen, in Gegenstände der materiellen Kultur, in Dokumentations- und Vermittlungsmedien sowie in Immaterielles. Zur materiellen Kultur gehören zunächst, was auch im obigen Zitat angesprochen wird, Lebensmittel, die von übrig gebliebenem Reiseproviant bis hin zu Dingen reichen, welche mit „kulinarischen Erinnerungen" zu tun haben, also indische, japanische und tansanische Gewürzmischungen und Kräuter für den Hausgebrauch, menorquinischer Käse, schottischer Honig, auch Getränke wie japanischer Sake, indischer Tee sowie „sehr viel Kokatee" aus Lateinamerika. Zur materiellen Kultur gehören ferner Kleidungsstücke „vom Markt" aus Bali, Tansania und Lateinamerika sowie Stoffe aus Indien und Wolldecken aus Lateinamerika, Ausrüstungsgegenstände für das eine oder andere Hobby (Schwimmen, Tauchen, Live-Rollenspiel, Kubb-Spiel) sowie sogenannte Mitbringsel für Freunde, Familie und die Nachbarin, die während der eigenen Abwesenheit auf das Haus aufgepasst hat (Muscheln, angeschwemmte Korallen, Kleinobjekte), und darüber hinaus, in zwei Fällen, Gegenstände zur Komplettierung eigener Interessensgebiete, einmal „viele Stücke für meine international angelegte Amulett-Sammlung", einmal „Ganeshas (inzwischen schon eine größere Sammlung)".[373]

Zu den genannten Medien gehören Plakate, Postkarten, Fotos und Informationen zu selbst besichtigten Objekten (Architektur, Städtebau), während die Kategorie des Immateriellen vollkommen Disparates umfasst:

---

[371] Fragebogen AY.
[372] Kaufmann 2004, S. 178-179.
[373] Fragebögen AC und AD. – Ganesha: indischer Gott der Schreibkunst und Weisheit.

"Ich kaufe nie Souvenirs", heißt es in einer Antwort, was zur Folge hat, dass auf die eigenen „Eindrücke und Erfahrungen" vertraut wird. Einer weiteren Reisenden ist es durchaus wichtig, Mitbringsel zu besorgen, aber im Zentrum geht es ihr um das Erreichen von einerseits „Entspannung" sowie andererseits „Klarheit, wen ich weiterhin als Freund / in in meinem Leben behalten möchte", was sich auf Mitreisende bezieht. Wieder andere Kontaktpersonen haben Unterschiedliches mitgebracht, etwa den Wunsch, „viel besser Spanisch sprechen zu können, und so den Vorsatz, das auch zu erlernen", oder eine umfangreiche Anzahl von Fotos aus Irland „und vor allem gute Laune" oder, im Fall der Tansania-Touristin, unter anderem auch „Ideen und Gedanken über die Verbindung von Körper und Psyche", darüber hinaus „Selbstvertrauen" oder aber, wie die Neuseeland-Fahrerin, die „Gewissheit, mein Leben selbstbestimmt gestalten zu können".[374]

Es ist anhand der Antworten der von mir Befragten deutlich geworden, dass „der Mensch", um Krippendorfs Formulierung zu übernehmen, tatsächlich etwas von der eigenen Reise mit nach Hause nimmt – und worum es sich dabei ganz konkret handelt: Souvenirs, die im Bücherregal oder an der Wand ihren Platz finden, oder auch Photos im dazugehörigen Album sind keineswegs die einzigen Objekte, die mit sogenannten „bleibenden Erinnerungen" zu tun haben. Im Gegenteil, man hat etwas Grundlegenderes „dazugewonnen", welches weit über die Wirkungen der Objektwelt hinausweist, nämlich Erfahrungen im Umgang mit Menschen aus fremden Kulturen, Erfahrungen im Umgang mit fremder (Einheimischen-) Kultur, Erfahrungen mit den Möglichkeiten eigener, weitgehend nichtkommerzieller Einkaufspraxis, Erfahrungen mit den Möglichkeiten der Kombination von eigenem alltagspraktischen Nützlichkeitsdenken und der atmosphärischen Überhöhung einschlägiger Objekte sowie Handlungen im Sinne tiefgreifender Erinnerungen an besondere Erlebnisse während der Urlaubszeit. Und schließlich hat man es tatsächlich mit einem Wandel der Ausrichtung der eigenen Lebenspraxis zu tun, indem man sich während des Urlaubs für die Zeit danach konkrete Ziele setzt, Ziele mithin, die darauf hinauslaufen, dass etwa der eigene Freundeskreis eine Veränderung erfährt, dass das eigene Auftreten mit Korrekturen versehen wird oder dass das Spektrum an eigenen Fremdsprachenkenntnissen erweitert wird.

Doch, was geschieht da ganz genau? Heinz-Günter Vester äußert dazu den folgenden, allgemein gehaltenen Befund:

> „Den Wechsel vom touristischen Habitus in den des Alltagsmenschen vollzieht der Heimkehrer mehr oder weniger nahtlos. Die Restbräune bleibt eine Zeitlang noch erhalten, während die Lockerheit und Entspanntheit des Urlaubers

---

[374] Fragebögen AS, AB, AG, AH, AN, BB.

meist bald wieder den Anforderungen von Arbeits- und Alltagswelt weichen. Auch wenn Urlaubsrückkehrer Anpassungsschwierigkeiten beim Wiedereintritt in den Alltag haben, manche unter etwas leiden, das man ‚posttouristische Depression' nennen könnte, so ist doch die relative Problemlosigkeit erstaunlich, mit der die meisten Menschen vom touristischen in einen anderen Habitus gleiten".[375]

Zunächst kommt man zu Hause an, wird möglicherweise mit Fragen bestürmt, von den Eltern oder den Kindern oder den Nachbarn, die während der eigenen Abwesenheit die Blumen gegossen und den Briefkasten geleert haben. Es gibt insgesamt ein breites Spektrum an tourismusbezogenen Repräsentationen, die den Zweck verfolgen, für die touristischen Akteure kommunikativ das Verhältnis von Unterwegssein und dem genannten Normalalltag zu regeln, und die, systematisch gegliedert, aus drei Komplexen bestehen, solchen aus der Phase vor Antritt der Reise (Mitteilungen für die Reise), weiteren aus der Phase während der Reise (Mitteilungen von der Reise) sowie wiederum anderen aus der Phase nach deren Abschluss (Mitteilungen über die Reise). Im konkreten Fall interessiert nur der zuletzt genannte Handlungsbereich, der sich formal-organisatorisch, inhaltlich und funktional isolieren und in mehrere Quellengruppen untergliedern lässt: Zunächst gibt es Formen mündlicher Kommunikation, primär mündliche Alltags-Erzählungen. Eine zweite Gruppe von Formen umfasst handschriftliche und maschinenschriftliche Kommunikation, vor allem in zunehmenden Maße Ansichts-Postkarten, aber auch (immer noch) Briefe und Tagebücher, wobei letztere, zunächst privaten Charakters, in manchen Fällen gar zur Veröffentlichung kommen, auf dem Buchmarkt oder etwa, nach einem Medienwechsel, in Form von Blog-Beiträgen.[376] Eine dritte Gruppe bündelt durch Druckmedien verbreitete Stoffe, so fiktionale (Romane, Erzählungen) und nicht-fiktionale Reiseliteratur (Reisepublizistik, Reiseberichte) sowie Biographien und Autobiographien, bedingt auch Reiseführer und Reisehandbücher. In engem Zusammenhang mit der dritten Gruppe stehen zwei weitere Bereiche der Massenkommunikation: Visuelle Kommunikation findet mittels Malerei und Photographie statt, zudem mittels Film, Fernsehen sowie Internetkommunikation; akustische Kommunikation erfolgt etwa mittels privater Tonaufnahmen und Rundfunkbeiträgen. Eine sechste Gruppe von tourismusbezogenen Kommunikationsformen bezieht sich auf materielle Kultur als Vermittlungsagentur, auf Objekte, gleich ob stationär oder ambulant, sowie auf museale Ausstellungen

---

[375] Vester 1999, S. 75.
[376] Vgl. Pfeifer 2012, der das Diskriminierungspotential in Afrika-Reiseberichten im Internet untersucht hat.

zum Thema: Da gibt es die urlaubstouristische Objektwelt, die zuhause im privaten Rahmen oder gar öffentlich etwa in einem kulturhistorischen oder ethnologischen Museum zur Schau gestellt wird, dreidimensionale Souvenirs, gleich ob im Andenkenladen gekauft, in der Natur gefunden oder gar selbst gemacht. Das Souvenir dient als Gedächtnisstütze sowie, wenn man es in einer bestimmten Situation so nutzen will, als Stichwortgeber.

Insgesamt lassen sich veränderte Interessen, Einstellungen und Verhaltensweisen, Werte und Weltbilder registrieren, auch erweiterte Kenntnisse und Wissensbestände, um nur einige wenige Wirkungsbereiche zu benennen, also etwa eine neu erworbene oder wieder aufgefrischte Toleranz gegenüber fremden Menschen, Ethnien und Gesellschaften, gegenüber fremden Gewohnheiten, Sprachen, Speisen, Gerüchen und vielem anderen mehr.[377] Um diesbezüglich Klarheit erlangen zu können, schlägt der Kulturwissenschaftler Ueli Gyr zum Beispiel allein für das exemplarische Forschungsfeld des Souvenirwesens vertiefende Untersuchungen vor, welche die „Aneignung und Verankerung dieses Erfahrungsträgers auch im Alltagsleben" erkunden; und er geht davon aus, dass sich für derartige Projekte insbesondere „symbolanalytische, sachbiographische und gefühlskulturelle Zugänge" anbieten.[378]

Nach der Rückkehr von einer Reise gibt es gar die Möglichkeit oder vielleicht auch die Notwendigkeit, speziell im Bereich der mündlichen und / oder schriftlichen Kommunikation verschiedene „Redaktionsprozesse" in Gang zu setzen, die etwa in „Ergänzungen, Korrekturen, emotionalen Färbungen oder gezielter Versachlichung"[379] des zu Berichtenden zur Äußerung gelangen; man kann ein ganzes Spektrum von derartigen redaktionellen Eingriffen vornehmen, welche die Germanistin Jana Kittelmann zum Thema „Literarisierung von privaten Reisedokumenten" zusammengestellt hat: Distanzierung (reflektierende Erzählhaltung), Anonymisierung (Verzicht auf biographische Details und auf Psychologisierung), Fragmentarisierung (skizzenhaftes Erzählen, Aufbereitung für ein breites Publikum), Fiktionalisierung (ästhetische Umgestaltung des privaten Materials), Poetisierung (Experimentieren mit unterschiedlichen Darstellungsformen), Semantisierung (Verwendung der Terminologie der zeitgenössischen Ästhetik), Aktualisierung (Reaktion auf politische und soziale Diskurse der Zeit) sowie Standardisierung (Rückgriff auf geläufige Formen der Informationsvermittlung). In sämtlichen der genannten Fälle geht es letztlich um verschiedene Praktiken und Taktiken der inhaltlichen, formal-organisatorischen sowie funktionalen Ausrichtung von zu veröffentlichenden Texten,

---

[377] Vgl. Köstlin 1991; Lury 1997; Pöttler 2009; Früh 2009; Gyr 2014 sowie den Ausstellungskatalog von Pesch 2012.
[378] Gyr 2014, S. 32.
[379] Keller / Siebers 2017, S. 22.

die ursprünglich nicht für die Veröffentlichung konzipiert gewesen sind.[380] Kommunikation über eine getätigte Reise gestaltet sich somit weit komplexer und komplizierter, als dies allzu oft den Anschein hat, etwa dann, wenn es in einem Roman von Anna Gavalda heißt, ein Mann namens Paul habe „gesagt, er will alle Wälder der Welt sehen, will herumkommen, will in Afrika und Russland spazierengehen, und dann wird er hierher zurückkommen und uns alles erzählen".[381]

Und um „alles erzählen" zu können, was man im Urlaub erlebt hat, reicht zumindest heutzutage, so lassen es die Antworten der von mir Befragten vermuten, das menschliche Gehirn als Informations- und Verarbeitungsspeicher nicht mehr aus. Im Gegenteil, man bedient sich unterschiedlicher Hilfsmittel, um die eigene Erinnerungstätigkeit beim Festhalten der Reiseeindrücke unterstützen zu können. Aufgelistet werden zunächst Briefe und Postkarten von unterwegs, Notizbücher und Reise- beziehungsweise Tourtagebücher, Blogbeiträge, Fotos und Videofilme, gleich ob analog oder digital, außerdem die einen oder anderen Gegenstände, die man mitgebracht hat, seien es Souvenirs, Schmuckstücke, Kleidungsstücke oder Lebensmittel. Bedauerlicherweise sind in einem Fall die aus der Ferne eingetroffenen Briefe von der Nepal-Reise bei einem Auto-Einbruch hierzulande gestohlen worden; und das in Lateinamerika geführte Reisetagebuch kam, ausgerechnet am hundertsten Tag der Reise, in Panamas Hauptstadt, „abhanden".[382] Für die New-York-Besucherin würde solch ein Verlust kein Problem darstellen, hält sie doch ihre Reiseeindrücke „außer im Kopf nirgendwo" fest.[383] Und in ähnlich grundsätzlicher Weise argumentiert der Ladakh-Fahrer, wenn er, eher augenzwinkernd, ausführt:

> „Ich fotografiere praktisch nicht, bin aber fast immer mit jemandem unterwegs, der mehr oder weniger fotografiert (meist meine Frau). Ich habe aber keine sinnvolle Methode, Erinnerungen an Reisen zu archivieren oder aufzuheben. Die Idee, mich vor einer Sehenswürdigkeit fotografieren zu lassen oder gar ein ‚Selfie' zu machen, ist mir fremd. Ich muss niemandem beweisen, dass ich einen bestimmten Ort gesehen, ein bestimmtes Essen gegessen habe. Auf manchen Reisen habe ich Reisetagebuch geschrieben".[384]

---

[380] Kittelmann 2010, S. 291-302.
[381] Gavalda 2004, S. 48-49.
[382] Fragebogen AL und Briefmail AW.
[383] Fragebogen AS.
[384] Fragebogen AC.

Doch gleich wie, man schneidet ein Kurzvideo von der Indien- und Sri-Lanka-Reise zusammen, „in erster Linie für uns selbst";[385] man benutzt die diversen Kommunikationsmedien und Kommunikationsformen, um „jedem, der sich dafür interessiert (und sicher auch einigen, die das nicht tun, aber zu höflich sind, das zuzugeben)",[386] von der Reise zu erzählen, in der Regel jedoch vornehmlich Familienmitgliedern, Freunden und Bekannten, und sie zu informieren, bisweilen auch Arbeitskollegen, dies mündlich und bildlich, ebenso via WhatsApp, Facebook und Instagram, dies vor allem mit einer zum Teil ungebremsten Begeisterung: „die müssen da durch…".[387] Aber es gibt auch die andere, eher nüchterne Seite des Vermittlungsprozesses. Da gibt es die Antwort auf die Frage nach dem Publikum der dokumentierten Reiseeindrücke: „Niemand bzw. nur der Mitreisende, mit dem man sich die Fotos nach Monaten anschaut. Die Tagebücher werden im Grunde gar nicht mehr gelesen".[388] In vergleichsweise kritischer Weise bringt der vorgenannte Ladakh-Fahrer einen hier bereits angesprochenen Gesichtspunkt ins Spiel, den man als Kommunikationsstörung bezeichnen könnte. Bei ihm heißt es nämlich:

> „,Diavorträge' über Reisen waren in meinem Elternhaus eine traumatische Erfahrung. Schon deshalb habe ich nur sehr selten ein paar Fotos gemacht. Wenn jemand danach fragt, erzähle ich gerne von den Reisen. Aber die meisten Leute können dann gar nicht lange zuhören, sondern nehmen meinen Bericht nur zum Anlass, von ihren eigenen Reisen zu erzählen. Inzwischen bin ich altersweise geworden und finde das ebenso normal wie erträglich".[389]

Um den Vermittlungsprozess im Sinn eines Kulturtransfers in Gänze betrachten zu können, fehlt nur noch ein Blick auf die Antworten zur Frage: „Was vermitteln Sie? Und warum?". Eine Antwort lautet sehr direkt: „Wie der Urlaub gewesen ist", wobei die Präzision der Angabe folgt: „was genau [vermittelt wird], ist davon abhängig, wie vertraut die Person ist; meistens, weil die andere, fragende Person Interesse geäußert hat".[390] Da geht es durchgängig um Erlebnisse, Eindrücke und Erkenntnisse. Ein Japanreisender vermittelt „speziell die Gegensätze zur eigenen Kultur, um die eigenen Ansichten etc. zu hinterfragen", während ein Indienreisender bekennt:

---

[385] Fragebogen AK.
[386] Fragebogen AA.
[387] Fragebogen AP.
[388] Fragebogen AI.
[389] Fragebogen AC.
[390] Fragebogen AB.

„Ich versuche, diese Fremdheit und das Infragestellen der eigenen Lebensverhältnisse zu vermitteln. Um andere ein wenig an der Horizontverschiebung teilhaben zu lassen".[391] Eine weitere Äußerung verweist auf die Vermittlung von „Sinneseindrücken, weil die mich immer am meisten beschäftigen".[392] Wieder eine andere lautet: „Ich vermittle meine Begeisterung, dass mir etwas Schönes passiert ist und ich gebe Wissen / Informationen zum Ort weiter, z.B. zur Architektur oder zur Geschichte eines Ortes".[393] Nun gibt es aber auch Dinge, die man nicht nur als begeisternd einschätzen möchte; man antwortet kritisch und auch selbstkritisch. Es wird „Positives wie Negatives" berichtet; im Zentrum der Erzählungen über eine Indien-Reise stehen auch „die sozialen Bedingungen, der Einfluss des Kastenwesens und das Müllproblem"; darüber hinaus ist es den Reisenden durchaus bewusst, dass sie nach der Rückkehr eine herausgehobene Position im Kreis der ihnen Vertrauten einnehmen, gleich ob man mehrere Monate in Lateinamerika unterwegs war oder eine Woche Strand-Urlaub an der italienischen Westküste verbracht hat: Im ersten Fall liefert frau eine „Art Trophäen-Show", im zweiten Fall möchte man „auch ein bisschen ‚angeben'".[394] Manche hinterfragen die ganze Praxis der Kommunikation über das eigene Feriengeschehen:

> „Wenn die Leute fragen, wie der Urlaub war, hat man dann doch sehr oberflächliche Standardantworten, und meist wollen die Leute auch nicht mehr hören, als dass das Wetter und das Essen gut waren. Eher platziert man Erzählungen einzelner Ereignisse an passenden Stellen in Gespräche, das kann aber auch Monate oder Jahre später sein".[395]

Eine weitere Antwort enthält den Hinweis:

> „Allerdings habe ich meine bisherigen Reisetagebücher mit allen anderen Tagebüchern verbrannt, da eine wirkliche Realitätserfahrung mit allen Sinnen für mich besser funktioniert, wenn ich weder Fotos / Videos mache, noch schreibe, sondern einfach im Moment *bin*".[396]

---

[391] Fragebögen AF und AD.
[392] Fragebogen AG.
[393] Fragebogen AP.
[394] Fragebögen AG, AP, AR, AK, AL, AM.
[395] Fragebogen AI.
[396] Fragebogen BA.

Und zu guter Letzt liefert einer der Japanfahrer ein augenzwinkerndes Bekenntnis darüber, wie er seine spezifischen Reiseerzählungen, nach jeweiligen Zielgruppen ausgerichtet, gestaltet:

> „Frauen versuche ich mit spektakulären oder tiefsinnigen Geschichten zu faszinieren; Japaner / innen mit meinem Wissen über ihr Land zu beeindrucken; andere Erzähler / innen mit noch faszinierenderen oder verrückteren Erzählungen zu übertrumpfen; in intellektuellen Zirkeln gebe ich gern ungebeten meine Beobachtungen über die japanische Gesellschaft zum Besten; meinen guten männlichen Freunden erzähle ich von einem nächtlich hingehauchten Abschiedskuss auf einer Brücke in Kyoto und meiner Familie meistens vom Essen und der Landschaft".[397]

In diesem Zusammenhang ist es von zentraler Bedeutung, unter anderem auch der weiterführenden Frage nachzugehen: Was könnten sämtliche der hier lediglich beispielhaft genannten Aktivitäten eigentlich ganz genau bewirken? Es scheint nämlich im Moment noch nicht geklärt zu sein, ob und vor allem in welcher Weise der in Gang gesetzt Kommunikationsprozess auch für die persönliche – mithin innere – Auseinandersetzung mit Reiseerlebnissen und ihren Auswirkungen gilt, seien es Veränderungen im Denken oder die Einübung in neue Verhaltensweisen, die Schärfung der Wahrnehmung und Modifikationen in der Sichtweise auf das eigene Leben oder gar Identitäts- und Wertveränderungen. Dies alles harrt der multidisziplinären Erkundung.

Und weil Menschen in eben diesem Kontext, der ja durch wiederholtes Unterwegssein ständig ergänzt und erneuert wird, das Erinnern offensichtlich nicht allzu leicht fällt, ist, um als Gedächtnisstütze zu fungieren, jene bereits angesprochene Objektkategorie gleichsam erfunden worden, nämlich das Souvenir. Souvenir, was bedeutet das eigentlich ganz genau? Schauen wir zuerst in ein etymologisches Wörterbuch, so erhalten wir folgende Informationen:

> „Das Fremdwort wurde im 19. Jh. aus gleichbed. frz. souvenir (eigentlich ‚Erinnerung') entlehnt, einer Ableitung vom frz. Verb souvenir ‚sich erinnern'. Dies geht auf lat. subvenire ‚in den Sinn kommen' zurück, einer Bildung aus lat. sub ‚unter' [...] und lat. venire ‚kommen'".[398]

---

[397] Fragebogen AA.
[398] Drosdowski 1989, S. 683.

Der Kulturwissenschaftler Konrad Köstlin versucht die Struktur von Souvenirs sowie die Struktur der Umgangsweisen mit Souvenirs, im konkreten Fall mit Gegenständen aus dem Bereich der materiellen Kultur, zu ergründen, wobei er als erstes Prinzip eine aus „Wegnehmen und Mitbringen" kombinierte Handlung bestimmt, die er in durchaus ritualisierter Praxis realisiert sieht:

> „Es gibt ‚private' Erinnerungsstützen, die der allgemeinen Erkennbarkeit entzogen sind und ihren eigenen Code haben, den nicht jeder entschlüsseln kann. Erkennbarkeit – Souvenirs müssen ‚typisch' sein – ist dennoch die Regel. Sie sind Belegstücke für erfolgreich gemachte Reisen und sie bleiben – solange diese Erfolgsinterpretation Aktualität und Gültigkeit behält – zumeist sichtbar".[399]

Und in welcher Form kommen nun diese Souvenirs oder Andenken oder Reiseandenken daher? Um konkret zu werden, begebe ich mich jetzt einfach einmal in drei touristische Besuchsregionen und benenne Objekte, welche in verschiedenen kulturhistorischen Ausstellungen zum Themenkomplex Reise und Tourismus zur Präsentation gekommen sind. Die Ausstellung „Das Oktoberfest. 175 Jahre Bayerischer National-Rausch" zeigte im Münchner Stadtmuseum 1985 Erinnerungsschriften und Erinnerungsmedaillen aus der Zeit seit 1830, Oktoberfestzeitungen aus der Zeit seit 1895, Grußpostkarten aus der Zeit seit 1900, ein Bierglas von 1910 und eines von 1912, Souvenirkrüge der Festwirte seit 1975, offizielle Festmaßkrüge seit 1978, Erinnerungsplaketten, Lebkuchenherzen, Lebkuchenfiguren, Schokoladenherzen, Aufkleber, Abziehbilder, T-Shirts, Schlüsselbretter, Flaschenöffner, Strohhüte, Stirnbänder, allesamt mit entsprechendem Aufdruck, darüber hinaus, wie in den anderen beiden Ausstellungen, jede Menge Bildpostkarten. Das Altonaer Museum in Hamburg versammelte 1986 in einer Schau zum Thema „200 Jahre Badeleben an Nord- und Ostsee" Tassen, Teller, Sahnekännchen, Zuckerdosen, Eierbecher, Konfektschälchen, Vasen, Aschenbecher, ja sogar ein ganzes Service mit Ansichten von Orten, Stränden und Landschaften oder mit Wappen aus der Zeit seit 1825, entsprechende Gläser aus der Zeit seit 1840, Souvenir-Muschelkästchen aus der Zeit seit 1960, ein Armband mit sieben „Travemünde"-Anhängern, ein Taschenmesser mit einem entsprechenden Aufdruck, vier Aufkleber, drei Aufnäher, sechs Schachteln Streichhölzer, ein Lineal, einen Satz Dias, einen Kugelschreiber, alle dazu passend, darüber hinaus Druckgraphik aus der Zeit seit 1820 sowie Postkarten aus der Zeit seit 1885. Und schließlich präsentierte die Schau „Die Reise nach

---

[399] Köstlin 1991, S. 131-132.

Berlin" 1987 im ehemaligen Hamburger Bahnhof mehrere Berliner Bären als Stoffpuppen, verschiedene aus Streichhölzern selbstgefertigte Berliner Bauten in Miniaturformat (das Brandenburger Tor, den Funkturm, das Luftbrückendenkmal), Souvenir-Gläser aus dem 19. Jahrhundert, Reliefschälchen, Briefbeschwerer, Löffel, Vasen, Fingerhut, Wappenteller, Untersetzer, Wimpel, Plastik-Fernsehtürme in unterschiedlichen Größen, das Modell eines Doppeldecker-Busses, Anhänger, Kerzen, Postkartenleporellos, Schlüsselbretter, Schneekugeln sowie jede Menge Postkarten-Serien.[400] Bestehen die hier angeführten Objektwelten zum weitaus größeren Teil aus eigens für Reisende entworfenen, produzierten und zum Kauf angebotenen Dingen und nur zu einem ganz geringen Teil aus selbstgefertigten Erinnerungsstücken, so fehlt im konkreten Fall das breite Spektrum der mehr oder weniger zufällig gefundenen Gegenstände, dies einschließlich solcher aus alltäglichen Gebrauchskontexten, welche Reisende sammeln und selbst in den Status von Andenken erheben.

In eine vollkommen anders gelagerte Objektwelt führt uns das folgende, zu Vergleichszwecken herangezogene, Fallbeispiel für den Umgang mit Souvenirs: Hans Magnus Enzensberger hat zu Beginn des Jahres 1968 als Zeichen des Protestes gegen die US-amerikanische Außenpolitik, vor allem gegen deren militärisches Engagement in Vietnam, ein Fellowship am Center for Advanced Studies der Wesleyan University in Middletown (Connecticut) vorzeitig abgebrochen, um statt dessen einige Zeit im sozialistischen Kuba zu verbringen. Von dort brachte er ein völlig anderes Spektrum an explizit so benannten „Souvenirs" mit nach Hause, an Erinnerungsgegenständen, die er selbst zusammengestellt hat, ohne Berücksichtigung eines touristenbezogenen Marktangebots, welches es zu dieser Zeit vor Ort möglicherweise auch noch gar nicht gegeben hat:

> „Eine Machete, Marke *Krähender Hahn*, mit Griff 60 cm lang, aus chinesischer Produktion. Längst vergilbte Polaroids. Ein Gehrock, vor dem Ersten Weltkrieg geschneidert von Franz Winter, Braunau i.B., Filmrollen in einer Blechschachtel. Ein Album von Consejo Nacional de Cultura mit graphischen Wunderwerken, auf denen Allegorien des Genusses und des Reichtums zu sehen sind, golden geprägte Aufkleber für Zigarrenkisten mit Kronen, Medaillen und vollbusigen Damen mit rosigen Metzgerinnenwangen, die Ceres und Industria verkörpern, die Göttinnen des Feldes und der Manufaktur. *Qualité somptueuse!* In einer Blechschachtel ruht der Panzerkreuzer *Aurora* en miniature.

---

[400] Das Oktoberfest 1985, S. 386-400; Saison am Strand 1986, S. 171-186; Die Reise nach Berlin 1987, S. 400-402.

Dann gibt es noch eine indische Hausjacke aus Seide mit Paisley-Muster, nie getragen, auf deren Etikett steht: ‚Burlington's Ashoka Hotel, New Delhi'. Kambodschanische Münzen, Rubelscheine, Hongkong-Dollars. Eine braune, zerbröselnde Zwei-Peso-Banknote, die nie viel wert war, unterschrieben von Ernesto Guevara de la Serna, Chef der cubanischen Nationalbank – ausgerechnet von ihm, der nie mit Geld umgehen konnte! Diese Restposten gleichen einem Sargasso-Meer auf dem Trockenen".[401]

Die vorgenannten, in Berlin, Hamburg und München museal ausgestellten Objekte sind überwiegend nicht nur vorfabriziert, sondern darüber hinaus standardisiert und jederzeit austauschbar, denn ob das mit Ortsansichten bedruckte Taschenmesser oder Geschirr, die Postkarten mit Abbildungen von den jeweils zentralen Sehenswürdigkeiten oder Fahnen und Wimpel oder gar Schneekugeln nun aus Berlin oder Hamburg, Travemünde oder München stammen, das fällt unter medien- beziehungsweise kommunikationstechnischen Gesichtspunkten eher nicht weiter ins Gewicht. Unterschiede lassen sich allenfalls bei ausgewählten Dingen ausmachen: Brandenburger Tor und Luftbrückendenkmal en miniature erinnern einfach an spezielle, die Geschichte Berlins tangierende Ereignisse und Entwicklungen, die sich beispielsweise deutlich von den vielen kleinen Eiffeltürmen unterscheiden, die es in Paris zu erwerben gibt. Dagegen handelt es sich bei den von Enzensberger gesammelten Objekten um solche, die er selbst mit Bedeutung aufgeladen hat: Die Machete erinnert an die Zuckerernte auf der sogenannten „Isla de Azúcar", aber auch an des Dichters kurzen Arbeitseinsatz ebendort;[402] allein die Herkunft des aus China stammenden Haumessers wiederum erinnert an die gegenseitige Verbundenheit und Kooperation der sozialistischen Länder, was auch für die Münzen und Rubelscheine sowie für den Panzerkreuzer „Aurora" gilt, von dessen Original aus am 25. Oktober 1917 der Startschuss zum Sturm auf das Winterpalais in Sankt Petersburg gegeben und womit der Beginn der Russischen Revolution eingeleitet wurde; bei dem prachtvollen Album handelt es sich um eine repräsentative, offizielle Veröffentlichung, die möglicherweise nur an ausgewählte Gäste, politische Würdenträger aus dem „befreundeten" Ausland etwa oder sympathisierende Intellektuelle aus der westlichen Welt, verteilt wird; und die Unterschrift auf dem Peso-Schein stammt von niemandem geringeren als „Che" Guevara (1928-1967), Ende der 1960er Jahre Symbol- und Leitfigur außerparlamentarischer Bewegungen weltweit.

---

[401] Enzensberger 2014, S. 236; vgl. Lau 1999, S. 242-247.
[402] Lau 1999, S. 257.

Wir haben es hier, insgesamt, mit Objekten zu tun, die wir, anders als die angeführten standardisierten deutschen Souvenirs, für die das nur zum geringen Teil gilt, als Partikel des kommunikativen Gedächtnisses betrachten können. Auf sie lassen sich mehrere der einschlägigen Kriterien des Ägyptologen und Kulturwissenschaftlers Jan Assmann anwenden: Da geht es um „Geschichtserfahrungen im Rahmen individueller Biographien" ebenso wie um Formen, die einen Alltagsbezug aufweisen und sich als „informell, wenig geformt" sowie unter medialen Gesichtspunkten als „lebendige Erinnerung in organischen Gedächtnissen, Erfahrungen und Hörensagen" qualifizieren lassen.[403] Anders gewendet, stellen die Enzensberger'schen Objekte aus Mittelamerika in ihrer Gesamtheit insofern eine Art von Mélange dar, als sie Erinnerungen partiell direkt, partiell verschlüsselt und partiell denkbar, nämlich durch eigenes Aufladen mit symbolischer Bedeutung, zu transportieren in der Lage sind.[404] Auf jeden Fall handelt es sich nicht um Mitbringsel ohne jegliche Aussagekraft, sondern um „Erinnerungsstücke an wichtige Reisen", welche durchaus „Leitlinien des lebensgeschichtlichen Erinnerns und Erzählens" bilden können,[405] was auch für die bereits erwähnten, von frühen Englandreisen mitgebrachten Beat- und / oder Rock-Schallplatten der Herren Politycki und Lauterbach gilt, während etwa die Urlaubsbräune peu à peu verschwindet, trotz Anwendung chemischer, pharmakologischer und elektrischer Hilfsmittel zu deren Bewahrung und gewissermaßen Verlängerung des Effekts, in ähnlicher Weise wie der Drang, soeben erst erlernte fremdsprachige Begriffe in die eigene Kommunikation zu Hause einfließen zu lassen, sich legerer als üblich zu kleiden oder sich exotische Mahlzeiten zuzubereiten.

Konrad Köstlin stößt bei der Suche nach historischen Vorbildern für derartige Objektkomplexe auf einerseits die Kunst- und Wunderkammern sowie andererseits die Sammeltätigkeit während der Kreuzfahrer- und Pilger-Reisen.[406] Kunst- und Wunderkammern? Darunter haben wir jenen in der Frühen Neuzeit aufkommenden Typ von enzyklopädischer Sammlung im Bereich der Fürstenhöfe, aber auch der Universitäten, Klöster und bisweilen wohlhabenden bürgerlichen Familien zu verstehen, der als Vorläufer des Museums in unserem Verständnis gilt und sich durch die grundsätzlich Gleichberechtigung aller in der Natur aufgefundenen sowie der vom Menschen hergestellten Dinge, das heißt naturalia und artificialia, auszeichnet, die im Fall der Kunst- und Naturalienkammer im Berliner Schloss beispielsweise im späten 18. Jahrhundert von Tierpräparaten bis zu baltischem Bernstein, von einer weiblichen Statuette bis zu einem Prunkgefäß aus Rhino-

---

[403] Assmann 2002, S. 56.
[404] Mohrmann 1991, S. 213-214.
[405] Lehmann 1993, S. 143.
[406] Köstlin 1991, S. 134-135.

zeroshorn, von einem Kabinettschränkchen bis zu einer Büchse aus der Schale einer Kokosnuss reichen. Auch wenn derartige Kammern Objekte von den Molukken und aus China, aus Indien und vom Baltikum vereinen mögen, kommen sie dennoch als Vorläufer der Souvenirs nur bedingt in Frage, da der Besitzer der frühneuzeitlichen Sammlung die Gegenstände in der Regel nicht selbst besorgt, an Ort und Stelle, während einer Reise, sondern den Auftrag an Bedienstete erteilt, dieselben nach Europa bringen zu lassen.[407]

Zu den Reisen der Kreuzfahrer und Pilger nach Jerusalem gehört es nach Köstlin dazu, auch heilige Gegenstände mitzubringen, allen voran Holzsplitter vom Kreuz Jesu Christi. In manchen Hinsichten unterscheidet sich dieser Kulturtransfer vom Handeln der Kunst- und Wunderkammerbesitzer, in anderen Hinsichten ähnelt er diesem. Der Fürst legt seine Sammlung für sich selbst und einen engen Kreis Interessierter an, während der Holzsplitter aus Jerusalem von vielen Menschen gesehen werden soll; der Fürst lässt die Objekte von anderen Menschen zusammentragen, der Jerusalemreisende bringt dagegen den Kreuzsplitter selbst mit; die fürstliche Sammlung hat mit Kunst und enzyklopädischem Wissen, mit Rarität und Kuriosität, mit Wissbegier zu tun, das Mitbringen und Zurschaustellen von Kreuzpartikeln in Kirchen dagegen mit der Demonstration eigener Frömmigkeit. Fürstliche Sammlung und mitgebrachter Holzsplitter entsprechen sich insofern, als beide ihren Besitzern attestieren, zum Kreis der herausgehobenen Personen in einer jeweiligen Gesellschaft zu gehören, und als beide die Bedeutung des Ortes, an dem die Zurschaustellung stattfindet, steigern.[408]

Köstlin spricht in diesem Zusammenhang von „Translationen der Erinnerungsstücke", von Übersetzungen also, von Über-Setzungen, wie er es formuliert, welche folgendermaßen funktionieren: Bedeutung wird „an neue Orte und auf neue Besitzer verteilt und verlagert, indem man dem Original am Ort des Geschehens ein Stück Bedeutung nimmt, es schmälert".[409] Dieser Vorgang lässt sich erläutern am Beispiel jener Touristin, die Mitte des 20. Jahrhunderts Steine aus Bethlehem und Marmorstücke vom Parthenon in Athen mitbringt und mit diesem Tun wiederum Orvar Löfgren, der 1999 darüber berichtet, an einen jungen Engländer erinnert, der 1861 nachhause schreibt, dass er von der Sphinx ein kleines Stück Stein aus ihrem Nackenbereich mitgenommen habe: „wie es alle anderen auch tun'".[410]

---

[407] Ranke 1981.
[408] Köstlin 1991, S. 135.
[409] Ebd., S. 137.
[410] Löfgren 1999, S. 85-86 (Übersetzung BRL).

Und aus genau diesem Grund, weil alle Reisenden Dinge oder Teile von Dingen zum Zweck der Erinnerung mit nachhause nehmen, ahnen wir, nicht nur weil wir Walter Benjamins Text „Das Kunstwerk im Zeitalter seiner technischen Reproduzierbarkeit" gelesen haben mögen,[411] sondern allein aufgrund unseres alltäglichen Handelns und der einschlägigen Lebenserfahrungen, dass der Vorrat an authentischen Holzsplittern vom Kreuz Jesu Christi ausgesprochen begrenzt ist und es nicht mit rechten Dingen zugehen kann, wenn über Jahrhunderte hinweg derartige Stücke erworben und in alle Welt transferiert werden. Köstlin datiert die Anfänge derartiger Erkenntnis und eines dazugehörenden problemlösenden Wirkens ins Mittelalter, wenn er ausführt, dass es damals bereits „findige Leute" gegeben habe, „die auf die Idee kamen, die Kreuzpartikel zu vermehren", was zur Folge hat, dass wir „heute davon ausgehen [müssen], dass nicht alle Stücke echt sind", gleich ob sie mit oder ohne Echtheits-Zertifikat verkauft worden sind,[412] was in vergleichbarer Weise für Steinstücke aus dem Körper der Sphinx oder für Teile von antiken Vasen gilt, die man rund um das Mittelmeer erwerben kann, und zweifellos auch für jene Objekte, die man unter dem Begriff der „airport art" subsumiert:

> „‚Airport art' ist ein junger Begriff, der als Synonym für ‚Souvenir', ‚tourist art' oder ‚Ethno-Kitsch' steht. Darunter fallen alle möglichen Gegenstände, die an zentralen Schnittstellen des Reisens nicht nur auf Flughäfen, sondern genauso an Bahnhöfen, in der Nähe von Sehenswürdigkeiten, großen Hotels oder in diversen Andenkengeschäften erhältlich sind".

Diese Objekte werden mittlerweile, im Zeitalter des Massentourismus, industriell gefertigt, auch wenn sie manchmal den Schein zu wahren versuchen, Echtheit und Originalität aufweisen zu können, wobei der Hinweis ernst zu nehmen ist, dass dieser Prozess auch reziprok funktioniert, was bedeutet, dass auch hiesige Souvenirprodukte der „airport art" zuzuschlagen sind, eben weil sie auf fremde Besucher und Käufer exotisch wirken mögen, Bajuwarisches oder Schwarzwälderisches etwa.[413]

---

[411] Benjamin (1936) 1963.
[412] Köstlin 1991, S. 137.
[413] Kappeller 1992, S. 207.

Erinnerungen

Man befrage sich einmal selbst, wann man zum ersten Mal touristische Erinnerungsstücke erhalten oder selbst erworben hat, ob und wie man diese gesammelt hat und sie möglicherweise immer noch nach einigen Jahren oder gar Jahrzehnten weitersammeln oder zumindest aufheben möchte. Und darüber hinaus ist es zweifellos interessant und für das Verständnis touristischer Praxis insgesamt relevant, wissen zu wollen, welche Erinnerungen mit welchem Objekt verbunden sind, sofern man das überhaupt noch sagen kann. Um ein Beispiel zu bringen: Der Wanderstock mit Krücke, der bei uns zuhause am Bücherregal hängt, weist fünfzehn sogenannte Stocknägel auf, aufgenagelte gekrümmte Plaketten aus Blech mit eingeprägten Silhouetten von Stadt- oder Landschaftsausschnitten, zum Teil gar bemalt. Anhand der ersten sechs Plaketten kann ich, unter Zuhilfenahme des von den Eltern penibel geführten und mir überlieferten Photoalbums, ganz genau festlegen, dass dieser Stock im Urlaub 1956 (Urlaub heißt damals noch automatisch Sommerurlaub) in oder im Umfeld der Gemeinde Kreuth am Tegernsee erworben worden ist. In jenem Urlaub haben wir diese und jene Orte besucht beziehungsweise Berge bestiegen oder per Drahtseilbahn erreicht. Die Stocknägel geben Kunde davon. Etliche Erinnerungen an diesen meinen ersten Alpen-Urlaub sind nach wie vor vorhanden, an den ersten Urlaub, der das Hamburger Großstadtkind weg von Nordsee und Ostsee geführt hat. Apropos Hamburg und Ostsee: Einer der Stocknägel verweist auf Hamburg-St. Pauli und zeigt den Eingang zum Elbtunnel sowie die Gebäude der sogenannten Landungsbrücken an der Hafenkante, dies einschließlich eines Dampfschiffs. Nicht mehr rekonstruieren lässt sich allerdings, ob wir Hamburg tatsächlich jemals, nach dem Umzug nach Süddeutschland, touristisch besucht haben – und wenn überhaupt, dann wohl eher auf der Durchreise, sicherlich nicht einschließlich eines Aufenthalts. Eine weitere Plakette zeigt drei Segelboote in Aktion, mit einem schmalen Küstenstreifen im Hintergrund; die dazugehörige Herkunftsangabe lautet „Bad Dahme" und meint ein Ostseeheilbad an der Lübecker Bucht. Sind diese beiden Erinnerungsstücke nun als Kuriosa zu betrachten oder gehört der Wanderstock mit Krücke gar nicht in die Gebirgswelt und damit zum bürgerlichen Alpenmythos, wie nicht zuletzt von Roland Barthes in einem kurzen Text über den „Guide bleu" dekonstruiert?[414]

Erfüllt der Wanderstock in deutlicher Weise eine doppelte Funktion, einerseits ein Gebrauchsobjekt, andererseits ein Erinnerungsobjekt darzustellen, so lassen sich, gleich ob aus dem Bereich der Massen- oder handwerklichen Produktion entstammend, auch gewissermaßen genuine Gebrauchsobjekte ausmachen, welche man durchaus als Erinnerungsstücke

---

[414] Barthes (1957) 2016, S. 157.

verwenden kann; zu erinnern sei an den verstaubten Eierbecher und die rote Schale, von denen bereits die Rede gewesen ist. Da gibt es zudem, etwa im Haushalt des Ehepaars H., die „im Urlaub billig erworbene tunesische Bettdecke", deren Materialqualität sowie expressive Farbigkeit den männlichen Partner nicht nur an den Aufenthalt in der Fremde als solchen erinnern, sondern gleichermaßen an die eigene „ästhetische Lerngeschichte" im Zusammenhang mit einer früheren Ehe mit einer Malerin wie auch an den Urlaub speziell mit der zweiten Ehefrau; die Bettdecke wird als „Bindungsobjekt" betrachtet, nicht als Distinktionsgegenstand.[415] Auf ein breites Spektrum an Bedeutungen verweist eine vollkommen andersgelagerte Objektkategorie: Nimmt man zum Beispiel den Koffer,[416] den man sich für eine bestimmte Reise gekauft und der sich auf dieser Reise bewährt hat, gleich ob in Form eines Handkoffers oder eines Schrankkoffers, einer Hutschachtel oder einer Koffertruhe, ein nützliches und auf den Reisealltag bezogenes Objekt, welches dadurch auffällt, dass es zwei oder acht oder zwölf oder fünfundzwanzig sogenannte Kofferaufkleber zieren,[417] gleich ob diese auf das Hotel „Baur au Lac" in Zürich oder das Hotel „Sacher" in Wien, das Hotel „Adlon" in Berlin oder das Hotel „Raffles" in Singapur verweisen. Es gibt aber auch Koffer, die überhaupt nichts mit touristischem Reisen zu tun haben, sondern mit Flucht, Vertreibung, Gefangenschaft und Tod. Und so lautet das Fazit einer kulturwissenschaftlichen Studie, welche in beispielhafter Weise vorführt, wie die Erforschung materieller Kultur angelegt werden muss, nämlich auf die handelnden Menschen bezogen, empirisch orientiert sowie sozial-, wirtschafts- und politikgeschichtlich fundiert, dabei einem Ansatz verpflichtet, der gleichermaßen Objektivationen und Subjektivationen, in Gegenwart und Vergangenheit, in den Blick nimmt, folgendermaßen:

> „Reisekoffer sind mehr als bloße Transportbehältnisse. Sie sind Zeichen gesellschaftlicher Wandlungsprozesse und individueller Bedürfnisse. Sie sind Spiegelbilder menschlicher Sehnsüchte und Hoffnungen, von Verzweiflung und Ausweglosigkeit. Sie dokumentieren glanzvolle wie leidvolle Erfahrungen, schlagen Brücken zwischen Erinnerung, Traum und Wirklichkeit. Sie verbinden Vergangenes, Gegenwärtiges und erhofftes Künftiges"[418].

---

[415] Selle / Boehe 1986, S. 182-183, 204, 206-207.
[416] Mihm 2001.
[417] Bien / Giersch 1988.
[418] Mihm 2001, S. 117.

Die Auseinandersetzung mit dem Koffer zeigt allzu deutlich, dass es letztlich keinen Kanon dafür geben kann, welche Objekte als touristische Erinnerungsgegenstände fungieren und welche Objekte von dieser Verwendung ausgeschlossen sind. Im Gegenteil, auch im Zeitalter der fortschreitenden Industrialisierung des Souvenirwesens kann, ganz allgemein gesagt, alles, was man während der Urlaubsreise erwirbt oder erhält, als Souvenir begriffen und auch als solches bezeichnet, tatsächlich zu einem solchen werden, gleich, ob es sich dabei um Zug- und Busfahrkarten oder Stadtpläne, Eintrittskarten oder Hotelprospekte, Rechnungen oder übriggebliebene Münzen, „das Zuckerstück, das man im Café zufällig eingesteckt hat", oder andere Dinge handelt. Hauptsache, sie verkörpern so etwas wie einen Erinnerungswert.

Dieser Vorgang der Umdeutung oder des Aufladens mit Bedeutung ist zwar an die Existenz einer bestimmten Form von objektiver Materie gebunden, gleichwohl geschieht er immateriell, individuell und subjektiv, was das Spektrum potentieller Andenken ins schier Unermessliche steigert. Wenn ausschließlich „der Reisende den Dingen die Bedeutung gibt, die sie zu Andenken macht", dann kann es keine Objektkategorie geben, welche sich diesem Aufladungsprozess verweigert, dann sind gleichermaßen „gefundene oder gestohlene Dinge zu den Souvenirs zu rechnen", etwa getrocknete Pflanzen, die es im heimischen Umfeld nicht gibt, oder am Strand selbst gesammelte Steine, Muscheln und Meeressand, aber auch illegal angeeignete Objekte, etwa Biergläser, Aschenbecher, Bestecke, Handtücher und Kleiderbügel mit dem Stempel des betreffenden Hotels oder Restaurants. Diese sind allesamt „gerade deshalb so reizvoll, weil sie nicht gekauft werden können",[419] also im neuen Verwendungszusammenhang eines privaten Haushalts einen gewissen Seltenheitswert aufweisen.

Sicherlich ist dieser Erörterung nicht zu widersprechen. Im Gegenteil, die genannten Objektkategorien lassen sich völlig mühelos und logisch in eine Traditionslinie mit den heiligen Stücken der Kreuzritter und Pilger, mit den Badebechern und Badegläsern der Kurgäste des 19. Jahrhunderts und den heutigen Reiseandenken stellen:

> „Souvenirs sind [...] nicht nur Gegenstände, an denen sich individuelle Erinnerung festmacht. Sie verankern diese individuelle Erinnerung in einem kanonisierten Gruppenkonsens über eine Bewertung des Reisens und seiner Belegstücke, deren Bedeutung die Gesellschaft sakralisiert hat. Damit werden die Souvenirs selbst zu Medien, an denen sich

---

[419] Schwarz 1984, S. 99.

Kommunikation und Diskurse entzünden und über die sich
Kommunikation gestaltet".[420]

Und aus genau diesem Grund ist es folgerichtig, die These zu formulieren: „Millionen von Miniatur-Eiffeltürmen mögen über die ganze Welt verbreitet existieren, aber nicht einmal zwei von ihnen verfügen über die gleiche Bedeutung",[421] was zur Folge hat, dass einer weiteren, bereits angedeuteten These, die in der multidisziplinären Tourismusforschung zur Formulierung gekommen ist, deutlich widersprochen werden muss, denn diese besagt: Die „individuelle Bedeutung" eines auf eine Reise bezogenen Erinnerungsobjekts sei ausschließlich „konstitutiv" für einschlägige Objekte, die nicht eigens für tourismuskulturelle, tourismusökonomische und weitere Zwecke hergestellt worden und als solche erkennbar seien, also für, wie es heißt, Souvenirs, sondern nur für solche, die „aus individuellen Gründen diesen Status erlangen", also für sogenannte Reiseandenken, etwa für Photographien, mitgebrachte Steine, Muscheln, Straußeneier und ähnliches mehr.[422] Die Unterscheidung ergibt letztlich keinen Sinn, denn es wird nicht danach gefahndet, ob nicht auch die kleinformatigen Eiffeltürme aus Metall oder Kunststoff und weitere tourismusbezogene Fertigprodukte individuelle Bedeutungen im Leben der jeweils betroffenen Käuferinnen und Käufer erlangen können und darüber hinaus, sollte dies der Fall sein, wie derartige Objekte in das jeweils eigene Leben eingefügt werden und welche Rolle(n) sie genau spielen. Bei dem Ethnologen Hans Peter Hahn heißt das: „Gegenstände evozieren in bestimmten Situationen [etwa im Kreis einer Familie oder einer kleinen Gruppe] Erinnerungen [...] an gemeinsame, zeitlich zurückliegende Erlebnisse".[423]

In diesem thematischen Kontext ist auf die durchaus heikle Position jener auf den Tourismus bezogenen Erinnerungsobjekte zu verweisen, die man anderen Menschen als sogenannte kleine Aufmerksamkeit schenken möchte, sei es, dass diese während der eigenen Abwesenheit die Wohnung gehütet haben, sei es, dass man sie auf der Rückfahrt vom Urlaubsort kurz besucht hat. Die Redaktion der Zeitschrift „Weltkunst" etwa erkundigt sich bei dem Regensburger Kulturreferenten Klemens Unger:

„Mit welchem Souvenir aus Regensburg überraschen wir
unsere Freunde zu Hause?".

Und der Angesprochene gibt die Antwort:

---

[420] Köstlin 1991, S. 140.
[421] Löfgren 1999, S. 88 (Übersetzung BRL).
[422] Pöttler 2009, S. 131.
[423] Hahn 2005, S. 39-40.

> „Natürlich mit den Regensburger Bratwürsten oder den Regensburger Knackwürsten mit echtem Regensburger Senf. Auch der originale ‚Karmelitengeist' aus dem Kloster am Alten Kornmarkt eignet sich hervorragend als Mitbringsel".[424]

Ein „Sprachkalender Französisch 2020" präsentiert mit Datum vom 26. August eine kurze Unterhaltung über die absolvierte Ferienreise einer Familie, die sie nach Südfrankreich geführt hatte:

> „Béatrice: Da sind wir! Wir haben etwas Zeit gebraucht, um uns wieder im Alltag zurechtzufinden. Aber wir haben euch ein paar Geschenke mitgebracht. Um euch zu danken, dass ihr den Garten gegossen habt, der prächtig aussieht.
> Oma: Oh, aber das war doch nicht nötig... Hm, Lavendelseife und -badeöl. Danke!
> Serge: Auf dem Rückweg sind wir durch Montélimar gekommen. Da haben wir uns Nugatvorräte zugelegt.
> Opa: Mhm, lecker, ich schwärme für Nugat. Hoffen wir nur, dass meine Zähne mitmachen, haha!"[425]

Erfährt man beim zweiten Beispiel wenigstens andeutungsweise etwas über die Rezeption der Geschenke, so ist dennoch zu schlussfolgern: Zwischen Souvenir und Mitbringsel sollte tunlichst deutlich unterschieden werden, denn das eine Objekt verfolgt den Zweck, Reisende an eine selbst absolvierte Reise zu erinnern, während das andere Objekt als Geschenk für Mitmenschen fungieren soll. In einem strengen Sinn handelt es sich bei den Regensburger und Montélimarer Delikatessen keineswegs um Souvenirs als Erinnerungsvermittler, denn es fehlen die Hahn'schen „gemeinsame[n], zeitlich zurückliegende[n] Erlebnisse". Das Gleiche gilt für die Verwendung des Begriffs „Souvenir" für jegliche Erinnerungsstücke, die jemand aufhebt, um sich seines eigenen Lebens zu vergewissern, wozu etwa einerseits Ansichtskarten aus dem Urlaub und selbst gesammelte Muscheln gehören, aber andererseits auch ein „Zeitungsausschnitt mit lustiger Schlagzeile", ein „altes Schwarz-Weiß-Foto aus dem Trödelladen oder aus deiner Familie" oder „Kinokarten von deinem Lieblingsfilm", „Einladungen zum Cocktail / zur Premieren-Party / zur Verlobungsfeier der besten Freun-

---

[424] Interview 2019; vgl. Pöttler 2009, S. 120.
[425] „Fröhliches Wiedersehen", deutsche Übersetzung des Textes „De joyeuses retrouvailles", Rückseite des Kalenderblattes vom 26. August 2020. Harenberg Sprachkalender Französisch 2020. Unterhaching 2019.

din" oder „Dein alter Personalausweis oder dein erster Führerschein", Erinnerungsstücke also, „die du immer bei dir haben willst und bei denen dir warm ums Herz wird, wenn du sie ansiehst, weil sie die Geschichte deines Lebens erzählen".[426] Hier wird mit einem erweiterten Souvenir-Begriff operiert, der, wenn auch eher unreflektiert, Vorstellungen vom Leben als Reise zu folgen scheint.[427] Möglicherweise hat aber die Übersetzerin des zuerst in den USA erschienenen, aber von der französischen Urvorlage her ins Deutsche übertragenen Textes einfach den weltweit verbreiteten Begriff „Souvenir" direkt übernommen, der zunächst nichts anderes bedeutet als: Erinnerung.

Funktionen

Der vorgenannte strukturalistische Semiotiker Roland Barthes hat sich in einer komprimierten Studie über die Symbolik des Eiffelturms nicht nur mit den Funktionen des Turmes als solchem, sondern ebenso mit den Bedeutungen desselben als touristisches Souvenir, als miniaturisierte Version eines realen Bauwerks, auseinandergesetzt. Steht das Bauwerk selbst zunächst für die Französische Revolution (zu deren Hundertjahrfeier wurde es 1889 errichtet) sowie für industrielle und technische Entwicklungen und Leistungen, auch für architektonische und technische Ingenieurskunst und Experimentierfreudigkeit, so verschiebt sich die Bedeutung mehr und mehr dahin, dass der Eiffelturm als das höchste und weithin sichtbare sowie mit einer unverwechselbaren Silhouette ausgestattete Gebäude der Stadt zum Paris-Symbol par excellence wird, gleichzeitig, vermittelt über seine, unter praxisbezogenen Aspekten beurteilte, anfängliche Nutzlosigkeit und inhaltliche Leere, aber auch zum Zeichen für die Demokratisierung des Tourismus: Muss man Paris gesehen haben, so muss man erst recht die Stadt mit dem außergewöhnlichen Turm einfach gesehen haben – und jeder Besucher kann, völlig gleichberechtigt, das Bauwerk mit einer persönlich-privaten Bedeutung aufladen. Barthes spricht „von massiver Institutionalisierung der Reise nach Paris".[428] Und beim Umgang des Käufers mit dem Miniatur-Eiffelturm als Souvenir, also als formal reduziertem Erinnerungsgegenstand, würden zwei „Konstruktionsphantasmen" zur Wirkung gelangen, zunächst die Vorstellung, „das Modell auf seinem Tisch sei nicht das reproduzierte Modell des wirklichen, sondern das des zukünftigen, noch zu bauenden Turmes, denn phantasmatisch gesehen besteht zwischen

---

[426] Berest u.a. 2015, S. 216-217.
[427] Gerndt 2002, S. 17-26; vgl. Gyr 2014, S. 30-31.
[428] Barthes (1964) 2015, S. 50-52, Zitat S. 52.

Konstruktionsmodell und Souvenirturm kein Unterschied".[429] Sodann verfüge der Käufer, vermittelt durch das Modell, über die imaginierte sowie ein gestalterisches Vergnügen vermittelnde Macht, seinerseits als Ingenieur in Erscheinung zu treten, indem er den Eiffelturm aus einer Vielzahl von Materialien konstruiert (Eisen, Eierschalen, Kupfer, Muscheln, Streichhölzer, Diamanten) und das Objekt einer Vielfalt von Verwendungszwecken zuführt (Kerzenhalter, Stift, Papiermesser, Briefbeschwerer).[430]

Der Germanist Karl Heinz Götze übt Kritik an der Haltung, welche bestimmte soziale Kreise gegenüber dieser miniaturisierten Objektwelt einnehmen:

„Weltläufige Besucher von Paris pflegen zu lächeln über die Schlüsselanhänger aus goldenem Eiffelturm, über die T-Shirts mit Eiffelturm, über die durch Kopfsturz beschneibaren Eiffeltürme unter einer durchsichtigen, wassergefüllten Glocke, über Eiffelturmthermometer, Eiffelturmohrringe, Eiffelturmmanschettenknöpfe [...], über die Eiffelturmpapierservietten, über die nach Tausenden zählenden Dinge, die wie der Eiffelturm geformt sind oder denen der Eiffelturm aufgedruckt ist. Sie übersehen dabei leicht, dass wir alle Eiffelturmkonsumenten sind".

Der Autor stellt die These auf:

„Der Eiffelturm ist allen Klassen, arm und reich, gebildet oder nicht, ein Zeichen. Wenn nicht die Billigpostkarte mit Eiffelturm vor Sonnenuntergang nach Hause gesendet wird, dann vielleicht eine Postkarte mit einem der vielen Eiffeltürme, die Delaunay gemalt hat".[431]

Kehren Reisende dann wieder heim, so werden sie erneut, und zwar mehr oder weniger unaufhörlich, mit dem Bauwerk konfrontiert, auf dem Umschlag von Französisch-Lehrbüchern, in Spielfilmen, deren Handlung in Paris spielt, in Dokumentarfilmen, nicht zuletzt in der Illustrierten- wie auch Fernsehwerbung für eine breite Auswahl an Konsumgütern. Dieser Komplex wird, sofern noch nicht geschehen, durch die selbst geschossenen Photos etwa mit Familienmotiven mit dem Eiffelturm im Bildhintergrund sowie durch die mitgebrachten einschlägigen Souvenirs ergänzt und damit gewissermaßen abgerundet.

---

[429] Ebd., S. 48.
[430] Ebd., S. 49.
[431] Götze 2007, S. 129-130. – Robert Delaunay: 1885-1941.

Im übrigen ist das Souvenir oder Reiseandenken, das Beispiel zeigt es, durchaus imstande, ein weit komplexeres Spektrum an Funktionen zu erfüllen als diejenige, Gedächtnisstütze und Stichwortgeber zu sein, wenn man es in einer bestimmten Situation so nutzen will. Das Souvenir als dingliche Reiseerinnerung kann darüber hinaus, vorübergehend oder längerfristig, zu dem werden, was von kulturwissenschaftlicher Seite als „Lieblingsgegenstand", als Objekt von besonderer persönlicher Bedeutung, von besonderem Wert für die jeweilige Besitzerin oder den jeweiligen Besitzer, bezeichnet wird. Die Fragen zur Erforschung dieses Themenkomplexes beziehen sich dann darauf, zu ergründen, wer Lieblingsgegenstände besitzt, um welche Gegenstände es sich handelt und aus welchem Gebrauchs- und Verwendungszusammenhang sie stammen, wann und in welchem Handlungszusammenhang der Gegenstand zum Lieblingsgegenstand geworden ist, welche Bedeutungsebene dahinter liegt, ob der Lieblingsgegenstand bewusst als solcher wahrgenommen und gebraucht wird, ob er besonders aufbewahrt wird, schließlich, wie lange Lieblingsgegenstände existieren.[432]

Ergänzend zu formulieren wäre noch die nicht ganz unwichtige Frage, welche Überlieferungen die Erinnerungen an bestimmte Lieblingsgegenstände etwa aus dem touristischen Kontext wachhalten? Es verhält sich ja nicht nur so, dass bestimmte Gegenstände bestimmte Erinnerungen evozieren, sondern dieser Prozess funktioniert auch in umgekehrter Richtung. Bestimmte Äußerungen, vermittelt durch bestimmte Medien, sorgen dafür, dass bestimmte Gegenstände nicht den Bereich der eigenen Erinnerung verlassen beziehungsweise verlassen können. An anderer Stelle in diesem Kapitel habe ich darauf hingewiesen, dass mir bestimmte Zusammenhänge, in denen Erwerb und erste Nutzung meines Wanderstocks mit Krücke und Stocknägeln erst bei Betrachtung der familiären Photoalben wieder in Erinnerung gerufen worden sind. Damit ist ein Hinweis auf eine zentrale Quellengruppe im Bereich der Souvenirs gegeben, auf Photos als gedruckte Objekte in Form von Postkarten und Photos als selbstgefertigten Aufnahmen. Eine weitere Quellengruppe wären die verschiedenen Formen mündlicher Überlieferung. Eltern erinnern ihr Kind daran, wann, wo und in welchem genauen Kontext der Wanderstock und der erste Stocknagel erworben worden sind; oder sie weisen wiederholt auf die ehemaligen Funktionen des Stocks als Steckenpferd oder als Hockeyschläger oder als Winnetous Silberbüchse hin.

Es gibt mithin mehrere, zumindest zum Teil auf das Familienleben bezogene Erinnerungsarchive, durch deren Nutzung man die Bilder wahrnehmen kann. Im Photoalbum, einem bereits in den 1970er Jahren kulturwissenschaftlich erkundeten Vermittlungsmedium,[433] sind

---

[432] Oeljeschläger 2000, S. 90.
[433] Brückner 1975.

„die bildlichen Erinnerungen aufgehoben wie die imaginären im Gedächtnis. Im Unterschied zu diesem ist ihm jedoch eine Ordnung zu eigen, die der Knipser als die eigene erkennt, auch wenn er bei wiederholter Durchsicht nicht immer dieselben Spuren verfolgt. Aber er trifft auf Hinweise, die er wiedererkennt und die ihn durch das Labyrinth der Erinnerungen führen. Wenn der Knipser im Album blättert, betritt er bekanntes Terrain, begegnet er sich selbst",[434]

was in gleicher Weise für den Film- wie auch den Diaabend gilt, welcher bereits durch eine erste kulturwissenschaftliche Exploration der Kulturwissenschaftlerinnen Elisabeth Fendl und Klara Löffler ansatzweise erkundet worden ist, dies durch Auswertung von Werbebroschüren der Anbieter von Photo- und Videotechnik sowie Ratgeberliteratur zur Diaphotographie und zur Videofilmerei, durch Kurzbefragungen und teilnehmende Beobachtungen im Rahmen von dreißig Diaabenden, welche als Abendeinladungen im sogenannten kleinen Kreis von Freunden, Bekannten und Kollegen stattfinden. Wenn in diesem Zusammenhang konstatiert wird, dass in den „Ritualen und Performanzen" der Diaabende „alle erdenklichen Souvenirs ihre Bühne" haben,[435] dann bezieht sich diese These konkret darauf, dass Handlungsabläufe und Handlungsmuster der Diaabende durchweg stark ritualisiert und inszeniert sind, was sich zuvörderst dadurch ausdrückt, dass die Präsentation der Dias begleitet ist von einem kulinarischen Rahmenprogramm, das in Form der Darreichung landestypischer Mahlzeiten stattfindet, wobei es stets zur Bekundung kommt, dass diese Speisen zuhause längst nicht so gut schmecken wie in ihrem Herkunftsland.[436] Doch gleich, wie das Essen schmeckt, und auch, welche technischen Qualitäten die gezeigten Bilder aufweisen, die Ferienreise erfährt grundsätzlich eine positive Bewertung, was eine dreifache Schlussfolgerung rechtfertigt, der zufolge sowohl die Reise selbst als auch ihre, wie es heißt, Reproduktionsformen Photographie, Diapositiv, Videofilm oder DVD in unseren heutigen Gesellschaften auf ein ausgesprochen deutliches Interesse stoßen, dass zum zweiten dieselben Reproduktionsformen „statusgebend" sind, was immer das ganz genau bedeutet, und dass sich zum dritten ihr vorgenannter „Ausstellungswert" desto mehr steigert, „je breiter die Öffentlichkeiten werden, an die der einzelne geht". Das Fazit lautet dementsprechend

---

[434] Starl 1995, S. 155.
[435] Fendl / Löffler 1995, S. 55-56.
[436] Ebd., S. 60-64.

so: „Ein spezifischer Gebrauchswert der Reise ist ihr Ausstellungswert".[437] Und in eben diesem Zusammenhang stellt ein Souvenir, gleich welcher Herkunft, gleich welchen Inhalts, gleich welcher Form, gleich welcher medialen Zugehörigkeit, den Versuch dar, „dem einmaligen Erlebnis eine Dauerhaftigkeit zu verleihen, den flüchtigen Moment zu konservieren".[438]

Vorerfahrungen und Nacherfahrungen

In diesem thematischen Zusammenhang muss auf die enge Verknüpfung von touristischen Vor-Erfahrungen und weiteren Erfahrungen, die man als touristische Nach-Erfahrungen bezeichnen könnte und sollte, verwiesen werden. Man kann etwa einen im Antiquitätenhandel erworbenen Spielplan wie „Die Reise nach Paris" aus den 1860er Jahren oder einen 7,5 cm hohen Miniatur-Eiffelturm aus Kunststoff oder Metall oder einen Spielfilm wie „The Tourist" oder „Brot und Tulpen", „2 Tage Paris" oder „2 Tage New York" als,[439] wie Jörn Mundt das nennt, „Medien zur Vermittlung von Vorerfahrung"[440] einsetzen, als eine Form von Vor-Aneignung, also als Vorstufe zur eigentlichen Aneignung, zur selbstständigen und selbsttätigen Befassung, und zwar an Ort und Stelle, mit touristisch interessanten oder als touristisch interessant ausgegebenen Orten, Objekten und Themen, gleich ob in Paris, Venedig, New York oder anderswo.

Umgekehrt können Spiel und Souvenir und Film als Medien zur Vermittlung von Nach-Erfahrung fungieren, als Medien zur vertiefenden Auseinandersetzung mit eigenen Erinnerungen, als Bündel von Innovationen für ein jeweils eigenes Leben einschließlich der von diesen ausgehenden, neu begründeten oder wiederbelebten, mithin erfundenen, Traditionen,[441] schließlich als Organisationsformen des „kommunikativen Gedächtnisses" im Jan Assmann'schen Verständnis. Allerdings ist in diesem Zusammenhang darauf hinzuweisen, dass der zuletzt Genannte die Verwendung des Begriffs „Tradition" ablehnt und diesen durch „kulturelles Gedächtnis" ersetzt, um den Handlungsaspekt zu betonen und klarer die Verbindungen zwischen diesen beiden Formen von „kollektivem Gedächtnis" aufscheinen zu lassen: „Das kommunikative Gedächtnis umfasst Erinnerungen, die sich auf die rezente Vergangenheit beziehen. Es sind dies Erinnerungen, die der Mensch mit seinen Zeitgenossen teilt". Als zentrale Größen nennt der

---

[437] Ebd., S. 68.
[438] Selzer 1996, S. 206.
[439] Falkenberg 1991, S. 286; Gyr 2014; The Tourist 2011; Pane e Tulipani 2009; 2 Days in Paris 2012; 2 Days in New York 2013.
[440] Mundt 1998. S. 190.
[441] Vgl. Hobsbawm (1983) 2003, S. 1, 2, 4.

Autor in diesem Zusammenhang die individuelle Biographie, die Interaktion sowie den Alltag. Weiter heißt es: „Das kulturelle Gedächtnis [dagegen] richtet sich auf Fixpunkte in der Vergangenheit. [...]. Vergangenheit gerinnt hier [...] zu symbolischen Figuren, an die sich die Erinnerung heftet. [...] Für das kulturelle Gedächtnis zählt nicht faktische, sondern nur erinnerte Geschichte"; von außerordentlicher Bedeutung sind dann etwa „mythische Urgeschichte, Ereignisse in einer absoluten Vergangenheit" und vieles andere mehr.[442]

Formen der Nach-Erfahrung, im Sinne des „kommunikativen Gedächtnisses", lassen sich als Ausprägungen von Kulturprozessen betrachten, die wir, gleich, ob es darum geht, etwas zu „entschlüsseln" oder zu „entziffern",[443] mit dem Begriff der Aneignung zu fassen versuchen. Aneignung bedeutet nämlich insgesamt nichts anderes als „die Entwicklung des Menschen als tätige Auseinandersetzung mit seiner Umwelt" sowie mit der dazugehörigen „gegenständlichen und symbolischen Kultur"[444], wobei sich das aktive Handeln, ganz allgemein gesagt, im „Erschließen, ‚Begreifen', Verändern, Umfunktionieren und Umwandeln der räumlichen und sozialen Umwelt"[445] zeigt, in der Differenzierung zwischen verschiedenen Aneignungsebenen, die sich aus dem jeweiligen Grad an Durchdringung, Anteilnahme, Engagement oder Beeinflussung ergeben. In der multidisziplinären Forschungsliteratur wird unterschieden zwischen den Ebenen zum einen der Wahrnehmung, zum anderen der Bewegung und Teilhabe sowie der gewissermaßen verstärkten Partizipation und Gestaltung"[446]; darüber hinaus zwischen unterschiedlichen, nämlich instrumentalen, politisch-strategisch-kontrollierenden, soziokulturellen und symbolischen Ausrichtungen der Raumorientierung.[447] Aneignung hat also mit der dialektischen Auseinandersetzung mit einer je gegebenen kulturellen Ordnung zu tun, mit der „Einverleibung" derselben, mit der „Internalisierung der gesellschaftlich konstruierten Welt in das individuelle Bewusstsein".[448] Dieser Vorgang, der mit eigenen Erfahrungen und Erlebnissen sowie mit selbst- und ebenso fremdbestimmtem Einholen von Informationen einsetzt, zeitigt zentrale Konsequenzen, bildet er doch „das Fundament erstens für das Verständnis unserer Mitmenschen und zweitens für das Erfassen der Welt als einer sinnhaften und gesellschaftlichen Wirklichkeit",[449] zu welcher

---

[442] Assmann 2002, S. 50, 52, 56; vgl. ebd. S. 20-21, 35-42.
[443] Bourdieu / Darbel (1966 / 1969) 2006, S. 69; Barthes (1964) 2015, S. 22, 29.
[444] Deinet 2006, S. 2.
[445] Deinet / Reutlinger 2005, S. 295.
[446] Wolter 2011, S. 195.
[447] Greverus 1997, S. 124.
[448] Berger / Luckmann (1966) 1997, S. 65, 78.
[449] Ebd. S. 140; vgl. zum Umgang mit persönlichen Dingen Selle / Boehe 1986.

selbstverständlich auch die hier zur Debatte stehenden touristischen Aktivitäten mit ihrer Konstruktion von spezifischen Räumen gehören.

Verschiedene, von mir in unterschiedlichen Situationen kontaktierte, Gesprächspartnerinnen und Gesprächspartner verwiesen darauf, dass ihnen Mitmenschen bekannt seien, die ihre Wohnungen mit wahren Massen von Souvenirs dekorierten, was auch in der etwas älteren Romanliteratur zur Beschreibung gelangt:

> „Gottfrieds Bude war eine Sehenswürdigkeit. Sie hing voll von Reiseandenken, die er aus Südamerika mitgebracht hatte. Bunte Bastmatten an den Wänden, ein paar Masken, ein eingetrockneter Menschenschädel, groteske Tontöpfe, Speere, und als Hauptstück eine großartige Sammlung von Photographien, die eine ganze Wand einnahmen, – Indiomädchen und Kreolinnen, schöne, braune, geschmeidige Tiere von unbegreiflicher Anmut und Lässigkeit".[450]

Eignen sich diese Textstelle, speziell der Hinweis auf den aus der Ferne mitgebrachten, eingetrockneten Menschenschädel, aber auch die Bezeichnung von jungen einheimischen Damen als „Tiere" bestens, um die diskriminierenden Aspekte kultureller Aneignungsvorgänge zu illustrieren, so konnte ich selbst im Laufe der Zeit weitere Verhaltensweisen registrieren, die sich nur zum Teil als „harmlos" bewerten lassen: Sie liefen beispielsweise darauf hinaus, dass Reisende, andere Reisende durchaus störend, permanent Selfies anfertigten oder Gerichte in Gasthöfen mit dem Smartphone photographierten und via Diaschau oder soziale Medien in aller Welt verbreiteten; dass Reisende damit prahlten, mit wie vielen Wirten im Feriengebiet man sich duzte oder mit wie vielen Personen des jeweils anderen oder eigenen Geschlechts man sexuelle Beziehungen erfolgreich angebahnt hatte; auch gibt es banalere Beispiele, etwa den Wettstreit darüber, wie viele Höhenmeter man täglich bei Wanderungen bewältigte; oder die Freude darüber, welche legeren Bedingungen man während zwei oder drei oder vier Wochen Urlaub erlebte, indem man sich gewissermaßen rund um die Uhr nie anders kleidete als, gänzlich zwanglos, mit Turnschuhen, Jeans und kurzärmeligen Hemden. Alle diese Entscheidungen und Aktivitäten haben mit Reisefolgen zu tun; zwar geschehen sie zum Großteil während der eigentlichen Urlaubszeit, aber sie wirken mehr oder weniger deutlich in die Zeit „danach", also nach der Rückkehr vom Urlaub, hinein, dies als etwas mehr oder weniger Besonderes, welches sich von den daheim üblichen Alltagsroutinen unterscheidet – und das man kommunizieren kann. Gleichwohl täusche

---

[450] Remarque (1936) 2019, S. 83.

man sich nicht über den Charakter dieser Form von Mitteilung. Es geht dabei, so der Kulturwissenschaftler Hermann Bausinger, keineswegs stets um das Spektakuläre und Ausgefallene, sondern allzu oft um jenes, „ein Gefühl der Gemeinsamkeit" stiftendes, letztlich oberflächliches sowie in der Regel folgenloses Verhältnis zu den „Zimmernachbarn, Zeltnachbarn, Nachbarn vom Liegeplatz am Pool oder am Strand". Und noch etwas gelte es zu berücksichtigen:

> „Die Anstrengungen und eventuell Kalamitäten des Reisewegs spielen eine wichtige Rolle; die heimgekehrten Touristen springen bei ihren Berichten nur selten gleich in die Mitte der fremden Orte und Landschaften, fast immer beginnen sie mit Details ihrer Anfahrt und Rückreise. Das sind konkrete und gut vermittelbare Ergebnisse, und zwar relativ unabhängig vom Reisemittel – wenn jemand eine Flugreise unternommen hat, erfährt man ziemlich sicher, wie freundlich die Stewardessen waren, wie essbar die Menüs, und wie raumgreifend sich der dicke Sitznachbar verhalten hat".[451]

Man verfügt insgesamt über ein ganzes Set von Handlungsmöglichkeiten, mit denen man vorführen kann, dass nach der Heimkehr von einer Reise etwas „übrig bleibt" – und vor allem, was genau „übrig bleibt".[452] Von Peter Burke stammt eine adäquate Forschungsempfehlung, der zu Folge man bei der Auseinandersetzung mit Aneignungspraktiken primär den Fragen nach den Auswahlkriterien und – bewussten oder unbewussten – Grundprinzipien des Handelns nachgehen sollte, die dazu führen, dass man (wer?) sich für eine Sache (zu welchem Zweck?) – und damit gegen eine andere Sache – entscheidet,[453] wobei in kulturwissenschaftlicher Forschung, anders als etwa in der Psychologie, nicht primär die Warum-Fragen im Zentrum der Betrachtung stehen, sondern, und zwar stets in besonderem Maße, den Fragen nach dem „Wie" des menschlichen Handelns nachgegangen wird, Fragen nach „der Durchführung, der Bewerkstelligung der Handlung, dem ‚doing'".[454] Erst auf dieser Basis lassen sich nähere Befunde zur Thematik tourismusinduzierter Veränderungsprozesse erstellen – und es lassen sich qualitative Unterschiede sowie, gleichermaßen, Gemeinsamkeiten zwischen scheinbar gegensätzlichen Tourismusformen bestimmen. Der Geograph Andreas Pott versucht diese Aufgabe zu lösen, indem er, in seiner

---

[451] Bausinger 2015, S. 101.
[452] Pesch 2012.
[453] Burke 2009, S. 54.
[454] Löfgren 2016, S. 174; vgl. Law 2011, S. 22; Vester 1999, S. 37.

Studie über das Phänomen des Städtetourismus, zunächst zu bedenken gibt, dass es beim städtetouristischen Urlaub zentral um eine „Erholung der Sinne durch Anregung"[455] gehe, was ihn deutlich von vor allem Wander-, Ski- und Badeurlauben unterscheide, bei denen sich sämtliches touristisches Tun um einerseits körper- und andererseits naturbetonende Erholung drehe.

Seine Aussage begründet er mit zwei Thesen. Zum einen führt er aus, dass

> „Bummeln, Entdecken, Besichtigen, das kulinarische Erlebnis regionaler Spezialitäten oder der Besuch städtischer Vergnügungsparks, Museen, Musicals oder Shopping-Malls weniger der physischen Erholung"

zuträglich seien, was durchaus plausibel erscheint, werde diese Form von Freizeitgestaltung doch bisweilen „sogar als körperlich anstrengend empfunden". Zum zweiten konstatiert er, dass derartige Aktivitäten, ganz im Gegenteil,

> „eher der Unterhaltung und dem Vergnügen, dem geistigsinnlich anregenden Genuss von (städtischer) Identität, Geschichte, Vielfalt oder Aktualität und damit dem nichtalltäglichen Erleben sozialer, zeitlich-historischer, sachlicher und regionaler Differenzen"

dienen.[456] Dazu passt es, dass Pott dem Städtetourismus die Funktion zuschreibt, „das Studium städtischer Besonderheiten, die Beschäftigung mit Kunstwerken, die Konfrontation mit dem Fremden, Vergessenen oder Unwahrscheinlichen" zu ermöglichen. Seine Ausführungen laufen auf die zentrale Aussage hinaus:

> „Diese Erfahrungs- und Anregungsmöglichkeiten bieten die Städte des Tourismus. Sie basieren [...] wesentlich auf Kultur als dem für den städtetouristischen Blick konstitutiven Beobachtungsschema". Daraus folgt für den Autor, dass sich „der Städtetourismus als Erholung in der oder durch Kultur" darstelle.[457]

Auch wenn Pott keinerlei empirische Belege für diese Befunde liefert, lässt sich vorübergehend schließen: Städtetourismus muss keineswegs im

---

[455] Pott 2007, S. 147-148.
[456] Ebd.
[457] Ebd.

Widerspruch zu rekreativen Urlaubsmotiven stehen, selbst wenn sich dieser Eindruck zunächst wie von selbst einzustellen vermag, dies vor dem Hintergrund, dass für die hier thematisierte Variante touristischen Unterwegsseins die Dominanz von vier „kulturbezogenen Attraktivitätsfaktoren" festgestellt worden ist; es geht dabei um kulturelles Angebot und kulturelle Vielfalt, um interessante Sehenswürdigkeiten, um historische Bausubstanz (z.B. gut erhaltene Altstädte) sowie um Stadtbilder mit „schöner" Architektur.[458] Das heißt, die von der Psychologin Bettina Graf konstruierte kategoriale Opposition von „Ruhe und Entspannung versus Aufregung und Abenteuer" als primäre touristische Funktionen erfährt insgesamt eine erhebliche Korrektur.[459]

Potts Befunde werden nicht zuletzt von psychiatrischer Seite gestützt, so etwa von Mazda Adli, dessen Monographie „Stress and the City" ein nachdrückliches Plädoyer dafür darstellt, das Leben in Städten und Großstädten nicht weiter zu denunzieren, sondern die positiven, konstruktiven Seiten dieses Tuns in Vergangenheit, Gegenwart und, davon ausgehend, Zukunft zu reflektieren, zu perspektivieren und zu respektieren, dies unter anderem auch mittels Forschungen einer erst noch zu kreierenden wissenschaftlichen Disziplin, die er Neurourbanistik nennt. In Adlis Studie ist unter anderem auch ein Interview abgedruckt, welches der Autor mit Florian Holsboer, dem langjährigen Leiter des Max-Planck-Instituts für Psychiatrie in München, geführt hat. Auf die Frage, welche Großstadt ihm selbst „gut" täte, antwortet Holsboer:

> „Es mag widersprüchlich klingen: Wenngleich meine ästhetischen Bedürfnisse in den Städten Paris, Rom und Wien in besonderer Weise zufriedengestellt werden und der Wirbel in New York und Buenos Aires mich immer wieder beeindruckt, gibt es doch eine Metropole, die mir besonders guttut: Tokio. Diese Stadt, in deren Großraum etwa 35 Millionen Menschen leben, stresst mich nicht. Die Menschen sind freundlich, hilfsbereit und sehr höflich. Man kann zu jeder Tages- und Nachtzeit sicher spazieren gehen. Es gibt unzählige Kneipen, Läden, Bars, aber auch erstklassige und dennoch erschwingliche Restaurants und mehr Michelinbesternte Restaurants als irgendwo sonst auf der Welt."

Und weiter heißt es:

---

[458] Steinecke 2008, S. 191.
[459] Graf 2002, S. 239-247.

> „Das Besondere an Tokio sind die Ordnung und die Sauberkeit und vor allem auch die Disziplin. Und die zahllosen kleinen und großen Parks und Gärten, die ganz gezielt der Erholung, der Besinnung und Entschleunigung in dieser ungeheuer großen Stadt dienen".[460]

Stichwort „das Besondere": Die Antworten auf meine Frage, inwiefern die konkrete Reise eine außerordentliche Bedeutung für meine Gewährsleute gehabt hat, lassen sich vier verschiedenen Handlungkonzepten zuordnen. Da gibt es zunächst die Möglichkeit, die Fremde als eine Art von tendenziellem Gegenpol zum Alltag zu begreifen, die vorübergehend veränderten Sinneseindrücke zu registrieren, die harmonische Atmosphäre, das gute Wetter und das ebenso gute Essen sowie, bei der Radtour etwa, die abwechslungsreichen Phasen.[461] Bezieht sich dieses Konzept in starkem Maße auf eher formale Momente, so ist das Gegenteil bei der zweiten Variante der Fall, wenn die Fremde nämlich, weit intensiver, als (neu) zu entdeckende Welt, mit bestimmten Inhalten, begriffen und der Versuch unternommen wird, sich dieser Welt anzunähern, physisch, geistig und seelisch. Da ist dann etwa die Rede von dem angestrebten „Eintauchen in eine fremde Kultur", vom „respektvollen Umgang der Menschen miteinander [in Japan], trotz extrem hoher Dichte", von der „feinen Zurückhaltung der Japaner", davon, dass Japan „bis heute das einzige Land [ist], das ich als wirklich fremd erlebt habe", dass „durch die Erlebnisse in Indien [...] ich nun eine deutlich bessere Vorstellung von den Lebensbedingungen in Drittweltländern" habe, auch, dass es eine Reisende ausgesprochen positiv gestimmt hat, „in so kurzer Zeit so viele Wale und Delphine gesehen zu haben" und in Madeira ständig vom Meer umgeben zu sein.[462] Eine gänzlich andere Perspektive findet sich bei der dritten Variante des Umgangs mit Fremde, die sich dadurch charakterisiert, dass diese als Prüfstein für eigene Fähigkeiten dient. Über zwei Indienreisen heißt es dann: „das eigene Leben wird auf den Prüfstand gestellt – jedenfalls momentweise", sowie: „Darüber hinaus war es für mich positiv, zu erleben, auch in anderen Ländern mit einer mir völlig fremden Sprache und Schrift problemlos zurecht zu kommen". Seit der Rückkehr von der mehrmonatigen Lateinamerika-Reise weiß die befragte Akteurin, „dass ich schon überall zurecht komme", worin die besondere Bedeutung der Reise in der sowie durch die Fremde bestehe; die Ostafrika-Fahrerin, schließlich, liefert den zentralen Begriff für das während des Unterwegsseins zu Leistende: „Allein durch Tansania

---

[460] Adli 2017, S. 40-41.
[461] Fragebögen AG, AI, AM.
[462] Fragebögen AF, AA, AK, AJ.

zu reisen, bedeutet als junge Frau nach wie vor viel Selbstbehauptung".[463] Bleibt die vierte Variante, gewissermaßen als Steigerung der vorgenannten Handlungskonzepte, nämlich die Funktion der Fremde als Auslöser für Entscheidungen im eigenen Lebenslauf, hier konkret im Bereich der Paarbeziehungen sowie der eigenen Reisepraxis. Zu verweisen ist auf den Heiratsantrag am Strand auf Bali, auf die Heirat im Gefolge eines gemeinsamen Aufenthalts in New York, auf die positive Verstärkung von Beziehungen mittels gemeinsamen Reisens nach Cinque Terre, Kroatien und Montenegro, aber auch auf die Klärung zweier Freundschaften mit negativem Ausgang.[464] Was die Reisepraxis betrifft, so gibt es zwei ausführliche, sehr ähnlich argumentierende Antworten, die in einem gewissen Sinn auch mit Beziehungen zu tun haben, nur halt nicht mit Paarbeziehungen, sondern mit Beziehungen zwischen jeweils einem Reisenden und einem ganz bestimmten Kontinent:

> „Die (nach meinen Maßstäben!) außerordentliche Bedeutung dieser Reise [nach Ladakh] für mich war, dass ich danach beschloss, keine Fernreisen mehr zu machen. Das hatte damals nichts mit Umweltverschmutzung durch Flugzeuge o.ä. zu tun, sondern ich kam (für mich!) zu der Überzeugung, dass ich nicht die ganze Welt bereisen muss. Vor allem vor dem Hintergrund, wie schlecht ich Europa, meine eigene Kultur, kenne. Seither halte ich mich an den europäischen Kulturkreis und dessen Randgebiete (Ägypten, Türkei, Zypern, Israel, Jordanien). Genau wegen dieses inneren Beschlusses habe ich diese Reise [für die Selbstreflexion im Fragebogen] ausgewählt, denn keine andere Reise hatte so weitreichende Folgen für mich".[465]

In einem weiteren Fragebogen heißt es, unter Bezug auf die umfangreiche Afghanistan-Reise zu dritt mittels Kleinbus, in vergleichbarer Rhetorik: „Seither war […] mein Impetus, weit zu reisen, deutlich gedämpft; Europa war mir Ziel genug (und selbst noch viel zu groß, um gekannt zu werden)".[466]

Dass Veränderungen, bezogen auf das Selbst, die eigene Persönlichkeit, das eigene Verhalten sowie die vertretenen Werte, während einer touristischen Reise einsetzen und in der Folgezeit nachwirken können, das ist bereits erörtert worden. Ausgangspunkte derartiger Prozesse sind dann

---

[463] Fragebögen AD, AK, AL, AN.
[464] Fragebögen AR, AS, AM, AE, AY, AB.
[465] Fragebogen AC.
[466] Fragebogen AZ.

etwa neue Erfahrungen, das Kennenlernen fremder Kulturen, das Sich-Anpassen-Wollen oder Sich-Anpassen-Müssen an diese neu erfahrenen Milieus, die Entstehung jener ebenfalls bereits angesprochenen, von Hans Magnus Enzensberger so benannten „Als Ob"-Kultur,[467] die andere Erlebnisdichte, auch Anstöße für alternative Verhaltensformen.

Da gibt es vergleichsweise banal erscheinende Nachwirkungen: So beantwortet die zehnjährige Protagonistin in Raymond Queneaus Roman „Zazie in der Metro" (1959) die Frage, ob sie sich in Paris gut amüsiert habe, mit den Worten:

> „Es geht so.
> Hast Du die Metro gesehen?
> Nein.
> Was hast du denn getan?
> Ich bin älter geworden".[468]

Diese Antwort verweist durchaus auf die eigenen Erfahrungen, denn Zazie hat während ihres Aufenthalts tatsächlich viel erlebt, nicht nur eine für sie neue städtische Umwelt erkundet, sondern auch jede Menge ihr vorher unbekannter, zumeist älterer Menschen kennengelernt. Man kann sich ohne große Anstrengung vorstellen, mit welcher Dynamik derartige Erlebnisse nach der Heimkehr kommuniziert worden sind.

Ganz anders geht es in Peter Schneiders Erzählung „Lenz" (1973) zu, in welcher der gleichnamige Ex-Student, Wohngemeinschaftsbewohner, Betriebsgruppenmitglied und nunmehr Intellektueller, gegen Ende der 1960er Jahre auf der Suche nach einem sinnvollen Leben für längere Zeit geradezu hektisch Italien bereist, dort eine weit offenere, eher undogmatische links-alternative Szene entdeckt, auf Interesse und Akzeptanz trifft und schließlich wieder nach Berlin zurückkehrt. Auf die Frage, was er denn nun unternehmen wolle, gibt er die lakonische Antwort: „Dableiben".[469] Dieses Vorhaben hat in keiner Weise etwas damit zu tun, dass, wie Hermann Hesse in einem Aufsatz „Über das Reisen" (1904) konstatiert, der „moderne Mensch" sich unter anderem deshalb auf Reisen begebe, „weil man sich nachher zu Hause wieder so schön behaglich fühlt".[470] Im Gegenteil, im konkreten Fall geht es darum, dass ein junger Mensch das Ziel verfolgt, mit der eigenen Emotionalität und seinem politischen Engagement klar zu kommen; er möchte eine Reihe von diesbezüglichen Aufgaben bewältigen, daher die Heimkehr. Eine treffende Devise dazu könnte lauten:

---

[467] Enzensberger 2012; vgl. Pamuk 2009, S. 541.
[468] Queneau (1959) 1999, S. 157.
[469] Schneider 1973, S. 90.
[470] Hesse (1904) 1977, S. 14.

„Nicht draußen erleben und daheim erzählen, sondern draußen erlernen und daheim erproben".[471]

Und noch etwas ist im gegebenen thematischen Zusammenhang von Bedeutung: Weder auf Zazies noch auf Lenz' Reiseerfahrungen lässt sich jener Prozess der „Rückverwandlung in gewöhnliche Sterbliche" beziehen, welchen Guy Abecassis, sogenannte Massentouristen vor Augen, in seinen ironisch ausgerichteten Memoiren „100 Koffer auf dem Dach" (1960) folgendermaßen beschreibt:

> „wieder daheim, ist der Tourist kein Tourist mehr, sondern ein normaler Mensch. Er braucht nur seine Sonnenbrille abzunehmen, das Hütchen aus dem Hofbräuhaus in den Papierkorb zu werfen und die Leica, die er drei Wochen lang nicht von der Schulter genommen hat, in den Schrank zu legen, und niemand wird ihn mehr für diese komische uniforme Erscheinung halten, die von allen Einheimischen bespöttelt wird. Um auch den leisesten Verdacht von sich zu weisen, selbst dazugehört zu haben, muss er sich künftig ebenfalls über die Touristen lustig machen".[472]

Spätestens an diesem Punkt scheint es notwendig zu sein, dass Matthias Polityckis Frage, ab wann ein Urlaub eine Reise ist, beantwortet werden sollte. Man beachte allerdings den Konjunktiv, denn der Autor gibt sich selbst diese Antwort, indem er verschiedene Aussagen dazu relativiert und darauf verweist, dass sämtliche diesbezügliche Thesen zwar plausibel klängen, eine scharfe Abgrenzung zwischen Touristen und Reisenden jedoch nicht existiere: Die Übergänge seien fließend, vor allem tausche man ja stets selbst die Rollen, wechsle hin und her zwischen den unterschiedlichen Funktionen. Daher könne die These „Die Avantgarde reist, der Mainstream kommt touristisch hinterher" keine Repräsentativität für sich beanspruchen.[473]

Am sinnvollsten scheint es mir, von einem Kompromissvorschlag auszugehen: Man begibt sich auf eine Reise, man fährt fort, als Tourist unter Touristen, auch wenn man sich bisweilen von dieser Rolle distanzieren mag, dies zum Zweck der „Bewältigung von belastenden Situationen" und um „sein Selbst vor Degradierung zu bewahren und trotzdem die Funktion, die der Rolle zugeschrieben wird, zu erfüllen";[474] man fährt, wie schon

---

[471] Gayler, Brigitte: Braun werden reicht nicht! In: EG-Magazin Nr. 4, 1980, S. 9, zit. nach Krippendorf 1986, S. 115.
[472] Abecassis (1959) 1986, S. 152, 146.
[473] Politycki 2017, S. 121.
[474] Vester 2009, S. 57.

ausgeführt, freiwillig fort; man sucht die Veränderung, den Kontrast zum Normalalltag, aber auch die Weiterentwicklung desselben; man benutzt die gleichen Verkehrsmittel, wenn auch möglicherweise auf unterschiedlicher Qualitätsstufe (z.B. Bahn-Abteil I. oder II. Klasse; Linien- oder Charter-Flug); man verfügt über unterschiedliche Reiseausrüstung; und man verbringt einen unterschiedlichen Reisealltag; die einen studieren fremde Kulturen in sämtlichen Facetten, kommen ins Gespräch mit Einheimischen, während andere sich lieber an den Strand begeben.[475] Sowohl Zazie als auch Lenz als auch die Avantgarde als auch der Mainstream sind zum Zeitpunkt ihres Unterwegsseins Touristen. Hand aufs Herz: Steckt hinter den immer wiederkehrenden Differenzierungen, Distanzierungen und Distinktionspraktiken nicht zentral ein eher mühsames Balancehalten zwischen einer Vielfalt von Orientierungspunkten, vor allem auf Seiten der eine vermeintliche Position sozio-kultureller Überlegenheit vertretender Kreise oder Gruppen? Das hätte mit einseitiger Interessenpolitik zu tun und wäre, gesamtgesellschaftlich betrachtet, wenig entspannend. Und man darf sich über diese Form von Kulturpraxis wundern, dies angesichts des Untertitels eines Aufsatzes, den der Literaturwissenschaftler Lothar Müller über das Heimkehren verfasst hat und der eine treffende Formulierung präsentiert, die für sämtliche der vorgenannten Handlungen gilt: „Der Endpunkt allen Reisens ist eine unheimliche Begegnung mit einem fremd gewordenen Vertrauten",[476] nämlich dem Zuhause, jenem Ort, an dem in den Worten des Literatur- und Kulturwissenschaftlers Joseph Vogl „die Hülle des alten Ich in seiner üblichen Konfektion" wartet.[477] Darüber hinaus gibt es die potentielle Gemeinsamkeit, dass nach der Heimkehr jener Prozess einsetzen kann, der sich als ein komplexes Geflecht aus „Bewältigungsformen der Reiseerlebnisse" bezeichnen lässt. Der Psychologe Eno Beuchelt subsumiert darunter die Aufbereitung von Reiseerlebnissen, zum einen für die Belange der eigenen Person, sodann für die Weitervermittlung an das eigene „sozio-personale Umfeld" und schließlich, perspektivisch gesehen, „in der Spontanreaktion und in der langfristigen Sozialisation",[478] was insgesamt zu den Fragen führt, welche Bewältigungsformen sich ausmachen lassen, wie sie sich konkret gestalten und was sie zu leisten imstande sind.

---

[475] Vgl. Campert 2007, S. 77; Becher 1990, S. 224.
[476] Müller 2012, S. 80.
[477] Vogl 2012, S. 186-187.
[478] Beuchelt 1988, S. 387; vgl. Mundt 1998, S. 172.

Formen der Bewältigung

Da gibt es zunächst die Bewältigungsform der schriftlich oder gedruckt festgehaltenen und daher leicht einsehbaren Erinnerung: Eine weibliche Angestellte aus Berlin etwa reflektiert in einer Ausgabe der „Gewerkschaftlichen Frauenzeitung" aus dem Jahr 1925 den Wert und die Funktion von Erholung für Arbeitnehmer; und sie berichtet über ihren Urlaub im bayerischen Hochgebirge. Ihren Text beendet sie mit einer Art Beurteilung: „'Eins aber wird mir als teure Erinnerung bleiben: die Gewissheit nämlich, dass mein diesjähriger Erholungsurlaub über alle Maßen schön war. Das Schönste an der für die Arbeitnehmer geschaffenen Urlaubsregelung ist aber doch, dass sie, kaum zurückgekehrt zu neuer Arbeitsfron, doch schon wieder ein ganzes Jahr lang von dem nächsten Urlaub träumen dürfen'".[479] Rückkehr vom Urlaub kann, darauf wird von soziologischer Seite verwiesen, zur „Steigerung emotionaler Energie" beitragen, dies unter der Voraussetzung, dass man das „emotional positive Gedächtnismaterial aktiviert";[480] Rückkehr vom Urlaub bedeutet aber eben auch, das wird hier deutlich, das Wiedereintauchen „in die Welt des Funktionieren-Müssens", was sich berechtigterweise als die „Krux des Verreisens" bezeichnen lässt.[481]

Gleichermaßen in einem Presseerzeugnis, nämlich „Die Zeit. Wiener Wochenschrift für Politik, Volkswirtschaft, Wissenschaft und Kunst", findet sich im Jahr 1904, gut zwei Jahrzehnte vor dem gewerkschaftlichen Zeitungsbericht, ein Artikel von Hermann Hesse (1877-1962), in dem dieser, was gegen sogenannte „fleißige Baedekertouristen" gerichtet ist, die Schönheit, Poesie und Romantik des Reisens eindringlich beschwört und sie auf Begegnungen mit einheimischen Menschen zurückführt:

> „vielleicht erinnerst Du dich der kleinen Schicksale und Sorgen jener Menschen nimmer deutlich, aber du wirst nie vergessen, wie du erst den Kindern, dann der blassen kleinen Frau, danach dem Manne oder dem Großvater in einer glücklichen Stunde näher kamst. […] und wenn ich ein paar schöne Bilder der Uffizien vergaß, so habe ich dafür die Erinnerung an Abende, die ich mit der Hauswirtin in der Küche, und an Nächte, die ich mit Burschen und Männern in kleinen Weinschenken verplauderte […]".

---

[479] Keitz 1997, S. 196.
[480] Vester 1999, S. 52.
[481] Wöhler 2012, S. 266.

Der Autor zieht aus seinen Betrachtungen zu einer reichlichen Menge an beispielhaften Einzeldarstellungen den versöhnlichen, seine Erlebnisse würdigenden Schluss: „Solche Bagatellen werden oft zum Kern wertvoller Erinnerungen".[482]

Von einem derartigen, positiv-idealistischen Erinnerungsbegriff geht auch der Zukunftsforscher Robert Jungk (1913-1994) aus, wenn er in seinem Plädoyer für sogenanntes „sanftes Reisen" unter anderem „Erinnerungen, Aufzeichnungen, neue Erkenntnisse" als charakteristische Merkmale betont, dies als Alternative zur Befassung mit Souvenirs, welche er als Bestandteile des sogenannten „harten Reisens" verwirft".[483] Diesem Handlungskonzept scheint beispielsweise Jean-Paul Sartre (1905-1980) zu entsprechen, der „gern" und ausgiebig reiste, über den es jedoch heißt: „aber er sammelte keine Souvenirs", was von einer Biographin der französischen Existenzialisten als Beleg dafür gewertet wird, dass der Philosoph und Schriftsteller es grundsätzlich vermied, „Besitz anzuhäufen", um sich möglichst „ungehindert durch die Welt zu bewegen".[484]

Gleichwohl gibt es Erinnerungen, die sich, um noch einmal auf Hermann Hesses, hier zitiertes, Fazit zurückzukommen, in keiner Weise als „wertvoll" einschätzen lassen. Das beginnt mit der Erkenntnis, die Alfred Polgar (1873-1955) in seinem Aphorismus „Reiseerfahrung" festgehalten hat: „Jede Reise ist um die letzte Stunde zu lang",[485] was jederzeit nachvollziehbar ist, denn man ist gespannt, aufgeregt, in Vorfreude auf das, was einen erwartet; man möchte endlich ankommen. Eine noch eindringlichere Portion Ungeduld verrät die Selbstreflexion des britischen Autors Tim Parks:

> „Bin ich jemals beim Eisenbahnfahren genervt worden? Oh ja, etliche, etliche Male! Genervt von Lärm, genervt von Gerüchen, genervt von Verspätungen, genervt von Fahrkartenkontrolleuren, genervt von lauten Unterhaltungen, genervt von verdreckten Toiletten, genervt erst vor ungefähr einer Woche von einem jungen Mann, der mir gegenüber saß und sich recht unfein in der Nase bohrte, die ganze Strecke von Verona bis nach Mailand".[486]

Wir haben es sodann, vermittelt etwa durch die Mitgliederzeitschrift eines deutschen Automobilklubs, mit vom Urlaub Frustrierten, mit bedrohten,

---

[482] Hesse (1904) 1977, S. 16-17.
[483] Jungk 1980, S. 156.
[484] Bakewell 2018, S. 140.
[485] Polgar (1954) 2016, S. 22.
[486] Parks 2014, S. 161 (Übersetzung BRL).

verunsicherten und verängstigten Menschen zu tun, die während ihrer Reise Opfer von kriminellen Machenschaften geworden sind, welche von Diebstahl (Auto, Wohnmobil, Motorrad, Wagenräder, Sportgeräte, Reisegepäck) und Einbruch (Ferienhaus, Hotelzimmer, Auto, Campingbus) über Raubüberfall und Begegnung mit Taschendieben bis hin zum Betrug beim Geldumtausch reichen, wobei man auch Fälle von polizeilicher Willkür und Schikanen sowie Mängeln der touristischen Dienstleistung einschließlich enttäuschter Erwartungen hinsichtlich Unterkunft und Verpflegung zur Liste der touristischen Negativ-Erlebnisse hinzufügen kann.[487]

Von Jean-Paul Sartre ist es nicht weit zu seiner Lebensgefährtin, der Philosophin und Schriftstellerin Simone de Beauvoir, deren vierbändiges autobiographisches Werk eine wahre Fundgrube an Berichten und Reflexionen über ihre lebenslangen und weltweiten Reiseerfahrungen darstellt, dies weniger im ersten Band, „Mémoires d'une jeune fille rangée" („Memoiren einer Tochter aus gutem Hause"), umso mehr jedoch in den folgenden Bänden, „La Force de l'âge" („In den besten Jahren"), „La Force des choses" („Der Lauf der Dinge") sowie „Tout compte fait" („Alles in allem"). Da gibt es Phasen, über welche die Autorin notiert: „Eine Zerstreuung hatte für mich ihren ganzen Reiz beibehalten: das Reisen. Ich hatte noch nicht alles gesehen, was ich sehen wollte, und viele Gegenden hätte ich gern noch einmal besucht".[488] Gleichermaßen finden sich Bemerkungen wie diese: „Sartre und ich hatten das Reisen allmählich satt" oder „Es macht keinen Spaß mehr, auf dieser ihrer Wunder beraubten Erde herumzureisen",[489] was sich aber im Lauf der Zeit wieder wandelt, gleich ob den organisatorischen und programmatische Rahmen eher eine Informationsreise (etwa in die Sowjetunion, die Volksrepublik China, das revolutionäre Kuba, das unabhängige Algerien beziehungsweise Tunesien, nach Spanien, Portugal, Brasilien und Indien, zum Teil auf der Basis von mehr oder weniger offiziellen Einladungen) oder eine Vergnügungsreise (etwa nach Italien, Griechenland, in die winterliche Schweiz, in die USA) oder eine Kombination aus beiden Reisetypen bildete.[490] Und dann gibt es da die Bemerkung der Autorin, sie sei „oft in Urlaub gefahren: Im Allgemeinen bedeutet das aber nur, dass ich woanders weiterarbeite",[491] wobei sie es

---

[487] Wittich 2004, S. 40-41; vgl. auch Claire Bretéchers Comic „Abenteuer Grenzenlos", 1994, in dem sich Abenteuerurlauber gegenseitig und ausgesprochen kompetitiv über die Gefährlichkeit ihres Tuns berichten.

[488] de Beauvoir (1963) 2008, S. 409.

[489] Ebd., S. 492, 902.

[490] Dies. (1972) 1982, S. 220-223.

[491] Dies. (1963) 2008, S. 388.

letztendlich weitgehend offen lässt, auf welche der vorgenannten Reisetypen sie sich genau bezieht.

Möglicherweise lässt sich diese argumentative Unklarheit ergründen, wenn man den Begriff des Urlaubs durch den Begriff der Ferien ersetzt. Dann kann man nämlich wiederum bei Roland Barthes fündig werden, der sich mit den Beziehungen zwischen Schriftstellern und jenen, sich vom Normalalltag abhebenden Lebensphasen auseinandersetzt. Letztere bezeichnet er als „eine neuere soziale Tatsache", die sich in Frankreich, konzeptionell ausgehend von den unterrichtsfreien Zeiten während des Schuljahres, mit der von der Volksfrontregierung im Jahr 1936 verfügten Gewährung von bestimmten arbeitsfreien Zeiten bei vollem Lohn- bzw. Gehaltsausgleich für die Arbeitnehmer herausbildete. Die dabei ohne eigenes Zutun entstandene soziale Allianz problematisiert der Autor:

> „Dass der Schriftsteller etwas Besonderes ist, zeigt nun die Tatsache, dass er während dieser famosen Ferien, die er brüderlich mit den Arbeitern und Verkäufern teilt, nicht aufhört, wenn nicht zu arbeiten, so doch zu produzieren. Nicht nur falscher Arbeiter ist er, sondern auch falscher Urlauber".[492]

Just dieser Befund lässt sich immer wieder auf den insgesamt mehr als 2.000 Fließtextseiten der vier de Beauvoir'schen autobiographischen Bände, die mir in deutschen Übersetzungen aus unterschiedlichen Erscheinungsjahren und in unterschiedlichen Ausgaben vorliegen, verifizieren. Dennoch werden insgesamt so viele Textpassagen dem Reisen gewidmet, vor allem in den Bänden zwei bis vier, dass man das Werk als Reiseliteratur klassifizieren könnte, auch wenn ein neuerer Band zur Einführung in die Reiseliteraturforschung dies nicht so sieht.[493] Geliefert werden gegenwartsbezogene und historisch ausgerichtete Thematisierungen und Problematisierungen von persönlichen, politischen, sozialen und kulturellen Entwicklungen, angereichert mit ausgesprochen detaillierten Beschreibungen und Analysen etwa von Landschaften und von Städten, aber auch von menschlichen Begegnungen sowie von inneren Auseinandersetzungen und Reflexionen, welche im Zusammenhang mit einer gerade absolvierten Reise stehen. Da wird die Darstellung eines schweren Fahrradunfalls, in den die Autorin auf einer Passstraße in Savoyen verwickelt war, mit Gedanken über den eigenen Tod verknüpft.[494] Da werden gar, allerdings nur in einigen wenigen Fällen, Veränderungen registriert, welche im Bereich des eigenen

---

[492] Barthes (1957) 2016, S. 37-38.
[493] Vgl. Keller / Siebers 2017.
[494] de Beauvoir (1969) 1987, S. 424-426.

Alltags stattfinden, sei es, dass sich die eigene Lebensweise geändert habe, was durch die Ausschmückung ihrer eigenen Wohnung mit Erinnerungsgegenständen aus fernen Ländern zum Ausdruck komme, sei es, dass nach einer Reise mit dem neuen Geliebten Claude Lanzmann (1925-2018) durch die Niederlande der Entschluss gefasst wird, zusammenzuziehen und somit die Gewohnheiten im Umgang mit dem Lebensgefährten Jean Paul Sartre zu modifizieren, sei es, dass die Autorin versucht, ihre Gefühle gegenüber aktuellen politischen Tendenzen in verschiedenen Ländern zu klären und einschlägige Projektpläne zu entwerfen.[495] Auffällig ist es, dass die jeweiligen Reisebeschreibungen, die im Umfang von zwischen einigen wenigen Seiten bis hin zu knapp 90 Seiten daherkommen,[496] im Großen und Ganzen nicht durch direkte Beurteilungen zur Abrundung gelangen. Der einleitende Absatz zu einem der Kapitel im 1972 erschienenen vierten Erinnerungsband ist somit irreführend. Zunächst heißt es dort: „Ich reise immer noch so gern wie früher. 1962 war mir die Lust dazu etwas vergangen, aber sie ist zurückgekehrt. Während der letzten zehn Jahre habe ich viele Orte gesehen und wiedergesehen". Es folgt die Frage: „Was haben mir diese Reisen eingebracht?".[497]

Aber die Autorin versteht die Frage nicht als eine an sich selbst gerichtete Aufforderung, eine übergeordnete, generelle Reflexion über ihr lebenslanges Unterwegssein, im Sinn einer Art Endauswertung, über die konkreten Aus- und Nachwirkungen der Reisen einschließlich der Bedeutung für das eigene Leben zu bringen, sondern sie fährt auf den abschließenden 250 Seiten fort, im skizzierten, geradezu detailorientierten, Stil über einzelne Reisen und Ereignisse zu berichten. All das heißt aber keineswegs, dass auf diese Darstellungen die folgende Polemik auch nur ansatzweise zutreffen würde: „Nirgendwo wird so viel unterschlagen wie bei Urlaubserzählungen".[498] Das Gegenteil ist der Fall!

Eine zweite Bewältigungsform touristischer Erfahrungen und Erlebnisse, neben dem Feld der schriftlich oder gedruckt vorliegenden und damit für die Forschung relativ unkompliziert zugänglichen Erinnerungen, umfasst mündliche Kommunikationen, dies zum Beispiel als potentielle Antworten auf die in Charles Baudelaires (1821-1867) Gedichtzyklus „Les fleurs du mal" („Die Blumen des Bösen") formulierten Fragen beziehungsweise Aufforderungen:

---

[495] Dies. (1963) 2008, S. 331, 401-402, 431-435, 471, 482-484, 599.
[496] Ebd., S. 84-92 (Algerien, Tunesien), 706-794 (Brasilien).
[497] Dies. (1972) 1982, S. 220.
[498] Stuff 2019.

> „Teure Reisende! Welch ein Schatz von Geschichten
> Bergen eure Augen, tief wie des Meeres Grund!
> Zeigt uns die Ausbeute von Reiseberichten,
> Perlen im Gepäck, Sterne der Erinnerung.
> [...]
> Sagt doch, was ihr gesehen habt?
> [...]
> Und danach, was kam dann?".[499]

Mehr als 120 Jahre später konstruieren Pascal Bruckner und Alain Finkielkraut einen Reisenden, den sie als „Kenner" bezeichnen und der von ihnen durch folgende Merkmale kritisch charakterisiert wird:

> „[Er] kommt begeistert von seinem Aufenthalt in den ‚Staaten' zurück. In Frisco hat er gejoggt, in L.A. hat er einen wahnsinnigen Acid-Trip erlebt und in den Lofts von SoHo und des Village hat er New York lieben gelernt".

Die Autoren resümieren:

> „Sein Reisebericht ist eine Aneinanderreihung von Codenamen, die genussreiche Freude an einer chiffrierten Sprache. So duzt er Amerika, nennt es beim Vornamen und lässt uns, seine staunenden Zuhörer, wissen, dass er dem banalen Touristen die enorme Überlegenheit des Kenners und Eingeweihten, ja des Einheimischen voraus hat. Er hat die Rückseite des Spiegels gesehen, er ist tief in das Land eingedrungen, das die Menge der Besucher nur oberflächlich streift".[500]

Auf eine gänzlich anders gelagerte, wenngleich grundsätzliche Problematik macht Karl Heinz Götze aufmerksam, wenn er auf den folgenden Sachverhalt verweist:

> „Das Paris, das mein Sohn nach der Rückkunft von seiner ersten Klassenreise widerwillig beschrieb, hatte wenig mit meinem Paris zu tun. Aber hat er beschrieben, was er er-

---

[499] Baudelaire (1857 / 1861) 2018, S. 206, 208.
[500] Bruckner / Finkielkraut 1981, S. 47-48; vgl. Baudelaire (1857 / 1861) 2018, S. 204, der ein vergleichbares Adjektiv verwendet: „Die echten Reisenden doch sind die mit Seelen / Die wandern leicht, darin wie Federn anzusehn, / Dem Schicksal niemals ganz und gar ergeben, / Die ohne Zaudern allzeit sagen: Lass uns gehn!"

lebte? Wollte er nicht vielleicht verhindern, dass sein Pariserfahrener Vater seine persönlichen Erfahrungen vereinnahmte?".[501]

Der Autor äußert sich hier kritisch wie auch ausgesprochen selbstkritisch, was auf jeden Fall mit Nachdruck anzuerkennen ist, denn wer kennt sie nicht, die Situationen, in denen man als junger Mensch begeistert von einer Reise zum Beispiel durch Frankreich 1965 oder gar durch den westlichen Teil der Sowjetunion im Jahr 1973 im Familienkreis berichtet – und der Vater, der, anders als der sehr viel später geborene Karl Heinz Götze, im Zweiten Weltkrieg am sogenannten „Frankreich-Feldzug" 1940 wie auch am sogenannten „Russland-Feldzug" 1941 teilgenommen hat, dauernd dazwischenfährt und seine eigenen – schrecklichen – Erlebnisse einzubringen versucht?

Um auf die im Gegensatz dazu sicherlich eher positiven touristischen Reiseerfahrungen zurückzukommen: Götze versammelt einige weitere Beispiele für Erinnerungen an Aufenthalte in Frankreichs Hauptstadt; er findet aber keinen gemeinsamen Nenner und resümiert:

> „Eine einheitliche, große Erzählung lässt sich aus Paris nicht mehr machen, trotz Eiffelturm, trotz Champs-Élysées und Bastille. Die Erinnerungsorte stehen bereit, aber was sie jeweils auslösen, weiß man nicht",[502]

womit im Grunde genommen eine Forschungsempfehlung ausgesprochen ist. Schauen wir uns daher an, wie die von mir selbst Angeschriebenen mit dem Themenkreis der touristischen Erinnerungen und der potentiellen Einflüsse auf den persönlich-individuellen Bereich umgehen. Befragt, welche Veränderungen die Akteure in ihrem Alltagsleben zu Hause bemerken, die man als Folgen oder Auswirkungen der jeweils besprochenen konkreten Reise betrachten könnte, verweisen mehrere von ihnen darauf, dass sie nach der Urlaubsreise eine Zeit lang an sich selbst eine gewisse Leichtigkeit registrierten, eine innere Gelassenheit, Ausgeglichenheit, Entspannung, einen lockereren Umgang mit „vielen Alltäglichkeiten".[503] Dies habe sich etwa an der vorübergehenden „Relativierung der eigenen Lebenswelt"[504] gezeigt, ebenso etwa an veränderten Sehgewohnheiten:

---

[501] Götze 2007, S. 10.
[502] Ebd. S. 12.
[503] Fragebögen AR, AN, AQ, AE, AH, AL.
[504] Fragebogen AD.

> „Nach Reisen habe ich oft für einige Stunden und Tage einen anderen Blick auf die geordneten Straßenverhältnisse, die Ruhe und Sauberkeit in der S-Bahn, die leeren Bürgersteige usw. Aber das gibt sich bald wieder, und die Erinnerung steht dann ‚wie auf einem anderen Blatt', ohne den Blick auf den eigenen Alltag tiefer zu beeinflussen".[505]

Sodann spielen Vorhaben eine bestimmte Rolle im Zusammenhang mit der Heimkehr vom Urlaub, Vorhaben, ein bestimmtes Ziel zu verfolgen, etwa Spanischkurse zu belegen oder die eigenen Englischkenntnisse aufzufrischen im Hinblick auf Satzmelodie und Klang,[506] aber auch Vorhaben, die in der Zwischenzeit bereits umgesetzt worden sind, eine Verlobung, eine Heirat, eine Modifizierung des eigenen Speiseplans, anders, nämlich japanisch, zu baden, die eigene Wohnung anders einzurichten, eine italienische Espresso-Maschine zu erwerben und mehr italienische Musik zu hören, auch etwa die Tageszeitung aufmerksamer in Bezug auf die Dritte-Welt-Berichterstattung zu lesen.[507] Der Vorgang, wie es auf und vor allem nach einer Fahrradtour über 2.700 Kilometer zu einem ausgeglichenen Umgang mit der eigenen Nahrungsaufnahme kommt, lässt sich aus der folgenden Äußerung herauslesen:

> „Bei dieser Reise waren die körperlichen Folgen extrem. Sein Fahrrad hat man mit Leichtigkeit und einer Hand aus dem Keller geholt, man wunderte sich die ersten Tage, warum alle Menschen auf einmal so langsam durch die Stadt fahren. Auch isst man nach einer solchen Reise oft zu viel, um die Entbehrungen der letzten Wochen zu kompensieren. Man hat auf alles Lust und hinten im Tourtagebuch lange Listen angelegt, was man alles isst, wenn man wieder daheim ist. Man macht auch im Alltag mehr Sport, weil der Körper danach verlangt".[508]

In Anbetracht des hier ausgebreiteten Spektrums an alltagsbezogenen Veränderungsmöglichkeiten im Anschluss an eine als bedeutsam empfundene Urlaubsreise kann man es sich fast nicht vorstellen, dass es in zwei Fällen gar keine, nicht einmal vorübergehende, Veränderungen im Leben der Akteure gegeben haben soll.[509] Diese Skepsis gilt nicht minder für die Ant-

---

[505] Fragebogen AC.
[506] Fragebögen AG und AP.
[507] Fragebögen AR, AS, AA, AJ, AM, AK.
[508] Fragebogen AI.
[509] Fragebögen AF und AT.

worten auf die dann folgende Frage, welche Bedeutung die Kommunikation über die Reise für die Akteure selbst besitze. Dreimal wird „keine" und einmal „kaum eine" notiert;[510] in weiteren drei Fällen gibt es relativierende Antworten, dies vor allem unter Hinweis auf den persönlich-individuellen Charakter der Reise und der Erinnerungen für die betroffenen Reisenden selbst,[511] aber auch angesichts des Wandels innerhalb des Handlungsfeldes „Tourismus":

> „Da heute jedermann reist, viele Leute mehr als ich, finde ich die Kommunikation darüber eher nicht so interessant. Oder nicht so nötig. Andere machen andere Reisen. Gut so!"[512]

Das Gros der Antworten läuft auf den Gedanken- bzw. Argumentationsgang hinaus, dass die an bestimmte Gesprächspartner gerichteten Mitteilungen für eine Aktivierung der Erinnerungen an die absolvierte Reise sorgen und damit die Reise selbst, wenn auch lediglich vorstellungsweise, reaktivieren, manifestieren, präsentieren, zum Schwelgen anbieten und somit, wie es heutzutage heißt, teilen. Die dazugehörigen Vokabeln heißen „Selbstvergewisserung" oder auch „Selbstinszenierung".[513]

Ein etwas tieferer Blick in das Innenleben der Akteure sollte durch die Antworten auf die folgende Doppel-Frage ermöglicht werden: „Würden Sie einen Satz sagen können wie zum Beispiel: Seit meiner Rückkehr aus dem Urlaub bin ich nicht mehr dieselbe / derselbe? Ist das positiv oder negativ?". Gleich der allererste der eintreffenden, komplett ausgefüllten Fragebögen hat die sich potentiell ergebende Diskussion zusammengefasst, dies in einem deutlichen Ja-Aber-Statement, das beide Seiten des komplexen Phänomens erfasst:

> „Einen solchen Satz könnte ich entweder über jede Reise, oder aber über gar keine sagen. Nichtsdestotrotz ist die Japanreise 2007 wahrscheinlich die beeindruckendste und in vieler Hinsicht vielleicht sogar die wichtigste Reise meines Lebens gewesen. Ich sehe Veränderung tendenziell eher positiv (weil zum Leben gehörig) und Lernen erst recht; dennoch hat das Sich-Einlassen auf eine fremde Kultur (und sei es nur im Rahmen einer Urlaubsreise) im Hinblick auf die

---

[510] Fragebögen AB, AD, AG, AK.
[511] Fragebögen AI und AJ.
[512] Fragebogen AC.
[513] Fragebögen AA, AE, AH, AL, AM, AN, AO, AP, AQ, AR, AS, AT, AY.

Selbstwahrnehmung und die eigene Identität auch problematisches Potenzial (,Rosinenpicken' usw.)".[514]

Die größere Gruppe der Antworten verweist darauf, dass man nicht mehr dieselbe Person darstelle, was insgesamt positiv bewertet wird. Da gibt es klare Positionen, vermittelt durch eine Bejahung der Frage, ohne jede Einschränkung.[515] Sodann gibt es derartige Positionen mit Einschränkungen wie „temporär schon" oder „das passiert schon, dass man das denkt, aber ich würde den Satz nicht sagen" oder „jede Reise verändert, wenn die Reise ,gelungen' ist, verfügt man über neue Ressourcen" oder „andererseits wunderte ich mich, wie schnell man dann doch wieder im alten Trott ist und wie wenig man die alten Muster zurückgelassen hat" oder aber „nur bei längeren Studien- bzw. beruflichen Aufenthalten im Ausland, nicht bei Urlaubsreisen".[516] Abgesehen davon, dass einer der Akteure es für unmöglich hält, die Frage auf der Basis einer zwölftägigen Japanreise adäquat beantworten zu können, gibt es auch die eindeutig ablehnende Haltung, so etwa: „nein, ich bin die, die ich auch vorher war" oder „ich bin noch dieselbe Person".[517] Eine übergreifende, geradezu dialektische Position nimmt die Akteurin ein, die in ihrer Antwort auf eine andere Frage bereits vom „Wieder-Ankommen im alt-neuen Alltag" nach der Rückkehr von der Reise nach Tansania nunmehr den folgenden Satz zur Äußerung bringt: „Ich glaube, ich bin dieselbe und eine andere – und das ist weder positiv noch negativ"; im übrigen vermittelt eben diese Betrachtungsweise die Möglichkeit, sich etwa bei einer zehntägigen New-York-Reise „selbst besser kennengelernt [zu haben] oder immerhin unbekannte Facetten an mir".[518]

Befragt, wie lange die konkrete Urlaubs-Stimmung nachwirkt, gibt die New-York-Reisende die Antwort: „bis heute"; das heißt, das, was sie damals mit ihrem künftigen Ehemann dort erlebt hat, ist auch 28 Jahre später noch präsent. In einem anderen Fall dauert die Urlaubs-Stimmung „etwa so lang wie die der Urlaubs-Bräune, ca. 7 Wochen".[519] In den meisten Fällen setzt der Umschwung allerdings deutlich früher ein – und er bestätigt die Forschungen nicht nur von von Jessica de Bloom und Kolleginnen; die Nachwirkungs-Phase sei „viel zu kurz, der Alltag macht ,schwapp' und schon bin ich wieder im Trott"; die Phase sei „kurz", sie dauere „etwa zwei bis drei Tage, aber Erinnerungen an Sinneseindrücke [seien] jederzeit abrufbar"; die Stimmung halte „einige Tage" oder „etwa drei Tage" oder

---

[514] Fragebogen AA.
[515] Fragebögen AB, AC, AD, AM, AP, AQ, AY.
[516] Fragebögen AE, AI, AP, AL, AK, AJ, AR.
[517] Fragebögen AG und AH.
[518] Fragebögen AN und AS.
[519] Fragebögen AS und AR.

„meist 1-2 Wochen" oder „nach dieser Reise [...] circa vier Wochen", wobei im übrigen auch eine kürzere Dauer „nicht negativ ist. Ich fahre nicht in Urlaub, um mich zu erholen o.ä., sondern um meinem Leben eine weitere Facette zu geben, daheim ist eben Alltag, unterwegs sein heißt Abwechslung und viel Input, viel Inspiration, viel Neues lernen und erfahren".[520] Die unterschiedlichen Antworten könnte man, angesichts der im Großen und Ganzen überschaubaren Nachwirkungsdauer der Urlaubs-Stimmung, vermuten, dass die Mehrheit der Akteure, in welcher Form auch immer, brennend daran interessiert sein könnte, diese Stimmung zuhause zu verlängern.

Nun, der Konjunktiv lässt schon erahnen, dass dem nicht durchgängig so ist. Da gibt es nämlich deutliche Ablehnungen im Stil von „Nein, das geht nicht".[521] Bisweilen werden durchaus Erläuterungen mitgeliefert: „Das geht nicht, mein Leben ist zu voll mit anderen Dingen. New York ist nur noch ein weit entfernter Spot in meiner Biografie", der aber offensichtlich durchaus in der Lage ist, „bis heute" nachzuwirken.[522] Auf der anderen Seite gibt es das ebenso deutliche Bekenntnis im Sinn der bereits zitierten Empfehlung der Stiftung für Zukunftsfragen für den Umgang mit der wiederaufzunehmenden beruflichen Tätigkeit: „Ich versuche unbedingt zu vermeiden, kurz vor knapp wieder nach Hause zu kommen. D.h., ich rechne am Ende des Urlaubs immer noch ein paar Tage Puffer zu Hause ein, bevor der Arbeitsalltag wieder beginnt".[523] Alle anderen Antworten signalisieren, dass die betreffenden Akteure eine Zeit lang gewissermaßen zweigleisig handeln: Sie absolvieren, mehr oder weniger sofort beginnend, ihren Arbeitsalltag; und sie befassen sich in der Freizeit mit dem Urlaub: Sie sortieren, betrachten und verschicken ihre Photos, sie versuchen sich in das Urlaubsgeschehen zurückzuversetzen, sie kommunizieren darüber;[524] sie genießen die mitgebrachten Lebensmittel oder versuchen, bestimmte Gerichte aus der Fremde nachzukochen;[525] sie haben einen „ziemlich teuren Espressokocher für den Herd von Bialetti gekauft, der über einen Hochdruckmechanismus feinen Crema-Espresso produziert", was wiederum beim Genießen des Getränks Urlaubserinnerungen hochkommen lässt;[526] sie hören Musik an, die sie an ihre Reisen nach Lateinamerika, Japan oder Italien erinnert;[527] sie schmücken ihre Wohnung nach dem

---

[520] Fragebögen AP, AL, AG, AC, AA, AK, AJ, AI.
[521] Fragebögen AD, AF, AG, AI, AO, AZ.
[522] Fragebogen AS.
[523] Fragebogen AE.
[524] Fragebögen AA, AH, AL, AM, AP, AQ, AR.
[525] Fragebögen AA, AK, AL, AQ, AY.
[526] Fragebogen AM; vgl. das entsprechende Beispiel in Zschocke 2005, S. 231.
[527] Fragebögen AA, AL, AM.

Madeira-Urlaub mit verschiedenen Pflanzen;[528] sie weihen das in Schweden neu erworbene Kubb-Spiel-Set im heimatlichen Gemeindepark zusammen mit Freunden ein;[529] sie planen den nächsten Urlaub.[530] Zwei der Gewährsleute setzen eigene Urlaubserfahrungen gar operativ zur Lösung von Alltagsproblemen mittels vergleichenden geistig-seelischen Tuns ein. Einerseits heißt es da, was das konkrete Ziel betrifft:

> „Mich nicht direkt dem Alltag hingeben, sondern infrage stellen, wie ich vor der Reise gelebt habe und ob ich etwas anders machen möchte, zum Beispiel langsamer, bedachter. Der junge thailändische Tauchlehrer zum Beispiel hat sich so galant und mit innerer Ruhe bewegt, als wäre er auch über Wasser unter Wasser. Das hätte ich gerne mitgenommen in meine Realität".

Ein anderer Fragebogen signalisiert einen tatsächlichen mentalen (Alltags-)Kulturtransfer:

> „Das geschieht vor allem im Kopf: Wenn ich von Hetze, Eile, Effizienz umgeben bin, dann erinnere ich mich an bestimmte Situationen auf Reisen und kann die scheinbaren Schwierigkeiten leicht und lachend relativieren".[531]

In vergleichbarer Weise ist die folgende, ebenso deutlich und direkt komparativ ausgerichtete, Antwort ausgefallen, in der es heißt:

> „Das Gefühl von Freiheit und Abenteuer umgibt mich quasi die ganze Zeit. Die Leichtigkeit, mit der dies im Urlaub möglich ist, ist hier eine andere. Hier, zuhause, entsteht die Leichtigkeit aus Struktur und Ordnung – im Urlaub entsteht sie aus der Entspannung",[532]

wobei „Entspannung" eben auch damit zu tun hat, dass „Struktur und Ordnung" und somit Routine weitgehend fehlen, zunächst jedenfalls.[533] Um ein eigenes Beispiel zu bringen: Man trifft abends mit der Fähre von Dagebüll aus in Wittdün auf der Nordseeinsel Amrum ein; der Ferienwohnungs-

---

[528] Fragebogen AJ.
[529] Fragebogen AT.
[530] Fragebogen AB.
[531] Fragebogen AC.
[532] Fragebogen BA.
[533] Fragebogen AN.

besitzer erwartet einen am Anleger und fährt einen nach Nebel oder Norddorf zur reservierten Unterkunft. Hat er sich nach einigen Erklärungen verabschiedet, ist man also auf sich allein gestellt, beginnt das zunächst weitgehend routinefreie Urlaubsleben, welches sich unter anderem dadurch auszeichnet, dass man nunmehr geradezu zwangsläufig erst einmal zusieht, dass man ein Minimum an Routine herzustellen versucht (Einkaufsmöglichkeiten, Restaurants, Bank und Post ausfindig machen, einen Strandkorb mieten, Fahrräder ausleihen). Diese Form von Routine bildet den organisatorischen Rahmen für den Alltag in der Fremde, gleich wieviele Wochen man sich ebendort aufhält, gleich auch, ob man sich in Amrum oder Island, Kuba oder Papua-Neuguinea aufhält; und sie ist durchaus in der Lage, für Erfolgserlebnisse zu sorgen, dies konkret deswegen, weil man unter Beweis stellt, dass man sich gut „durchzuschlagen" versteht und gut zurecht kommt, was sich nach der Reise, wenn man denn den einschlägigen Wunsch verspürt, im Kreis der eigenen Freunde, Bekannten, Verwandten, Kollegen und weiteren Gesprächspartnern geradezu anbietet, kommuniziert zu werden.

Apropos Kommunikation: Es ist nachgerade zu bedauern, dass der französische Autor Matthias Debureaux im Jahr 2017 ein nur ganz schmales Bändchen auf dem deutschsprachigen Buchmarkt hat erscheinen lassen, welches den ausgesprochen ironischen Titel trägt: „Die Kunst, andere mit seinen Reiseberichten zu langweilen". Bei oberflächlicher Lektüre kann es durchaus passieren, dass man dieses jenem durchaus neueren Genre fiktionaler wie auch non-fiktionaler Literatur zuordnet, welche sich kritisch und selbstkritisch, zumeist angereichert durch eine kräftige Portion Humor, mit dem Tourismus und den Touristen auseinandersetzt. Dazu lassen sich etwa diese drei neueren Titel zählen: Sven Siedenbergs „Ich nix Tourist. Warum es schöner ist, nicht in den Urlaub zu fahren"; Dietmar Bittrichs „1000 Orte, die man knicken kann"; schließlich Tilman Birrs „On se left you see se Siegessäule. Erlebnisse eines Stadtbilderklärers"[534]. In eine ganz andere, weit ernsthaftere Sphäre führt uns der französische Literaturwissenschaftler und Psychoanalytiker Pierre Bayard ein, wenn er am Beispiel des „sesshaften Reisenden" sowie der verschiedenen „Arten des Nichtreisens" literarisch festgehaltene Reiseerfahrungen (z.B. von Marco Polo, Jules Verne oder Karl May) diskutiert, dies zum Thema „Wie man über Orte spricht, an denen man nicht gewesen ist"[535].

Matthias Debureaux allerdings wählt eine Art Mittelweg. Er wertet nicht etwa Werke der Romanliteratur oder der Dichtkunst, gedruckt vorliegende Reiseberichte oder Reisehandbücher und dergleichen aus, sondern er bezieht sich weitgehend auf den Sektor mündlicher Kommunikation und

---

[534] Siedenberg 2010; Bittrich 2010; Birr 2012.
[535] Bayard 2013.

präsentiert in diesem Kontext eine kurzweilige, mit der Darstellungshaltung der Übertreibung spielende Parodie der marktgängigen einschlägigen Beratungsliteratur. Das bedeutet, er geht aus von alltäglich zu erlebenden Situationen von Menschen, die über ihre Urlaubserlebnisse berichten, und er verspottet das, was da gegenseitig erzählt wird. Da geht es um Tipps zur effektvollen und somit erfolgreichen mündlichen Wiedergabe und Kommentierung der eigenen Erlebnisse vor einem als Freundeskreis zu betrachtenden Publikum, dies nach der Heimkehr von der Reise, weiterhin um Tipps zur ebenso effektvollen und erfolgreichen Wiedergabe und Kommentierung der eigenen Erlebnisse mittels neuer, also digitalisierter Kommunikationstechnik während der Phase des eigentlichen Unterwegs-Seins, schließlich um Tipps zur effektvollen und erfolgreichen Wiedergabe und Kommentierung der eigenen Erlebnisse mittels flankierender Gestaltungsaktivitäten etwa in den Bereichen der eigenen Bekleidung oder der Wohnungseinrichtung. Um das Verfahren des Autors zu demonstrieren, seien zwei Beispiele zitiert: „Setzen Sie Ihre Reise einfach durchs Erzählen fort. Im Fall einer kostspieligen Tour bedeutet diese Möglichkeit, vor anderen zu glänzen und allseits Bewunderung zu wecken, dass sich die Investition auch richtig gelohnt hat. Außerdem ersparen Sie Ihrem Publikum die Kosten für ein eigenes Flugticket. Jede neue Begegnung bietet eine neue Chance, sich hervorzutun. Eine neue Rückkehr". Etwas eindringlicher gibt sich die andere Empfehlung:

> „Verzichten Sie auf Körperpflege, solange Sie von der Savanne erzählen. Tragen Sie die Reisekluft auch in den ersten paar Tagen nach Ihrer Rückkehr, damit andere den Duft der großen weiten Welt einatmen können. Dieser herb-derbe Hauch wird Ihren Bericht umso realistischer erscheinen lassen. Aprikosenduschgel taugt nur für Touristen".[536]

Debureaux' Leserschaft kann sicherlich jederzeit auf eigene Erfahrungen zurückgreifen, denn, gleich ob jenseits oder diesseits des Rheins, wer hat nicht schon einmal die verschiedenen Formen, Ausschmückungen, Übertreibungen, Doppelbotschaften, tendenziellen Unwahrheiten und aller Welt bekannten sogenannten „Geheimtipps" als Bestandteile mündlich vorgetragener Reiseberichte mitbekommen oder sich ihrer gar selbst bedient? Und wer hat noch nicht den Verdacht entwickelt, dass alle diese Berichte sich immer wieder von neuem auf eine Handvoll von Erzählungstypen reduzieren lassen, gleich ob man selbst diese Form von Kommunikation praktiziert oder nicht, sei es im Medium der mündlichen Kommunikation (man tauscht sich mündlich aus, gleich ob direkt oder technisch

---

[536] Debureaux 2017, S. 16, 95.

vermittelt) oder der bildlichen Kommunikation (man zeigt sich Photographien oder man nimmt an einem Dia- oder Filmabend teil)?[537] Wie erhellend wäre es, wenn es bereits heute eine systematische, historisch und gegenwartsbezogen ausgerichtete Studie zum Thema „Wenn jemand eine Reise thut, so kann er 'was verzählen" gäbe? Die Eingangszeile aus Matthias Claudius' Liedtext „Urians Reise um die Welt", entstanden im Jahr 1786, fordert förmlich dazu auf, sich mit diesem Thema vertieft auseinanderzusetzen. In moderner Sprache formuliert, sollte es darum gehen, herauszufinden, was genau nach der Heimkehr der Menschen von ihren Reisen passiert, wobei auf die Jetztzeit bezogen ganz gewiss der Aspekt der touristischen Reise im Zentrum einer solchen Erkundungspraxis zu stehen hätte.

Der Kulturwissenschaftler Ueli Gyr schreibt: „Kein Tourist lebt vom unmittelbaren Ferienereignis allein, sondern besonders auch davon, dass er das Erlebte, Gesehene, Fixierte und Erworbene nach der Rückkehr weitergibt".[538] Es ist durchaus gang und gäbe, dass die eigenen Erfahrungen kommuniziert werden, dies, wie schon ausgeführt, etwa in Form von mündlichen Erzählungen oder Diaabenden, unter Einbezug von mitgebrachten, dem Andenken gewidmeten Objekten, unter besonderer Berücksichtigung der positiven oder negativen Aspekte der Reise und / oder mit besonderer Betonung der Bedeutung der Reise für die, wie schon erwähnt, Völkerverständigung und den Abbau von Stereotypvorstellungen und / oder Vorurteilen, wobei man derartiges aufklärerisches Handeln auch, durchaus selbstkritisch, auf den Umgang der Reisenden untereinander, einschließlich der zur Wirkung kommenden Einstellungen, beziehen sollte. Denn in diesem Zusammenhang gilt es, sich vor Augen zu halten, dass weder die Ausgangsgesellschaften der Touristen noch die Zielgesellschaften der Einheimischen aus vollkommen homogenen soziokulturellen Gebilden bestehen; im Gegenteil, sie sind in sich vielfältig gegliedert, vertreten unterschiedliche Interessen, verfügen über unterschiedliche Weltanschauungen, äußern unterschiedliche Ansichten. Das ist bekannt. Was offenkundig nicht bekannt ist und deshalb in tourismusbezogenen Studien weitgehend ignoriert wird, ist die unter anderem auch in bestimmten Witzen angesprochene Neigung touristischer Akteure, sich voneinander in nationaler (oder auch regionaler oder lokaler) Hinsicht abzugrenzen und dies durch verbale, paraverbale sowie nonverbale Handlungen zum Ausdruck zu bringen, was eine ganz andere Form von Dichotomie als die etwa zwischen Reisenden und Bereisten kreiert. Hier geht es nämlich um den Abbau oder die Verstärkung von Stereotypen und tiefer gehenden Vorurteilen und um, allgemein gesagt,

---

[537] Vgl. Gerndt 2004; Keller / Siebers 2017; Wittich 2004; Fendl / Löffler 1995; Starl 1995.
[538] Gyr 1988, S. 238; zum Folgenden vgl. Lauterbach 2015a, S. 73-74, 202-203; ders. / Brednich 2014.

Beziehungen zwischen verschiedenen Touristengruppen, die möglicherweise mehr oder weniger ähnliche und vergleichbare Ziele (Erholung etc.), aber eben nicht unbedingt die identischen Ziele verfolgen.

Dies lässt sich etwa dann studieren, wenn mir in der Nähe von Anfo am Lago d'Idro (Lombardei) deutsche Touristen berichten, dass sie vor mehreren Jahrzehnten vollkommen begeistert von dieser anscheinend noch weitgehend unentdeckten Ferienregion gewesen seien, was dazu führte, dass sie gar nicht anders konnten, als sich ein Häuschen in einer gerade entstehenden Ferienkolonie anzuschaffen, in dem sie immer wieder ihre Urlaube verbrachten. Mittlerweile allerdings könnten sie die Atmosphäre nicht mehr wie früher genießen, denn zum einen hätten mehr und mehr Touristen den See entdeckt und zum anderen würde ihnen insbesondere die als viel zu laut empfundene Kommunikation bei italienischen, also gewissermaßen einheimischen, Feriengästen untereinander beträchtlich auf die Nerven gehen. Da einschlägige Beschwerden nicht zu einer Verbesserung der Situation geführt hätten, wäre ihnen die Lust an weiteren Aufenthalten vergangen. Von „diesen Italienern da" sowie von einem Verkauf des Häuschens war gar die Rede. Der Argumentationsgang erinnert stark an das seit dem 18. Jahrhundert in deutschen Oberschichten immer wieder neu bemühte Stereotyp von Italien einschließlich der italienischen Bevölkerung, welches sinngemäß auf das Werturteil "Tolle Kultur, aber scheußliche Leute!" hinausläuft.[539]

Positionierungen

Probleme, welche mit Unverständnis, Stereotypen- sowie Vorurteilsbildung zu tun haben, können freilich auch etwa dann auftauchen, "wenn das eigene Umfeld die Reiseerfahrung nicht versteht oder nicht nachvollziehen kann".[540] So finden sich in einem von mir eingesehenen Quasi-Tagebuch, das Eltern für ihre Nachkommen für die Zeit bis zu deren Studienzeiten angefertigt haben, beispielsweise die folgenden Sätze:

> „11.10.1970 – Nach fast 3 Monaten selbstständiger Reise durch USA und Kanada kehrt unser Sohn [19 Jahre alt] nachts zurück. Im Military-Look mit einer kompletten Uniformjacke der US Army, mit der er dann begeistert umher läuft. Ansonsten ist er einem der Schauspieler von Oberammergau nicht unähnlich. Das sehr lange Haar und der Kinnbart geben seinem ohnehin schon schmalen Ge-

---

[539] Brückner 2000, S. 422.
[540] Zschocke 2005, S. 259.

sicht etwas asketisches. Nicht nur äußerlich, auch innerlich hat er sich durch die vielen Erlebnisse verändert",

wobei nichts darauf hindeutet, dass die Eltern genauere Kenntnis von diesen inneren Veränderungen erlangt haben. Es sieht eher so aus, als ob sie die Veränderungen lediglich äußerlich registrieren, wenn auch nicht akzeptieren, denn der geradezu skeptische Kommentar geht noch einen Schritt weiter. Es heißt nämlich im dann folgenden Satz: „Jedenfalls scheint es zunächst so. Bald gewöhnt er sich ein und wird fast wieder der Alte", was an Elizabeth von Arnims bereits angesprochenen, zu Beginn des 20. Jahrhunderts entstandenen Roman „Die Reisegesellschaft" erinnert, in dem nach Beendigung einer Sussex-Reise einer der beiden deutschen Protagonisten erklärt:

> „Ich selbst bin ganz der Alte – ein geradliniger, freimütiger, patriotischer Ehrenmann und Christ, der nicht vom Pfad der Pflicht abweicht und weder nach rechts noch nach links schaut [...], und nutze meine bescheidenen Fähigkeiten, den Ruhm meines Landes und meines Kaisers zu mehren".[541]

Der literarische Ich-Erzähler wollte sich während der eigentlichen Reise letztlich nicht mit der ihn umgebenden und von ihm erkundeten britischen Gesellschaft auseinandersetzen, was insbesondere dadurch zum Ausdruck kam, dass er nahezu sämtliche Erlebnisse mit beißendem Spott kommentierte und ständig versuchte, seinen Willen gegenüber den Mitreisenden durchzusetzen, was zu permanenter Unruhe führte. Im Gegensatz dazu verfolgte der vorgenannte junge Nordamerikafahrer eine andere Zielsetzung. Er wollte Land und Leute kennenlernen, übernachtete in Jugendherbergsbetten oder auf unbequemen Sitzen in nächtlich verkehrenden Greyhound-Überlandbussen, er erkundete verschiedene Gegenden per Anhalter und lernte so viele Menschen wie möglich kennen, er besichtigte eine umfangreiche Anzahl von Museen in den Großstädten der Ostküste und unternahm Wanderungen in den Rocky Mountains, er besuchte einzelne Seminarsitzungen an verschiedenen Colleges und Universitäten, schaute sich Filme an, ging zu mehreren Rockkonzerten und tauschte mit mehreren Dutzenden seiner Altersgenossen Adressen aus, um nur einige der Aktivitäten anzuführen. Im Grunde wollte er jenen Vorgang der Selbst-Transformation durch ausgiebiges Unterwegssein in der Fremde einleiten oder bewerkstelligen, den Matthias Politycki mit den Worten „Ein anderer werden" benennt und in seinem Reisebuch ausgesprochen anschaulich be-

---

[541] von Arnim (1909) 2016, S. 371.

schreibt und ausdeutet,[542] womit er den von der Tourismusforschung erarbeiteten, eher allgemeinen Befund unterstützt: „Was Reisen und Ferien dem einzelnen Menschen einbringen, welchen Gewinn er daraus zieht, entscheidet sich weniger auf der Reise selbst als im Alltag",[543] also nach Abschluss derselben.

Im Lichte heutiger Praktiken des Unterwegsseins betrachtet, hat sich der junge Nordamerikafahrer gegenüber seiner hiesigen Umwelt schlecht verkauft, wenngleich er seine Reiseerfahrungen in durchaus positiver Weise Freunden und Bekannten gegenüber kommunizierte und somit auch für sich selbst verlängerte und dokumentierte, durch die extensivere und intensivere Lektüre englischsprachiger, bevorzugt nordamerikanischer, Literatur, durch das Abhören einschlägiger Musik, auch durch mündliche und schriftliche Bekenntnisse; eines davon findet sich notiert auf der Hülle der mitgebrachten allerersten Langspielplatte der US-amerikanisch-britischen Formation Crosby, Stills and Nash (1969): „May this album constantly remind me of my trip through the USA and of the hospitality and warmth people showed towards me. Peace!", steht da in schwer zu entziffernder Handschrift, was möglicherweise eine zumindest nach innen gerichtete Veränderung entweder signalisieren oder anstoßen sollte.

Einige Jahrzehnte später sieht die Welt diesbezüglich ein wenig anders aus, was durchaus wissenschaftlich reflektiert wird. So widmen sich Torun Elsrud wie auch Jana Binder in ihren 2004 und 2005 publizierten Dissertationen aus soziologischer beziehungsweise kulturanthropologischer Sicht der ich-zentrierten, kommunikations- und interaktionsorientierten Welt der Rucksackreisenden.[544] Jüngere Menschen werden auf ihren Reisen durch Südostasien beobachtet und befragt, nach ihren Identitätsentwürfen, ihren Vernetzungen mit anderen Menschen, den Formen ihrer eigenen touristischen Praxis und vielem anderen mehr, um jeweils ein Bild von Sinn, Zweck und Ziel des Rucksackreisens zu entwerfen, aber auch von den dazugehörigen Abläufen sowie vor allem von den Zusammenhängen zwischen dieser Form des Reisens und dessen, was wir heute, stark vereinfachend, Globalisierung nennen. Rucksackreisen, so die nahezu gleichlautenden Schlussfolgerungen, diene vorwiegend der Vorbereitung für das, was sie selbst als „bessere Ausgangspositionen und Karriereoptionen" sowie als Basis „für eine positive Selbstverortung"[545] beziehungsweise als „individual empowerment"[546] bezeichnen, das also, was bei weiteren Wissen-

---

[542] Tagebuch 1966-1978, Archiv Lauterbach, München; vgl. Politycki 2017, S. 199-207.
[543] Krippendorf 1986, S. 113.
[544] Elsrud 2004; Binder 2005.
[545] Binder 2005, S. 215.
[546] Elsrud 2004, S. 175.

schaftlern alternativ „self-improvement",[547] „Selbstinnovation und Selbstmodernisierung"[548] oder Selbstoptimierung"[549] heißt und was insgesamt, grob gesagt, an die Anwendung des von Abraham Harold Maslow (1908-1970) in die humanistische Psychologie eingeführten Konzepts von den Selbstaktualisierungsbedürfnissen erinnert.[550] Touristisches Unterwegssein wird also als persönlicher Beitrag zu einer gesellschaftspolitischen Positionierung aufgefasst, getreu dem von dem Soziologen Ulrich Bröckling wiedergegebenen Grundsatz: „Handle stets so, dass du dir selbst das Gesetz deines Handelns gibst, statt es dir von anderen vorgeben zu lassen oder in Passivität zu verharren – das ist der kategorische Imperativ, der den Empowerment-Theorien eingeschrieben ist". [551] Im konkreten Fall der von Reiseaktivitäten ausgelösten inneren Transformation äußert sich dies in Nutzen-, Gewinn- und Erfolgs-Erwartungen,[552] also in Richtung Optimierung bisheriger Praxisformen. Gelegentlich ist gar, speziell auf den sogenannten Rucksack-Tourismus bezogen, die Rede von einem „Qualifizierungstourismus oder Globalisierungstourismus".[553] Die Kulturwissenschaftlerin Anna Lipphardt bestätigt diesen Trend, wenn sie, eher verallgemeinernd und leider ohne Beleg, darauf hinweist, dass sich Rucksack-Reisen nach der Heimkehr als „kulturelles Kapital", unter anderem als Nachweis für eigene Bildung und Schulung, vermarkten lassen: Sie würden bei Bewerbungen „häufig" in Lebensläufen erwähnt „und von Personalern als Zeichen für Flexibilität, Belastbarkeit und interkulturelle Kompetenz gewertet",[554] was von Ferne an die Folgen der Kavalierstouren junger Männer aus hiesigen Adels- und Patrizierkreisen im 17. und 18. Jahrhundert erinnert, die sich durch ihre europaweite Reisetätigkeit für militärische oder zivile Laufbahnen im Dienst des jeweiligen Landesherrn qualifizieren konnten.[555]

Matthias Politycki kehrt von einer Reise „mit einem anderen Blick" zurück, mit einer „anderen Einstellung"; er erlebt seinen Alltag dann, dies genießend, „eine Zeitlang als Fremder"; was auch darauf verweist, dass während des Reisens ein Entfremdungsprozess einsetzt, der nach der Heimkehr neue Erfahrungen und Erlebnisse mit dem eigenen Herkunftsmilieu

---

[547] Levenstein 2004, S. XI.
[548] Warneken 2006, S. 129-131.
[549] Groth 2019.
[550] Vgl. Krauß / Kagelmann 1993, S. 208, 210.
[551] Bröckling 2004a, S. 59.
[552] Bayard 2013, S. 13; de Botton 2013, S. 124, 137; vgl. das Unterkapitel "Individual empowerment in travelling" in Elsrud 2004, S. 175-179.
[553] Binder 2005, S. 139.
[554] Lipphardt 2014, S. 212.
[555] Leibetseder 2004, S. 188-196.

ermöglicht.[556] So oder so stellt just dieses den zentralen Bezugspunkt des Unterwegsseins dar, auch für die westdeutschen Touristen, die in den 1950er und 1960er Jahren italienische Strände in beträchtlicher Anzahl aufsuchten und damit einen neuen Reisestil schufen, wie Till Manning anschaulich und kritisch herausgearbeitet hat: Bei dieser massentouristischen Variante hat es sich letztlich um eine neue Form von Konsumhandeln einer bestimmten Generation gehandelt, welche in den nächsten Jahrzehnten Schule machte, also Reisefolgen zeitigte.[557] Dennoch muss festgehalten werden: Die Phase nach der Heimkehr in die Bundesrepublik (oder in weitere Heimatländer) zu untersuchen, dies unter besonderer Berücksichtigung der potentiellen Auswirkungen auf das hiesige Alltagsleben der Akteure, das stellt im Großen und Ganzen immer noch weitgehend ein Desiderat dar.[558]

Und das gilt – generell gesprochen – auch für die Erkundung der Reaktionen jener Zuhausegebliebenen, die mit Reisenden konfrontiert sind, welche eher unbeeindruckt von unterwegs zurückgekehrt sind. Bruckner und Finkielkraut entwerfen ihre einschlägige Kritik wie folgt:

> „Ihr habt euch zwei oder drei Monate, vierzig Tage, eine Woche lang in der Weltgeschichte herumgetrieben, habt zwei oder drei unvergängliche Augenblicke erlebt, eure Kartoffeln in den heißen Quellen des Yellowstone Parks gekocht, einem peruanischen Lama das Fell gekrault, in den Schwefelquellen der Liparischen Inseln gebadet, in Lausanne das Tangobein geschwungen – und diese erhabenen Augenblicke, diese grandiosen Landschaften sind an euch vorübergegangen, ohne deutlichere Spuren zu hinterlassen? Ohne so tief in den Bodensatz eures Lebens eingedrungen zu sein, dass eure lebendige Hülle sie einer Entstellung oder einer Offenbarung bezichtigen würde?".[559]

Die solchermaßen einer Art von leerem und wirkungslosem Aktionismus wegen Kritisierten mögen bei den Daheimgebliebenen für Erstaunen sorgen; das kennt man aus dem eigenen Lebensumfeld. Es wäre aber durchaus interessant und die einschlägige Forschung fördernd, in Erfahrung zu bringen, ob heutige Reisende ähnliche Bedenken oder Befürchtungen kennen, welche der Schriftsteller Franz Hessel (1880-1941) im Jahr 1929 im Rahmen einer Presseumfrage zum Thema, warum man gerne reise, unter an-

---

[556] Politycki 2017, S. 311; vgl. Bausinger 1991, S. 350.
[557] Manning 2011.
[558] Vgl. Maase 2009; Thoms 2006.
[559] Bruckner / Finkielkraut 1981, S. 75.

derem zur Äußerung gebracht hat: „'Was will ich nur in den fremden Städten mit ihren Sehenswürdigkeiten? Immer bin ich doch in Gefahr, dass die Kathedrale mich nicht verwandelt'".[560]

Doch gleich welche Handlungen und Wandlungen sich im Einzelnen nach einer touristischen Reise ausmachen lassen, insgesamt dürfte Orvar Löfgrens These gelten: „Sobald unsere Ferien vorüber sind, beginnen wir damit, über die nächsten zu phantasieren: den perfekten Urlaub".[561] Genau dieses Ziel verfolgen auch Peggy und Cyril aus einer von 30 Fallgeschichten, die der britische Sozialanthropologe Daniel Miller zusammen mit seiner Kollegin Fiona Parrott auf der Basis eigener Feldforschung zur Veröffentlichung aufbereitet hat, dies als Sammlung von Porträts gegenwärtig in London lebender Menschen. Das genannte Paar, wohlhabende Senioren in ihren Siebzigern, verfolgt intensiv freizeitkulturelle Interessen, indem es zweimal pro Jahr längere Reisen unternimmt, durchgängig angeregt von Patricia Schultz' Bestseller „1000 Places To See Before You Die", einem Reiseführer, der über weltweit anzutreffende, eher herkömmliche touristische Attraktionen informiert, etwa, um allein das Beispiel Paris zu nehmen, über den Eiffelturm und das Centre Pompidou, die Champs-Elysées-Parade am 14. Juli und die Bateaux-Mouches, über Attraktionen, welche die beiden Akteure nach der jeweiligen Reise buchstäblich ausstreichen. Überflüssig, zu erwähnen, dass sie kein Reiseziel zweimal ansteuern.[562] Damit verschaffen sie sich die günstigsten Ausgangsbedingungen für eine Reise ins jeweils noch Unbekannte, Unvertraute, was die eigene Phantasie in erheblichem Ausmaß beflügeln dürfte.

Alternativ gibt es aber auch die Möglichkeit, dass sich das Interesse von Reisenden darauf konzentriert, sich ganz bewusst wiederholt einer bestimmten freizeitkulturellen Aktivität (Skilaufen, Segeln, Schwimmen, Bergsteigen) oder einem bestimmten Reiseziel (Berlin, New York, Singapur, Rio de Janeiro, die Schweiz, Jamaika, Patagonien, Island) zuzuwenden und nach einer ersten Reise die eigenen Kenntnisse, Fertigkeiten und Eindrücke wiederholt zu erweitern und zu vertiefen. Im Fall des Städtetourismus könnte es dann etwa darum gehen, bei einem Amsterdam-Besuch nicht nur die üblichen Sehenswürdigkeiten abzuhaken, sondern den Versuch zu unternehmen, am Alltagsleben der Bevölkerung zu partizipieren, durch Couchsurfing Einheimische kennenzulernen oder aber, wenn die Voraussetzungen dafür gegeben sind, bei enger befreundeten Einheimischen unterzukommen, den Aufenthalt außerhalb der Saison zu planen, sich Zeit zur Erkundung einzelner Stadtviertel zu nehmen, sich intensiv über die Stadt und ihre Geschichte zu informieren, und zwar vor wie auch während

---

[560] Willemsen 2012, S. 194.
[561] Löfgren 1999, S. 282 (Übersetzung BRL); vgl. Graf 2002, S. 182-185.
[562] Miller 2008, S. 187; Schultz 2003.

der Reise, was ebenso für das Erlernen der fremden Sprache gilt, insgesamt also sich von den sogenannten Massentouristen deutlich zu unterscheiden durch selbst initiierte, bisweilen richtiggehend inszenierte, Distinktionen. [563] Derartigem Tun kann man im übrigen ebenso in den Handlungsfeldern des Tourismus im ländlichen Raum, im Hochgebirge oder an der Küste begegnen: Wer hat noch nicht von Menschen gehört, die seit 25 Jahren ihren Sommerurlaub auf der Nordseeinsel Juist verbringen oder seit 32 Jahren regelmäßig nach Seehausen am oberbayerischen Staffelsee fahren, um sich dort über Ostern und / oder über Pfingsten und / oder während der Sommerferien und / oder im Herbst, bisweilen gar über Weihnachten, zu erholen? Wer hat noch nie einer einschlägigen Gäste-Ehrung beigewohnt? Es ist schwer vorstellbar, dass Athen und Brüssel, New York und Moskau, Peking und Buenos Aires ihre treuen Gäste mit einer Urkunde und einer kleinen Gabe belohnen, aber in den etwas kleinteiligeren Urlaubswelten abseits der Großstädte ist derartiges Tun durchaus üblich, wobei es zweierlei Funktionen erfüllt: Es stellt einerseits eine Form von Öffentlichkeitsarbeit dar, für die jeweilige Gemeinde, für das jeweilige Fremdenverkehrsamt, für die Ferienwohnungs- und Zimmervermieter; es wird in der jeweiligen Lokalzeitung darüber berichtet, möglicherweise auch im Regionalfernsehprogramm; es sorgt für Sicherheit auf Seiten der Anbieter, die davon ausgehen, dass zufriedene Gäste sich erneut einfinden und / oder Empfehlungen im eigenen Wirkungskreis aussprechen. Andererseits sorgt dieses Tun auf der Seite der Gäste für Sicherheit, dies insofern, als man als „repeat visitor" das gewissermaßen eigene Urlaubsterritorium bereits erlebt hat. Es ist einem nicht fremd, sondern eher vertraut: Die Vermieterin kennt einen mit Namen; die Bäckerin stellt freundlich fest: „Na, Ihr seid ja auch wieder da!"; der Bootsvermieter kann sich an die Kinder erinnern, vielleicht der Strandkorbvermieter ebenfalls; man selbst kennt die örtlichen Straßennamen; man weiß, welcher Gasthof die urigsten oder leckersten oder günstigsten Gerichte anbietet, gleich ob fleischhaltig, vegetarisch oder gar vegan. Und so weiter. In diesem Fall geht es eher nicht um von Distinktionsgebaren begleitetes Verhalten, ja, man läuft gar Gefahr, von Freunden, Bekannten und Verwandten skeptisch darauf hingewiesen zu werden, dass es doch wohl ein wenig langweilig beziehungsweise einfallslos sei, jedes Jahr nach Juist oder Seehausen zu fahren. Meist schließen sich Fragen an, ob man nicht einmal etwas wagen möchte, etwa eine Reise in die Bretagne oder in die schottischen Highlands, oder ob man gar Angst vor dem Fliegen oder vor einem exotischeren Auslandsaufenthalt verspüre, dies etwa angesichts unzureichender Fremdsprachenkenntnisse?

---

[563] Freytag 2008; vgl. Bourdieu 1994; Bialski 2012; Jungk 1980, S. 156.

Verweigerungen

Gewissermaßen quer zu den beiden vorgenannten Alternativen des Umgangs mit touristischen Aktivitäten, dem Neuen hinterherzujagen versus auf das Altbewährte zu vertrauen, gibt es eine weitere Form von Praxis, die ansatzweise von einer Art Verweigerungshaltung geprägt ist, ganz so, wie es Charles Balanda, Pariser Architekt und Protagonist eines Romans von Anna Gavalda, artikuliert. Da heißt es zunächst: „Charles mochte die Ferien nicht". Darauf folgt ein innerer Monolog:

> „Wieder wegfahren, Hemden vom Bügel nehmen, Koffer schließen, auswählen, zählen, ein paar Bücher opfern, Kilometer fressen, in scheußlichen gemieteten Häusern wohnen oder Hotelflure mit den üblichen Frotteehandtüchern vorfinden, die nach Großwäscherei rochen, sich ein paar Tage in der Sonne aalen, ‚ah, endlich' sagen, versuchen, es zu glauben, und sich dann langweilen.
> Was er selbst mochte, waren Ausflüge ins Blaue, spontane Unternehmungen, nicht straff durchorganisierte Wochen. Angebliche Termine in der Provinz, um sich weit weg von den Autobahnen zu verirren.
> Die ‚Auberges du Cheval blanc', wo das Talent des Chefkochs für die Geschmacklosigkeit der Dekoration entschädigte. Die Hauptstädte der ganzen Welt. Ihre Bahnhöfe, ihre Märkte, ihre Flüsse, ihre Geschichte und ihre Architektur. Menschenleere Museen zwischen zwei dienstlichen Terminen, Dörfer ohne Partnerstädte, Böschungen, die einem die Sicht versperren, und Cafés ohne Terrasse. Alles sehen, ohne Tourist zu sein. Nie mehr diese erbärmliche Touristenkleidung tragen".[564]

Welche Leserin und welcher Leser des Gavalda'schen Romans bringt nicht zumindest ein Minimum an Verständnis für Balandas Wünsche auf? Wer hat sich noch nie abfällig geäußert über die ubiquitär vorzufindende männliche (Anti-) Mode des karierten Hemdes, das offensichtlich zum Verbringen von Arbeit freier Zeit ebenso dazugehört wie die kurze Hose und die zusammen mit hellen Socken getragenen Sandalen? Wir haben es hier mit einer Kritik an einer ganz bestimmten Art, den Sommerurlaub zu verbringen, zu tun. Sonnenschein, eine mehr oder weniger beträchtliche Entfernung vom Wohnort, das eigene Automobil, der Aufenthalt in einem Hotel oder einem Ferienhaus, Restaurantbesuche und eine straffe Organisation,

---

[564] Gavalda 2008, S. 238-239.

das sind zentrale Kriterien dieses Tuns. Wenn man aus dieser Routine ausschert und etwa Gegenden jenseits des Massentourismus bereisen möchte, dann muss man sich rechtfertigen oder gar etwas vortäuschen; darauf verweist das Adjektiv in der Formulierung „angebliche Termine in der Provinz". Allerdings irrt sich der fiktive Kritiker in mehrerlei Hinsicht: Auf menschenleere Museen mag man immer wieder stoßen, selbstverständlich, auf ein Tabakmuseum hier, ein Feuerwehrmuseum da, ein Salzmuseum dort und Heimatmuseen allerorten, vor allem auf dem sogenannten „Land", aber sicherlich eher nicht in Städten,[565] vor allem nicht in den von ihm genannten Hauptstädten der gesamten Welt, die sich in unüberblickbarer Anzahl ihrerseits längst zu eher überfüllten und verstopften Stadtlandschaften entwickelt haben. Es kommt hinzu, dass in dem Moment, in dem man zum Zweck der Erkundung von Städten unterwegs ist, gleich ob eher Bildungs- oder Vergnügungsziele verfolgt werden, das ungeliebte Kriterium, ein Tourist zu sein, dennoch auf einen selbst durchaus zutrifft, denn allzu oft ist man aus nicht nur organisatorischen Gründen darauf angewiesen, sich in eine Gruppe von Besuchern einzureihen. Balandas Negativurteil bezieht sich somit eher auf die Form und nicht auf die konkreten Inhalte des touristischen Tuns. Wir haben es mit einem nahezu typischen Beispiel konservativer oder auch elitärer Kulturkritik beziehungsweise Ideologiekritik zu tun, welches allerdings durchaus in der Lage ist, jene Entwicklung deutlich zu konterkarieren, welche dazu geführt hat, „dass der viel bemühte ‚Markt' die Urlaubsreise(n) vom ‚verantwortungsbewussten' Konsumenten seit einigen Jahren quasi ‚fordert' und damit das Freiwilligkeitsmerkmal tendenziell unterlaufen wird".[566]

Wer in dieser Äußerung eine vulgärmaterialistische Argumentation zu entdecken glaubt, begebe sich einmal in eine kommunikative Situation hinein, in welcher Freunde und Bekannte unterschiedlicher beruflicher Tätigkeit und Generationszugehörigkeit sich über ihre jüngst absolvierten Urlaubsreisen austauschen. Da gibt es diejenigen, die wiederholt weltweit unterwegs sind; aber es gibt eben auch die anderen, die als ihre Ferienorte die eigenen vier Wände oder die der eigenen Verwandtschaft, einen nahe gelegenen See, ein Gebirge in nächster Nähe oder eine benachbarte Gemeinde nennen, möglicherweise gar in Kombination mit Hinweisen auf eine kurze Urlaubsdauer und / oder Hin- sowie Rückreise mittels öffentlichen Nahverkehrs, sei es die Eisenbahn oder der Omnibus. Es dürfte nicht allzu schwer sein, zu erraten, wer in diesem Zusammenhang wem mit Verwunderung oder gar mit Unverständnis lauscht. Und nicht zuletzt lässt

---

[565] Wenn man einmal vom gegenwärtigen Berlin absieht, das von der Stiftung Preußischer Kulturbesitz mit immer wieder neuen Museen und / oder Dependancen geradezu überschwemmt wird; Rauterberg 2018.
[566] Schneider 2007, S. 172.

sich auf künstlerische und / oder autobiographische Themenbearbeitungen verweisen, welche sich kritisch mit dem Reisen auseinandersetzen und damit den Nicht-Reisenden oder Nicht-Reisenwollenden oder Nicht-Reisenkönnenden gewissermaßen beistehen, ganz so, wie es der französische Soziologe Didier Eribon vorführt. Seine Studie „Rückkehr nach Reims", in welcher er autobiographische, autoethnographische sowie soziologische Darstellungen und Überlegungen miteinander verknüpft, gestattet Einblicke in das Freizeitverhalten seiner aus der Arbeiterschaft stammenden Familie. Da heißt es etwa:

> „Sonntags ging es in die Wälder und Felder des Umlands zum Picknick. Ein richtiger Sommerurlaub kam natürlich nicht infrage, das hätten wir uns nicht leisten können. Stattdessen Tagesreisen in die umliegenden Städte: Nancy, Laon, Charleville. Über die belgische Grenze fuhren wir auch. [...] Bei gutem Wetter fuhren wir aber meistens an die Ufer der Marne in der nahe gelegenen Champagne. Stundenlang taten wir das, was unseren Vater am meisten entspannte: angeln".

Dieser vom Sohn nicht geliebte, ausgesprochen autoritäre Vater veränderte sich im Zusammenhang mit der entlastenden Freizeitbeschäftigung: Er „war zugewandt und geduldig, zeigte uns die nötigen Handgriffe, korrigierte und beriet uns". Die Stimmung war angenehm; und der Tag fand seine Abrundung dadurch, dass der „Fang verspeist" wurde. Insgesamt befindet der Sohn: „Wir liebten es".[567] Möglicherweise lässt sich dieses Resümee anders formulieren: Wir waren glücklich.

Etliche Jahre, bevor der psychologische Tourismusforscher Martin Lohmann der Frage nachgegangen ist, ob Urlaubsreisen „glücklich" machen,[568] konnte man ein einschlägiges, mittels akustischer Medien ausgesprochen flott vorgetragenes Selbstbekenntnis einer vom Rocksänger, -musiker und -texter Udo Lindenberg konstruierten Erzählerpersönlichkeit rezipieren, in dem es eingangs heißt:

> „Ich komm herum, hab' viel gesehn
> Istanbul – New York – Athen
> doch überall bin ich 'n bisschen traurig
> Und in Rio im Abendwind
> in jedem Arm ein schönes Kind
> immer bin ich irgendwie so traurig".

---

[567] Eribon 2016, S. 51-52.
[568] Lohmann 2019.

Dann geht es, nach dem gleichen rhetorischen Muster, in ein Münchner Bräuhaus, in Harry's Bar in Venedig, nach Kairo, ins Bayreuther Opernhaus, nach Wien sowie in den Himalaja, um peu à peu der Lösung eines Rätsels näher zu kommen:

> „Ich weiß nicht, warum ich nicht so richtig happy bin
> und nach 'ner Weile kommt's mir wieder in den Sinn
> Da gibt es so 'nen Boulevard
> die Große Freiheit auch ganz nah
> und ich weiß, mich zieht's zum Kiez
>
> Reeperbahn – ich komm' an
> Du geile Meile, auf die ich kann
> Reeperbahn – alles klar
> du alte Gangsterbraut, jetzt bin ich wieder da". [569]

Ob die Reeperbahn in ihrer Gesamtheit oder ob lediglich einige der im Lied genannten Bestandteile wie etwa die Davidswache oder die Herbertstraße, Café Keese oder Schmidt's, Freiheit 36 oder Grünspan, La Paloma oder die Prinzenbar, gleich ob separat oder in Kombination, gleich ob als atmosphärische Faktoren oder als potentiell zu nutzende Etablissements, zur Bewältigung der eigenen Stimmung führen, welche sich zwischen „bisschen traurig" und „nicht so richtig happy" hin- und herbewegt, das wird der Hörerschaft vorenthalten. Auf jeden Fall präsentiert der Song jedoch einen letztlich spielerischen Umgang mit dem eigenen Verreisen und der dazugehörigen Heimkehr, die keine Spur von „Ach, wärst Du doch in XYZ geblieben" aufweist. Im Gegenteil, der Kiez von Hamburg-St. Pauli wird als ein positives, im Grunde genommen mehr als gleichberechtigtes, ja geradezu besonderes Reiseziel besungen, nach welchem die Ich-Persönlichkeit Heimweh verspürt und deutlich zum Ausdruck bringt.

Ob Lindenberg, als er „Reeperbahn" verfasst hat, Gottfried Benns im Jahr 1950 erstveröffentlichtes Gedicht „Reisen" bekannt gewesen ist, entzieht sich meiner Kenntnis. Es fällt jedoch auf, dass sich die Texte als Antithesen begreifen lassen. Die von Benn konstruierte Erzählerpersönlichkeit, die sich an ein nicht näher spezifiziertes Gegenüber wendet, argumentiert in keiner Weise spielerisch, locker und mit einer Portion Humor. Während im Lied die Perspektive von innen und von unten dominiert, ist beim Gedicht das Gegenteil der Fall: Es dominiert die Perspektive von außen und von oben; die eingenommene Haltung ist belehrend, arrogant und aggressiv, wenn es heißt:

---

[569] Lindenberg (1989) 2006.

> „Meinen Sie Zürich zum Beispiel
> sei eine tiefere Stadt,
> wo man Wunder und Weihen
> immer als Inhalt hat?".

Aber es wird nicht nur das Reisen zu großstädtischen Zielen in der Schweiz angesprochen, sondern auch zu solchen in Frankreich, Italien, den Niederlanden und den USA, dabei konkret vermutlich Paris und Amsterdam, auf jeden Fall jedoch Venedig und New York meinend:

> „Bahnhofstraßen und Rueen,
> Boulevards, Lidos, Laan –
> selbst auf den Fifth Avenueen
> fällt Sie die Leere an –
>
> ach, vergeblich das Fahren!
> Spät erst erfahren Sie sich:
> bleiben und stille bewahren
> das sich umgrenzende Ich".[570]

Lindenbergs Erzählerpersönlichkeit ist ein reisender Akteur, dem trotz vielseitiger Reisetätigkeit etwas in seinem Leben fehlt und der aktiv und dynamisch eine Alternative sucht und wohl auch findet; Benns Erzählerpersönlichkeit dagegen ist selbst kein Reisender, sondern ein Akteur, der einen anderen, nämlich einen Reisenden, kommentiert. Unklar bleibt, ob er über Reiseerfahrungen verfügt oder nicht, ob das Konstatieren von in der Fremde erlebter Leere und Vergeblichkeit auf eigener Anschauung beruht. Matthias Politycki erkennt in dem Text ein „süffisant resignatives […] Bekenntnis dessen, der ein Leben lang nicht erst aufgebrochen ist".[571] Man könnte daher sagen: Wir haben es mit einer ambivalenten Aussage zu tun. Andererseits klingt die Empfehlung des Daheimbleibens als Problemlösung, fünf Jahre nach dem Ende des Zweiten Weltkriegs, nicht einmal ambivalent, sondern weit eher konservativ und rückwärts-gewandt, um nicht zu sagen: geradezu kontraproduktiv. Denn insbesondere der gegen Ende der 1940er Jahre wieder aufgenommene Reiseverkehr bot Bürgerinnen und Bürgern eines Staates, dessen institutioneller Vorgänger nur wenige Jahre zuvor ganz Europa in Angst und Schrecken versetzt und Krieg sowie vor allem millionenfachen Massenmord gebracht hat, in beträcht-

---

[570] Benn (1950) 1986.
[571] Politycki 2017, S. 277.

licher Weise die Chance, durch friedliche Begegnungen im internationalen Raum zu Menschlichkeit und Anstand zurückfinden oder dieses Ziel zumindest anstreben zu können.[572]

---

[572] Vgl. etwa zur italienisch-deutschen Begegnung Petersen 1993, S. 7; ders. 1996, S. 457-458.

Von Flexibilität und Kreativität

„Das Meer war bewegt, und ich fühlte am ganzen Körper die Traurigkeit der Heimkehr"
(Simone de Beauvoir 1961).[573]

„Ich fürchte mich vor dem Herbst und seinen grauenhaften Diaabenden, mit denen Freunde mich bestrafen"
(Robert Doisneau 2004).[574]

„Eine gepflegte Konversation führen […]: Versuchen Sie, Ihre Fragen offen zu formulieren. Also nicht: War Ihr Urlaub schön? Sondern: Was hat Ihnen im Urlaub besonders gefallen?"
(Eduard Augustin u.a. 2007).[575]

„Wahrscheinlich erzählen sie nicht viel, sondern zeigen Selfies"
(Matthias Politycki 2017).[576]

---

[573] de Beauvoir (1961) 1987, S. 267.
[574] Doisneau 2004, S. 180.
[575] Augustin / von Keisenberg / Zaschke 2007, S. 162 / 163.
[576] Politycki 2017, S. 49; vgl. Schönberger 2017.

Im Gegensatz zu Gottfried Benns Bedenken vortragendem Sprecher ist Udo Lindenbergs Erzählerpersönlichkeit in der Welt herumgekommen, hat vieles gesehen, ist dennoch nicht zufrieden, fährt zurück und gibt bekannt: „Jetzt bin ich wieder da". Der Rückkehrer ist flexibel; er hält nicht krampfhaft fest am auslands- oder ferntouristischen Unterwegssein, sondern er kennt sich in seinem heimischen Milieu einfach aus und kommt offensichtlich zurecht. Darüber hinaus ist er durchaus kreativ, nicht nur, weil er verschiedene Etablissements im Umfeld der Reeperbahn benennt und damit in gewisser Weise bewirbt, sondern weil er einen musikalischen Bericht über seine absolvierten Reisen abliefert, dies allerdings ohne einen Hinweis darauf, wie es dazu kam, dass er überhaupt losgefahren ist.

Der allererste Bereich, in dem sich Flexibilität und Kreativität im Zusammenhang mit einer touristischen Reise zeigen, ist die Phase der Entscheidung für eine Reise – und damit gegen eine Nicht-Reise. Dieser Vorgang nimmt sich, vordergründig betrachtet, ausgesprochen einfach und unkompliziert aus, was sich schlagartig ändert, wenn man ihn in Relation zu weiteren Entscheidungen setzt, welche zwangsläufig zu treffen sind, bevor es losgeht. Man hat die Wahl etwa zwischen einem Reisebüro und einem Reiseveranstalter als Buchungsagentur oder man kann direkt bei einer Unterkunft anfragen oder das Wagnis eingehen, ohne nähere Abmachungen loszufahren; man kann kürzere oder längere Urlaube planen; man kann am Tagestourismus oder am übernachtenden Tourismus partizipieren; man kann sich für eine Auslands- oder eine Binnenreise entscheiden, für Wasser- oder Bergregionen, für südlich oder nördlich, westlich oder östlich gelegene Destinationen; man kann zwischen verschiedenen Verkehrsmitteln auswählen, zwischen verschiedenen Jahreszeiten und Beherbergungsformen; man kann das Einkehren bei Verwandten, Freunden oder Bekannten ins Auge fassen – oder auch nicht; man kann allein oder zu mehreren unterwegs sein; man kann dem sogenannten „harten" Reisen, dem Massentourismus, zugetan sein oder dem sogenannten „sanften", also ökologisch bewussten, Reisen; man kann Kulturtourismus bevorzugen oder Naturtourismus, Gesundheitstourismus oder Abenteuertourismus; und man kann viele Alternativen miteinander kombinieren, dies in zeitlicher, räumlicher, soziokultureller, typologischer und weiterer Hinsicht.[577] Der Flexibilität und Kreativität sind, auf Seiten der reisenden Akteure, keinerlei Grenzen gesetzt.

Gleich wie die Entscheidungen ausfallen, so haben sie jeweils eigene Vorbereitungsaktivitäten sowie eigene Reiseabläufe zur Folge – und sie zeitigen ebenso jeweils eigene Effekte. Um ein Beispiel zu bringen, beziehe ich mich noch einmal auf eine spezielle und durchaus weit verbreitete Variante urlaubstouristischer Praxis. Die Rede ist von Menschen, die der

---

[577] Schmude / Namberger 2010, S. 74-85, 99, 122, 130-134.

Humangeograph Tim Freytag „repeat visitors" und die Wirtschaftsgeographen Jürgen Schmude und Philipp Namberger „Wiederkäufer" nennen und die sich dadurch von ihren reisewilligen Mitmenschen unterscheiden, dass sie eine bestimmte Destination zum wiederholten Mal aufsuchen und erkunden.[578] In einer an mich gerichteten, auf meine Befragung bezogenen Mail klingt das dann etwa folgendermaßen:

> „Seit Anfang der Nullerjahre [fahren wir] nach Tailhos […], daneben öfter mal nach Civitella […]. Vorher waren wir zehnmal hintereinander auf Lanzarote, davor etwa fünfmal an der Languedoc-Küste, mal auf Kreta, mal auf Malta, mal auf Malle".[579]

Tim Freytags einschlägiges Forschungsprojekt basiert auf Feldforschung, die er an verschiedenen Örtlichkeiten und ebenso in unterschiedlichen Milieus in Paris durchgeführt hat, unter anderem auf der Auswertung von eigener teilnehmender Beobachtungstätigkeit sowie von rund 200 Fragebogeninterviews, die mit Touristen aus insgesamt 35 Ländern geführt wurden. Dabei ergeben sich die folgenden Befunde: Die touristischen „Stammkunden" fühlen sich längst nicht mehr verpflichtet, primär die von verschiedenen Typen und Werken der touristischen Beratungsliteratur als gedruckten Quellen, aber auch von jeglichen mündlichen Repräsentationen als unbedingt sehenswert empfohlenen Stadtviertel, Einrichtungen und Gebäude aufzusuchen sowie bestimmte, mehr oder weniger übliche und der Phase des Kennenlernens angemessene Aktivitäten zu absolvieren, sondern sie verfügen, in Kenntnis dieses touristischen Einführungskomplexes, über die Möglichkeiten, ihre nächsten Aufenthalte weit individueller und flexibler zu gestalten, was auch bedeutet, ein erhöhtes Maß an Kreativität zu realisieren. Zum zweiten bietet sich ihnen die Gelegenheit, Versuche zu unternehmen, die im Tourismus übliche Distanz zur bereisten Bevölkerung zu verringern, das eigene Augenmerk auch auf den Alltag der Einheimischen zu richten und / oder in Kommunikation mit denselben zu treten. Und schließlich können sich, wenn das gewünscht wird, engere Bande zwischen Reisenden und der konkreten Destination ergeben, dies unter Umständen gar in Form von lebenslangen Bezugnahmen. Insgesamt führt die Kombination dieser drei Aspekte zu einer deutlichen, wenn auch wohl eher graduellen Unterscheidung zwischen Erstbesuchern und erfahreneren Reisenden; zudem lässt sich durchaus jene bewusst eingesetzte Verhaltensausrichtung erkennen, die Pierre Bourdieu als „Distinktionspraktik" be-

---

[578] Freytag 2008; Schmude / Namberger 2010, S. 79.
[579] Briefmail AW.

zeichnet:[580] Man kennt sich an Ort und Stelle einfach besser aus; man weiß, wann man welche Besichtigung am besten, weil weitgehend staufrei, durchführt; man verfügt über nähere Kenntnisse hinsichtlich der eigenen Versorgung mit speziellen, etwa regionalen Lebensmitteln; man weiß Bescheid über die Gaststätten- und Kneipenszene abseits der üblichen Touristenpfade; man ist Experte; man könnte sogar, wenn man daran interessiert wäre, sogenannte Geheimtipps zur Veröffentlichung anbieten, jene nämlich, die, etwa in Paris, nicht einmal im wöchentlich erscheinenden „L'Officiel des Spectacles" zu finden sind.

Auch solchermaßen realisierte freizeitkulturelle Praxisformen sind auf jeden Fall der Kategorie der „Reisefolgen" zuzuordnen, denn sie geschehen als Aus- und Nachwirkungen jeweils allererster Besuche und Besichtigungen einer bestimmten Destination. Und die Wiederholungen geschehen, weil man dort zum Beispiel ein umfangreiches und breites, vielseitiges und vielfältiges kulturelles Angebot vorfindet und / oder weil man sich für die einschlägige Stadtgeschichte interessiert und / oder weil man die Sprache besser beherrschen möchte und / oder weil es in der eigenen Herkunftsfamilie seit langen Jahren Usus ist, dorthin zu fahren, um nur einige der potentiellen touristischen Motive zu benennen. Bei näherem Hinschauen dürfte es sich herausstellen, dass jene bereits erwähnten Menschen aus dem jeweils eigenen sozialen Umfeld, welche das wiederholte touristische Tun als langweilig und phantasielos, unflexibel und unkreativ kritisieren, recht einseitig argumentieren, denn sie erkennen nicht den einer getroffenen Wahl inhärenten sogenannten „Kundennutzen".

Reise-Analyse

In welchem thematischen Umfeld dieser Begriff, ganz allgemein, nicht nur bezogen auf die Wiederholungsreisenden, zum Einsatz kommt, klärt die von der Forschungsgemeinschaft Urlaub und Reisen e.V. herausgegebene „ReiseAnalyse 2019", welche verschiedene Module erarbeitet hat, darunter eines mit dem Schwerpunkt der Erkundung der persönlichen Effekte von den Urlaubsreisen des vergangenen Jahres:

> „Urlaubsreisen können eine Vielzahl von Wirkungen auf den Reisenden haben. Man kommt z.B. erholt zurück, wird gesünder, schöpft neue Lebenskraft oder erlebt glückliche Momente, die zu wichtigen Erinnerungen werden. Diese

---

[580] Bourdieu 1994, S. 438; Freytag 2008, S. 11-18; vgl. Schmude / Namberger 2010, S. 79.

Effekte kann man als den Kundennutzen einer Urlaubsreise sehen, als ‚customer value' oder ‚benefit'".

Der „ReiseAnalyse 2019" geht es aber nicht nur – gewissermaßen zweckfrei – um die Erforschung des Kundennutzens, sondern derartige Aktivitäten haben durchaus Möglichkeiten der Anwendung im Blick. Dazu heißt es:

> „Sehr häufig werden solche Effekte auch in der Werbung für touristische Produkte versprochen; für viele Urlauber sind die erwarteten Effekte wichtige Motive für die Reise. Diesen vermuteten Zusammenhang wollen wir hier näher untersuchen. Mit den zu erwartenden Ergebnissen können wir erstmals verlässliche und differenzierte Aussagen über den ‚customer value' von Urlaubsreisen machen."[581]

Warum so vorsichtig, möchte man hier einwenden; wir leben in einer Welt, in der mit allen möglichen Instrumenten des Marketing operiert wird, um das Marktgeschehen formen, also mitgestalten und beeinflussen zu können. Dazu gehört eben auch die Erkundung der Publikumswünsche. Marktforschung nennt man das, direkt und schnörkellos. Vorgänge der Erarbeitung, Bereitstellung und Vermittlung von Daten können also die Basis für durchaus kommerzielle Zielsetzungen darstellen. Im Zentrum steht das, was im heutigen Französisch „fidélisation de la clientèle" heißt, die Kundenbindung nämlich.[582] Dabei handelt es sich um ein neueres Managementkonzept, welches stärker auf Wünsche und Erwartungen des Kunden eingeht, diesen zunehmend als „Akteur" begreift, „der weiß, was er will, und der über das Vermögen verfügt, rationale bedürfnisgerechte Wahlentscheidungen zu treffen", wobei er mittels Übernahme seiner eigenen „Perspektiven" durch ein Unternehmen oder eine sonstige Organisation „gebunden" werden soll.[583] Dies wiederum lässt sich dadurch realisieren, dass, gleich ob Urlaubsreisen eher der Erholung oder dem Erwerb von Bildung dienen sollen, die Reisenden einen „persönlichen Nutzen" erkennen und diesen als Gewinn oder als Erfolg werten.[584]

Von besonderem Interesse für meinen eigenen Argumentationszusammenhang sind die Antworten auf zwei von sehr viel mehr Modulfragen. Die eine Frage, die nach den erwarteten Effekten fahndet, führt zu der folgenden Reihung:

---

[581] ReiseAnalyse 2019. Detailliertes Modulangebot, S. 2.
[582] Francon 2001, S. 203.
[583] Voswinkel 2004, S. 145-146, 148, 147.
[584] de Botton 2013, S. 124, 137; vgl. Neckel 2004.

- Erholung (knapp vor)
- Erinnerungen (mit deutlichem Abstand zum / zur)
- Wiedererlangen von Lebenskraft
- Horizonterweiterung
- Kommunizierbarkeit
- Zusammenhalt
- Glück.

Die Erhaltung der eigenen Gesundheit, eine Persönlichkeitsveränderung sowie Selbstvertrauenszuwächse spielen lediglich eine untergeordnete Rolle. Die zweite Frage, der es um die Klärung jener Reiseerlebnisse geht, welche die Akteure tatsächlich und möglicherweise dauerhaft bewegen und in der Folge als positiv erinnern, ergibt die folgende Reihung:

- Natur (z.B. Landschaft, Wetter / Klima, Tiere)
- Aktivität (z.B. an der frischen Luft, im / am Wasser, alpine Erlebnisse, Rundfahrt, Ausflug, Event)
- Gesamterfahrung (z.B. Städte- oder Rundreise, Familienurlaub, Kreuzfahrt)
- Begegnung (z.B. Einheimische, Familie / Partner, Freunde, fremde Kultur)
- Gefühle (z.B. Erholung, Begeisterung, Glück).[585]

Zu den Antworten auf die erste Frage ist zu sagen: Dass die Kategorie der Erholung an erster Stelle steht, versteht sich mehr oder weniger von selbst, da „Urlaub" sich aus arbeitsrechtlicher Sicht als „zeitlich befristete Dienstbefreiung des Arbeitnehmers zur Erholung unter Fortzahlung des regelmäßigen Arbeitsentgelts" definiert. In Deutschland bilden das Bundes-Urlaubs-Gesetz (BUrlG) vom 08. Januar 1963 sowie Tarif- und Einzelverträge die dazugehörige Rechtsgrundlage.[586] Von diesen Bestimmungen ausgehend, müsste es, vor allem unter Berücksichtigung der Ergebnisse der diversen empirischen Forschungen von Jessica de Bloom und Kolleginnen[587] als folgerichtig erscheinen, wenn die Wiederherstellung von Lebenskraft, Horizonterweiterung sowie Pflege der Gesundheit sehr viel zentralere, ja geradezu prominente Bedeutungen erlangen würden. Dass aber in der Reihung die Kategorie „Erinnerungen" bereits an zweiter Stelle steht, das erstaunt insofern, als diese, im Gegensatz zu den weiteren, oben zitierten, Kategorien, nicht zwangsläufig für mehr oder weniger ausschließlich positive touristische Effekte steht. Zwar begeistert man sich, im Rahmen einer

---

[585] ReiseAnalyse 2019. Ergebnisbericht, S. 96.
[586] Die Zeit. Das Lexikon. Band 15 (2005), S. 279; vgl. Keitz 1997, S. 263.
[587] de Bloom 2011, 2012, 2015; dies. u.a. 2009, 2010, 2014; Kühnel / Sonnentag 2018.

Auslandsreise etwa, für die fremde Sprache, die anders geformte Landschaft, die vollkommen unterschiedlichen Gerüche, die Wärme, die städtische Architektur, die Freundlichkeit der Menschen, die Atmosphäre in Lebensmittelläden, den Wein und vieles andere mehr. Man erinnert sich allzu gerne an die verschiedenen Details und kommuniziert sie mit leuchtenden Augen im Freundes-, Bekannten- oder Verwandtenkreis. Gleichwohl kann sich die Hin- oder Rückfahrt durchaus phasenweise im Stau abgespielt haben. Weitere Negativerlebnisse können daher rühren, dass auf einem Autobahn-, Autostrada- oder Autoroute-Parkplatz aus dem verschlossenen PKW das Jackett des Fahrers gestohlen worden ist, inklusive des üblichen Inhalts (Ausweise, Geldscheine, Mobiltelephon); dass die Unterkunft an einer äußerst belebten Straße gelegen hat; dass die Betten im Hotelzimmer oder der Ferienwohnung durchhängenden Trampolins glichen; dass das Essen im Hotelrestaurant mehr oder weniger ungenießbar war, der Strand wie eine Müllkippe aussah, es keine Sonnenschirme auszuleihen gab und so weiter und so fort. Was hier wie eine eindeutige Ansammlung von ausgesprochen negativen Urlaubserlebnissen daherkommt, enthält durchaus ambivalente Qualitäten, welche sich in der Möglichkeit der, gleich ob bewusst oder unbewusst geschehenden, Umwertung der Inhalte ausdrücken können, dies mit dem Ergebnis, dass wir es am Ende des Prozesses mit abenteuerlichen, aufregenden und beängstigenden Geschehnissen zu tun haben, welche erfolgreich bewältigt worden sind – und sich daher im Rahmen von Selbstdarstellungen positiv auswerten lassen. Matthias Politycki hat in seinem Buch „Schrecklich schön und weit und wild. Warum wir reisen und was wir dabei denken", einer Melange aus philosophischem Essay und autobiographischem Erfahrungsbericht, angereichert mit einem breiten Spektrum an Überlegungen zur Geschichte, Gegenwart und Zukunft des Reisens, jede Menge Beispiele zusammengetragen und kommentiert, welche die hier genannte Ambivalenz bestimmter Erlebnisse einschließlich deren Umwandlung im Kommunikationsprozess von einer zunächst als negativ erlebten Begebenheit in eine tendenziell in positiver Manier zu rezipierende Episode anschaulich vorzuführen vermögen.[588] Und in genau dieser Umwandlung kommt eine unter Umständen beachtliche Portion Flexibilität und Kreativität zum Ausdruck.

Um ein eigenes Beispiel zu bringen, welches in direkter Verbindung zu stehen scheint mit „einer der bekanntesten zeitgenössischen Sagen, der Geschichte über einen Anhalter oder eine Anhalterin, der / die während der Fahrt aus dem Wagen verschwindet", einer Sage, die erstmals im Jahr 1942 in den USA nachgewiesen worden ist und die heutzutage immer noch in mündlicher sowie medial vermittelter Form kursiert:[589] Ein junger Mann

---

[588] Vgl. Politycki 2017, S. 92-100, 163-171, 248-256.
[589] Simpson 2007, Sp. 1129.

aus Deutschland war im Sommer des Jahres 1970 per Autostop von Philadelphia nach Washington D.C. unterwegs. Er sah, dass der ausgesprochen freundliche Fahrer, der in seinem auf dem Rücksitz liegenden Koffer während der Fahrt herumkramte und kurz den Deckel anhob, darin sowohl eine Pistole als auch ein ihm selbst vollkommen unbekanntes Schlaggerät liegen hatte. Diese Entdeckung führte dazu, dass er sofort befürchtete, sein letztes Stündlein habe geschlagen. Er hatte schlicht und einfach Angst. Später fand er heraus, dass er es mit einem Polizisten zu tun hatte, der sich auf einer Urlaubsreise befand. Das Ganze stellt in der Erinnerung, von seiner damaligen Angst ausgehend, in keiner Weise etwas Positives dar. Wenn er allerdings von der erfolgreichen Auflösung des Rätsels ausgeht (Warum hat der Typ eine Knarre in seinem Auto? Will er mir etwas antun? Auch: Warum habe ich nicht auf die vielen Menschen in meinem eigenen Umfeld zuhause gehört, die mir dringend von dieser Art von Reisepraxis abgeraten haben?), dann denkt er zuerst an die Erleichterung und vor allem an das schier endlose gemeinsame Gelächter, zusammen mit dem Fahrer, über die eigene schreckhafte Fehleinschätzung der Situation, auch daran, dass Letzterer seinen Militärdienst in Mannheim-Käfertal, also unweit seines eigenen Studienortes Frankfurt am Main, absolviert hatte; und er kann durchaus nachvollziehen, warum spätere Adressaten der dazugehörigen mündlichen Überlieferung diese eher humorvoll rezipiert haben, etwa im Sinne der sprichwörtlichen Redensart „Ende gut – alles gut"; von wegen „The Vanishing Hitchhiker".[590] Die positive Umdeutung eines zunächst als negativ empfundenen Erlebnisses ist somit durchaus gelungen, durch eine Kombination aus eigenem und fremdem Handeln, wobei es dem Autostopper vorbehalten blieb, sich zunächst mehr oder weniger schöpferisch die abenteuerlichsten, durch eigenes Tun bewirkten Selbst-Gefährdungen vorzustellen, um danach – flexibel – den eigenen emotionalen Entspannungsprozess in Richtung Normalität einzuleiten.

Der Forschungsgemeinschaft Urlaub und Reisen e.V. bin ich selbst zu immensem Dank verpflichtet, denn ihre „ReiseAnalyse 2019", mit Berichtsstand vom Mai 2019, kam wie gerufen, konnte sie doch Hilfestellung für meine Exploration leisten. Gleich ob es sich bei den Antworten auf die erwähnte zweite Frage nach den bewegenden Reiseerlebnissen, an die man sich positiv erinnert, um das Erleben von Natur, um eigene Aktivitäten, um die Erfahrung einer Reise als Gesamtereignis, um Begegnungen oder um die eigenen Gefühle dreht, stets lassen sich die Ergebnisse als Impuls für weiterführende Erkundungen verwenden, um herausfinden zu können, wie vielseitig und vielfältig nach der Heimkehr mit Reiseerfahrungen und Reiseerlebnissen im Normalalltag umgegangen wird, wie sie in diesen eingebaut oder wie sie verworfen und / oder vergessen werden. Einschlägige

---

[590] Brunvand 1984, S. 24-46.

Beispiele sind im Laufe meiner Ausführungen bereits genannt worden; zu erinnern ist an die tunesische Bettdecke oder die Miniaturnachbildungen des Eiffelturmes oder an meinen mannigfach verwendbaren Wanderstock. Allerdings scheint es nicht auszureichen, reine, wenn auch materiell unterstützte, Erinnerungen lebendig zu halten, gewissermaßen nur für sich selbst, sondern es ist für deren Überleben notwendig, zur Kommunikation darüber anzuregen, zum gegenseitigen Austausch. In genau diesem Sinne muss der folgende Befund festgehalten werden: Erinnerungen, als abrufbare Erfahrungen und Erlebnisse aus dem persönlichen Alltagsleben, stellen einen Bestandteil dessen dar, was Jan Assmann, wie bereits angesprochen, kommunikatives Gedächtnis nennt; die Erinnerungen stehen somit nicht nur in einem engen Verhältnis zu der im gegebenen Kontext der „ReiseAnalyse 2019" fünftplatzierten Kategorie der Kommunizierbarkeit sowie der tatsächlichen Kommunikation, sondern beide befinden sich in einer Position geradezu gegenseitiger Abhängigkeit.

Apropos Kommunizierbarkeit: Hermann Bausinger hat sich in seiner Studie über die Wandlung der nicht nur hierzulande zu registrierenden „Erlebnisgesellschaft" im Gerhard Schulze'schen Sinne in eine von ihm selbst diagnostizierte „Ergebnisgesellschaft" unter anderem mit Entwicklungen im Handlungsfeld des touristischen Reisens auseinandergesetzt und ist dabei zu dem Befund gelangt:

> „Touristen wollen eine Menge erleben und mit nach Hause nehmen; aber weil es ihnen auch auf die Menge ankommt, schrumpft das Erlebnis in vielen Fällen zum Ergebnis. Touristen suchen Ergebnisse, die in ihrer Erinnerung meist entlang der Chronologie und der Wegstrecke aufgereiht werden, die auf Postkarten den Daheimgebliebenen nahegebracht werden, die in den obligaten Urlaubsberichten aufgezählt werden können, die sie aber auch in ganzen Fotoserien dokumentieren".[591]

Kommuniziert man diese Ergebnisse nach Abschluss der jeweiligen Reisetätigkeit gegenüber einer bestimmten Öffentlichkeit, seien es Freunde, Bekannte, Kollegen oder Verwandte, so tritt man unweigerlich in ein Konkurrenzverhältnis mit dem jeweiligen Publikum, in einen eigene Leistungen demonstrierenden Wettbewerb, der, gleich ob er offen oder verdeckt, freundlich im Ton oder aggressiv, konstruktiv oder destruktiv ausgetragen wird, positive, negative oder neutrale Reaktionen hervorrufen kann.[592] Dies gilt auch für jenen Umgang mit Reise-Erinnerungen, welcher sich dadurch

---

[591] Bausinger 2015, S. 99; vgl. Schulze 1992.
[592] Tauschek 2014.

auszeichnet, dass diese nicht zwangsläufig bei eigens veranstalteten Gelegenheiten zur Debatte gestellt werden.

So hat etwa der Kulturwissenschaftler Burkhard Pöttler, zusammen mit einer studentischen Arbeitsgruppe an der Universität Graz, Formen der Integration von Reise-Souvenirs in den (Wohn-) Alltag von Einheimischen untersucht und dabei unterschiedliche Umgangsweisen ausgemacht: Sind Souvenirs aus dem kulinarischen Bereich eher von überschaubarer Haltbarkeit und wird ihnen daher lediglich eine kurze Anwesenheit im Wohnbereich zugestanden, so lassen sich weitere Gegenstände durchaus über eine völlig unbestimmte und unbestimmbare Zeit in dieser Umgebung präsentieren, gleich ob als Photographien oder als Ansichtskarten oder als Sammlung von Tassen mit aufgedrucktem Bildmotiv des besuchten Reiseziels oder von Silberlöffeln mit eingeprägtem Wappen der verschiedenen Städte oder Regionen, gleich ob als Arrangement von als typisch für die jeweilige Destination betrachteten Fundstücken wie etwa Muscheln oder Steinen, die man zu einer Art Ensemble im Bücherregal zusammenfügen oder auf dem Badezimmerboden dekorativ, dies als Ausdruck angewandter Kreativität und Ästhetik, verteilen kann.[593] Zeigt sich bei der Handhabung der verschiedenen Kategorien von hier angeführten Souvenirs durchgängig ein subjektiv-individueller Gestaltungswille, im Umgang mit objektivierter und weitgehend materieller Kultur, so lässt sich dieser persönliche Charakter erst recht im Bereich des Umgangs mit immaterieller Kultur, konkret in ihrer Funktion als Folge oder Effekt oder Nachwirkung einer touristischen Reise, erkennen. In diesem Zusammenhang ist auf Pierre Bourdieus Begriff „Inkorporiertes Kulturkapital" zu verweisen, welcher nichts anderes bedeutet als „Erwerb von Bildung". Den einschlägigen Hintergrund beschreibt er folgendermaßen:

> „Die meisten Eigenschaften des kulturellen Kapitals lassen sich aus der Tatsache herleiten, dass es ‚körpergebunden' ist und Verinnerlichung (incorporation) voraussetzt. Die Akkumulation von Kultur in inkorporiertem Zustand […] setzt einen ‚Verinnerlichungsprozess' voraus, der in dem Maße, wie er Unterrichts- und Lernzeit erfordert, ‚Zeit kostet'. Die Zeit muss vom Investor ‚persönlich' investiert werden: Genau wie wenn man sich eine sichtbare Muskulatur oder eine gebräunte Haut zulegt, so lässt sich auch die Inkorporation von Bildungskapital nicht durch eine fremde Person vollziehen. […] Wer am Erwerb von Bildung arbeitet, arbeitet an sich selbst, er ‚bildet sich'".[594]

---

[593] Pöttler 2009, S. 121-127.
[594] Bourdieu 1983, S. 186.

Bildung

Um diesen Prozess der Verinnerlichung in einer tourismusinduzierten Variante zu veranschaulichen, sei noch ein weiteres eigenes Beispiel skizziert: Wenn man als leicht beeindruckbarer 19jähriger Student der Anglistik und weiterer Fächer aus der Philosophischen Fakultät, ausgestattet mit Fremdsprachenkenntnissen, die sich auf, während mehrerer England-Besuche erweitertes, Schulenglisch beschränken, im Jahr 1970, wie schon an früherer Stelle behandelt, für drei Monate nach USA und Kanada reist, dann kann man durchaus schockiert sein über das recht eigenwillige Englisch, das man in der Neuen Welt spricht. Man kann die Nase rümpfen und irgendwelche arroganten Begriffe wie „Kaugummisprache" in seinem Kopf hin- und herschieben; man kann angewidert den Versuch unternehmen, die dortigen Einheimischen mit einem bewusst distinguierten britischen Akzent und dazugehörigem Vokabular, so man beides beherrscht, zu konfrontieren. Aber da man ja nicht als Oberlehrer unterwegs sein möchte, bietet es sich an, die Strategie zu verfolgen, die dortige Variante englischen Sprechens in das eigene, mithin vertraute, System peu à peu zu integrieren. Am Anfang kann es dabei um die Ersetzung bestimmter britischer Begriffe durch nordamerikanische gehen, etwa, indem man in einer Situation, in der man sich nach der nächsten Untergrundbahn-Station erkundigt, nicht den britischen Begriff „Tube" benutzt, sondern den einheimischen Begriff „Subway", auch wenn einem das merkwürdig vorkommt, denn im Britischen bezeichnet man mit diesem Wort eine Straßen- oder Fußgängerunterführung. Eines Tages fällt es einem relativ leicht, sich in der als ausgesprochen locker empfundenen nordamerikanischen Sprache und Sprechweise zurecht zu finden. Man versucht, bestimmte Songs aus dem Radio oder Gesprächsfetzen aus einer Cafeteria oder dem Überlandbus nachzuahmen; man ist durchgängig dabei, etwas auszuprobieren; man praktiziert eben: learning by doing. Man hat die anfängliche Ablehnung überwunden, hat sich selbst mehr oder weniger flexibel und kreativ neuen Situationen angepasst und somit den Erwerb neuer Kompetenzen aktiv betrieben. Man ist innovativ gewesen.

Allerdings ist der Bericht noch nicht an seinem Ende angelangt, denn irgendwann wird, von New York aus, der Rückflug angetreten. Erst wenn man die Boeing 707 nach Amsterdam bestiegen und seinen Sitzplatz gefunden hat, fällt es einem auf, dass es eine Ewigkeit her ist, dass man sich in seiner eigenen Sprache unterhalten hat. Zur Stewardess, welche gerade die Menü-Packungen verteilt, sagt man dann zum Beispiel: „Kann ich bitte noch eine mehr Scheibe Brot bekommen"? Ähnliche Fauxpas passieren einem noch häufiger, vor allem, wenn man von der Reise erzählt, etwa im Familienkreis; sehr zum Schrecken der anderen: Was ist denn mit dem los, heißt es dann. Aber just diese Frage zeigt dem reisenden Akteur, dass der Aufenthalt letztlich doch von Erfolg gekrönt worden ist, denn sie signalisiert, dass es ihm, auch wenn er weder Jane Fonda noch Allen Ginsberg bei einer Demonstration gegen den Vietnam-Krieg und weder Noam Chomsky noch Angela Davis bei einer Vortragsveranstaltung erlebt hat und er es im übrigen, nach ausführlicher Erkundung der verschiedenen BosWash-Metropolen, nicht bis San Francisco, sondern nur bis Salt Lake City im Westen und Minneapolis, Chicago sowie Montreal im Norden geschafft hat, per Anhalter oder per Greyhound-Bus, dennoch gelungen ist, etwas durchaus Markantes an Erfahrungen von der Reise mitzubringen: Man hat seinen Bildungshorizont erweitert, in und mit einer Fremdsprache gelebt, ja, man hat kulturelles Kapital erworben, dies bewerkstelligt durch zunächst spielerisch eingeübte und später durch geradezu planmäßig realisierte, deutliche Veränderung der eigenen Englischkenntnisse, dies mit lang anhaltenden Auswirkungen, die bis in die unmittelbare Gegenwart reichen. Es ist somit das eingetreten, was Pierre Bourdieu diagnostiziert:

> „Verkörperlichtes Kulturkapital bleibt immer von den Umständen seiner ersten Aneignung geprägt. Sie hinterlassen mehr oder weniger sichtbare Spuren, z.B. die typische Sprechweise einer Klasse oder Region".[595]

Wir haben es, so könnte man meinen, mit einem durchaus gelungenen kulturellen Transfer zu tun: Freunde zuhause registrierten die sprachliche Innovation; die für die Aufnahme ins universitäre Hauptseminar unerlässliche sogenannte Neu-Englisch-Prüfung wurde mit Bravour bestanden; der nächste Ferienjob als Post-Zusteller, welcher auch die Belieferung der Wohngebiete US-amerikanischer Soldatenfamilien umfasste, fiel sehr viel kommunikativer aus als in den Jahren davor. Es herrschte große Zufriedenheit auf Seiten jenes Akteurs, um den es hier geht.

Doch dann kamen die nächsten Semesterferien und mit ihnen nicht nur eine Reise nach Südengland, sondern mit dieser unter anderem auch jede Menge Kritik. Wie man denn nur freiwillig den Versuch unternehmen könne, wie ein Amerikaner aufzutreten; was man denn an dieser hoch-imperialistischen Macht so toll finde; ob man schon einmal etwas vom Vietnam-Krieg gehört habe; wieso man sich ohne jegliche Not dieser weltweiten US-amerikanischen Unkultur andienen könne; das sei doch typisch deutsch; und warum man nicht das wunderbar kultivierte britische Englisch bevorzuge. Die Kritik wurde nicht nur von links-oppositionellen, sondern gleichermaßen von wertekonservativen Zeitgenossen unterschiedlichen Alters und vorwiegend deutscher sowie britischer Nationalität geäußert.

---

[595] Ebd., S. 187.

Der zunächst als gelungen empfundene, durchaus Qualitäten wie Flexibilität und Kreativität demonstrierende, Sprachtransfer als Kulturtransfer stellte sich somit, im Großen und Ganzen, dann doch als eine durchaus ambivalente Angelegenheit heraus.

Nun sind mehrfach die Begriffe der Flexibilität und der Kreativität gefallen. Es gilt der Frage nachzugehen, was es mit diesen, speziell in einem tourismusbezogenen – und nicht in einem ökonomischen, unternehmensbezogenen – Kontext, ganz genau auf sich hat: Ungeachtet seines Auftauchens in der englischen Sprache im 15. Jahrhundert sowie mehrfacher Bedeutungsverschiebungen verweist der Begriff der Flexibilität auf die

> „Fähigkeit, sich permanent und unverzüglich auf Veränderungen einzustellen; sie orientiert sich nicht mehr an der Rückkehr zu einem ursprünglichen Zustand, sondern ist stets in die Zukunft gerichtet".[596]

Flexibilität zeigt sich darin, dass die Akteure bereit sind, Risiken einzugehen, Neuerungen im eigenen Leben zuzulassen und sie als Bestandteile des eigenen Seins und Tuns zu begreifen und zu akzeptieren, Neuerungen, welche „den Einzelnen als gesellschaftliche Erwartung, wenn nicht als institutioneller Zwang entgegen[treten]",[597] in Wirtschaft und Politik, Organisation und Verwaltung, aber auch im Freizeitbereich, mithin im touristischen Handlungskontext. Dies lässt sich in besonderem Maße verdeutlichen, wenn man sich noch einmal die von Jessica de Bloom aus eigenen Forschungen abgeleiteten Vorschläge zur Gewährleistung einer sinnvollen und gelungenen Urlaubsgestaltung von Arbeitnehmern in physischer wie auch psychischer Hinsicht vor Augen hält. Adressaten dieser Vorschläge sind ja einerseits Arbeitgeber sowie andererseits Vertreter der Politik. Erstere sollen dafür sorgen, dass Arbeitnehmer den ihnen zustehenden Urlaub tatsächlich und regelmäßig antreten, dass sie also Urlaubstage nicht horten, und dass kürzere wie auch längere Urlaubsaufenthalte ermöglicht werden. Die Politik hingegen solle die rechtlichen Bedingungen herstellen und solchermaßen sicherstellen, dass, so die Überlegung, die genannten Ziele zur erfolgreichen Realisierung gelangen können.[598] Das bedeutet, konsequent weitergedacht, dass es nicht nur darum geht, dass Arbeitgeber und Politiker sich verändern, also Flexibilität gegenüber herkömmlicher Praxis demonstrieren müssen, sondern dass sich in gleicher Weise Arbeitnehmer selbst auf derartige Handlungskonzepte einlassen müssen, wenn sie, wovon auszugehen ist, an Stressreduzierung und Erhaltung der eigenen Gesundheit inter-

---

[596] Bröckling 2004b, S. 82; vgl. Schönholz 2016; Sennett 2000, S. 57-80.
[597] Bröckling 2004b, S. 85.
[598] de Bloom 2012, S. 217.

essiert sind. Genau an diesem Punkt kommt im individuellen Lebensverlauf jenes Handlungskonzept zum Tragen, welches wir heutzutage als Kreativität bezeichnen und womit wir nicht nur individuelle wie auch kollektive Aneignungsvorgänge bezeichnen,[599] sondern zugleich auch eine Bewertung aussprechen, gleich, ob wir uns auf künstlerische oder arbeitsweltbezogene Produktion, auf sogenanntes „problemlösendes" oder politisches Handeln, auf das Leben selbst als durchgängige Folge von biologischen Schöpfungsakten oder auf Spielvorgänge beziehen. Gemeinsam ist diesen Assoziationsfeldern die folgende Grundbedingung:

> „In allem Neuen steckt etwas Altes, auf das es aufbaut, das es modifiziert oder von dem es sich absetzt. Je näher man hinschaut, desto vertrauter blickt es zurück. Umgekehrt steckt in jeder Wiederholung ein Moment der schöpferischen Variation".[600]

Das heißt, allein die zu Beginn dieses Kapitels angesprochenen, von mir so benannten touristischen „Stammkunden" zeichnen sich zwar dadurch aus, dass sie eine Reise zu einer bestimmten Destination ein wiederholtes Mal antreten, eine bestimmte Sehenswürdigkeit zum wiederholten Male aufsuchen oder eine bestimmte Wanderung erneut unternehmen; gleichwohl wäre es Aufgabe der Forschung, sich um Differenzierung zu bemühen, etwa durch Auswertung der detaillierten, gewissermaßen äußeren, also formalen Reiseabläufe und der dazugehörigen inneren, geistigen und seelischen, Vorgänge. Es müsste darum gehen, näher zu bestimmen, welche Strategien und Taktiken Reisende bei der Erkundung fremder Destinationen anwenden, wie die genauen Aneignungspraktiken aussehen.[601] Erst dann lässt sich erkennen, mit welchem Grad an schöpferischer Variation wir es zu tun haben. Möglicherweise stößt man gar auf Tendenzen ungeahnter, unerwarteter Innovation?

Reale und ideale Ziele

Und noch etwas ist von zentraler Bedeutung für eine potentiell ganzheitliche Betrachtung von touristischen Unternehmungen: Die Verwirklichung von Flexibilität und Kreativität lässt sich nicht nur im Umgang mit den Planungen und Vorbereitungen der Reise sowie mit der Gestaltung des Reisealltags einschließlich der Rückkehr ausmachen, sondern dies gilt nicht

---

[599] de Certeau 1988, S. 77-97.
[600] Bröckling 2004c, S. 140, 139; vgl. allgemein Löfgren 2000; Schönholz 2016.
[601] de Certeau 1988, S. 77-97.

minder für die Phase, welche der Rückkehr nachfolgt, für die Phase des „Danach". Um in eben diesem Zusammenhang einen genaueren Einblick in die Ideenwelt der von mir selbst Befragten erhalten zu können, habe ich dem Fragebogen eine allerletzte, ins Allgemeine verweisende Doppelfrage hinzugefügt, nämlich diese: „Gibt es einen ‚Ort' (Stadt, Region, Land), der Ihnen besonders gut tut und wo Sie sich besonders gern aufhalten? Wodurch zeichnet sich dieser ‚Ort' für Sie aus?". Mich interessiert dabei, in welchem Verhältnis der bevorzugte „Ort", als eine Form von Ideal, und der tatsächlich aufgesuchte, also reale, Ferienort zueinander stehen. Entsprechen sich die beiden? Oder sind eher Ähnlichkeiten zu erkennen? Oder lassen sich gar deutliche Differenzen ausmachen?

Nun, zunächst ist festzustellen, dass in mehreren Fällen eine vollkommene und in weiteren Fällen eine partielle Deckungsgleichheit von real besuchtem Urlaubsziel und dem erfragten Wohlfühl- oder gar Sehnsuchtsort besteht. So geben etwa die beiden Menorca-Urlauberinnen in ihren Antworten „Menorca" an; der Cinque-Terre-Besucher eben „Cinque Terre". Andererseits nennt etwa die England-Besucherin drei verschiedene „Orte", unter anderem englische „Walled Gardens"; und die Ostmitteleuropa-Reisende bevorzugt einen Ort im heutigen Tschechien.[602] Die Mehrheit allerdings benennt als Idealorte solche, die eine deutliche – zunächst geographische – Distanz zu den realen Zielorten aufweisen. Die beiden Japan-Fahrer geben Lissabon beziehungsweise Seehausen am Staffelsee an, die drei Indien-Reisenden zweimal Griechenland und einmal Hochgebirge, generell sowie sommers und winters, der Bali-Tourist unter anderem den Münchner Isar-Strand, die Lateinamerika-Fahrerin Triest, die Thailand-Urlauberin Barcelona und der Afghanistan-Fahrer Europa als Ganzes, um nur einige wenige der Nennungen zu bringen.[603] Eine dritte Gruppe lässt sich nicht anders als unter einer Kategorie wie „Sonstiges" oder „Übriges" oder „Vermischtes" subsumieren: Die Westeuropa-Radtouristin etwa strebt nach menschenleerer Natur, die New-York-Reisende nach weitgehend unverbauter Meeresküste, die Montenegro-Fahrerin sucht gerne Friedhöfe auf und dem Kroatien-Urlauber ist das vorübergehende Fehlen von Arbeitsdruck wichtiger als der konkrete Aufenthaltsort.[604]

Soviel sei bemerkt zur rein formalen Auswertung der Antworten, die auf die Frage nach dem „Ort", der einem gut tut, eingetroffen sind. Schauen wir uns, gewissermaßen in einem zweiten Durchgang, die, so mitgeliefert, näheren Informationen an, so ergibt sich ein weit vielfältigeres Bild vom Geschehen, als es die Einteilung in die drei Gruppen vermuten oder erwarten lässt.

---

[602] Fragebögen AB, AG, AH, AM, AT, AN, AP, BC, BD.
[603] Fragebögen AA, AF, AC, AD, AK, AR, BA, AZ.
[604] Fragebögen AI, AS, AY, AE.

Auf das Tun der Wiederholungsreisenden ist im Verlauf meines Textes schon mehrfach eingegangen worden. Und in der Tat begegnen wir den angesprochenen Aspekten wieder und wieder: Menorca hat sich als Reiseziel bewährt, weil ein Freunden gehörendes Haus zur Verfügung stehe, das Ambiente „vertraut und doch neu, weil eben nicht Alltag und gewohnt" sei und man sich rund um die Uhr in der Nähe des geliebten Meeres aufhalten könne.[605] In Schweden hat man sich in einer ganz bestimmten, eher südlich gelegenen Gegend aufgehalten; als favorisierter, wohltuender Aufenthaltsort wird eine weiter nördlich liegende Region angegeben, dies unter Verweis auf die vielfältige Landschaft, die Gewässer, die gelassenen Menschen, das gute Essen sowie „spannende Museen".[606] Die Tansania-Reisende hat sich bei ihrem Aufenthalt auf der Insel Sansibar besonders wohl gefühlt, „durch die Personen, die ich dort getroffen habe, das aromatische Essen, den feinen Sandstrand".[607] Eine deutliche Ausnahmestellung nimmt jene Informantin ein, welche Erholungsreisen etwa in die Toskana aufgegeben hat und sich statt dessen extensiv und intensiv, vor dem Hintergrund ihrer eigenen „Flüchtlingskindertage", mit ihrer Herkunftsregion in Geschichte und aktueller Gegenwart auseinandersetzt und als einschlägigen Sehnsuchtsort ihren Geburtsort Franzensbad nennt:

> „[...] ein Geburtsort ist ja ein magischer Ort. Nicht zu vergessen sind die reichen Begegnungen mit Menschen, die in diesem Kurort leben und arbeiten".[608]

Die erste Gruppe von Antworten enthält somit, zusammengefasst, Hinweise drauf, dass die Akteurinnen und Akteure ihre Ferienaufenthalte durchaus dazu nutzen, ihre bereits gewonnenen Erfahrungen zu ergänzen, zu erweitern und zu vertiefen, dies in unterschiedlichem Maße. Wir haben es tatsächlich nicht mit einem einseitig reduzierten Urlaubsverhalten einschließlich der dazugehörigen Bewertung zu tun, sondern das, was deutlich zum Ausdruck kommt, ist das „Moment der schöpferischen Variation".[609]

Obwohl auch die zweite Gruppe von Antworten solche Momente individueller Flexibilität und Kreativität der Akteurinnen und Akteure aufweist, allein vermittelt durch die geographischen Entfernungen zwischen den angegebenen realen und den quasi-idealen Reisezielen, finden sich hier jede Menge Hinweise auf Wiederholungen eigener Unternehmungen. Wenn es etwa heißt:

---

[605] Fragebogen AG.
[606] Fragebogen AT.
[607] Fragebogen AN.
[608] Fragebogen BC.
[609] Bröckling 2004c, S. 139.

> „Ein Ort, der bereits meine Kindheit geprägt hat und der heute noch ähnlich aussieht, schmeckt und riecht und in dem es sehr freundliche Menschen gibt",

was sich auf Seehausen am oberbayerischen Staffelsee bezieht, dann wird eines deutlich: Solch ein Urteil kann man nur abgeben auf der Basis langjähriger Reiseerfahrungen, was ebenso etwa für die angegebene Bevorzugung des Hochgebirges oder der Stadt mit „abgebröckeltem k.u.k.-Charme", nämlich Triest, gilt.[610] In formal vergleichbarer Weise lässt sich das folgende Bekenntnis werten:

> „Lissabon. Kenne die Stadt sehr gut, werde aber immer als Nicht-Einheimischer identifiziert; fühle mich also heimisch-fremd in wechselndem, immer spannenden Verhältnis. Mag das unvergleichliche Licht, die Menschen, den Wein, die Cafés, die Architektur, die Buchhandlungen, das Essen, die Kinos, die Gerüche und Geräusche, die Nähe des Meeres, die immer überraschenden Perspektiven, die Begeisterung der Leute für ihre hässlich-wunderschöne Sprache... Am liebsten mag ich aber an Lissabon, wer ich dort bin".[611]

Abgesehen davon, dass es dem Reisenden gelingt, seinen eigenen Enthusiasmus in adäquaten Worten zum Ausdruck zu bringen, stellt die Antwort darüber hinaus eine von wenigen Äußerungen dar, welche etwas deutlicher jene Kräfte benennen, welche da insgesamt am Wirken sind, dies in einer Art von wechselseitiger, kommunikativ-interaktiver Beziehung, nämlich zwischen dem jeweiligen Akteur selbst, der aufgesuchten Bevölkerung, der genutzten Infrastruktur, der (Alltags-) Kultur sowie der Natur. Ähnliches lässt sich einer weiteren Antwort entnehmen, die etwas ausführlicher ausgefallen ist, da ihr Autor gleich „zwei Sehnsuchtsorte, ein Land und eine Stadt", und sein Verhältnis zu beiden thematisiert, in gleichermaßen begeisterten wie auch begeisternden Worten; von „Euphorie" ist die Rede. Da heißt es zunächst:

> „Griechenland als Ganzes ist mir sehr nahe. Ich verstehe (rein sprachlich) die Menschen einigermaßen, mag ihren Humor, auch ihren Ernst und ihre Melancholie. Es gibt viel Hässliches, auch dort, aber selbst darin sehe ich eine lie-

---

[610] Fragebögen AF, AK, AL.
[611] Fragebogen AA.

benswerte Leichtigkeit, eine Unaufgeregtheit, die ich genieße".

Weit deutlicher fällt die Äußerung zur geschätzten Stadt aus:

„Rom: Hier fühle ich mich (im Gegensatz etwa zu Florenz) nicht durch die viele ‚Kultur', die bedeutenden Bauten aus Antike, Mittelalter und Renaissance / Barock bedrückt oder überfordert. Vielmehr schwebe ich wie ein Schmetterling von Blüte zu Blüte, folge Gerüchen, versuche, vieles zu ‚begreifen', ganz wörtlich: streiche über Marmor oder Travertin. Ich freue mich an Ecken, die ich gut kenne, oder solchen, die ich nach Jahren wieder neu entdecke. Es wachsen mir erstaunliche körperliche Kräfte zu: Ohne zu ermüden, kann ich von 9.00 bis 19.00 laufen, schauen, erklären, zuhören usw. Das Bewusstsein, dass unter jedem Haus, jedem Palazzo, jedem Platz usw. mehrere ältere Schichten liegen, fasziniert mich (und ich denke dann an München, unter dem nur der Schotter der bayerischen Schotterebene liegt, homogen und langweilig). Meine Rom-Euphorie lässt sich vielleicht daran festmachen, dass ich nicht in der Lage bin, im Hotel ein Buch oder auch nur eine Zeitung zu lesen. Immer aus Sorge, draußen was zu versäumen".[612]

Klarer kann man eigentlich die eigene Bereitschaft, sich auf die Auseinandersetzung mit fremder Kultur zu konzentrieren, nicht formulieren, wobei beide Sehnsuchtsorte sich darin entsprechen, also eine Gemeinsamkeit aufweisen und sich somit dadurch vergleichen lassen, dass sie Monumente etwa aus der Baugeschichte präsentieren, in welchen sich Entwicklungen im Umfang von mehreren Jahrtausenden spiegeln.

Gemeinsamkeiten einer vollkommen anderen Art zeigen sich auch darin, dass in einigen weiteren Antworten trotz der erkennbaren geographischen Distanzen zwischen realem Reiseziel und dem Sehnsuchtsort durchaus gleichartige Milieus ins Spiel gebracht werden, innerhalb deren man sich wohlfühlt: Die Neuseeland-Fahrerin nennt als Ideal Großbritannien, der gemeinsamen Sprache und des Humors von Mutterland und ehemaliger Kolonie wegen; die Madeira-Urlauberin interessiert sich für einen Aufenthalt in Ghanas Hauptstadt Accra und führt als Attraktionen in beiden Destinationen die Strände an; der Bali-Tourist schließlich verfolgt ansatzweise

---

[612] Fragebogen AC.

vergleichbare Interessen, wenn er nicht nur dem dortigen Strand, sondern auch dem Isar-Strand in seinem Wohnort München zugetan ist.[613]

Bisher lässt sich erkennen, dass touristisches Tun, welches zunächst nach programmatischer Einseitigkeit und Redundanz aussieht, zumeist ein erhebliches Maß an Vielseitigkeit und Vielfältigkeit enthält, während das, was eher deutliche Differenzen vermuten lässt, jede Menge Gemeinsamkeiten und Ähnlichkeiten aufweist. Was noch aussteht, ist ein genauerer Blick auf eine jener Antworten, welche ich unter „Sonstiges" subsumiert habe. Eine in München lebende Akteurin benennt einen im Vergleich zum Gros der anderen erwähnten Sehnsuchtsorte recht ungewöhnlichen Ort:

> „Auch wenn das seltsam wirkt – mir fällt sofort der Friedhof in meiner Heimatstadt ein. Noch vor jedem Ort am Meer, der viel mehr mit Urlaub zu tun hat als jeder Aufenthalt in meiner Heimatstadt (in der Slowakei). Der Friedhof ist für mich besonders, weil dort so viele Menschen begraben liegen, zu denen ich oder meine Familie eine Verbindung haben. Bei jedem Besuch erfahre ich im Vorbeigehen an den Gräbern etwas über diese Verbindungen. Immer, wenn ich in meiner Heimatstadt bin, ist eines meiner ersten Anliegen, zu meinen Urgroßmüttern auf den Friedhof zu gehen und ihre Gräber zu besuchen. Meist gehe ich mit meiner Großmutter oder meinem Großvater dorthin und es ist eine gemeinsame Reise in die Vergangenheit und gemeinsame Zeit für uns. [...] Auf dem Friedhof wird kurioserweise so viel Geschichte lebendig / spürbar. Nicht nur die der Verstorbenen und derer, die sie vermissen, sondern auch die Geschichte der Stadt, des Landes. Die Grabsteine aus mehreren Jahrhunderten verraten sehr viel darüber. Die Atmosphäre ist ruhig, friedlich, das Licht ist sanft und ich komme dort sehr schnell zur Ruhe".[614]

Auch hier haben wir es mit geographischer Distanz zum eigenen Wohn- und Arbeitsort zu tun. Auch hier haben wir es mit Wiederholungen zu tun, denn der Friedhof wird öfters besucht. Im übrigen wird der besuchte Ort ansatzweise so beschrieben, auch im weiteren Verlauf des Textes, in dem es um die dortige Natur geht, wie man es von einem Bericht über die Besichtigung einer touristischen Sehenswürdigkeit erwarten würde, im konkreten Fall etwa bezogen auf den Arlington National Cemetery in einem Vorort von Washington D.C., den Cimetière de Père Lachaise in Paris oder den

---

[613] Fragebögen BB, AJ, AR.
[614] Fragebogen AY.

Ohlsdorfer Friedhof in Hamburg. Gleichwohl handelt es sich bei der dargestellten Aktivität jedoch um eine Form von Wieder-Aneignung von einst vertrautem, lebensgeschichtlich bedeutsamen Terrain. Mit genau dieser Praktik der Wieder-Aneignung haben wir es im Fall jener Akteurin zu tun, die sich, als Kind vertrieben und heute in München lebend, mit ihrer eigenen Herkunft aus Böhmen kontinuierlich auseinandersetzt, indem sie einschlägige Reisen unternimmt, Spuren sucht, Gespräche führt, bei einem Projekt der Aktion Sühnezeichen auf einem Israelitischen Friedhof in Nordwestböhmen mitarbeitet, Archiv- und Bibliotheksrecherchen unternimmt und das solchermaßen Erlebte ausarbeitet: „Schreiben, Schreiben ohne Ende".[615]

Eine weitere Form von Wieder-Aneignung, gewissermaßen um eine Generation verschoben, praktiziert jener Akteur, der vor 70 Jahren in New York in eine Familie deutsch-jüdischer Emigranten geboren wurde. Sein Vater hatte Berlin 1933 verlassen, die Mutter folgte dagegen erst 1939, in beiden Fällen mit dem Ziel USA. 1972 hat er selbst monatelang Europa bereist; sein Trip führte ihn nach London und Paris, Belgien, Italien, Griechenland – und Deutschland. Just dort ist er geblieben, hat studiert, sich höher qualifiziert, eine Familie gegründet, ist mehrfach Vater sowie Großvater geworden und ist immer noch freiberuflich tätig, in München. Von einer Heimkehr nach New York kann er nicht berichten, höchstens von gelegentlichen Besuchen und dazugehörigen Eindrücken von Begegnungen mit alten Freunden. Die einstmalige Europa-Reise, die dazu geführt hat, dass er sich von einem Touristen in einen Quasi-Remigranten verwandelt hat, wertet er als einen bedeutsamen Schritt zum Erwachsenwerden und zur Schaffung einer neuen, eigenen Identität sowie zum Augenöffnen in Richtung anderer Menschen und Kulturen, aber auch bezogen auf die eigene Entwicklung, was nicht zuletzt dadurch zum Ausdruck kommt, dass er als Sehnsuchtsorte Rom und Italien, die Stadt selbst ebenso wie die Strände einschließlich der Freizeitaktivitäten, sowie griechische Inseln angibt.[616]

Wir haben es insgesamt in Sachen Flexibilität und Kreativität auf dem Sektor des Urlaubstourismus zwar mit einem breiten Spektrum an Handlungsmöglichkeiten zu tun, welche sich bei näherer Betrachtung in einer zentralen Hinsicht jedoch durchaus entsprechen: Sie basieren auf bestimmten Formen von kulturellem Transfer, dies in zwei verschiedenen Ausrichtungen. Im Milieu des urlaubsbedingten Unterwegsseins kann kultureller Transfer einerseits als Vorgang geschehen, bei dem vorübergehend Zugereiste für Innovationen in der Aufnahmegesellschaft selbst sorgen. Dies zeigt sich etwa darin, dass sie bestimmte alltägliche Tätigkeiten in anderer Weise erledigen als die Einheimischen (Sehenswürdigkeiten besichtigen,

---

[615] Fragebogen BC.
[616] Fragebogen BD.

diese photographieren, Einheimische ansprechen, auch diese photographieren), dass sie für die Einheimischen neue Umgangsformen in den touristischen Alltag einbringen (lockere Freizeitkleidung beim Kirchenbesuch, erhöhte eigene Lautstärke, Photographieren trotz Photographierverbots), dass sie mit einem für die vorübergehende Aufnahmegesellschaft neuen Angebot von materieller Kultur in Erscheinung treten (mit eigenen Fahrzeugen, eigenen Freizeitgerätschaften, mit Kleidungsstücken, jeweils neuesten Stils), schließlich, dass sie von ihren vorübergehenden Gastgebern für sie ungewohnte Dienstleistungen erwarten (etwa Fremdsprachenkenntnisse und / oder Sonderwünsche bezogen auf die Speisekarte).

Zum anderen kann kultureller Transfer als Vorgang geschehen, bei dem vorübergehend Zugereiste Innovationen in der vorübergehenden Aufnahmegesellschaft am eigenen Leib erleben. Dies zeigt sich etwa darin, dass sie durch das Unterwegssein ein völlig neues Konzept vom Umgang mit zunächst nicht vertrauter, weil fremder, Kultur kennenlernen, dass sie sich innerhalb ihres vorübergehenden Alltagslebens in der Fremde den Praktiken und Taktiken der Einheimischen anpassen (müssen), dass sie mit für sie selbst neuen kultur- und freizeitorientierten Strukturen konfrontiert werden, dass sie eine bisher ungewohnte Geschlechterkultur erleben, dass sie mit für sie selbst neuen Verhaltensweisen und Wertvorstellungen auf Seiten der Einheimischen konfrontiert werden, schließlich, dass ihre in der Herkunftsgesellschaft erlernten und erprobten Verhaltensweisen im Umgang mit anderen Menschen in der vorübergehenden Aufnahmegesellschaft möglicherweise gar nicht anerkannt werden, was auf die Notwendigkeit hinauslaufen könnte, improvisierte Strategien der Problemlösung zu entwickeln. Ungeachtet dessen, welche „Wirkfaktoren"[617] mit welchen genauen Abläufen sich in den beiden Formen von transferiellem Kulturprozess ausmachen lassen, geht es stets darum, zu erkennen, dass wir es mit Erfindungen jeweils privater, subjektiv-individuell konstruierter Traditionen zu tun haben, die sich auf der Basis spezifischer Auseinandersetzungen mit bereits Bestehendem herausbilden.[618]

Apropos Auseinandersetzungen mit bereits Bestehendem: Ein internationales Team von Arbeits- und Organisationspsychologinnen hat im Jahr 2014 eine allererste Längsschnittanalyse unter 46 niederländischen Berufstätigen mit unterschiedlichem Geschlecht und Alter, unterschiedlicher Ausbildung, unterschiedlichem Arbeitsfeld, unterschiedlichem Status sowie unterschiedlichen Reisezielen zur Thematik der potentiellen Steigerung des eigenen Kreativitäts-Standards durch das Absolvieren von sommerlichen Urlaubsreisen einschließlich der Auswirkungen auf die jeweilige kognitive Flexibilität sowie Originalität vorgelegt. Die Ergebnisse laufen

---

[617] Kramer 1985a, S. 91.
[618] Hobsbawm (1983) 2003, S. 1, 2, 5, 6.

darauf hinaus, dass die Berufstätigen nach dem Urlaub, im Vergleich zu vorher, eine höhere kognitive Flexibilität aufweisen, dass sie also ein breiteres und vielseitigeres Spektrum von Ideen zur Lösung professioneller Aufgaben vertraten, dies allerdings, zunächst jedenfalls, ohne – originelle – praktische Konsequenzen.[619]

Die Studie bezieht sich ausschließlich auf die urlaubsbedingten Effekte auf den Arbeitsbereich der Informantinnen und Informanten, also als Reisefolgen, als Aus- und Nachwirkungen im beruflichen Alltag. Was im gegebenen Zusammenhang allerdings noch aussteht, ist die genauere Bestimmung dessen, was die Voraussetzungen für die eigentliche Reise ausmacht: Welcher Grad an Flexibilität und Kreativität ist am Wirken, wenn man sich für ein bestimmtes Reiseziel, für ein bestimmtes Verkehrsmittel, für eine bestimmte Dauer des Aufenthalts und dergleichen mehr entscheidet? Zudem fällt es auf, dass sich die psychologische Studie auf die direkte Erkundung von Beziehungen zwischen Urlaubswelt und Arbeitswelt konzentriert. Man könnte doch ebenso, um einen weiteren, zentralen alltagskulturellen Bereich zu benennen, Beziehungen zwischen Urlaubswelt und Familienleben in den Blick zu nehmen versuchen. Oder gar die Beziehungen zwischen der Urlaubswelt und der je spezifischen politischen, gleich ob intrakulturellen oder interkulturellen, Orientierung der reisenden Akteure erforschen. Im folgenden Kapitel soll daher ein genauerer Blick auf genau diesen zuletzt genannten Handlungskomplex geworfen werden, dies im Sinne einer Kulturwissenschaft, welche vergleichende Alltagsforschung in vor allem europäischer Perspektive betreibt, wobei diese übergreifende Perspektive auch den Blick in die außereuropäische, aber europäisch beeinflusste Welt sowie auf die reziproken Kulturbeziehungen in Geschichte und Gegenwart umfasst. Zentrale Bedeutung innerhalb dieses Forschungsfelds besitzen unter anderem die Phänomene des Kulturtransfers als Ensembles aus alltäglicher Lebenswelt, mündlichen oder medialen Überlieferungen und Übertragungen, dies einschließlich jeglichen Auseinandersetzungen mit Milieus, die auf der Basis von identitätskulturellen Selbst- und Fremdzuschreibungen erfahren werden. Besonders prominent ist in diesem argumentativen Zusammenhang die Zuschreibung, dass touristisches Reisen die Chance bietet, mit fremden Kulturen oder Lebenswelten in Kontakt zu kommen, diese anerkennen zu können, alternative Perspektiven eröffnet zu bekommen und sich in diesem Zusammenhang selbst zu hinterfragen, dies mit dem potentiellen Resultat, einen Beitrag zur eigenen Europäisierung oder gar umfassenderen Kosmopolitisierung geleistet zu haben.

---

[619] de Bloom u.a. 2014.

Von Tendenzen der Selbst-Kosmopolitisierung

„Ich wer Ihnen mal was sagen: ich reise gewiss gern. Aber wissen Sie, wenn man so lange weg war, zur Erholung, [...] wenn dann der Zug über die Grenze fährt, und ich seh wieder den ersten Stationsbeamten in Preußisch-Blau – und man hat wieder seine Ruhe und Ordnung nach all dem Trubel – Paris hin, Paris her – könn Se sagen, was Sie wollen – am schönsten is doch ze Hause!"
(Tucholsky 1926)[620]

„Roberto Moretti aus Santiago:
Nummern die nicht mehr antworten,
oder es meldet sich eine Chemische Reinigung.
Claudine Avilain aus Clermont-Ferrand:
Verschwundene Minuten,
Namen notiert in Hotelbetten,
auf Bahnsteigen oder Kongressen.
Olga Diez aus Gunzenhausen:
Empfänger unbekannt verzogen,
Amtszeichen, der Anschluss
besteht nicht mehr.
War ich je in Clermont-Ferrand?
Olga, Roberto, Claudine:
Wer mag das gewesen sein?"
(Hans Magnus Enzensberger 2008)[621]

---

[620] Tucholsky (1926) 1989, S. 433.
[621] Enzensberger (1983) 2008, S. 11.

Die britische Autorin und Kuratorin Sarah Bakewell leuchtet in ihrer Studie über die französischen Existenzialisten in ausführlicher Weise den geistesgeschichtlichen Hintergrund dieser philosophischen Richtung aus; unter anderem thematisiert sie das Verhältnis verschiedener Vorläufer und Wegbereiter in den 1930er Jahren zur Frage der eigenen Wahrnehmung fremder Kulturen und stellt dabei zentrale konzeptionelle Differenzen fest:

> „Husserl sieht die Begegnung mit anderen Kulturen positiv, weil sie dazu anregt, das eigene Lebensumfeld zu hinterfragen. [...]. Heidegger wandte sich immer mehr dem Archaischen, dem Provinziellen und der Innenschau zu, wie es bereits in seinem Vortrag ‚Warum bleiben wir in der Provinz?' anklingt. Husserls Reaktion auf dieselben Ereignisse war die Wendung nach außen. Er schrieb in einem kosmopolitischen Geist über seine Lebenswelten – und das zu einer Zeit, da ‚kosmopolitisch' fast als Beleidigung galt und oft als Codewort für ‚jüdisch' interpretiert wurde".[622]

Bakewells spärlichen Bemerkungen zum Urlaubsreiseverhalten der beiden Philosophen können wir lediglich entnehmen, dass Heidegger als Kritiker des, wie die Autorin formuliert, „Massentourismus" keinesfalls als „Homo viator" zu betrachten sei, wenngleich er in späteren Jahren seine Ferien bevorzugt in der Provence verbrachte und nach einigem Hin und Her gar eine Griechenland-Reise unternahm.[623] Jener Beitrag, welchen grenzüberschreitendes Unterwegssein zu einer Kosmopolitisierung oder einer Europäisierung als Teil derselben im Leben des einen wie auch des anderen prominenten Denkers, geleistet hat, harrt wissenschaftlicher Untersuchung.

Ungeachtet der unterschiedlichen Reisepraxis der beiden Vorgenannten ist jedoch, ganz allgemein, der Befund festzuhalten: Was konkret die Auswirkungen grenzüberschreitender touristischer Reisen betrifft, so lassen sich, auf der Ebene bisheriger professioneller Wahrnehmungen, Auswertungen und Interpretationen, Einschätzungen, bisweilen auch Meinungen, zwei sich grundsätzlich voneinander unterscheidende Positionen ausmachen:

Der Geographiewissenschaftler Albrecht Steinecke befasst sich, in mehreren kürzeren Textabschnitten, mit der Rolle des Kulturtourismus als Vermittler eines „pannationalen Denkens" sowie als „Beitrag zur Völkerverständigung und Vergangenheitsbewältigung"; Handlungsfelder sind etwa, einerseits, die weltweite Auseinandersetzung mit den 9 / 11-Anschlägen in New York und, andererseits, das gestiegene Interesse an Besuchen

---

[622] Bakewell 2018, S. 153.
[623] Ebd., S. 343.

und Besichtigungen von Schlachtfeldern und KZ-Gedenkstätten, um „ein besseres Verständnis der jüngeren europäischen Geschichte zu erlangen".[624] Steineckes Ansatz stimmt mit Ulrike Heß' Einschätzung überein, die eine positive Entwicklung in Richtung interkultureller Kontakte durch Tourismus ausmacht, einschlägige Studien würdigt und eine grobe Phaseneinteilung vornimmt, nach der es hierzulande in den 1950er und 1960er Jahren zunächst zur Entdeckung des Auslands als Reiseziel, potentiell wie auch zunehmend faktisch, kommt; in den 1970er Jahren habe sich der Massentourismus dann etabliert und seit den 1980er Jahren ausdifferenziert sowie sensibilisiert, wobei sich nicht nur die Verkehrsmittel wandelten (Bahn, Auto, Schiff, später Flugzeug), sondern auch die Reiseziele und Reiseformen sowie die Haltungen, die von zunächst „kriegsbedingte[n] und bildungsbedingte[n] Hemmungen" bis hin zu erweiterten Sprach- und Kulturkenntnissen auf Seiten der jüngeren Generationen reichen. Im Grunde genommen hat die Autorin einen Entwurf für eine historisch verortete Untersuchung des Tourismus in interkulturalitätswissenschaftlicher Perspektive geliefert, einen Entwurf nämlich, der lediglich um den potentiellen Hinweis zu ergänzen wäre, dass bereits im Jahr 1952 von höchster kirchlicher Seite, nämlich von Papst Pius XII., die positiven Seiten des Tourismus, im Sinne der Völkerverständigung, herausgestellt wurden.[625]

Demgegenüber spricht Jost Krippendorf (1938-2003) von der „Mär von der Völkerverständigung", die auf „Wunschvorstellungen" zurückzuführen sei; zudem wundert er sich darüber, dass es gar Vorschläge gegeben habe, „dem Tourismus den Friedensnobelpreis" zu verleihen.[626] Und John Urry mutmaßt, dass man zwar im, wie er das nennt, internationalen Tourismus Trends erkennen könne, denen zufolge Menschen sich immerhin an das grenzüberschreitende Unterwegssein gewöhnen, ohne stets sofort Gefahren und Bedrohungen zu wittern, und sich somit auch eine Art Kosmopolitismus in begrenztem Maße ausbreite, dass man jedoch die in der von ihm nicht näher spezifizierten Forschungsliteratur verbreitete Idee, dieser grenzüberschreitende Tourismus würde für gegenseitiges Verständnis sorgen, grundsätzlich zu bezweifeln habe.[627] Der Salzburger Kommunikationswissenschaftler Kurt Luger formuliert im Zusammenhang mit dieser Debatte eine Art von Versöhnungsversuch, indem er im Jahr 2010 darauf verweist, dass es im Globalisierungszeitalter zwar zu einem, wie er das nennt, „vermehrten Austausch zwischen Menschen verschiedener Kulturen" komme; er gibt jedoch zugleich zu bedenken: „Ob diese Begegnungs-

---

[624] Steinecke 2007, S . 23 (Zitat); vgl. ders. 2006, S. 106; ders. 2013, S. 134-135; ders. 2014, S. 46-48; Prahl / Steinecke 1981a, S. 88-109.
[625] Heß 1998, besonders S. 113; Pacelli 1952.
[626] Krippendorf 1986, S. 104.
[627] Urry 1995, S. 166-167.

dichte auch ein größeres Verständnis füreinander und mehr Dialog zwischen den Kulturen bewirkt, lässt sich durch empirische Forschung noch nicht bestätigen",[628] was letztlich für Erstaunen sorgen mag, denn bereits im Jahr 1958 hat der US-amerikanische Sozialwissenschaftler Ithiel de Sola Pool (1917-1984) Erkenntnisse aus eigenen Forschungen zur, wie man das damals noch nannte, Internationalen Kommunikation publiziert, aus denen hervorgeht, dass Beeinflussungsprozesse im Zusammenhang mit Auslandsreisen sich weit komplexer gestalten als angenommen und daher, als potentielle Reisefolgen, weit komplizierter zu erfassen sind. In der deutschen Fassung des Aufsatzes aus dem Jahr 1993 wird in einem fünfteiligen Resümee darauf verwiesen, die Wirkungen von Auslandsreisen seien nicht nur abhängig von den Erfahrungen am Zielort, sondern ebenso von Kommunikationsproblemen gegenüber den Daheimgebliebenen; diese Wirkungen würden in gleicher Weise mitbestimmt von den Erwartungen der Reisenden in der Phase vor der eigentlichen Reise; es finde eine Beeinflussung touristischer Erlebnisse auch durch die eigenen emotionalen Bedürfnisse nach Entspannung statt; Reisen bilde die jeweiligen Akteure, sämtlichen anderslautenden Behauptungen zum Trotz; und der Umfang der jeweils eigenen Reisetätigkeit sei nicht etwa von untergeordneter, sondern, im Gegenteil, von entscheidender Bedeutung.[629]

Die Erkenntnisse von de Sola Pool müssen im Zusammenhang mit der Zeit ihrer Entstehung betrachtet werden; sie stellen für die 1950er Jahre sicherlich eine Novität in der spärlich entwickelten Tourismusforschung dar; sie sind vollkommen plausibel formuliert, kein Zweifel. Nur haben die US-amerikanischen Forschungen interkontinentale Reisen im Blick gehabt, nämlich solche von Geschäftsleuten sowie Studierenden. Daher stellt sich hier, fast schon automatisch, die Frage nach der Übertragbarkeit der fünf Schlussfolgerungen auf das touristische Geschehen in der weit kleinteiliger strukturierten Welt zum Beispiel Inner-Europas, vor allem unter besonderer Berücksichtigung urlaubsbezogenen Unterwegsseins.

Insgesamt gibt es noch einen weiteren Problempunkt zu überdenken, den in radikaler Form wiederum Jost Krippendorf anspricht, wenn er die folgenden Überlegungen anstellt:

> „Ich meine [...], dass die Chancen und Voraussetzungen zu einer echten zwischenmenschlichen Begegnung kaum schlechter sein können, als sie es im Verhältnis von Reisenden und Bereisten sind. Die Begegnung ist in den meisten Fällen eine illusionäre Klischeeformel, ein Trugbild. Wo die ‚Von-weg'-Motivation und die Ich-Betonung dominieren,

---

[628] Luger (2010) 2018, S. 313; vgl. ebd. S. 322-324.
[629] de Sola Pool (1958) 1993, S. 9-10.

> wo Massen auftreten, die nur mit Serienabfertigung zu bewältigen sind, wo Kommerz, Hektik und Fremdbestimmung vorherrschen, wo Überlegenheits- und Unterlegenheitsgefühle aufkommen können, wo die Unterschiede zu groß sind, da muss das Herz auf der Strecke bleiben, da kann eine Begegnung nicht stattfinden. Selbst wenn die Industriebürger in ihre eigenen Feriengebiete reisen, also die Kontakte auf ähnlicher gesellschaftlicher Ebene erfolgen, bleibt eine wirkliche Verständigung meistens aus".[630]

Auch wenn der Autor sich am Ende des Zitats kurz zum sogenannten Binnenreiseverkehr äußert, geht es ihm doch hauptsächlich um den grenzüberschreitenden Reiseverkehr. Er spricht zwar im gegebenen Zusammenhang unter anderem von „Völkerverständigung", was nach Bezugnahme auf die Begegnung von Bewohnern verschiedener Staaten klingt, etwa auf die Begegnung von Deutschen und Menschen aus Belgien, Italien, der Schweiz oder der Ukraine. Ob er den Begriff der angestrebten „Völkerverständigung" auch auf intra-nationale Differenzen wie etwa das Zusammentreffen von Flamen und Wallonen, italienischsprachigen Italienern und deutschsprachigen Südtirolern, deutsch-, französisch-, italienisch- und rätoromanischsprachigen Schweizern sowie der ukrainischen Mehrheitsbevölkerung und Mitgliedern der russischen Minderheit ebendort beziehen würde, das geht aus dem Text nicht hervor. Abgesehen davon stellt sich durchaus die Frage, ob man möglicherweise gar den Kulturkontakt von sogenannten „Norddeutschen" alias „Preiß'n" und Menschen aus Oberbayern im Feriengebiet rund um den Königssee oder an der Nordseeküste in diesen Diskurs einbeziehen könnte. Auf jeden Fall müsste im Rahmen einer potentiell ganzheitlichen Betrachtung der Begegnungsproblematik eine Ergänzung der inter-kulturellen durch die intra-kulturelle Dimension erfolgen.

Grenzüberschreitungen

Hierzu passt eine Szene aus Walter Erich Richartz' (1927-1980) zuerst 1976 erschienenem „Büroroman", in welcher der erste Arbeitstag der aus dem Sommerurlaub zurückgekehrten Kollegen persifliert wird; Schauplatz ist ein Frankfurter Versicherungshochhaus:

> „Aber wie sahen sie aus! Man musste schon zweimal hinschauen, um sie zu erkennen!
> ,Höhö! Gucke mal den Neger!'

---

[630] Krippendorf 1986, S. 104.

‚Ach Sie sinds! – Ja, schämen Sie sich denn nicht, so gut auszusehen!'

Da ging es rein und raus, von Büro zu Büro. Aus Jux förmlich an die Türen klopfen oder wild hineinpoltern: ‚Holla, Ihr Stubenhocker!' So quirlten sie herum und präsentierten sich, unsere Urlauber; zum Reinbeißen gesund.

Manche trugen noch die Kleidung von dort, das grünweißrote Trikothemd – als Papagallo –, oder den Sahara-Burnus – den ‚Fächer auf der Haut'. Die Männer trugen die verschiedenartigsten Urlaubsbärte. Sie standen auf den Gängen zusammen, die fremden Worte und Namen kamen geläufig von ihren Zungen.

‚Algeciras, Djerba, Cassis' –

‚Bei uns in Porto, bei euch in Varna, bei uns in Split' –

‚Auf Hydra schmeckt er am besten, vor Korfu ist es glasklar'.

Sie grüßten einander mit fremdartigen Grüßen, lachten dabei, wie die Südländer beim Grüßen lachen, klimperten mit fremden Münzen in der Hosentasche:

‚Wir konnten nicht mal alles ausgeben – so billig war es dort'.

Durch alle Etagen zog Nivea-Duft.

Und nun erst mittags, in der Kantine – ein prächtiges Schauspiel war das: da stolzierte sie, unsere Urlaubsschönheit – ‚Miss Carthago' und ‚Signor Ajaccio', mit strahlenden Augen, mit schaumweißen Zähnen, geschwellt und gesteigert vom Überall-Zuhausesein".[631]

Nimmt man die erwähnte Heß'sche Phaseneinteilung des bundesdeutschen Tourismus als Maßstab, dann signalisiert die ausführliche Textstelle mehr oder weniger eindeutig, dass sich, historisch gesehen, dieser Bereich der aktiven Freizeitverbringung etabliert hat, und zwar, wenn auch nicht eigens erwähnt, durchaus einschließlich Flugverkehr und Schiffspassagen; wir haben es, unschwer erkennbar, mit Phänomenen der 1970er Jahre zu tun. Von Sylt und Amrum, Fehmarn und Voralpenland, Allgäu und Schwarzwald ist nicht die Rede, im übrigen auch nicht von den nahe gelegenen österreichischen und schweizerischen Erholungsorten, dafür aber, anscheinend völlig selbstverständlich, von Reisezielen in Südspanien und Tunesien, Südfrankreich einschließlich Korsika, Portugal und Bulgarien, (Ex-) Jugoslawien sowie Griechenland. Auffällig ist es, dass die touristisch aufgesuchte, dortige einheimische Bevölkerung des jeweiligen Zielgebiets keinerlei Erwähnung

---

[631] Richartz 1976. S. 121-122.

findet, allenfalls vermittelt über die eine oder andere fremdsprachige Floskel, angesichts derer man sich durchaus fragen kann, wie dieses ostentative Tun wohl ausgefallen wäre, wenn wir es mit der Rückkehr von innerdeutschen Reisezielen zu tun gehabt hätten.

Darüber hinaus kann eine Äußerung des schwedischen Sozialanthropologen Ulf Hannerz die Erklärung dafür liefern, inwiefern sich die eben zitierten touristischen Akteure in ihrer Kommunikation nach der Rückkehr nicht auf die besuchten (fremden) Einheimischen bezogen haben. Er schreibt nämlich:

> „Kosmopoliten tendieren dazu, in fremde Kulturen eintauchen zu wollen oder wenigstens über die Freiheit zu verfügen, dies zu tun. Sie möchten aktiv mitwirken; zumindest liegt ihnen viel daran, nicht allzu leicht von den Einheimischen als Fremde identifiziert werden zu können".

Hannerz geht offensichtlich davon aus, dass Touristen sich selbst recht bereitwillig als Kosmopoliten betrachten, die ins Ausland zu Urlaubszwecken reisen, dortige Speisen und Getränke konsumieren, den Gebrauch des einen oder anderen fremdsprachigen Ausdrucks erlernen, ihrerseits jedoch nicht von den dortigen Einheimischen als Ausländer gewissermaßen enttarnt und möglicherweise gar ausgegrenzt werden möchten – zu erinnern ist an die bereits erörterte Thematik, mit welcher Zeitung unter dem Arm man sich durch fremde Milieus bewegt. Zugespitzt formuliert: Besucher werden darauf reduziert, die Fremde am eigenen Leib zu erleben, aber selbst nicht für innovative Einflüsse in der sie vorübergehend aufnehmenden Gastgesellschaft zu sorgen. Die dazugehörige Schlussfolgerung lautet dann konsequenterweise, etwas polemisch ausgedrückt: „Touristen sind keine aktiv Mitwirkenden; Tourismus ist weitgehend ein Zuschauersport".[632]

Zuschauer bei Sportveranstaltungen möchten gern einem positiv zu bewertenden Wettkampf beiwohnen. Sie feuern ihre „eigene" Mannschaft oder einen ganz bestimmten Sportler an. Sie freuen sich; sie lachen; sie klopfen sich auf die Schultern; sie nehmen bestimmte Getränke zu sich; sie kommen ins Gespräch mit wildfremden Menschen, die zufälligerweise neben, vor oder hinter ihnen sitzen; sie sind ausgelassen, auch nach Beendigung des jeweiligen Wettkampfs. Nur eines passiert nicht: Selbst wenn sie zur Gruppe der Autogrammjäger gehören sollten, kommen sie nicht in näheren Kontakt mit den sportlichen Akteuren. Und weil dem so ist, muss man es als ausgesprochen sinnvoll betrachten, dass von wissenschaftlicher Seite her ein vergleichender Blick auf einerseits Touristen und Zuschauer bei Sportereignissen sowie auf andererseits touristisch Bereiste und

---

[632] Hannerz 1996, S. 105 (Übersetzung BRL).

sportlich Aktive geworfen wird. Dies gilt auch für das Studium von Veranstaltungen, welche religiöse, sportliche und touristische Elemente miteinander verknüpfen, ganz so wie das bei dem seit dem späten 16. Jahrhundert stattfindenden Stierlauf in Pamplona (Eintreiben der Kampfstiere mitten durch die Stadt in die Stierkampfarena) der Fall ist, der in einem der Romane Ernest Hemingways aus der Sicht der Zuschauer anschaulich beschrieben wird und der in Annie Ernaux' Autobiographie „Die Jahre" Überlegungen der Protagonistin in Gang setzt. Dort heißt es:

> „Von der Spanienreise wird sie Folgendes in Erinnerung behalten: [...] als sie für drei Tage zu den Sanfermines in Pamplona gefahren sind, dämmert sie eines Nachmittags im Hotel vor sich hin und fühlt sich wieder wie mit achtzehn im Mädchenwohnheim, auf ihrem Bett zwischen den Trennwänden im Schlafsaal, derselbe Körper, dieselbe Einsamkeit, dieselbe Trägheit. In der Ferne hört sie Musik, mehrere Kapellen begleiten unermüdlich den Umzug der Figuren mit den großen Köpfen. Das alte Gefühl, nicht Teil der Feier zu sein",[633]

sondern, wenn auch nicht unbedingt Zuschauerin oder gar Teilnehmerin, so doch immerhin Zuhörerin.

Doch zurück zur Büro-Szene: Wer kennt sie nicht, diese Ausgelassenheit nach dem Urlaub, diesen Spaß, die eigenen Fremdsprachenkenntnisse vorzuführen, auch wenn sie letztlich eher überschaubar sein dürften, den Übermut und die Lust, gegenüber den Zuhausegebliebenen in die Rolle von polyglotten Reisenden zu schlüpfen und sich somit dessen zu befleißigen, was der US-US-amerikanische Ökonom Thorstein Veblen (1857-1929) bereits im Jahr 1899 in einer Aufsehen erregenden Studie mit dem Titel „Theorie der feinen Leute" zum einen „demonstrativen Müßiggang" nennt, zum anderen „demonstrativen Konsum". Dazu gehörten die großzügige Bemessung der eigenen, von Arbeit freien Zeit ebenso wie die Befassung mit allen möglichen, wie wir heute sagen würden, Unterhaltungs- und Vergnügungsaktivitäten, also Medienkonsum jeglicher Art, Spiel und Sport, Hunde- und Pferdehaltung, Erweiterung der eigenen Sprachkenntnisse sowie Mode, aber eben auch das Reisen, also jene Aktivität, die wir uns „Urlaub" zu nennen angewöhnt haben.[634] Ungeachtet seiner damals als neu und innovativ geltenden Erkenntnisse, erfährt Veblens Kritik ihrerseits Kritik: Er habe zu sehr den Sozialstatus der Akteure im Blick – und ignoriere dabei deren

---

[633] Ernaux 2019, S. 148; vgl. Hemingway (1927) 1969, S. 117-173.
[634] Veblen (1899) 1993, S. 51-107, besonders S. 59-60.

persönliche psychologische Entwicklung.[635] Er geht, um ein Beispiel zu bringen, tatsächlich nicht der Beantwortung der potentiellen Frage nach, ob sowie in welcher Art und Weise die begüterten Touristen etwa von ihrer Auslands-Reise seelisch profitiert haben.

Es stellt sich die noch viel grundsätzlichere Frage: Kann es im Bereich der Entscheidungsfindung oder, prinzipieller noch, der lebensgeschichtlichen Weichenstellung mithilfe von Reiseerfahrungen überhaupt darum gehen, auf der Basis von bestimmten eigenen Aktivitäten an bestimmten Orten einen „plötzlichen überwältigenden Wunsch nach Veränderung" zu erleben, anders gesagt, in einer „Reise etwas Absolutes, ein[en] Wendepunkt meines Lebens",[636] zu erkennen? Die Akteure werden mit für sie – zunächst jedenfalls – fremder, nicht-alltäglicher Umwelt und Atmosphäre konfrontiert, was sich durchaus auch auf das Erleben von fremder Landschaft beziehen kann; und was dann passiert, lässt sich mit dem Kultur- und Medienwissenschaftler Christian Huck und dem Kultur- sowie Religionssoziologen Stefan Bauernschmidt definieren als kulturelle Aneignung, als eine Form von sozialer Aktivität, die dadurch charakterisiert wird, dass Mitglieder einer Kultur Dinge wertzuschätzen beginnen, welche Mitglieder einer anderen Kultur bereits wertschätzen, und dass es ein breites Spektrum an einschlägigen Umgangsweisen damit gibt.[637] Auf Ansichtspostkarten finden sich dann etwa Botschaften wie:

> „Nun sitze ich also wirklich am südlichsten Zipfel Italiens und genieße Sonne, Wärme, mancherlei Altertümer und südliche Atmosphäre und Temperament. Es ist großartig und ich bin froh, dass die Krankheit meines Vaters und mein eigener Hals die Reise doch noch zuließen. So ein Tapetenwechsel war jetzt das einzig richtige" (Taormina, 20.09.1965).

Oder:

> „Ich verbringe gerade eine sehr schöne Zeit in der Toskana und erhole mich von meinem Examen. Wir wohnen in einer sehr schönen Ferienwohnung mit Swimming Pool, an dem ich gerade liege" (San Gimignano, 12.09.1991).

---

[635] Levenstein 1998, S. 255.
[636] Weiss 1969, S. 192, 182.
[637] Huck / Bauernschmidt 2012, S. 232.

Oder:

> „Venedig ist einfach toll, toll und nochmal toll! Auch wenn sich in die Bewunderung viel Wut, Trauer und Enttäuschung darüber mischen, dass ‚die Leute' nicht unbedingt zu wissen scheinen, was für ein Kleinod sie bewohnen bzw. besitzen, ist das Ganze ein echter Schatz europäischer Hochkultur" (Venedig, 03.01.2002).

Oder:

> „Rom ist die erregendste und begeisterndste Hauptstadt, die ich je erlebte, mit seiner Mischung von Antike, Weltstadt und italienischem Charme; ich kann es immer selbst noch gar nicht glauben, dass ich da mitten drin bin" (Rom, 04.05.1961).[638]

Man bewundert, genauer gesagt, das gewissermaßen fremde Einheimische; und gleichzeitig erwartet man, dass durch die Reise Veränderungen innerhalb des eigenen Lebens, mit Folgen für daheim, für die Zeit nach der Rückkehr, herbeigeführt werden, Heilung, Entspannung, Kennenlernen fremder Menschen, Erweiterung des Horizonts und weitere Nachwirkungen, dies auf der Basis von Handlungen der reisenden Akteure, welche sich in einer Art Schwellenphase im Rahmen ihres eigenen Lebensverlaufs abspielen. Im Zentrum des Interesses steht möglicherweise aber gar nicht mehr die Begegnung mit fremder Kultur, sondern das, was Karlheinz Wöhler mutmaßt: „Es geht schon lange nicht mehr darum, mehr vom fremden Anderen zu erfahren, sondern um ein Mehr des Andersseinkönnens zu konsumieren";[639] im Zentrum der touristischen Begegnung steht also der jeweilige Akteur selbst. Matthias Politycki erkundet Möglichkeiten dessen, wie man selbst durch ausführliches Reisen „ein anderer werden" kann;[640] und der kanadische Historiker Harvey Levenstein sieht bei den Frankreich-Reisen unterschiedlicher Gruppen seiner US-amerikanischen Nachbarn einen deutlichen Trend zur Selbstverbesserung am Werk. Da wird die Begegnung mit überseeischer Kunst und Kultur als moralisch und sozial erhebend betrachtet; es ist die Rede von seelischem Wohlbefinden; man fühle sich gar kulturell veredelt, wobei sich mehr und mehr eine Selbstverwirklichungsdynamik ausmachen lasse, deren Höhepunkt im Wohlgefühl durch die Beschäftigung mit sich selbst zum Ausdruck komme. Damit ist eine Ent-

---

[638] Alle vier Postkarten: Archiv Lauterbach, München.
[639] Wöhler 2012, S. 268.
[640] Politycki 2017, S. 199-207.

wicklung angesprochen, die Levenstein mit der Formulierung zusammenfasst, die touristischen Akteure würden durchaus das Ziel verfolgen, etwas zu lernen, aber nicht über andere, sondern über sich selbst.[641] Anders gesagt, gehe es im konkreten Fall um die Arbeit an der Ich-Identität, eher nicht an der kollektiven Identität, weswegen, bezieht man diese Aussage zum Beispiel allein auf inner-europäischen Tourismus, die Frage zu stellen ist:

> „Warum pilgern immer mehr Touristen zu jenen Stätten, an denen sie die Vergangenheit ihrer Kultur erfahren? Geht es ihnen auf ihren Reisen, jenen Projekten der europäischen Identitätsbildung entsprechend, wirklich um den Aspekt einer europäischen Identitätsfindung?".[642]

Auch diese Frage ist durchaus plausibel formuliert; sie geht allerdings davon aus, dass Menschen aus verschiedenen Teilen Europas möglicherweise über Ahnungen oder gar Kenntnisse darüber verfügen, inwiefern die unterschiedlichen Stätten etwas mit ihrer „eigenen" Kultur zu tun haben. Das könnte bedeuten, dass Reisende die Akropolis, das Kolosseum, den Prado und den Eiffelturm nicht nur als zentrale Bestandteile griechischer, (römisch-) italienischer, spanischer und französischer Kultur betrachten, sondern möglicherweise gar primär als übergreifende, gesamteuropäische Bauwerke. Eine derartige Sichtweise würde sich weniger auf geographisch-territoriale, also formal-organisatorische, als vielmehr auf politisch-kulturelle, also inhaltlich-programmatische Zusammenhänge beziehen. Ob sich das wohl verallgemeinern lässt?

Doch ungeachtet dessen gilt es gerade in diesem thematischen Zusammenhang, Mundts bereits zitierte Aussage zur lediglich begrenzten zeitlichen Reichweite tourismusbedingter Aus- und Nachwirkungen genauer zu reflektieren, denn da gibt es, von psychologischer Seite, empirische Befunde zur Thematik des Reiseerlebens, welche die Aussage erheblich zu verstärken und dadurch zu perspektivieren in der Lage sind, dies insofern, als

> „sich häufig, zurück im Alltag, die ursprüngliche Dynamik schnell wieder durch- und festsetzt und darüber hinaus die für den Urlaub typische imaginäre, lustbetonte Wahrnehmung mit den damit verbundenen positiven Emotionen schnell wieder ganz verschwindet. Wenn man die therapeu-

---

[641] Levenstein 2004, S. XI, 41, 176, 182, 232-233 (Übersetzung BRL); vgl. Graf 2002, S. 209-211, 259-263.

[642] Enser 2005, S. 105.

tischen Effekte des Reisens stärker in den Alltag integrieren will, müsste man also darüber nachdenken, wie diese Effekte, zumindest teilweise, erhalten werden können".[643]

Da wird noch einmal bestätigt, dass zumindest bis zum Beginn des 21. Jahrhunderts die bereits angeführte Frage, ob und wie ein touristisch induzierter „Transfer der therapeutischen Erfahrungen in den Alltag gelingt oder nicht", einer adäquaten Beantwortung entgegensieht, denn auch die bereits vorgestellten Forschungsergebnisse von Jessica de Bloom und Kolleginnen führen nicht zu einem eindeutigen Befund, sondern, im Gegenteil, zur Formulierung einer weiteren, ausgesprochen eindringlichen Fragestellung: Wenn die positiven Effekte von Urlaubsreisen bereits für die Bereiche der Wiederherstellung von Gesundheit und Wohlbefinden lediglich wenige Tage oder Wochen Bestand haben, wie kann dann erwartet werden, dass touristisches Tun für nachhaltige(re) Effekte in soziokultureller, politischer etc. Hinsicht zu sorgen in der Lage ist, konkret etwa in Richtung verstärkter persönlicher Selbst-Kosmopolitisierung?[644]

Abgesehen davon sollte man Überlegungen darüber anstellen, ob Mundts These zur zeitlich begrenzten Wirkung des Unterwegsseins sich tatsächlich auf das breite Spektrum des touristischen Reisens insgesamt übertragen lassen kann – oder ob sie nicht für lediglich ausgewählte Bereiche des Unterwegsseins gilt? Nehmen wir allein unterschiedliche Tendenzen zur Informalisierung des Umgangs von Touristen mit ihresgleichen in den Blick, dann können wir zwar Formen der „Verringerung sozialer Distanz" registrieren, konkret gegenseitiges Duzen statt Siezen, die Auflockerung des Umgangs mit der eigenen Körperlichkeit, mit vestimentären Zwängen ebenso wie mit sexuellen Schamgrenzen und Einschränkungen im Bereich des Alkoholkonsums,[645] doch es bleibt zunächst im Unklaren, welchen Anteil das Unterwegssein an diesen Veränderungen hat. Kommt Wandel tatsächlich nur auf der Basis eigener touristischer Reisepraxis zustande oder ist da nicht gar eine Vielzahl von Einflusskräften am Wirken? Somit liegt es nahe, die folgenden beiden Thesen in deutlicher Weise als Hypothesen für weitere Forschungen zu würdigen. Da führt ein Autor nämlich aus: „Dass der touristische Wertekomplex die Gesellschaft zu beeinflussen vermag, zeigt eine gewisse ‚Versüdlichung' der Lebensweise in den Herkunftsländern der Touristen – der Transfer von Erfahrungen und Vorlieben vom Urlaub in den Alltag". Und ein weiterer Autor liefert dazu einen anschaulichen Beleg, der sich jederzeit im Umfeld von diversen einschlägigen (nicht nur) Münchner Etablissements nachvollziehen lässt:

---

[643] Graf 2003, S. 59.
[644] Dies. 2002, S. 259; Kühnel / Sonnentag 2011, S. 140; vgl. de Bloom 2009; dies. 2012.
[645] Vester 1999, S. 32, 52, 62-67; vgl. Bausinger 1979.

„Wenn die Deutschen seit einiger Zeit schon im Februar die Freiluftcafés bevölkern, sobald auch nur ein schwacher Sonnenstrahl einfällt, hat dies gewiss mit ihren südlichen Urlaubserfahrungen zu tun". Von einem „Anstoß für alternative Verhaltensformen" ist gar die Rede.[646] Andere Autoren sprechen in diesem Zusammenhang von einer „Pluralisierung der Wertorientierungen", die sich speziell im Arbeitsbereich durch die Implementierung der „'neuen' Werte der Selbstverwirklichung und Selbstentfaltung" realisiert hätten.[647] Insgesamt können wir daher registrieren, dass sich auch nördlicher angesiedelte europäische Gesellschaften auf dem Weg befinden, eine neue kulturelle Ordnung mit zu konstituieren.[648]

Die Formulierung von der „‚Versüdlichung' der Lebensweise" lässt sich auch auf eine gänzlich anders gelagerte Form von Auslandsaufenthalt beziehen. So heißt es in einer vor zwei Jahrzehnten erschienenen Studie zur Migration britischer Rentner in mehrere Mittelmeerländer thesenartig: „Obwohl sich die Arbeitsmärkte internationalisiert haben, sammeln die meisten Europäer unmittelbare Erfahrungen im Umgang mit fremden Ländern immer noch eher durch den Tourismus".[649] Eine für diesen thematischen Zusammenhang instruktive Analyse, die sich auch mit der sich wandelnden Bewertung materieller wie auch immaterieller Kultur im Rahmen von Auslandsaufenthalten hiesiger Akteure befasst, findet sich in der Studie von Martina Zschocke. In der von ihr zitierten Selbstauskunft eines 31jährigen Übersetzers heißt es:

> „Es gab schon Veränderungen [...]. Zum Beispiel als ich das letzte Mal wiederkam nach Berlin, nachdem ich in Barcelona war, hat mir Berlin nicht mehr gefallen. Mein Gefühl hatte sich geändert. Für mich war Berlin zu hart geworden, zu groß und grau. Ich habe mich da nicht mehr wohlgefühlt. Es hat mich dann gerettet, dass ich im Osten studiert habe. Das hat mich davon abgelenkt, dass ich alles so extrem grau und traurig gefunden habe. Das ist ganz sicher eine Sache des Lichts. Auch als mein Freund dann aus Barcelona nach Berlin kam, ging das nicht gut. Nach 6 Monaten meinte er, er wäre so traurig geworden, er wäre kein lustiger Mensch mehr und ist zurückgegangen'".[650]

---

[646] Vester 1999, S. 89; Bausinger 2015, S. 102; vgl. Enzensberger 1989; Seidl 2010, S. 196-199; Maase 2009.
[647] Grümer 1993, S. 228.
[648] Vgl. Greverus 1972.
[649] King / Warnes / Williams 2000, S. 31 (Übersetzung BRL).
[650] Zschocke 2005, S. 289.

Nun kann man es natürlich durchaus bezweifeln, dass im sogenannten Osten tatsächlich ein anderes Licht vorherrscht als im sogenannten Westen; ferner kann man die Überlegung anstellen, ob hier möglicherweise gar ein Topos bemüht wird, also Stereotypvorstellungen am Wirken sind, denn der Verweis auf das Licht als entscheidendes Qualitätskriterium wird auch an anderer Stelle bemüht, so etwa in Henry Millers Reisebericht „The Colossus of Maroussi" („Der Koloss von Maroussi"), wo es unter anderem heißt:

> „Ich bewegte mich mit verbundenen Augen, schwankenden und unschlüssigen Schrittes; ich war stolz und überheblich, hatte mich damit abgefunden, das falsche, beschränkte Leben eines Großstadtmenschen zu führen. Das Licht Griechenlands öffnete meine Augen, durchdrang meine Poren und ließ mein ganzes Sein aufblühen. [...] Ich weigere mich kategorisch, etwas anderes darzustellen als einen Weltbürger, was ich mir unausgesprochen vorgenommen habe, als ich in Agamemnons Grabkammer stand. Ab diesem Tag verfolgte ich mit meinem Leben das Ziel, die Menschheit als göttliches Wesen wieder herzustellen".[651]

Etwas weniger anspruchsvolle Zielsetzungen verfolgen eine 36jährige Schulpsychologin sowie eine 22jährige Studentin; beide werden von Martina Zschocke zitiert: „[...] ich reise gern durch Landschaften bei bestimmtem Licht. Das ist erst durch das Reisen gekommen, das Farben wahrnehmen, das Beobachten"', beziehungsweise „Licht ist ganz wichtig. Das ganz Helle, so Sonnenlicht. Das ist etwas sehr Schönes'".[652]

Kulturelle Prozesse

Zum Zweck der Erkundung derartiger kultureller Prozesse kann man mittlerweile auf professionelle Hilfe aus berufenem Munde hoffen, nachdem im Lauf der letzten Jahre ein neues Max-Planck-Institut in Frankfurt am Main entstanden ist, jenes für Empirische Ästhetik nämlich, das den Auftrag ausführen soll, zu erforschen, „was wem warum und unter welchen Bedingungen ästhetisch gefällt und welche Funktionen ästhetische Praktiken und Präferenzen für Individuen und Gesellschaften haben". Bisher gibt es drei von vier geplanten Abteilungen, die sich mit Musik, mit Sprache und Lite-

---

[651] Miller (1941) 1967, S. 244-245 (Übersetzung BRL).
[652] Zschocke 2005, S. 218.

ratur sowie mit Neurowissenschaft befassen.⁶⁵³ Die zuletzt genannte Abteilung, so informiert die Homepage, „konzentriert sich auf die neurobiologischen Grundlagen von Sprache, auditiver Kognition und Musik, einschließlich der ästhetischen Dimensionen, die mit diesen Domänen assoziiert sind";⁶⁵⁴ im Zentrum der Forschungen stehen bislang noch nicht Fragen der Kunst sowie Fragen des Visuellen und somit Probleme, welche in tourismuswissenschaftlichen Kontexten zentrale Beachtung finden. Wer sich für dieses thematische Handlungsfeld interessiert, dem bietet sich die Gelegenheit, sich gegebenenfalls mit einem neueren Werk des Neurobiologen und Nobelpreisträgers für Medizin, Eric Kandel, auseinanderzusetzen, „Das Zeitalter der Erkenntnis", in dessen Vorwort es unter anderem heißt:

> „Die zentrale Herausforderung für die Wissenschaft des 21. Jahrhunderts besteht darin, die Biologie des menschlichen Geistes zu ergründen. Das Werkzeug für diese Herausforderung bot das ausgehende 20. Jahrhundert, als die Kognitionspsychologie – die Wissenschaft des Geistes – mit der Neurowissenschaft – der Wissenschaft des Gehirns – fusionierte. Das Ergebnis war eine neue Wissenschaft des Geistes, die uns in die Lage versetzt hat, eine Reihe von Fragen über uns selbst zu formulieren".

Auch solle es die Aufgabe der neuen Disziplin sein, grundsätzliche Problemkomplexe klären zu helfen: „Wie nehmen wir etwas wahr, lernen und erinnern uns? Was ist das Wesen von Gefühl, Empathie, Denken und Bewusstsein?".⁶⁵⁵ Konkreter formuliert, geht es auch darum, Antworten zu finden auf diese Fragen: „Wie wird aus den von den Augen gesammelten Informationen ‚Sehen'? Wie verwandeln sich Gedanken in Erinnerungen? Was ist die biologische Grundlage unseres Verhaltens?".⁶⁵⁶

Kandel untersucht, in Auseinandersetzung mit den Forschungen der Kunsthistoriker Ernst Gombrich (1909-2001) und Erwin Panofsky (1892-1968) sowie einer Vielzahl seiner eigenen Fachkollegen, Vorgänge des Sehens, des Wahrnehmens und der dazugehörigen Gehirntätigkeit.⁶⁵⁷ Er

---

⁶⁵³ Max-Planck-Institut für empirische Ästhetik. URL: http://www.aesthetics.mpg.de/ [14.11.2014]; vgl. auch Schriewer 2014 und Schmidt 2003, S. 41-42, zur Emotionsforschung.

⁶⁵⁴ Max-Planck-Institut für empirische Ästhetik. URL: http://www.aesthetics.mpg.de/4103/_Abt_Neuro [14.11.2014].

⁶⁵⁵ Kandel 2014, S. 12.

⁶⁵⁶ Ebd., S. 15; vgl. zur sozialwissenschaftlichen und kulturanthropologischen Auseinandersetzung mit den Neurowissenschaften Deschauer / Geisler / Papasabbas 2014.

⁶⁵⁷ Kandel 2014, S. 243-255, 263-505.

macht seine Leserschaft mit der Geschichte der einschlägigen Forschungen bekannt; und er arbeitet Zusammenhänge zwischen den einzelnen Phasen dieser Entwicklung und der Kunstproduktion der österreichischen Expressionisten, allen voran Gustav Klimt, Egon Schiele und Oskar Kokoschka, heraus, dabei stets multidisziplinär argumentierend, psychologisch, naturwissenschaftlich und geisteswissenschaftlich. Wenn er solchermaßen vielseitig die „Verarbeitung visueller Bilder durch das Gehirn"[658] zum Thema macht, die Hauptfunktion des Gehirns darin sieht, „neues Wissen über die Welt zu erwerben", und zur Schlussfolgerung gelangt, „das Sehen ist bei Weitem die effizienteste Art, neue Informationen über Menschen, Orte und Objekte zu erlangen",[659] dann ist man als kulturwissenschaftlicher Forscher geradezu eingeladen, diese Argumentation mehr oder weniger direkt auf den touristischen Umgang mit zu erkundender Umwelt, unter anderem mit Stadtvierteln, Plätzen, Straßenzügen, Werken der Architektur, Denkmälern, Parks, Landschaften, sogenannten Sehenswürdigkeiten also, zu übertragen. Denn auch in diesem Handlungsfeld stehen im Zentrum, wie bereits ausgeführt, Prozesse des Sehens und des Wahrnehmens.

Und was da gesehen und wahrgenommen wird, das sind allzu oft Bilder, auch dann, wenn es sich konkret um Orte, Objekte und Menschen handelt. Deswegen darf man die Frage „Kann man sich nach einem Ort sehnen, an dem man nie gewesen ist?".[660] getrost positiv beantworten, denn es kursieren, nehmen wir etwa die französische Hauptstadt, permanent und ubiquitär bestimmte Bilder, die wir visuell, auditiv, olfaktorisch, gustatorisch und / oder taktil wahrnehmen, seien es eigene innere Bilder[661] oder von Freunden geschossene photographische Aufnahmen oder einschlägige Erzählungen[662] oder Bilder aus der massenmedialen Konsumwerbung (Eiffelturm als Motiv), seien es Chansons (von Edith Piaf oder Serge Gainsbourg) oder Musettewalzer (von Émile Vacher oder Gus Viseur), seien es bestimmte Parfumsorten oder die Erinnerungen an den „lauwarme[n]

---

[658] Ebd., S. 267-280.
[659] Ebd., S. 511.
[660] Thome 2013, S. 19.
[661] Frank / Lange 2010, S. 35.
[662] Huber 2009; vgl. den Ausstellungsbegleitband „Die Erfindung von Paris" der Deutschen Schillergesellschaft, Marbach, in dessen Einleitungstext es heißt: „Paris hat Hunderte von Erfindern. Nicht wenige davon sind deutsche Autoren. Über Jahrhunderte hinweg wird die französische Hauptstadt gelesen, erdacht und erschrieben. In der Dichte ihrer Wirklichkeit und in der Schwindel erregenden Allgegenwärtigkeit ihrer Zeichen verkörpert sie beides: ein offenes Buch und eines mit sieben Siegeln. Auf seinen Seiten lesen die Wissbegierigen und die Träumenden, die Avantgarden und Archäologen, die Enzyklopädisten und Strukturalisten. Die Maler und Fotografen, Touristen und Sammler nicht zu vergessen. Die einen finden die Stadt der Liebe, die anderen die Hauptstadt des 19. Jahrhunderts"; Brogi / Strittmatter 2018, S. 9.

Ozongeruch, der einen anspringt, wenn man über einen Luftschacht der Metro geht",[663] seien es französische Lebensmittel oder ganze Gerichte, wie sie in Supermärkten und Restaurants hierzulande angeboten werden, seien es schließlich bestimmte Stoffe aus der Welt der Haute Couture oder der unterschiedlichen Prêt-à-porter-Marken. Ob es sinnvoll ist, diese Bilder – oder besser noch: „Bilder" – dann als „Sehbilder", „Hörbilder", „Riechbilder", „Schmeckbilder" und „Tastbilder" zu bezeichnen,[664] sollte im gegebenen Argumentationszusammenhang eine untergeordnete Rolle spielen. Weit wichtiger scheint die folgende Absichtserklärung zu sein:

> „Die Bildwissenschaft will von der Medizin und Neurowissenschaft lernen: Deshalb verfolgt sie deren Theorien über Prozesse bei der Wahrnehmung von visuellen Eindrücken und – mit besonderem Interesse – bei der Wahrnehmung von visuellen Zusammenhängen, die kulturell selbst als Bilder gelten. So fragt sie z.B., ob es eine neurologische Verarbeitungsdifferenz zwischen diesen unterschiedlichen Objekten gibt".[665]

Gleichermaßen zur breit angelegten Bildwissenschaft gehören jene Disziplinen bzw. Subdisziplinen, welche Gustav Frank und Barbara Lange als „Medienkulturwissenschaften" bezeichnen.[666] Zu diesen gehört auch die kommunikationswissenschaftliche Medienwirkungsforschung. Sie versteht unter „Wirkungen oder Folgen im weitesten Sinne des Wortes [...] alle Veränderungen bei Individuen und in der Gesellschaft", die sich in den Feldern des Wissens, des Denkens, des Fühlens sowie des Handelns abzuspielen vermögen.[667] Es geht also insgesamt darum, jene kulturellen Prozesse zu erkunden, die man, gleich ob sie offen erkennbar oder eher unsichtbar daherkommen, gleich ob sie positiv oder negativ bewertet werden, grob mit Begriffen wie (Ver-) Änderung, Wechsel, Wandel, (Um-, Ver-) Wandlung, Transformation, Umformung, Umgestaltung, Abwandlung, Modifizierung, Modifikation oder Metamorphose bestimmen kann. Und auch in den Kulturwissenschaften wird über einschlägige Forschungskonzepte nachgedacht. So postuliert etwa Helge Gerndt:

> „Kulturelle Prozesse können nicht ‚an sich', sondern nur über die Veränderung von Objektivationen wahrgenommen

---

[663] Modiano 2000, S. 73.
[664] Frank / Lange 2010, S. 35.
[665] Ebd., S. 77.
[666] Ebd., S. 75-78.
[667] Koschel / Bilandzic 2016, S. 117.

werden. Daraus folgt: bevor wir Prozesse durchleuchten, müssen wir Veränderungen beschreiben",⁶⁶⁸

Veränderungen, bei denen der Autor zwischen drei verschiedenen Kategorien differenziert, je nachdem, ob sich der konkrete Prozess auf die „Sache selbst", die „Bewertung einer Sache" oder die „Position einer Sache" bezieht.⁶⁶⁹ Für diese Herangehensweise erntet Gerndt heftige Kritik etwa von seinem Fachkollegen Dieter Kramer, der von einer „eindimensionale[n] Scheinobjektivität" und von einem „materialreichen wissenschaftlichen Leerlauf mit konstruktivistischer Modell-, Vergleichs- und Wanderungs-Mechanik" spricht, die nur dann überwunden werden könnten, wenn Forschende auch das Herrschaftssystem und das Marktgeschehen, also die „materiellen gesellschaftlichen Beziehungen", in die jeweilige Analyse einbezögen.⁶⁷⁰

Nun, aus heutiger Sicht stellen die beiden, hier nur knapp skizzierten Ansätze in keiner Weise einen Widerspruch dar. Im Gegenteil, es bietet sich geradezu an, sie als sich ergänzende Konzepte zu betrachten: Zuerst gibt es da die Wahrnehmung von alltagsbezogenen Veränderungen im Leben von den jeweiligen Akteuren; es folgt die Beschreibung dieser Veränderungen. Und die dazugehörigen analytischen und ausdeutenden Schritte bewegen sich mehr oder weniger von allein auch in die Richtung einer Auseinandersetzung mit gesellschaftlicher Macht und Herrschaft sowie, zentral, mit ökonomischen und soziokulturellen Bedingungen des zu untersuchenden Handlungsfelds, dies in Geschichte und Gegenwart.

Als instruktives Beispiel für eine derartige Herangehensweise lassen sich die beiden Bände von Harvey Levenstein betrachten,⁶⁷¹ in denen er auf rund 570 Fließtextseiten die Entwicklung des amerikanischen Tourismus nach Frankreich seit der Wende vom 18. zum 19. Jahrhundert bis ins frühe 21. Jahrhundert verfolgt – und in diesem Zusammenhang keineswegs nur die Reisenden selbst, ausdrücklich US-amerikanische Touristen, in den Blick nimmt, sondern nicht minder eine vielfältige Kontextualisierung vornimmt, die, grob gesagt, die folgenden Themenbereiche betrifft: Touristen und ihre Klassen-, Geschlechter-, Bildungs- und ethnischen sowie generationalen Verhältnisse, Differenzen und Distinktionen; Besucher und Einheimische, interkulturelle Beziehungen, Stereotypvorstellungen und Vorurteile, Tourismus und Anti-Tourismus, Sexualität und Moral, Religion; Formen des Tourismus, Aktivitäten, Sehenswürdigkeiten, Destinationen,

---

⁶⁶⁸ Gerndt 1986, S. 119; vgl. Zschocke 2005, S. 9-10, 15-16, 135, 137, 169, 258-259, 271-272, 283-284, 290, 300, 333, 338-339.
⁶⁶⁹ Gerndt 1990, S. 5.
⁶⁷⁰ Kramer 1985b, S. 328.
⁶⁷¹ Levenstein 1998; ders. 2004.

Repräsentationen; Planungsebene, Verkehrsmittel, Infrastruktur, Unterkünfte, Versorgungseinrichtungen, Organisationen und Institutionen, gesetzliche Regelungen, Unterhaltungsangebot; Ökonomie, Politik, Militärwesen, Kriege, Europäisierung; Phasen der Tourismusentwicklung, Tourismusforschung.

Spätestens nach der Lektüre der von einem Historiker verfassten Bände wird es deutlich, dass es nicht darum gehen kann, einseitig die bereits erwähnte, zur Zeit bei verschiedenen kulturwissenschaftlichen Disziplinen beliebte, mehr oder weniger ausschließlich gegenwartsbezogene mehrörtige ethnographische Forschung („multi-sited ethnography")[672] zu betreiben, sondern dass wir ohne den Einbezug historischer Forschung auf gar keinen Fall zu Erkenntnisgewinn gelangen. Diesbezüglich sollten wir nicht primär einem intradisziplinären Differenzparadigma folgen, welches die eine gegen die andere Forschungsperspektive setzt und sie gegeneinander auszuspielen versucht, sondern eher einem intradisziplinären Integrationsparadigma, welches die gegenwartsbezogene und die historisch ausgerichtete Urlaubstourismusforschung als Einheit betrachtet, sich nach allen Seiten hin offen für die Aufnahme von Anregungen gibt und sich gleichzeitig der eigenen disziplinären Identität bewusst ist.[673] Dabei lässt sich Identität im Sinne der Kulturwissensschaftlerin Irene Götz

> „als Integral aus Selbst- und Gruppenbildern verstehen, die im stetigen Prozess der Auseinandersetzung mit Rollen, Fremdbildern und anderen kulturellen Zuschreibungen (zum Beispiel Stereotypen) sowie persönlichen und kollektiven Erfahrungen, Erinnerungen und Zukunftserwartungen situativ aktiviert werden".[674]

Um Identität geht es jedoch nicht nur im Zusammenhang mit der Bestimmung der jeweils eigenen wissenschaftlichen Disziplin, sondern auch, in besonderem Maße, bezogen auf das jeweilige Forschungsthema. In der Überschrift zu diesem Kapitel wird der Vorgang der Kosmopolitisierung angesprochen, den der Soziologe Ulrich Beck (1944-2015) und der Politikwissenschaftler Edgar Grande in ihrer Studie über gegenwärtige Europäisierungsprozesse speziell auf „die alltagsweltliche, familial-biographische, zivilgesellschaftliche, wirtschaftliche Integration Europas" beziehen, nicht auf die einschlägigen Institutionen. Den ähnlich lautenden Begriff der Internationalisierung lehnen die Autoren ab, da es sich dabei um einen staatszentrierten Begriff handele; mit diesen Ausführungen liegen sie ganz auf

---

[672] Marcus 1995.
[673] Vgl. Maase / Warneken 2003, S. 20-23.
[674] Götz 2011. S. 77.

der Linie von Ulf Hannerz, der dafür plädiert, im Fall der „Überschreitung nationaler Grenzen" anstelle der allzu sehr strapazierten Bezeichnung „global" die „einfache Bezeichnung ‚transnational'" zu verwenden, „wenn das wohlbekannte ‚international' ausschließlich nur für Beziehungen zwischen Nationen verwendet werden würde".[675]

Ausgehend von verschiedenen einschlägigen Studien sowie von eigenen Beobachtungen, entwirft John Urry gar ein Modell des, wenn auch eher in der westlichen Welt anzutreffenden, ästhetischen Kosmopolitismus für die Zeit seit den 1990er Jahren, der sich durch verschiedene, sich zum Teil überlappende Entwicklungen auszeichne: diejenige der Ansprüche, ubiquitär reisen und fremde Welten konsumieren zu dürfen; diejenige der angemessenen Neugier und daraus resultierenden Offenheit fremden Orten, Bevölkerungen sowie Kulturen und Sprachen gegenüber; diejenige der Bereitschaft, das gewohnte touristische Milieu zu verlassen und Risiken einzugehen; diejenige der Bemühungen, die eigene Herkunftsgesellschaft angemessen und kritisch in einem weltweiten Rahmen kontextualisieren zu können; schließlich diejenige der Fähigkeit, ein semiotisches Bewusstsein für interkulturelle Differenzen im engeren Rahmen des touristischen Handlungsfeldes unter Beweis zu stellen, also die Bedeutungen von jeglichen Zeichen erkennen zu können.[676] Ausgehend von den christlichen Pilgerreisen, der Grand Tour, den bürgerlichen Bildungsreisen und weiteren Formen und Phasen des Unterwegsseins, liefert der Historiker Rüdiger Hachtmann gar eine These, die sich wiederum als eine Art Hypothese für vertiefende Untersuchungen zur Thematik des Zusammenhangs von einerseits dem fortschreitenden Zusammenwachsen Europas und andererseits der allseitigen Ausweitung und Ausbreitung massentouristischer Praxis verwenden lässt:

> „Auch wenn es überspitzt wäre zu behaupten, dass das heutige ‚Europa' ein Produkt des Tourismus ist, so ist doch schwerlich zu bestreiten, dass der moderne Tourismus entscheidend dazu beigetragen hat, dass sich in den letzten Jahrzehnten ein starkes ‚Gefühl für Europa' ausgebildet hat".[677]

Dieser Ansatz ist durchaus verbreitet, so etwa im Diskurs rund um den Alpentourismus, wo sich unter anderem auch eine Betrachtungsweise ausmachen lässt, die den Fremdenverkehr der letzten zwei Jahrhunderte als „Drehscheibe für Begegnungen, für Erfahrung und Austausch aller Art"

---

[675] Beck / Grande 2007, S. 154; vgl. Lenz / Salein 2010.
[676] Urry 1995, S. 167.
[677] Hachtmann 2007, S. 184.

und sogar als Experimentierfeld im Sinne einer "Schule Europas" würdigt. Von wechselseitigem "Geben und Nehmen" ist die Rede, auch davon, dass die Alpen von den Zugereisten „durchaus profitiert" hätten, ökonomisch und „metaphorisch, im Sinne teils der Belebung und Stärkung, teils der Fortentwicklung und Modernisierung ihrer Kulturgestalt".[678]

Schauen wir nur kurz auf eine damit verbundene Statistik für das Jahr 2017, so ergibt sich der folgende Befund: Je etwas mehr als ein Drittel der Deutschen sind überhaupt nicht urlaubshalber verreist oder sie haben innerdeutsche Reiseziele gewählt; es folgen Spanien (9,2 %), Italien (8,6 %), Österreich (8,2 %), Türkei (5,0 %) sowie Frankreich (4,0 %). Umgekehrt waren 11,2 Millionen Niederländer hierzulande unterwegs, gefolgt von Schweizern (6,7), US-Amerikanern (6,2), Briten (5,6), Österreichern (4,0), Italienern (3,7), Franzosen (3,5), Dänen (3,3), Belgiern (3,1) sowie Polen (2,9).[679] Das bedeutet: Europäische Nachbarn haben sich im fraglichen Jahr durchaus gegenseitig besucht, wobei Europa sich nicht auf EU-Europa reduzieren lässt; angesichts der Gäste von Übersee ist ein noch vielseitigeres Bild vom Geschehen entstanden, was erst recht die Fragen aufwirft, wie horizontale, in diesem Fall nicht formal-organisatorische, institutionenbezogene, sondern persönliche Kosmopolitisierung mittels touristischer Reisepraxis geschehen kann und welche Beiträge das Unterwegssein gerade zu einer eher in der persönlichen Nahwelt anzusiedelnden Europäisierung zu leisten in der Lage ist. Ins Generalisierende ausgreifend, bleibt zu erkunden, ob eine touristische Reise überhaupt zu derartigen Folgen führen kann, beziehungsweise, um es noch einmal zu wiederholen, was von einer touristischen Reise nachlebt und nachwirkt.

Meine Umfrage hat ergeben, dass es beim eigenen touristischen Unterwegssein vorrangig darum geht, die / das Fremde, auch die Fremden, kennenzulernen; man möchte sich anderswo wie zuhause fühlen, gleich ob in der europäischen Welt (z.B. in Westeuropa oder Südeuropa) oder in der außereuropäischen Welt (z.B. in Lateinamerika, Ostasien oder Südasien). In einem der Fälle wurde einer positiv gestimmten Reisebeschreibung und -reflexion der in grundsätzlicher Manier abgefasste Einwand hinzugefügt, demzufolge

„das Sich-Einlassen auf eine fremde Kultur (und sei es nur im Rahmen einer Urlaubsreise) im Hinblick auf die Selbst-

---

[678] Lipp 1993, S. 49, 58, 52, 57.
[679] Grafik „Große Ferien", in: Die Zeit Nr. 32 v. 02. August 2018, S. 34. – Die Reiseintensitäts-Werte haben sich im Lauf der nächsten beiden Jahre geringfügig verändert, wie zu Beginn des zweiten Kapitels dargelegt. Vgl. Stiftung für Zukunftsfragen: Tourismusanalyse 2020. URL: https://www.tourismusanalyse.de/ [25.06.2020].

wahrnehmung und die eigene Identität auch problematisches Potenzial (‚Rosinenpicken' usw.)"

mit sich brächte.[680] In zwei Fällen war gar erst eine Reise in die asiatische Ferne notwendig, um die Einsicht gewinnen zu können, dass angesichts der ausgesprochen selbstkritisch betrachteten individuellen, und zwar als reduziert eingeschätzten, Kenntnisse des gleichsam eigenen Herkunfts-Kontinents Europa hinfort auf sogenannte Fernreisen gut und gerne verzichtet werden dürfe.[681] In einem weiteren Fall sorgte das ausführliche Bereisen Nordamerikas für eine in die vergleichbare Richtung gehende Erkenntnis:

„Je weiter ich von Deutschland entfernt war, desto mehr empfand ich mich als Europäer, die Zugehörigkeitskategorie korrelierte also in Abhängigkeit von der Distanz zur Heimat".[682]

Und noch etwas ist zu berücksichtigen: Die Frage, der im konkreten Fall nachzugehen ist, nämlich was vom Tourismus, von den Erfahrungen, Erlebnissen und Eindrücken, in Gedächtnis, Erinnerung, Verstand, Herz, Seele und weiterem übrig bleibt, hat definitiv nichts zu tun mit jeglicher Frage nach touristischer Nachhaltigkeit, nach dazugehörenden Wachstumsstrategien, nach ökologischen Konstruktionen und dergleichen mehr.[683] Es geht vielmehr darum, zu eruieren, ob am Ende des touristischen Produktionsprozesses tatsächlich, wie wiederum Rüdiger Hachtmann konstatiert, das eigentliche Produkt, der Urlaub und alles, was damit zusammenhängt, „verbraucht" ist, anders als bei der Warenproduktion, bei der, etwa in den Automobil-, Flugzeug-, Straßenkarten- und Getränkeindustrien, am Ende des Produktionsprozesses ein Produkt zu sehen, zu bewerben, zu bestaunen, zu verkaufen und zu nutzen ist.[684] Kann man das wirklich so sagen? Ist es nicht notwendig, genauer hinzuschauen und hinzuspüren, welche Prozesse da im einzelnen ablaufen? Die Tatsache, dass die Teilnehmerinnen und Teilnehmer an meiner Umfrage auf Erinnerungen, Eindrücke, Einsichten, Erfahrungen, Gewissheiten hinsichtlich Selbstvertrauen, Pläne, Anregungen, auf Photographien und Videofilme wie auch auf Objekte, von Kleidung über Nahrungsmittel und Souvenirs bis hin zu Ganesha-Figuren und Amuletten verweisen, legt doch die Konklusion nahe, dass es nach Abschluss einer Reise doch ein – wenn auch in etlichen

---

[680] Fragebogen AA.
[681] Fragebögen AC und AZ.
[682] Fragebogen AO.
[683] Vgl. Wöhler 2011b; ders. 2011c.
[684] Hachtmann 2007, S. 161.

Fällen immaterielles – Produkt gibt, ganz so, wie uns das Martina Zschocke am Beispiel eines jungen Kulturwissenschaftlers und Philosophen vorführt, der sich selbst auf der Basis von eigenen Reiseerfahrungen einen erweiterten Horizont im Sinne einer erhöhten, wie es heißt, Internationalität und somit hinter sich gelassenen engeren nationalen Identität bescheinigt? Die Autorin konfrontiert diese Äußerung mit einem kritischen wie auch selbstkritischen Einwurf aus dem Munde einer, ebenfalls jungen, Ethnologin, die zwar feststellt, dass sie „in vielen Ländern zu Hause" ist, die aber nicht minder auf die Probleme dieser Kosmopolitisierung verweist; da ist gar die Rede vom „Überall-und-nirgends-Dazugehören" sowie von „Zerrissenheit und Identitätskrise".[685]

Geradezu zynisch wäre es allerdings, diesen Verhaltensformen jene Vorgänge zuzurechnen, die man neuerdings, in möglicherweise populärwissenschaftlicher Manier, unter dem Begriff „Paris-Syndrom" zusammenfasst, eine Art Kulturschock nämlich, den Touristen entwickeln (können), wenn sie extrem emotional auf besuchte Städte, ihre Sehenswürdigkeiten und Atmosphären reagieren; die Rede ist gar von einer „Mischung aus Angstgefühlen, Verfolgungswahn und Depressionen".[686] Dies allerdings wird von soziologischer Seite relativiert durch den Hinweis darauf, dass die Informanten der Untersuchungen zum Kulturschock sich eher aus dem Kreis der längerfristig in der Fremde Lebenden, nicht aber aus dem Kreis der Touristen rekrutieren. Zwar müssen auch Letztere mit „kulturelle[n] und soziale[n] Kontrasterfahrungen und Veränderungen" zurechtkommen, aber ihre

> „Begegnung mit der fremden Kultur bleibt auf Ausschnitte beschränkt, die oft mehr durch die Besonderheiten der touristischen Szenerie als durch die typischen Züge einer fremdartigen Kultur geprägt sind".[687]

In die gleiche Richtung zielt eine Aufsatzveröffentlichung über „Europa" als kulturwissenschaftliche Herausforderung. Ausgehend von der Hypothese „Im Alltag der Mehrzahl der Europäer dürfte die Europäisierung vor allem an der einheitlichen Währung augenscheinlich werden, aber auch an der sich angleichenden Warenpalette [...] und daran, dass bei der jährlichen Urlaubsreise die Passkontrolle ausbleibt", formuliert der Autor drei auf jeden Fall weiterführende Fragen, die sich direkt auf das individuelle Subjekt beziehen lassen können, nämlich: „Wie werden diese Phänomene gedeutet?

---

[685] Zschocke 2005, S. 305; zum Gebrauch des Begriffs des „Internationalen" vgl. Beck / Grande 2007, S. 153; Hannerz 1995. S. 78-79.
[686] Steinecke 2007, S. 21-22, Fußnote 17; vgl. Viciano 2017.
[687] Vester 1993, S. 172.

Werden sie mit der Europäisierung oder mit der Globalisierung assoziiert? Wird durch sie ein europäisches Bewusstsein erzeugt oder lösen sie Ressentiments und Ängste aus?".[688]

Diese Fragen lassen sich allerdings in beträchtlichem Maße ergänzen, zunächst ganz allgemein: Welche Möglichkeiten, persönlich europäisiert (im Sinne von: kosmopolitisiert) zu werden, gibt es eigentlich überhaupt? Dazu lassen sich, wenn auch erst einmal lediglich hypothetisch, konkrete Antworten finden: Anbieten würden sich etwa die Besichtigung verschiedener EU-Institutionen in Brüssel und / oder Straßburg und / oder Luxemburg; der Beginn einer grenzüberschreitenden Brieffreundschaft mit einer Partnerin oder einem Partner in Kopenhagen oder Krakau, Evora oder Paphos; die Auseinandersetzung mit dem Europa-Mythos, wie uns das etwa die Politikwissenschaftlerin Ulrike Guérot vorführt;[689] die intensive Lektüre von historischer wie auch gegenwärtiger Sachliteratur sowie Belletristik aus unterschiedlichen europäischen Ländern, Kulturen und Sprachen; ebenso der Besuch unterschiedlicher kultureller, politischer etc. Veranstaltungen in unterschiedlichen europäischen Kulturhauptstädten sowie Partnerstädten des eigenen Wohnorts.[690] Damit wäre auch ein direkter Hinweis auf touristische Aktivitäten gegeben, was zur grundsätzlichen Frage führt: Könnte die Auseinandersetzung etwa von Schülern, Praktikanten, Auszubildenden, Rekruten und Studierenden aus Darmstadt oder München mit Kultur und Alltagsleben in den Partnerstädten Troyes und Chesterfield beziehungsweise Bordeaux und Edinburgh in Gegenwart und Vergangenheit hilfreich für die europäische Identitätsbildung der jungen Leute sein?[691] Und was könnte man von Entwicklungen und Ereignissen in jener Stadt lernen, die, siehe Walter Benjamin, als Hauptstadt des XIX. Jahrhunderts, aber auch als Hauptstadt Europas in der Zeit zwischen der Französischen Revolution und dem Ersten Weltkrieg, nicht zuletzt als Europas Tourismus-Hauptstadt zu Beginn des 21. Jahrhunderts gilt, nämlich Paris,[692] einer Stadt, über die es bei Marguerite Duras heißt: „Es ist teuer, sagen sie alle, wahnsinnig teuer, aber bei ihrer Abreise wollen sie alle eines Tages zurückkehren",[693] einer Stadt mithin, die wir mittlerweile aus kulturwissenschaftlicher Sicht zur Vielfalt an sogenannten „europäischen Orten" zählen, welche sich, wie schon vermerkt, gleich ob als Städte, Plätze oder

---

[688] Schriewer 2004, S. 51-52.
[689] Guérot 2016, S. 215-227.
[690] Vgl. etwa Habit 2011; Filipová 2015.
[691] Vgl. Enser 2005.
[692] Benjamin 1983; Willms 1988; Freytag 2008, S. 9-10. Die Paris umgebende Region Île-de-France gilt gar als „bedeutendste Reisedestination weltweit (45 Mio. Touristen pro Jahr, davon 60 Prozent aus dem Ausland)"; Michelin 2010, S. 15.
[693] Duras (1984) 2007, S. 137.

Gebäude, dadurch auszeichnen, dass sie als Schauplätze und Tatorte dienen, an denen die Auseinandersetzung um „'das neue Europa'" sowohl in vergegenständlichter Gestalt als auch auf symbolischer Ebene aktiv geführt wird?[694]

Für die Zeit nach der Heimkehr von einer Reise gibt es, zunächst ganz oberflächlich und vor allem hypothetisch gesagt, jede Menge Möglichkeiten der Vertiefung des touristischen Tuns: Man kann sich zuhause, gleich ob in Nürnberg oder Hamburg, Oberhausen oder Saarbrücken, Stralsund oder Leipzig, im Feld der Städtepartnerschaftspflege engagieren oder einen Spanischkurs im Instituto Cervantes besuchen, vermehrt italienische Belletristik lesen oder einschlägige Musikstücke, Filme, Theaterstücke und Fernsehprogramme rezipieren; man kann öfters als bisher Kurzreisen nach Ljubljana oder La Valletta, San Sebastian oder Bratislava, Riga oder Dublin unternehmen oder ausgedehnte Sommerferien auf einer der griechischen oder portugiesischen, schwedischen oder spanischen Inseln ins Auge fassen; man kann Gastschüler aus den Niederlanden oder der Slowakei, aus Estland oder Lettland aufnehmen oder die eigene Wohnung mit finnischen oder polnischen Plakaten dekorieren, die eigene Alltagssprache mit Ausdrücken wie „grazie", „ciao bella" und ähnlichem anreichern und sich einen PKW aus der Produktion von Peugeot oder Renault anschaffen, auch wenn man irgendwann einmal erfährt, dass sich die Produktion von Automobilen, wie von vielen anderen Gegenständen auch, im Zeitalter der Globalisierung nicht mehr so leicht national zuordnen lassen: "Ein neuer Sportwagen eines koreanischen ‚Herstellers' wird in Japan finanziert, in Italien designed, die Konstruktion des Motors und Getriebes erfolgt in Deutschland. In England wird der Wagen montiert, wobei elektronische Komponenten Verwendung finden, die in Silicon Valley erfunden und in Japan hergestellt wurden. Die Werbekampagne der Einführung dieses Wagens wird in Frankreich konzipiert, und die erforderlichen Fotoaufnahmen macht eine kanadische Gesellschaft in Spanien. Datenverarbeitung findet auf Barbados und die Gehaltsabrechnung in Irland statt".[695]

Überdies kann man den eigenen Kindern skandinavische oder kroatische, zypriotische oder tschechische Vornamen geben, das eigene Interesse an rumänischer oder ungarischer Geschichte auffrischen oder auch auf der Basis eigener Erfahrungen ein Sachbuch, eine Autobiographie oder einen Kriminalroman lesen oder gar selbst verfassen;[696] man kann sich an Dublin-Aufenthalte erinnert fühlen, etwa, wenn man in einem der zahlreichen Irish Pubs in deutschen Großstädten einen feucht-fröhlichen Folklore-Abend verbringt; man kann, wenn man als britisches Paar eine gemeinsame Ur-

---

[694] Johler 2005, S. 42.
[695] Rürup 1999, S. 38.
[696] Vgl. Wickert 1991, 1993, 2003, 2009, 2010, 2015.

laubsreise durch verschiedene kontinentale Länder als Testphase ansetzt und diese sich als alles andere als erfolgreich herausstellt, eine langjährige Zweierbeziehung aufgeben;[697] man kann aber auch wieder zusammenfinden: „Der nächste Urlaub ist noch einmal eine Chance für unsere Ehe […]'";[698] man kann sich vornehmen, künftig den Grand Prix d'Eurovision / European Song Contest am Bildschirm zu verfolgen oder sich intensiver für diverse Europameisterschaften in unterschiedlichen Sportarten zu interessieren; man kann die eigene Küche europäischer ausrichten, was auch für die eigenen CD- und DVD-Sammlungen gelten mag; und nicht zuletzt kann man an einen einheimischen oberbayerischen See zum Baden fahren und jenes kurzärmelige weiße Baumwollhemd gegen die Sonnenstrahlen überziehen, auf dem der applizierte Quasi-Werbespruch „Paris is always a very good idea" zu sehen ist, ungeachtet dessen, dass manche andere Badegäste, angesichts jüngerer Terroranschläge auf die Redaktion der Satirezeitschrift „Charlie Hebdo" und auf den voll besetzten Konzertsaal „Le Bataclan" ebendort, durchaus die Stirn runzeln.[699]

Stereotype

Betrachtet man den angeführten vestimentären Schriftzug etwas näher, so haben wir es mit einer durchaus zwiespältigen Aussage zu tun, welche eine Vielzahl von Deutungen zulässt, insbesondere dann, wenn man einen Blick in die Geschichte der von auswärtigen beziehungsweise ausländischen Menschen durchgeführten Reisen nach Paris wirft. Harvey Levenstein hat, wie bereits angesprochen, dieses Thema am Beispiel des US-amerikanischen Frankreich-Tourismus in der Zeit zwischen dem späten 18. Jahrhundert und der Gegenwart untersucht. Macht er dabei Tendenzen eines zunächst sozial exklusiven Geschmacks- und Distinktions-Tourismus aus, der sich peu à peu zu einem vielfältigen, geradezu allgemeinen Freizeit-Tourismus wandelt, so bleibt festzuhalten, dass es sich im konkreten Fall stets um eine Form von friedlicher Reise-Aktivität handelt.[700] Der Schriftzug auf dem T-Shirt, getragen von einer Touristin aus Philadelphia (Pennsylvania) oder Omaha (Nebraska), Portland (Oregon) oder Albuquerque (New Mexico), hätte also durchaus seine Berechtigung. Ganz anders verhält es sich, wenn eine deutsche Touristin in das Kleidungsstück schlüpft, denn die Paris-Reisen von Generationen ihrer Vorfahren sind nicht

---

[697] Vgl. Nicholls 2015, S. 379.
[698] Ehn / Löfgren 2012, S. 85.
[699] Eigene Beobachtung in Seehausen am oberbayerischen Staffelsee, 15.09.2016. Das Kleidungsstück, so die Trägerin, habe sie drei Monate vorher in Paris erstanden.
[700] Levenstein 1998; ders. 2004.

durchweg in friedlicher Absicht geschehen. Man denke an die diversen kriegerischen Auseinandersetzungen 1870 / 1871 sowie an die beiden Weltkriege. Man werfe allein einen Blick in den von Jean Claude Gautrand herausgegebenen Bildband „Paris. Porträt einer Stadt", der großformatige Photographien von zwei deutschen Offizieren, die gerade an einer voll besetzten Café-Terrasse auf den Champs-Élysées vorbeischlendern (aber eher nicht beachtet werden), sowie von Reichskanzler Adolf Hitler präsentiert, im offenen Wagen auf den Champs-Élysées und vor dem Eiffelturm unterwegs, dies anlässlich seines eintägigen Besuchs der von deutschen Truppen besetzten französischen Hauptstadt am 23. Juni 1940. Hitler kommentierte seinen Aufenthalt mit der Feststellung, „er habe soeben den schönsten Moment seines Lebens erlebt".[701]

Um als positiv empfundene Momente im Leben der Besatzer geht es mittels Text und Bild auch in einer Studie des Historikers Bernd Wegner, der tief in deren spezielle Erfahrungswelt eintaucht und sich am Beispiel der Okkupation von Paris zwischen den Jahren 1940 und 1944 mit dem subjektiv-individuellen „Blick" der Akteure auf Kultur und Alltag ebendort kritisch auseinander setzt, mit ihren Reaktionen auf die Stadt, mit der Bedeutung, welche der „Mythos Paris" für sie besaß sowie mit der Art und Weise, wie sie ihr eigenes Leben in der vorübergehenden Fremde gestalteten. Der Autor hat ein breites Spektrum von schriftlichen Quellen ausgewertet (Feldpostbriefe, Tagebücher, Gesprächsprotokolle, Akten) und der Studie umfangreiches photographisches Material beigegeben, welches deutsche Soldaten jeglicher Dienstgrade, stets in Uniform, nicht nur vor dem Invalidendom und dem Eiffelturm zeigt, sondern ebenso etwa beim Paradieren vor dem Arc de Triomphe, beim Kauf von Postkarten an einem Kiosk, beim Studium eines Reiseführers, im Café, vor einem „Deutschen Soldatenkino", in den Tuilerien, nahe der Kathedrale Notre-Dame, beim Photographieren, in der Métro, beim Besuch einer Revue, beim Gespräch mit jungen (einheimischen?) Damen vor dem Cabaret „Moulin Rouge", auf dem Flohmarkt St. Ouen sowie in einer Drogerie.[702]

Auch wenn sich das Verhältnis zwischen Okkupanten und Okkupierten als das Verhältnis von Ausbeutern und Ausgebeuteten beschreiben lässt, so gab es gleichzeitig zum eigentlichen Okkupationsgeschehen eine durchaus verbreitete Begeisterung für die französische Hauptstadt auf Seiten der Besatzer. In diesem Zusammenhang gelingt es dem Autor, und das dürfte für die weitere Debatte in sämtlichen wissenschaftlichen Diszi-

---

[701] Gautrand 2011, S. 324 / 325, 332 / 333, Zitat S. 327. Vgl. de Beauvoir (1961) 1987, S. 391: „6. Juli [1940] Im ‚Dôme' verkündet ein Anschlag, dass das Lokal für Deutsche verboten ist. Ich frage mich, warum. In jedem Fall ist es angenehm, diese Uniformen nicht mehr zu sehen".

[702] Wegner 2019, S. 8, 9, 26, 42, 43, 45, 58, 65, 66, 68, 69, 107, 110, 120, 127.

plinen, welche sich mit Fragen des (Massen-) Tourismus befassen, von zentraler Relevanz sein, eine Typologie von Akteuren aus dem Kreis der Okkupanten mit je unterschiedlichem Selbstverständnis und je unterschiedlicher Haltung zu entwickeln. Es sind dies der grundsätzlich desinteressierte „Landser"; der sogenannte „Kriegstourist", den das übliche Besichtigungsprogramm interessiert und der später noch einmal zurückkommen möchte; der „Abenteurer", der Außergewöhnliches erleben möchte; der frankophile „Bildungsbürger", der die Stadt regelrecht studiert, ja geradezu kennt; schließlich der „Flaneur", der sich eher treiben lässt, der Beobachtungen anstellt und Eindrücke sammelt.[703] Bei aller Unterschiedlichkeit dieser Herangehensweisen an die Stadt Paris lässt sich ein beachtenswertes Resümee ziehen; danach „blieb für Viele die Erfahrung von Paris unvergesslich. Für einen kürzeren oder längeren Augenblick öffnete sich ihnen die Tür zu einer Welt, die es nach nationalsozialistischen Vorstellungen so nicht mehr geben sollte".[704]

Dazu passt es, dass der Pariser Odé-Verlag für die deutschen Truppen in Leder eingebundene Taschenkalender auf den Markt gebracht hat, die neben dem üblichen Kalendarium die ebenso üblichen, an einen gedruckten Reiseführer erinnernden touristischen Informationen enthalten, so etwa Konversations- und Sprachhilfen, Wörterbuch, Speisekarte, Liste mit Sehenswürdigkeiten, Stadtplan von Paris (ohne Synagoge, aber mit Moschee), Liste der „Ausfahrten von Paris", Verkehrszeichen, Métroplan und viele andere Angaben zu unterschiedlichen Rubriken, fast durchgängig mit farbigen Illustrationen. In der Ausgabe für das Jahr 1942 gibt es die Rubrik „Dinge, die man leicht vergisst", wozu nicht nur die eigene Fernsprecher-Nummer, Angaben zu Körpergröße, Körpergewicht, Leibesumfang sowie die Nummern des Sparkassenbuchs, der Versicherung und des Fahrrads gehören, sondern auch die Mitgliedsnummern der unterschiedlichen nationalsozialistischen Organisationen (NSDAP, NSKK, SA, DAF, SS).[705]

Nicht nur der Reichskanzler und Diktator selbst sowie der Taschenkalender, welcher möglicherweise als Souvenir mit nach Hause gebracht worden ist, vermitteln die Ambivalenz der Empfehlung, dass es stets „eine gute Idee" sei, nach Paris zu reisen. Im Gegensatz dazu wird, nach einigen Jahren der Unterbrechung, eine rundum friedliche Variante des deutschen Paris-Tourismus reaktiviert, dies mit Einsetzen der Zeit des sogenannten

---

[703] Ebd., S. 198-200.

[704] Ebd., S. 209; zum Verhältnis von Okkupation und touristischen Praktiken (Besichtigungen, Photographieren etc.) vgl. auch Torrie 2018 und Bopp 2009; zur literarischen Auseinandersetzung vgl. Altwegg 1986, S. 37-62; Wallner 2007; Assouline 2006.

[705] Nationalsozialistische Deutsche Arbeiterpartei, Nationalsozialistisches Kraftfahrkorps, Sturmabteilung, Deutsche Arbeitsfront, Schutzstaffel. Taschenkalender in deutscher Sprache: „1942". Paris 1941, 234 Seiten, hier S. 6.

„Wirtschaftswunders" in den 1950er Jahren: „Man konnte wieder ausgehen, man konnte sich etwas gönnen, eine Reise nach Paris zum Beispiel",[706] von der sich wiederum zuhause berichten ließ, musikalisch untermalt etwa von Caterina Valentes Erfolgsschlagern „Ganz Paris träumt von der Liebe" und „Wenn es Nacht wird in Paris" aus dem Jahr 1954 sowie veranschaulicht durch selbst geknipste photographische Aufnahmen, als Souvenirs mitgebrachte Bildpostkarten oder gar eines der zahlreichen Photobücher, welche in jenen Jahren veröffentlich wurden, gleich ob sie Werke französischer (Robert Doisneau, Brassaï, Henri Cartier-Bresson), schweizerischer (René Groebli, René Burri, Martin Hürlimann) oder deutscher Bildkünstler (Kurt Otto-Wasow, Peter Cornelius) präsentieren.[707]

Gleichwohl gibt es auch in diesem Kontext eine Art von jenem bereits bekannten Verweigerungsverhalten, ablesbar wiederum an einem eigenen Beispiel, nämlich dem fehlgeschlagenen Versuch, den eigenen Eltern zu ihren runden Geburtstagen um das Jahr 1990 einen gemeinsamen einwöchigen Paris-Aufenthalt schenken wollte. Die Mutter reagierte positiv; der Vater hingegen lehnte das Angebot ab, dies mit den Worten, der Sohn könne ja mit seiner Mutter allein hinfahren, er selbst kenne Paris bereits. Diese Aussage bezog sich auf des Vaters Partizipation am sogenannten Frankreich-Feldzug während des Zweiten Weltkriegs, 1940, und auf einen weiteren Einsatz ebendort im Jahr 1942. Von diesen hatte er übrigens Erinnerungsstücke mitgebracht. Überliefert sind, aus dem Jahr 1940, jede Menge unbeschriebene Photo-Postkarten mit Pariser Stadtansichten (Straßen, Bahnhöfe, Museen, Theater, Kirchen, Denkmäler, jeweils mit Staffage) und zwei kleine Pappmappen mit Photographien von verschiedenen „Monuments de Paris", sowie, aus dem Jahr 1942, Straßenkarten aus dem Hause Michelin, „La France en deux feuilles". Da beide Eltern längst verstorben sind, lässt es sich nicht mehr eruieren, wie die Familie mit den gedruckten Medien, also Quellen, im Laufe der Zeit umgegangen ist; wie die Dokumente mehrere Umzüge kreuz und quer durch die Bundesrepublik Deutschland überleben konnten; vor allem aber, wie es dazu kam, dass die großzügige, zu keinerlei Gegengabe verpflichtende Schenkung eines Paris-Aufenthaltes ein halbes Jahrhundert nach dem Einmarsch der deutschen Truppen rundweg abgelehnt wurde. Was also könnte dieser Vorgang genau bedeuten; welche Beweggründe lassen sich anführen? Verweist die negative Reaktion darauf, dass der Vater seine beiden Paris-Reisen als Vertreter einer menschenverachtenden Diktatur absolviert hat, als sogenannter Kradschützenzugführer, und möglicherweise einfach Angst vor dem Besuch im ehemaligen „Feindesland" hatte? Rächt es sich, dass hierzulande nach Beendigung des Zweiten Weltkriegs zunächst eine Art von still-

---

[706] Bode 2015, S. 18.
[707] Vgl. Koetzle 2011.

schweigendem Konsens über das weitgehende Verdrängen und Verschweigen des eigenen Tuns eingesetzt hat? Und ist im konkreten Fall nicht mehr oder weniger leichtfertig eine Chance vertan worden, einen Beitrag zur grenzüberschreitenden Versöhnung, somit zur Selbst-Kosmopolitisierung, konkret zur Selbst-Europäisierung, zu leisten? Dieser Vorgang erhält vor dem Hintergrund, dass die vorgenannten Eltern ihre ab den 1950er Jahren einsetzenden Sommerurlaube durchgehend in heimischen Gefilden verbracht haben, an Ost- und Nordseestränden, in Oberbayern und im Schwarzwald, einen seltsamen Beigeschmack. Kein Wunder, dass es die nächste Generation innerhalb der Familie nahezu planmäßig in die Ferne trieb, kreuz und quer durch sämtliche Teile Europas, nach Israel, nach Nordafrika und nach Nordamerika. Anzeichen für diese Veränderung lassen sich dann auch dem Gästebuch der Familie entnehmen, denn da tauchen eine Zeitlang, ab Ende der 1960er Jahre, Einträge von allen möglichen jüngeren Menschen auf, die aus England und den Niederlanden, aus Norwegen und Schweden, vor allem aber aus den USA stammen. Und dazu passt es wiederum, dass als Folgen mancher dieser Reisen außer jeder Menge persönlicher Erinnerungen sowie bildlicher Dokumente, die durchaus kommuniziert wurden, auch ein halbes Jahrhundert später noch die eine oder andere grenzüberschreitende Freundschaft, wie bereits thematisiert, gepflegt wird. In just diesem Zusammenhang lässt sich, ohne jegliche Selbstgerechtigkeit, eher nicht von verpassten Chancen hinsichtlich eigenen Bemühungen um so etwas wie Selbst-Kosmopolitisierung sprechen. Wir haben es also mit einer auf den privaten Rahmen der Mitglieder einer Familie begrenzten Form von nicht unbedingt leicht zu bewerkstelligender kultureller Innovation zu tun – und dadurch mit der Begründung einer neuen Tradition.[708]

Dazu sei kurz eine etwas befremdende Begebenheit beschrieben: Einst vertraute mir ein anderer Skilangläufer, als wir zufälligerweise gemeinsam auf einer Bank unweit von Scheffau in Tirol verschnauften, ungefragt eine Erklärung dafür an, warum er bei der Europa-Wahl im Jahr 1989 die rechtsradikale deutsche Partei „Die Republikaner" wählen wollte: Sie würden seit geraumer Zeit dermaßen überfremdet werden in der nahe gelegenen Kleinstadt Rosenheim und deren Umgebung, entlang der Bundesautobahnen A 8, in Richtung Salzburg, beziehungsweise A 93, in Richtung Innsbruck, dass es gar keine politische Alternative gebe. Auf die Frage, wie die so benannte Überfremdung denn konkret aussehe, fragte er zurück, ob ich es als Münchner gerne hätte, wenn „meine" Autobahn regelmäßig von jeder Menge Autos mit gelben Kennzeichen, dazu noch mit angehängten Wohnwagen, verstopft werden würde. Gemeint waren als Belästigung aufgefasste, Rosenheim passierende niederländische Touristen. Traurig, aber

---

[708] Vgl. Scharfe 2007, S. 270; Hobsbawm (1983) 2003, S. 1-2.

wahr: Die Partei erhielt 22,1 % der Stimmen in der oberbayerischen Stadt.[709] Auf meine letzte Frage hin, ob er denn einen einzigen Menschen aus unserem wunderbaren Nachbarland jemals kennengelernt hätte, erfolgte eine Verneinung. Voilà, Tourismus als Vermittler von gegenseitigem Verständnis? Von wegen! Die gewissermaßen tragische Ironie in der Argumentation meines Gesprächspartners bestand allerdings darin, dass er, zum Zeitpunkt unseres Gesprächs, als Deutscher am grenzüberschreitenden Tourismus, und zwar am massenhaften Tourismus, in einem ihm durchaus vertrauten Gebiet partizipierte, sich also im Ausland aufhielt. Dass dieser Teil von Österreich zu jeder Jahreszeit ein ausgesprochen beliebtes Reiseziel von unter anderem auch deutschen Touristen ist, die zum phasenweise unerträglich hohen Verkehrsaufkommen auf den Autobahnen, Landstraßen, Stadtstraßen und Dorfstraßen, nicht zu vergessen Plätzen, Parkplätzen, Skipisten, Wanderwegen, Seilbahnen und dergleichen mehr, einen deutlichen Beitrag leisten, daran verschwendete er keinen einzigen Gedanken. Eine Veränderung der eigenen Reisegewohnheiten stand nicht auf dem Programm. Das Reiseziel Tirol gehörte gewissermaßen zu seinem Alltag dazu; er verhielt sich so, als wäre er zuhause unterwegs. Ob das wohl für eine aufgeklärte kosmopolitische (im Sinne von: europäisierte) Gesinnung spricht? Es darf somit in deutlicher Weise in Frage gestellt werden, ob der deutsch-österreichische Tourismus im Fall des vorgenannten Skilangläufers tatsächlich zu Bildungsprozessen geführt hat, dies angesichts der Tatsache, dass er selbst nicht einmal ansatzweise bereit gewesen ist, sein eigenes Tun, nämlich völlig selbstverständlich in ein Nachbarland zu reisen, den niederländischen Touristen ebenso zuzugestehen.

Wie anders gestaltete sich ein Gespräch mit einem britischen Besucher, der sich daran erinnerte, dass er selbst im Biergarten am Chinesischen Turm im Englischen Garten zu München Jahre zuvor eine geistige Fehlleistung vollbracht habe: Er hatte ein älteres Paar am Nachbartisch entdeckt, welches zu zweit aus einem Maßkrug, wie er meinte, verwässertes Bier trank. Sein Kommentar: „Das müssen sehr arme Leute sein". Darauf hingewiesen, dass er die Bedeutung dessen, was man in Süddeutschland „Radler" und in Norddeutschland „Alsterwasser" nennt, sowie den Sinn gemeinsamen Trinkens aus ein und demselben Gebinde verkenne, nämlich einerseits einen weitgehend klaren Kopf zu behalten und andererseits sich das Getränk zu teilen, wenn dieses nur in Maßkrügen ausgeschenkt wird, war er sofort bereit, seine Sicht auf die Dinge an Ort und Stelle wie auch zuhause zu korrigieren – er hatte nämlich seit früheren Besuchen Münchens seine (inkorrekte) Einschätzung mehrfach verbreitet, dabei die

---

[709] Was dem Informanten entgangen war: Jegliches Automobil aus den Niederlanden passiert, bevor es auch nur in den Dunstkreis Rosenheims gerät, die bayerische Landeshauptstadt München. Vgl. URL: https://www.zeit.de/1989/27/wer-sind-wer-waehlt-die-republikaner [14. August 2018].

Argumentation verfolgend, sogar im reichen Deutschland gebe es arme Menschen. Ungeachtet dessen, ob er mit seiner sozio-ökonomischen Einschätzung der hiesigen Bevölkerung hierzulande insgesamt richtig oder falsch lag, wurde ihm im konkreten Fall die Chance gegeben, eigene stereotype Vorstellungen korrigieren und eine Form von interkulturell ausgerichtetes Verständnis für Kulturprozesse in der touristisch von ihm selbst aufgesuchten Fremde entwickeln zu können. Er selbst bezeichnete die Episode als potentiellen Beitrag zur eigenen Europäisierung oder Kosmopolitisierung.

Es lässt sich, dieses Kapitel resümierend, die Aussage treffen: Insgesamt verhält es sich bei Prozessen der Selbst-Europäisierung oder gar Selbst-Kosmopolitisierung ganz ähnlich wie im Fall der eigenen Flexibilisierung und der Förderung eigener Kreativität im Zusammenhang mit touristischem Unterwegssein so, dass bis zu einem bestimmten Grad historische und gegenwärtige Voraussetzungen gegeben sein sowie als geistige, seelische, soziale, materielle, rechtliche, politische, mediale und jede Menge weiterer Vorgaben zur Verfügung stehen müssen, damit die Akteurinnen und Akteure interessegeleitet, in positiver, konstruktiver und eindeutiger Weise, agieren können.

Gleichermaßen kommt es darauf an, in diesem Zusammenhang die Ambivalenz bestimmter Entwicklungen durchschauen zu können. Wenn man sich etwa mit dem im Sinne der nationalsozialistischen Gewaltherrschaft organisierten und praktizierten KdF-Tourismus auseinandersetzt, liegt es nahe, sich auf dessen systemstabilisierende, kompensative, entpolitisierende, rekreative, ökonomische, rassistische und weitere Funktionen für die gewissermaßen „eigene" Bevölkerung zu beziehen. Nimmt man ergänzend die spezifischen Vorstellungen von Völkerfreundschaft in den Blick, so gelangt man schnell zu dem Schluss, dass wir es überwiegend mit propagandistischen Aktivitäten zu tun haben:

> „In besonderem Maß galt dies für die Auslands- und hier wiederum die Seereisen. Die KdF-Touristen traten, wenn sie im Ausland von Bord der Schiffe gingen, faktisch als Werbeträger der NS-Diktatur auf und popularisierten ein Image, das das Hitler-Regime im befreundeten Ausland verbreitet wissen wollte".[710]

Wenn man sich dagegen mit der Zeit nach 1945 befasst, dann geht es zentral um jene Vorgänge, die peu à peu zu einem vielgliedrigen Massentourismus

---

[710] Hachtmann 2007, S. 123; vgl. Keitz 1997, S. 209-257. KdF: „Nationalsozialistische Gemeinschaft ‚Kraft durch Freude'", Massenorganisation der Deutschen Arbeitsfront, 1933 gegründet.

geführt haben. Dieser wiederum ist ab einer bestimmten Phase in der zunächst nur westdeutschen Form begleitet worden von Tendenzen der Kritik an seinen immer massiveren Praxisformen. Allerorten setzte eine immer deutlichere Sensibilisierung der Menschen für die ökologischen Negativfolgen von ungebremster Industrialisierung, Technisierung und Ökonomisierung ein, was im Laufe der Jahre unter anderem auch zu einer Art von Umwertung bisheriger, allgemein verbreiteter touristischer Reisepraktiken geführt hat, dies allerdings – paradoxerweise – bei gleichzeitiger, zum Teil drastischer Zunahme des weltweiten, verschiedene Varianten von Selbst-Kosmopolitisierung überhaupt erst ermöglichenden Flugverkehrs.[711]

Meine Untersuchung verfolgt das Ziel, einen Beitrag nicht nur zur Mobilitätenforschung, sondern nicht minder zur Aneignungsforschung und ebenso zur Kosmopolitisierungsforschung zu leisten, denn eines ist gewiss: Kosmopolitismus hat mit Mobilitätsphänomenen (wie Reisen, Migration und Tourismus) sowie, daraus folgend, mit Aneignungsprozessen zu tun, auch wenn das, in den Worten von Ulrich Beck und Edgar Grande, lange Zeit „ein mehr oder weniger ungelöstes Rätsel für den statistischen Staatsblick der Sozialwissenschaften geblieben" ist; Kosmopolitismus zeichnet sich dadurch aus,

> „dass hier im Denken, Zusammenleben und Handeln die Anerkennung von Andersheit zur Maxime wird, und zwar sowohl im Innern als auch nach außen. Unterschiede werden weder hierarchisch geordnet noch aufgelöst, sondern als solche akzeptiert, ja positiv bewertet".[712]

In diesem Licht betrachtet, ist es ausgesprochen sinnvoll und somit legitim, die Reisefolgenforschung um den Aspekt der Erkundung von Urlaubsreisen zu erweitern. Stellen wir uns also selbst die Frage: „Was wollen wir warum wissen?",[713] so müssen wir uns noch einmal vor Augen halten, dass es sich beim heutigen (Massen-) Tourismus um „ein Megaphänomen" handelt, welches sich „angesichts gigantischer Dimensionen" weder hinsichtlich seiner ökonomischen Bedeutung noch seiner politischen Bedeutung noch seiner (sozio-) kulturellen Bedeutung allzu leicht „richtig einschätzen lässt". Auf jeden Fall haben wir es mit einem wichtigen, einflussreichen und ubiquitären Industriezweig zu tun, der bisweilen gar, wie schon bemerkt, als globales „freizeitbesetztes Weltsystem"[714] bezeichnet wird, was sich konkret im Bereich der deutschen Tourismuswirtschaft so gestaltet, dass

---

[711] Vgl. Mundt 1998, S. 456-466; Schmude / Namberger 2010, S. 130-134; Schaefer 2017.
[712] Beck / Grande 2007, S. 186, 27.
[713] Vgl. Beiner 2009, S. 80.
[714] Gyr 2001, S. 469.

von ihr drei Millionen Arbeitsplätze abhängen und dass sie „mehr zum Bruttoinlandsprodukt bei[trägt] als Autoindustrie oder Maschinenbau. Im Jahr 2018 brach der Tourismus hierzulande zum neunten Mal in Folge alle Rekorde".[715] Ungeachtet der Tatsache, dass diese Aussage nicht differenziert zwischen exportwirtschaftlichen Vorgängen (ausländische Touristen verbringen ihre Urlaube hierzulande und bezahlen für bestimmte Güter und Dienstleistungen in Devisen – hier) und importwirtschaftlichen Vorgängen (deutsche Touristen verbringen ihre Urlaube in fremden Ländern und bezahlen für bestimmte Güter und Dienstleistungen ebenfalls in Devisen – dort),[716] dürfte die immense Bedeutung des lokalen, regionalen, überregionalen sowie die gesamte Welt umspannenden Massentourismus unverkennbar sein. Das allein fordert bereits dazu auf, die Aus- und Nachwirkungen, die Folgen für die betroffenen Akteure, nämlich für die Reisenden selbst, näher zu untersuchen.

---

[715] Temsch 2019.
[716] Mundt 1998, S. 365.

Von krisenhaften Erscheinungen

„Leute von heute mit ihrer pathologischen Mobilität [...] halten es ja, sofern sie den richtigen Pass in der Tasche haben, für ein Menschenrecht, mindestens einmal im Jahr im Indischen Ozean zu baden"
(Hans Magnus Enzensberger 2018).[717]

„Eine Reisewarnung ist kein Reiseverbot"
(Markus Tressel 2020).[718]

„Urlaubsreisen in Europa sollen wieder möglich sein. Außenminister wollen, dass Einreisebeschränkungen und Quarantänebestimmungen bis Sommer verschwinden"
(Daniel Brössler 2020).[719]

„Ich habe vor, zum Windsurfen nach Ägypten ans Rote Meer zu fliegen. Und das werde ich auch machen"
(Alexander Kekulé 2020).[720]

---

[717] Enzensberger 2018, S. 165.
[718] Markus Tressel in: Kemper / Worthmann 2020.
[719] Brössler 2020.
[720] Alexander Kekulé in: Kemper / Worthmann 2020.

Die bereits diskutierte „ReiseAnalyse 2019" hat, dies als Ergebnisse für das Jahr 2018, ermittelt, dass, auf der Ebene der Erwartungen, für die reisenden Akteurinnen und Akteure vorwiegend rekreative, memorisierende, bildungsbezogene und soziale Effekte eine Rolle spielen; auf der Ebene der tatsächlichen Reiseerlebnisse, an die man sich gern erinnert, handelt es sich um solche, die mit Natur, mit Aktivitäten, mit Begegnungen und eigenen Gefühlen zu tun haben, wobei die jeweilige Gesamterfahrung eine mittlere Position einnimmt.[721]

Meine eigene Umfrage hat ergeben, dass einerseits, vermittelt über touristisches Reisen, materielle, mediale sowie immaterielle Kulturtransfers in Richtung des subjektiv-individuellen Lebens in der Phase des „Danach" stattfinden, andererseits, dass im Zentrum des Unterwegsseins in der Fremde vier verschiedene Handlungskonzepte stehen, als da sind: das Erleben der Fremde als formaler Gegenpol zum Normalalltag, die inhaltliche Durchdringung und Aneignung des neu zu Entdeckenden, das Erleben der Fremde als eine Art Prüfstein für eigene Kompetenzen sowie die Fremde als Auslöser für die Neuausrichtung des eigenen Lebensablaufs. Zu den sich ankündigenden beziehungsweise bereits in Gang gesetzten Veränderungen als Aus- und Nachwirkungen einer Urlaubsreise gehört dann die eine Zeit lang zu spürende Gelassenheit im Alltag, was sich unter anderem auf die Relativierung des eigenen Lebens beziehen lässt, außerdem darauf, dass Sehgewohnheiten sich tendenziell wandeln sowie, vor allem, dass man ganz konkrete Absichten verfolgt, bestimmte Aufgaben erledigt, dringende Angelegenheiten klärt und anstehende Verpflichtungen eingeht. Das, was da passiert oder passieren soll, führt dazu, dass die Befragten sich selbst mehrheitlich nach der Rückkehr von der Reise dahingehend einschätzen, dass sie nicht mehr dieselbe Persönlichkeit darstellen. Dieser Befund scheint jedoch, und das nicht nur ansatzweise, im Widerspruch zu einem weiteren Ergebnis der Umfrage zu stehen, nämlich demjenigen, dass die eigentliche Nach-Urlaubsstimmung in der Regel lediglich für lediglich kurze Zeit fortbesteht, womit die Forschungsergebnisse von Martina Zschocke und Jessica de Bloom einschließlich Kolleginnen sowie die Thesen von Jörn W. Mundt und Jost Krippendorf im wesentlichen bestätigt wären. Weitere Forschungen sind somit notwendig, um den Widerspruch genauer zu erkunden, Forschungen, zu denen im Grunde genommen bereits im Jahr 1992, von kulturwissenschaftlicher Seite, Ronald Lutz mit seinen umfangreichen und in die Tiefe gehenden Fragen aufgerufen hat, was wohl von einer Reise übrig bleibe, ob der Alltag nach dem Urlaub potentielle Reisefolgen beseitige oder ob, in grundlegender Weise, das Unterwegssein gar Spuren in den individuellen Lebensgeschichten der Akteure hinterlasse.[722]

---

[721] ReiseAnalyse 2019. Ergebnisbericht, S. 96.
[722] Lutz 1992, S. 234, 248.

In der deutschen Zusammenfassung ihrer Dissertation formuliert Jessica de Bloom unter anderem auch – eher allgemein gehaltene – Vorschläge für die Ausrichtung der zukünftigen Urlaubsforschung: Die eigenen Ergebnisse sollten anhand umfangreicherer Stichproben, auch in anderen Ländern, zusätzlich zu den Niederlanden, überprüft werden; ferner gelte es, Längsschnittstudien zu dauerhaften Auswirkungen von unterschiedlichen Urlaubs-Mustern auf die Gesundheit der jeweiligen „Versuchsperson" durchzuführen, desgleichen Studien zu den einschlägigen Auswirkungen auf Menschen, welche nicht berufstätig sind, auf solche, die ihre Urlaube zu Hause verbringen, sowie auf solche, die während ihres Urlaubs arbeiten; zudem müsste es darum gehen, zentrale Kategorien zur Bestimmung des Handlungsfelds „Urlaub" zu bestimmen, spezielle Erholungstheorien zu überprüfen, den Einfluss von Urlaubserinnerungen „experimentell" zu erkunden, was auch immer das genau heißen mag, sowie Methoden der Intervention zu ermitteln, welche die Urlaubseffekte verlängern und verstärken helfen können, wobei auch die Auswirkungen auf „Physiologie, Liebesbeziehungen, Freundschaften und Arbeitsleistung" auf der Agenda stehen sollten.[723]

Grob gesagt, sind sowohl die Studien von Jessica de Bloom selbst als auch diejenigen von Jessica de Bloom mit Kolleginnen und Kollegen aus arbeits- und organisationspsychologischer Sicht sowie die Arbeiten von Martina Zschocke und Bettina Graf aus sozialpsychologischer Sicht erhoben und verfasst worden, wobei sie sich dahingehend entsprechen, dass sie sich erkennbar zurückhalten, was soziale und politische Differenzierung der jeweils Untersuchten betrifft. Für eine kulturwissenschaftliche Durchdringung erweisen sich die Forschungen dennoch als ausgesprochen hilfreich, vermitteln sie doch jede Menge Anregungen für weiteres Arbeiten am übergreifenden Thema der Reisefolgen, dies in mehrerlei Hinsicht. Zunächst geht es, um bei den vorgenannten Vorschlägen anzuknüpfen, in „unserem" disziplinären Zusammenhang im Idealfall zentral darum, eine klare ökonomisch, soziologisch und politologisch fundierte, historisch und / oder gegenwartsbezogen ausgerichtete Kulturanalyse von pluri-, poly- oder multikulturellen Gesellschaften oder von Teilen dieser Gesellschaften zu erstellen, welche an einem bestimmten Ort zu einer bestimmten Zeit bestehen und sich entwickeln. Kulturen würden dann, innerhalb eines grundlegenden Rahmens angesiedelt, zur Betrachtung und Reflexion kommen, dies mit dem Ziel, Eigenes, Gemeinsames, aber auch Trennendes herauszuarbeiten, dies einschließlich damit verbundenen Veränderungen, Beweggründen, Begleiterscheinungen, Auswirkungen, Bewertungen und Bedeutungen, wobei in deutlicher Weise grenzüberschreitende Vergleiche eine

---

[723] de Bloom 2012, S. 217.

beträchtliche Rolle spielen. Das bedeutet im konkreten Fall zunächst nichts anderes, als dass den von den genannten Psychologinnen vorgeschlagenen umfangreicheren Stichproben-Erhebungen sowie, vor allem, dem komparativen Ansatz derselben beizupflichten ist. In Relation dazu basiert mein eigener Text, um ein Beispiel zu bringen, auf einer Art Exploration und ist daher bewusst Einschränkungen unterworfen: Das Spektrum der zu Befragenden wäre zu erweitern, um eine größere Vielfalt der deutschen oder einer anderen europäischen Gegenwartsgesellschaft abbilden zu können, was ebenso, wenn auch methodisch anders gelagert, für die Auseinandersetzung mit historischen Entwicklungen gilt; Vergleichsmöglichkeiten hinsichtlich unterschiedlicher Urlaubsformen, deren Auftreten in verschiedenen Ländern und Regionen sowie der Dauer der einschlägigen Nachwirkungen müssten gewährleistet sein; sie sind ausgesprochen notwendig, um Erkenntnisfortschritt zu erzielen, was auch auf die Erkundung des Urlaubshandelns von Nicht-Berufstätigen, Zu-Hause-Bleibenden und Durcharbeitenden zutrifft; wesentliche Merkmale und theoretische Ansätze zum zur Debatte stehenden Handlungsfeld wären selbstverständlich zu isolieren beziehungsweise zu konstruieren, dies allerdings in multidisziplinärer Perspektive, da es sich gerade bei dem zur Diskussion stehenden Thema um ein geradezu klassisches Querschnittsthema handelt, weswegen Kurt Luger eine „neue Spektrumsdisziplin" entstehen sieht,[724] sowie unter Berücksichtigung bisheriger weltweiter Bemühungen um adäquate wissenschaftliche Erkenntnisse, was die Inhalte der weiteren de Bloom'schen Vorschläge in deutlicher Weise mit einschließen müsste.

Kurz und gut: Einer Kooperation von einerseits Psychologie sowie weiteren Sozialwissenschaften (einschließlich Geographie)[725], andererseits der multidisziplinären Emotionsforschung,[726] schließlich der verschiedenen Kulturwissenschaften stehen, nicht zuletzt durch die gemeinsame, teils vollständige, teils partielle sozialwissenschaftliche Fundierung, keine Hindernisse im Wege; ihnen sind im Feld der Freizeit-, Ferien-, Urlaubs- und Tourismusforschung von daher keinerlei Grenzen gesetzt.

Grenzen jedoch gibt es durchaus, Grenzen, welche das gemeinsame Forschungsthema spürbar einschränken oder zumindest einzuschränken drohen, Grenzen im Sinne von Hemmnissen, welche für eine deutliche, negative Beeinflussung gängiger Sicherheitsstandards im Metier des eigentlichen, des empirisch erfahrbaren und zu erkundenden, touristischen Unterwegsseins sorgen und somit die Bereisbarkeit beziehungsweise Zugänglichkeit von bestimmten Destinationen in Frage stellen können. Die Rede ist dann von Katastrophen oder Hazards, also Gefahren, welche auf Reisende

---

[724] Luger (2005) 2018, S. 288.
[725] Zur Geographie als raumbezogene Sozialwissenschaft vgl. Pott 2007, S. 9-15.
[726] Vgl. Schriewer 2014, S. 186.

lauern, von Wagnissen und Risiken, welche diese eingehen, wenn sie ihre Ziele verfolgen. Es gibt gar eine regelrechte Hazard-Forschung, welche zunächst zwischen natürlichen und menschengemachten Hazards unterscheidet, wobei letzteren auch soziale sowie technologische Hazards zugeordnet werden. Die Beeinträchtigungen können immateriellen oder materiellen Charakters sein.[727] Geht man die thematisch einschlägige, von unterschiedlichen Disziplinen erarbeitete tourismuswissenschaftliche Forschungsliteratur durch, so lässt sich resümieren, dass wir es mit einem Spektrum von insgesamt sieben verschiedenen Kategorien von Ereignissen und Aktivitäten zu tun haben: Da gibt es zunächst, erstens, eklatante Verkehrsunfälle mit einer großen Zahl von Opfern, so etwa den Untergang der Ostseefähre „Estonia" auf der Fahrt zwischen Tallinn und Helsinki 1994, das ICE-Unglück 1998 in der Gegend von Eschede nördlich von Celle oder den Absturz der Air-France-Concorde 2000. Dazu gehören ebenso die sich rund um den Globus wiederholenden Tankschiffunglücksfälle mit schwerwiegenden ökologischen Folgen. Sodann gehen, zweitens, Bedrohungen von allgemeiner Kriminalität aus: Es geschahen Morde an Touristen in Miami 1993 sowie Raubüberfälle in Südafrika 2004; und das einst bedeutende mexikanische Seebad Acapulco entwickelte sich zu einem Zentrum des Drogenhandels, wodurch es um das Jahr 2012 als eine der gefährlichsten Städte der Welt mit mehr als 1.000 Toten galt. Drittens nahmen innenpolitische Auseinandersetzungen zum Teil bedrohliche Ausmaße an, in Nord-Irland 1972, in Sri Lanka seit den 1990er Jahren, in der Türkei durch Bombendrohungen 1994 und 1999, auch in der sogenannten „Arabellion" in verschiedenen nordafrikanischen Staaten zwischen den Jahren 2011 und 2013. Der internationale Terrorismus, viertens, verübte Anschläge mit zahllosen Opfern in Ägypten zwischen 1993 und 1997, auf das World Trade Center in New York im Jahr 2001, auf Einrichtungen in Tunesien (Djerba) und Indonesien (Bali) im Jahr 2002, auf Vorortzüge in Madrid und den öffentlichen Nahverkehr in London 2005. Zur Gruppe der von Menschen verursachten Ereignisse und Aktivitäten gehören darüber hinaus, fünftens, Kriege, etwa in Form der drei Kriege in der Region des Persischen Golfes (1980-1988, 1991 sowie 2003) oder der kriegerischen Auseinandersetzungen im ehemaligen Jugoslawien in den 1990er Jahren. Gleichermaßen als natürliche und menschlich-technologische Hazards lassen sich zunächst, sechstens, Naturkatastrophen und Folgen des Klimawandels einschätzen, so der Hurrikan „Andrew" in der Karibik 1992, die Smog-Katastrophe in Indonesien 1998, die Seebeben mit Tsunami im gesamten Südostasien 2004 und in Japan 2011, die Hurrikane „Katrina" und „Sandy" in den USA 2005, Erdbeben in China 2008 und in Haïti 2010, der Ausbruch des isländischen Vulkans Eyjafjallajökull 2010, der Tropensturm an der mexikanischen

---

[727] Schmude / Namberger 2010, S. 123-124.

Pazifikküste 2013 sowie die immer wieder ausbrechenden großflächigen Waldbrände wie etwa in Kalifornien und in Australien 2020 und nicht zuletzt die zahlreichen Lawinenkatastrophen in jeglichen sportiv genutzten Hochgebirgsregionen. Zuletzt, siebentens, seien Gesundheitsrisiken angeführt, Krankheiten und Epidemien, welche für eine Beeinträchtigung touristischen Tuns sorgen, so die Maul- und Klauenseuche in Großbritannien 2001, eine sich 2002 zunächst in China ausbreitende, sogenannte atypische Viruserkrankung der Lunge (SARS), eine Geflügelpest in Asien 2004 und auch der Ausbruch des Ebola-Fiebers in mehreren westafrikanischen Staaten zwischen 2014 und 2016.[728]

Was hier an Tourismus-Hemmnissen lediglich exemplarisch aufgelistet erscheint, lässt sich, gleich ob direkt oder indirekt, individuell oder kollektiv sich auswirkend, den technischen, ökonomischen, ökologischen, politischen, sozialen und kulturellen Folgen jenes universellen Prozesses zuordnen, den Ulrich Beck Mitte der 1980er Jahre mit den Begriffen der „Risikogesellschaft" und zwei Dekaden später der „Weltrisikogesellschaft" etikettiert und in den multidisziplinären Diskurs eingeführt hat, um zum Ausdruck zu bringen, dass in vielerlei Handlungsfeldern der Industriegesellschaft zunehmend unverantwortlich gesteuerte, weitgehend unkalkulierbare, in höchstem Maße gewagte sowie Menschen gefährdende Entscheidungen getroffen und einschlägige Planungen in die Praxis umgesetzt werden.[729]

Nun könnte man erwarten, dass angesichts des soeben skizzierten breiten Spektrums der von Menschen gemachten und natürlichen sowie in Kombination derselben verursachten Hindernissen der weltweit operierende Tourismus das eine oder andere Mal in grundlegender Weise zum Erliegen gekommen sei, aber die dazugehörige Realität sieht in der Tat anders aus, hat sich doch

> „der internationale Tourismus generell als sehr krisenfest erwiesen: Selbst die Anschläge auf das World Trade Center in New York im Jahr 2001 haben nur kurzfristig einen geringen Rückgang der Nachfrage ausgelöst".[730]

Man darf also mit verstärktem Interesse das eigene forschende Augenmerk darauf richten, welche Folgen die während der Niederschrift meiner Über-

---

[728] Steinecke 2006, S. 46-47; ders. 2007, S. 278-279; ders. 2014, S. 69-74; Schmude / Namberger 2010, S. 124; zum Verhältnis von internationalem Terrorismus und Tourismus vgl. Canestrini 2006 und Vester 2010; zu Fragen des Risikos, der Sicherheit und des Terrors vgl. Schmidt-Semisch 2004, Holert 2004 und Scheerer 2004; zu Fragen der Alltagskriminalität Wittich 2004.
[729] Beck 1986; ders. 2007.
[730] Steinecke 2014, S. 77.

legungen, grob gesagt seit Beginn des Jahres 2020, weltweit herrschende Pandemie Corona Covid-19 / Sars-CoV-2, eine weitere, ebenfalls erstmals in China aufgetretene atypische Viruserkrankung der Lunge, zeitigen wird. Mehrere Monate lang hat sie dazu geführt, dass der weltweite Tourismus vorübergehend zum vollständigen Stillstand gelangt ist, dass die einschlägige Öffentlichkeit bei gutem Wetter etwa in München den Englischen Garten, in Berlin den Tiergarten oder den Grunewald und in Hamburg die Wege rund um die Alster oder entlang der Elbe spazierengehender Weise, unter weitgehender Einhaltung eines von Seiten der Regierung geforderten Mindestabstands voneinander, frequentiert und nicht die Fernstraßen, Bahnhöfe, Hafenanlagen oder Flughäfen verstopft hat, um eine Reise oder gar Fernreise anzutreten. In den Fernseh-Nachrichten wurden wiederholt nur spärlich genutzte Autobahnen und vor allem jede Menge geparkter Verkehrsflugzeuge der „Lufthansa" gezeigt. Und auch die stets vom Phänomen des sogenannten Overtourism beeinträchtigte Bevölkerung Venedigs konnte sich erholen, blieb die Stadt doch verschont von den gewöhnlich mehrfach täglich eintreffenden „Raumschiffe[n] des Modernen", jenen „hochhaushohen" Kreuzfahrtschiffen, welche nicht nur für die Elemente Luft und Wasser eine enorme Belastung darstellen, sondern nicht minder für die einheimische Bevölkerung, für die städtische Atmosphäre, die optische Ästhetik der „Serenissima" sowie die lokale Ökonomie, dies vermittelt über die vielen Hundertschaften von auf den Schiffen rundum versorgten Besuchern und deren üblicher Praxis, in den verschiedenen Stadtvierteln selbst ausführlich umher zu streifen, zu photographieren, zu filmen und vieles andere mehr, im Endeffekt aber nur geringfügige Ausgaben für Souvenirs und dergleichen zu tätigen und somit lediglich geringe Geldbeträge in der Stadt zurück zu lassen.[731]

Anders formuliert und auf die Verhältnisse in der gesamten Welt bezogen, scheint es für diese seit mehreren Monaten andauernde Phase keineswegs übertrieben gewesen zu sein, die Feststellung zu treffen: „die Reisefreiheit ist abgeschafft".[732] In den Worten von Eva Illouz liest sich das so:

> „Vom Flugverkehr bis zu den Museen ist das pulsierende Herz unserer Zivilisation stillgelegt. Die Freiheit, der moderne Wert, der alle anderen aussticht, ist vorübergehend außer Kraft gesetzt, nicht durch einen Tyrannen, sondern aus Angst, dem Gefühl, das alle anderen Gefühle überlagert. Die Welt ist über Nacht unheimlich geworden, ihrer Vertrautheit beraubt".[733]

---

[731] Settis 2015, S. 108, 115, 117; zu Overtourism vgl. Kirstges 2020; Meiler 2020.
[732] Wiegand 2020; vgl. Malcher / Tatje 2020.
[733] Illouz 2020.

Die diagnostizierte Angst sorgte dafür, dass es Reisewarnungen gab, dass die transatlantischen Flugverbindungen wie auch die zwischen den USA und der Volksrepublik China vorübergehend eingestellt und Grenzen weltweit dicht gemacht worden sind, so auch, außer für berufliche Pendler, solche zwischen unmittelbaren Nachbarländern innerhalb der Europäischen Union. Fragen tauchten auf, ob diese Maßnahmen womöglich zum Niedergang oder eventuell gar zum Rückgang bisheriger allseitiger Bemühungen hinsichtlich gegenseitiger Zusammenarbeit und Verständigung führen könnten. Eine Zeitlang sah es tatsächlich so aus, als würde erst einmal die diagnostizierte Stilllegung weiterhin dominieren. Eine Weile lang war es in keiner Weise ersichtlich, ob während der restlichen Monate des Jahres 2020 touristische Inlands- wie auch Auslands-Reisen in der gewohnten Weise durchgeführt werden könnten. Genau dieser Umstand spiegelte sich in deutlicher Form in der jeweils aktuellen Presseberichterstattung, welche Vorhersagen traf, gleich ob eher spekulativ: „Reisen werden in diesem Jahr sehr anders ausfallen als geplant", oder kühl-sachlich: „Wann Auslandsreisen wieder möglich sind, ist nicht absehbar"; man entwickelte Szenarien: „Urlaub hinter Plexiglas", auch verbreitete man Schreckensmeldungen, „Ein Drittel der Deutschen hat den Urlaub schon storniert", und sprach nicht zuletzt Prophezeiungen aus: „Bitte einmal mit Maske. Geschlossene Bäder, Essen im Schichtbetrieb und die Speisekarte auf dem Handy: Was im Urlaub dieses Jahr auf uns zukommt".[734] Es wurde immer wieder über einen potentiellen Masterplan für den „Urlaub in Zeiten von Corona" diskutiert, ein Überblick über Beschränkungen in verschiedenen europäischen Ländern gegeben und die Bemühungen des Bundeslands Mecklenburg-Vorpommern gewürdigt, in Kürze touristisch „Wieder für Sie da" zu sein.[735] Nicht zuletzt lieferten Journalistinnen und Journalisten weiterhin Anregungen, wie ihre Leserschaft trotz potentiell anhaltender Einschränkungen zu quasi-touristischen Erlebnissen gelangen könnten, wenn sie dazu bereit wären. Die freizeitlichen Alternativen beziehen sich auf den Besuch selbst noch nicht bekannter einheimischer Destinationen (Städte, Landschaften), das Absolvieren weitgehend sportlich-erholsamer Aktivitäten (Schwimmen in einem See, Paddeln durch Naturschutzgebiete, wild zelten, am Strand schlafen, mit dem Rennrad fahren) sowie handwerklicher Tätigkeiten (einen Pizzaofen mauern, das Auto ausbauen), schließlich darauf, Urlaubsflirts mit der Hilfe von Tinder zu forcieren – um sich am Ende des Tages vielleicht doch noch mit dem ausgebauten Auto gemeinsam auf den Weg gen Süden zu machen?[736] Es fällt auf, dass Paul Virilios Hinweis

---

[734] Temsch 2020a; Maier-Albang 2020; Zips 2020; Temsch 2020b.
[735] Kemper / Worthmann 2020; Weber u.a. 2020; Machowecz 2020.
[736] Herrmann u.a. 2020.

auf die Möglichkeiten der Simulationsindustrie, eine „Reise ohne Reise" beziehungsweise die „Fortbewegung, ohne sich zu bewegen", zu gewährleisten, bei den redaktionellen Vorschlägen so gut wie keine Resonanz fand, was auch für die von dem Schriftsteller Max Scharnigg ironisierten „Freuden des Armchair Travelling" gilt, nicht jedoch für die ebenfalls von ihm genannten „Micro-Adventures vor der Haustür".[737] Die Ortsangabe „vor der Haustür" tauchte in Pressebeiträgen öfters auf, einmal gar in Verbindung mit der Titel-Formulierung „Heimaturlaub", was ausgesprochen irreführend ist, stellt dieser Begriff doch ein Synonym zum Begriff des im konkreten thematischen Zusammenhang nicht interessierenden militärischen Fronturlaubs dar. Worum es tatsächlich geht, ist dies:

> „Das Jahr der großen Einschränkungen könnte das Jahr der großen Entdeckungen werden – vor der eigenen Haustür. Brandenburgische Wüsten, bayerische Seen, holsteinische Steilküsten: 43 herrliche Ausflugsziele in ganz Deutschland, empfohlen von der Redaktion der ZEIT".[738]

Hier kündigt sich in unmissverständlicher Weise eine Ausweitung der Reisefolgenforschung an, nämlich die Aufgabe, zu erkunden, was genau nach der Beendigung jeglicher alternativer Aktivitäten geschieht, welche die in die große weite Welt entführenden Freizeit-, Ferien-, Urlaubs- beziehungsweise touristischen Reisen vorübergehend ersetzen sollen, was davon übrig bleibt, welche Effekte sich – für welche Dauer – ausmachen lassen und wie mit diesen umgegangen wird: Gibt es dann ebenfalls, wie Jost Krippendorf es für das genuine Reisen thematisiert, die potentiellen Folgen, dass sich die Akteure und Akteurinnen der aktuellen eigenen Wirklichkeit bewusst werden und / oder dass sie die eigenen, alltäglichen und somit geläufigen kulturellen Werte und Normen hinterfragen und / oder dass sie alternative Wege menschlichen Zusammenlebens reflektieren und / oder dass sie die ganz persönlichen Lebensumstände kritisch betrachten?[739] Könnten sich, allgemein formuliert, Wahrnehmungs- sowie Einstellungsveränderungen ergeben, welche auf jeden Fall sichtbar und nachhaltig wirken, dies als die positiven Effekte eines „anderen" Unterwegsseins? Und würde von eben diesem „anderen" Unterwegssein nach der Rückkehr in den heimischen Alltag ebenfalls „die aufgefrischte Gewissheit, dass es uns auch in einer lockeren Version gibt", übrig bleiben?[740]

---

[737] Virilio 1998, S. 49, 151, 50; Scharnigg 2020.
[738] Redaktion 2020, S. 24-25; zur Verwendung der Begriffe Heimaturlaub und Fronturlaub vgl. Packheiser 2020.
[739] Krippendorf 1986, S. 115.
[740] Scharnigg 2020.

Die Gegenbewegung gegen das staatlich verordnete Zuhausebleiben hat sich ab einem bestimmten Moment zu formieren begonnen, um den eigenen Unmut sowie die einschlägigen Forderungen nach Lockerung der einengenden Lebensbedingungen zu kommunizieren, dies primär durch – offiziell nicht genehmigte beziehungsweise lediglich in begrenztem Umfang genehmigte – Versammlungen im öffentlichen Raum ebenso wie durch allzu deutliche Äußerungen in den verschiedenen Medien, dies aus subjektiv sicherlich nachvollziehbaren Beweggründen, denn man sollte einen Gesichtspunkt speziell bei der Betrachtung des touristischen Reisens, als durch komplexe Kulturprozesse akquirierte Form der Freizeitverbringung, nicht unterschätzen:

> „Was man jetzt auch merkt: Unser zuverlässiges deutsches Fernweh erfüllte nicht nur romantische und selbsterhaltende Zwecke. Es ist auch ein probates Überdruckventil für dieses Dampfmaschinen-Land. Jetzt, wo alle daheim sind, ist echt Druck im Kessel. Wenn die Mallorca-Rentner, die Ibiza- und Toskana-Fraktion, die Kreuzfahrt-Familien, die Vielflieger-Angestellten, die Freeclimber, Surfer und Interrail-Studenten alle zu Hause rumhocken und auch noch beginnen, *hier* ihre Freizeit zu gestalten – das geht nicht lange gut, das mieft jetzt schon. Deswegen ist es erfreulich, dass zumindest ein Paar Grenzen bald wieder aufgehen. Denn wir müssen hier dringend mal durchlüften",[741]

was nur dadurch zu gewährleisten wäre, so lässt sich schlussfolgern, wenn beträchtliche Teilmengen der vorgenannten Akteure einstweilen am Strand liegen, ins Meer hüpfen, eine Bergtour unternehmen, ein Freilichtmuseum erkunden oder die Pariser Notre-Dame-Baustelle besichtigen würden, was nach neuesten Ankündigungen von Seiten der verschiedenen Regierungen durchaus im Bereich des Möglichen liegen könnte. Für die multidisziplinäre Forschung zu den Themen der Mobilität und der Freizeit, vor allem des Tourismus, der Aneignungskultur sowie Tendenzen der Kosmopolitisierung würde sich allein mit der Aufhebung der Schließung inner-europäischer Grenzen und der Wiederbelebung sämtlicher Prozesse, die mit dem Reisen zu tun haben, auf jeden Fall ein weites Betätigungsfeld in empirischer, methodischer sowie theoretischer Hinsicht präsentieren.

Mitte August 2020: Mittlerweile deuten nicht mehr nur alle Anzeichen darauf hin, dass die innereuropäischen Grenzen geöffnet werden sollen, sondern sie sind zum allergrößten Teil tatsächlich geöffnet worden – und im Rahmen eines Pilotprojekts durften die ersten deutschen Touristen gar

---

[741] Scharnigg 2020.

auf die Balearen fliegen, als Vorhut von sehr viel mehr Urlaubern, welchen der temporäre Zugang gestattet werden soll, dies als Test für beide Länder, für die Herkunftsgesellschaft der Touristen wie auch für die Zielgesellschaft der zu besuchenden Einheimischen in der Fremde,[742] letztendlich jedoch für das gesamte innereuropäische Urlaubsverhalten. Die allerorten übergreifend geäußerte Forderung in Richtung schrittweiser bis vollständiger Lockerung hat offensichtlich zu Erfolg geführt. Erst die zum Teil leidenschaftlich geführten Diskussionen um Urlaub und Verreisen sowie um ein durchaus mögliches Verbot derartiger Aktivitäten haben, so sieht es aus, dies bewirkt und ausreichend Druck auf die Politik ausgeübt: Es herrscht Ferienzeit, Dummkopf, um eine berühmt gewordene Floskel des ehemaligen US-amerikanischen Präsidenten Bill Clinton abzuwandeln![743] Anders gesagt: Es bewahrheitet sich das, was eine der von mir angeschriebenen Gewährsfrauen auf die Frage, welche Rolle das Reisen in ihrem Leben spiele, zur Antwort gab: „Man kommt heutzutage ja kaum ohne aus".[744] Man hat sich schließlich daran gewöhnt, dass der Struktur- und Wertewandel in der Arbeitswelt seit der Nachkriegszeit hierzulande wie auch weltweit für ein gewandeltes Verhältnis von Normalalltag und Urlaub gesorgt hat:

> „Während der Urlaub in den 1950er und 1960er Jahren eine klare Funktion und begrenzte Bedeutung als Ergänzung d.h. Anhängsel des Arbeitslebens hatte, wird er seit den 1970er Jahren immer mehr zum Eigentlichen, Erstrebenswerten, zum Höhepunkt des Freizeiterlebens. Demgegenüber wird der Arbeitsalltag zur Erwerbsquelle für das Erlebnis von Freizeit und Urlaub",

was zu tiefgreifenden Konsequenzen führe:

> „Urlaub wird damit zu einem Symptom für Verunsicherung und Sinnkrisen, das auf eine Störung der Funktionen von Alltag und Außeralltäglichkeit hinweist [...]. Der Urlaub erleichtert den Alltag nicht mehr, da er umso ‚erfolgreicher' war, je grauer der Alltag abgewertet wird",[745]

weswegen es durchaus von zentraler Relevanz zu sein scheint, dass die Reisenden ihre einschlägigen Erlebnisse aus der Begegnung mit der Fremde

---

[742] Endlich Mallorca 2020.
[743] „It's the economy, stupid!", Enzensberger 2011, S. 43.
[744] Fragebogen AN.
[745] Muri 2004, S. 198.

nicht mit schier ins Unermessliche gehendende Erwartungen überfrachten, denn der Alltag, jener Normalalltag, jene „Welt des Funktionieren-Müssens", [746] in der man sich nach der Rückkehr aus der touristisch erlebten Fremde auf jeden Fall wieder einfinden muss und in der Regel auch einfinden wird, liegt bereits auf der Lauer. Diese allen Reisenden durchaus bekannte, geradezu normale, Situation wird in Corona-Zeiten noch verschärft, da wir bisher keine genaueren Informationen darüber haben, welche Praktiken und Taktiken verfolgt werden, wenn sich europäische Urlauber im bereits laufenden, so benannten „Großversuch Ferien 2020" gegenseitig besuchen werden. Hier wird auf jeden Fall so etwas wie Neuland betreten:

> „Klar ist nur, wenn Anfang September die letzten Sommerferien enden, werden wir wissen, was die Heimkehrer mitgebracht haben",[747]

wobei es offensichtlich sein dürfte, dass es sich bei den hier genannten Mitbringseln nicht um dreidimensionale Souvenirs oder Postkarten, Kleidungsstücke oder Nahrungsmittel aus dem jeweiligen Ferienort handelt. Bis die einschlägigen Reiseerfahrungen allerdings auch nur ansatzweise kommuniziert und registriert sein werden, wird die Jahreswende erreicht sein. So lange möchte ich selbst nicht warten, zumal die Erkundung des Urlaubsreisens unter den Bedingungen einer Pandemie, gleich ob es zu einer zweiten Infektionswelle kommt oder nicht, eine in höchstem Maße spezielle Thematik darstellt und folglich besondere Aufmerksamkeit verdient, ausgedrückt auf jeden Fall in der Erarbeitung eines ganzen Reihe von einschlägigen Studien.

Fragen werden zu stellen sein: Hat es der aus der medialen Berichterstattung bekannte Virologe Alexander Kekulé tatsächlich geschafft, nach Ägypten zu reisen, um dort seinem Hobby nachzugehen, dem Windsurfen?[748] Hat sich die Anfang Juli 2020 diagnostizierte tendenzielle Urlaubs-Unlust der Deutschen (in %: keine Urlaubsstimmung 35, gemischte Gefühle 22, begrenzte Freude 12, überwiegende Freude 14, kaum erwarten könnend 4, keine Angaben 14) in irgendeiner Weise verändert; hat der Binnen(ferien)reiseverkehr tatsächlich die vorausgesagte Bedeutung erlangt?[749] Und wie ist das Mallorca-Experiment ausgegangen, über welches die Süddeutsche Zeitung am 14. Juli 2020, gleich auf der Titelseite, unter anderem folgende Informationen brachte:

---

[746] Wöhler 2012, S. 266.
[747] Schmitt 2020.
[748] Kemper / Worthmann 2020.
[749] Gasser 2020.

> „Der [deutsche] Gesundheitsminister mahnt, man dürfe
> ‚das Erreichte nicht gefährden'. Er sagt das mit Blick auf
> Mallorca, wo am Wochenende unter Missachtung von Hygieneregeln
> gefeiert wurde. Lokale Medien berichten von
> deutschen Urlaubern, die auf Bar-Terrassen und der Straße
> Arm in Arm getanzt und gesungen haben sollen, auch aus
> Sangria-Eimern sei gemeinsam getrunken worden. Die wenigen,
> die eine Mund-Nasen-Bedeckung getragen hätten,
> seien ausgelacht worden. Auf Mallorca und den anderen Baleareninseln
> ist daraufhin eine weitgehende Maskenpflicht
> in Kraft getreten. ‚Wir müssen aufpassen [...]', sagt Spahn.
> Die Gefahr einer zweiten Welle sei real".[750]

Nun, die einschlägigen Bars sind mittlerweile geschlossen worden, Ausbrüche von deutscher, britischer und weiterer Individualität und Subjektivität sind an ihre Grenzen gelangt, die Polizei hat begonnen, verschärft zu kontrollieren, in Mallorca wie in Hamburg, Frankfurt am Main, Stuttgart und anderswo.[751] Auf der Reflexionsebene sollten wir, gerade in diesem Zusammenhang, das Spektrum der Alternativen im Handlungsfeld der jeweils eigenen Kosmopolitisierung einem genaueren Blick unterwerfen. Da gibt es einerseits die transnationale, extrem alkoholisierte Feierei auf einer spanischen Ferieninsel, die sich durchaus, freilich fälschlicherweise, als eine Form von Selbst-Kosmopolitisierung oder Selbst-Europäisierung begreifen lassen könnte. Andererseits gibt es einen Hinweis des Politikwissenschaftlers Ivan Krastev, welcher durchaus in der Lage ist, allein die Bedeutung von Tourismus und weiteren Mobilitätsformen für die Intensivierung und Extensivierung soziokulturellen Wandels im von Corona betroffenen Europa unserer Tage erheblich zu relativieren, wiewohl es durchaus möglich ist, dass es sich hierbei um ein weiteres Missverständnis handelt:

> „Ausgerechnet in dem Moment, in dem wir unsere Wohnungen
> nicht mehr verlassen durften, sind wir kosmopolitischer geworden
> als je zuvor. Wir haben angefangen, in einer Welt zu leben, in der
> alle mit denselben Problemen kämpfen. Und die Menschen kontrollieren
> ihre Regierungen nun, indem sie sie mit anderen Regierungen
> vergleichen. Ich war selbst überrascht, wie sehr die österreichische
> Entscheidung, Einschränkungen wieder zurückzunehmen,
> die Debatte in Deutschland beeinflusst hat. Oder denken Sie

---

[750] Bovermann 2020.
[751] Herrmann 2020; Hans 2020.

daran, wie aufmerksam plötzlich die Politik der schwedischen Regierung verfolgt wird".[752]

Kehren wir zum Schluss noch einmal zu einer der Thesen von Ronald Lutz zurück, welche Jahrzehnte vor dem Corona-Ausbruch zur Veröffentlichung gelangt ist, also keinerlei Verbindung zum gegenwärtigen pandemischen Geschehen aufweist. Bei ihm heißt es: „Absurd wäre es jedenfalls zu behaupten, dass nach der Rückkehr [von einer Urlaubsreise] alles beim Alten bliebe, das Leben so weiterginge wie vorher".[753] Wir haben es hier mit einer durchaus gewagten These zu tun, denn es stellt sich ja durchaus die Frage, was eigentlich so verhängnisvoll wäre, wenn sich herausstellen würde, dass das Leben der jeweiligen Akteurinnen und Akteure bald nach einem erfolgten Urlaub tatsächlich tendenziell so weiter geht wie vor den Ferien. Vergessen wir nicht, dass – zum Beispiel bei meiner eigenen Befragung – herausgekommen ist, dass die Antwortenden über private Kontakte verfügen, sportliche, rekreative, soziale, kulturelle, kulinarische und weitere Freizeitaktivitäten unternehmen, kulturelle Interessen jeglicher Art und Weise sowie Qualität, zwischen Hochkultur und Popularkultur, verfolgen, Erfahrungen und einschlägige Eindrücke gewinnen und diese festhalten sowie kommunizieren können (sonst hätten sie sich nicht an der Befragung teilgenommen). Zudem gibt es die täglich und / oder wöchentlich ins Haus flatternde Presse, jede Menge Fernsehprogramme sowie Daten, mit denen uns rund um die Uhr das Internet versorgt, nicht zu vergessen die verschiedenen Formen von direkter Kommunikation, alles in allem ein breites Spektrum an Möglichkeiten der ernsthaften Auseinandersetzung mit der gegebenen Umwelt, mit Politik und Kultur, Hiesigem und Dortigem, anders gesagt, mit sämtlichen Themen und Problemen aus der Welt, in der wir leben. Und nicht nur das, denn sowohl die genannten Medien als auch die direkte Kommunikation sorgen dafür, dass wir ebenso in Sachen Unterhaltung und Vergnügung in keiner Weise zu kurz kommen. Angesichts dieses komplexen Vermittlungs- und Austausch-Prozesses kann es dennoch durchaus denkbar und vorstellbar sein, dass eine Freizeit-, Urlaubs-, Ferien- oder touristische Reise, selbst wenn sie mehrere Monate lang gedauert und in die allerfernsten Regionen dieser Erde geführt haben sollte, letztlich „nur" als ein, wenn auch wichtiges, Erlebnis in die individuell-subjektive Geschichte der jeweiligen Akteurin und des jeweiligen Akteurs eingeht. Ob sich dieses Tun dann als „absurd" qualifizieren lassen kann oder nicht, das müssen weitere, multidisziplinäre Forschungen erkunden.

Den zentralen Aspekt dieser, nicht nur in Ideen, Plänen und Handlungskonzepten, sondern in besonderem Maße in realisierten Praktiken

---

[752] Das Ende der Heuchelei 2020.
[753] Lutz 1992, S. 234.

zum Ausdruck kommenden Entwicklungen könnte man, in komprimierter Form und dennoch höchst anschaulich, mit einem kürzest möglichen, im gegebenen thematischen Kontext geradezu provokativen Gedicht kommentieren, nämlich mit dem Zweizeiler „Moral" von Erich Kästner:

> „Es gibt nichts Gutes
> außer: Man tut es".[754]

---

[754] Kästner (1936) 1998, S. 277.

Anhang

Literatur- und Quellenverzeichnis

Abecassis, Guy: 100 Koffer auf dem Dach. Reinbek 1986 (franz. Original 1959).

Adli, Mazda: Stress and the City. Warum Städte uns krank machen. Und warum sie trotzdem gut für uns sind. München 2017.

Adorno, Theodor W.: Résumé über Kulturindustrie. In: ders.: Ohne Leitbild. Parva Aesthetica. Frankfurt am Main 1967, S. 60-70.

Alberts, Jürgen u.a.: Vorwort. In: dies.: Segmente der Unterhaltungsindustrie. Frankfurt am Main 1974, S. 9-10.

Altwegg, Jürg: Die Republik des Geistes. Frankreichs Intellektuelle zwischen Revolution und Reaktion. München / Zürich 1986.

Armanski, Gerhard: Die kostbarsten Tage des Jahres. Massentourismus – Ursachen, Formen, Folgen. Berlin 1978.

Arnim, Elizabeth von: Die Reisegesellschaft. Roman. Frankfurt am Main 2016 (engl. Original 1909).

Assmann, Jan: Das kulturelle Gedächtnis. Schrift, Erinnerung und politische Identität in frühen Hochkulturen (1992). Vierte Auflage München 2002.

Assouline, Pierre: Lutetias Geheimnisse. Roman. Zweite Auflage München 2006.

Atteslander, Peter u.a.: Methoden der empirischen Sozialforschung. Sechste Auflage Berlin / New York 1991.

Augé, Marc: Das Pariser Bistro. Eine Liebeserklärung. Zweite Auflage Berlin 2017 (franz. Original 2015).

Ders.: Ein Ethnologe in der Métro. Frankfurt am Main / New York / Paris 1988 (franz. Original 1986).

Ders.: Le Métro revisité. Paris 2008.

Ders.: Lob des Fahrrads. Dritte Auflage München 2016 (franz. Original 2008).

Ders.: Nicht-Orte. Erweiterte Auflage München 2010 (franz. Original 1992).

Augustin, Eduard / von Keisenberg, Philipp / Zaschke, Christian: Ein Mann. Ein Buch. Siebente Auflage München 2007.

Bahrdt, Hans Paul: Schlüsselbegriffe der Soziologie. Eine Einführung mit Lehrbeispielen. München 1984.

Bakewell, Sarah: Das Café der Existenzialisten. Freiheit, Sein und Aprikosencocktails mit Jean-Paul Sartre, Simone de Beauvoir, Albert Camus, Martin Heidegger, Edmund Husserl, Karl Jaspers, Maurice Merleau-Ponty und anderen. München 2018 (engl. Original 2016).

Barthes, Roland: Der Eiffelturm. Berlin 2015 (franz. Original 1964).

Ders.: Mythen des Alltags. Vollständige Ausgabe. Vierte Auflage Berlin 2016 (franz. Original 1957).

Baudelaire, Charles: Die Reise. In: ders.: Les Fleurs du Mal. Neu übertragen von Marlis Thiel. Würzburg 2018, S. 204-211 (franz. Original 1857 / 1861).

Bausinger, Hermann: Ergebnisgesellschaft. Facetten der Alltagskultur. Tübingen 2015.

Ders.: Bürgerliches Massenreisen um die Jahrhundertwende. In: Gyr, Ueli (Hg.), Soll und Haben. Alltag und Lebensformen bürgerlicher Kultur. Zürich 1995, S. 131-147.

Ders.: Name und Stereotyp. In: Gerndt, Helge (Hg.): Stereotypvorstellungen im Alltagsleben. Beiträge zum Themenkreis Fremdbilder – Selbstbilder – Identität. Festschrift für Georg R. Schroubek. München 1988, S. 13-19 (Münchner Beiträge zur Volkskunde, 8).

Ders.: Sie oder Du? Zum Wandel der pronominalen Anrede im Deutschen. In: Ezawa, Kennosuke / Rensch, Karl H. (Hg.): Sprache und Sprechen. Festschrift für Eberhard Zwirner. Tübingen 1979, S. 3-11.

Ders.: Grenzenlos … Ein Blick auf den modernen Tourismus. In: Ders. / Beyrer, Klaus / Korff, Gottfried (Hg.): Reisekultur. Von der Pilgerfahrt zum modernen Tourismus. München 1991, S. 343-353.

Bayard, Pierre: Wie man über Orte spricht, an denen man nicht gewesen ist. München 2013 (franz. Original 2012).

Beauvoir, Simone de: Alles in allem. Reinbek 1982 (franz. Original 1972).

Dies.: In den besten Jahren. Erinnerungen. Reinbek 1987 (franz. Original 1961).

Dies.: Der Lauf der Dinge. 24. Auflage Reinbek 2008 (franz. Original 1963).

Dies.: Memoiren einer Tochter aus gutem Hause. Reinbek 1984 (franz. Original 1958).

Becher, Ursula: Geschichte des modernen Lebensstils. Essen, Wohnen, Freizeit, Reisen. München 1990.

Beck, Kurt / Spittler, Gerd: Einleitung. In: dies. (Hg.): Arbeit in Afrika. Hamburg 1996. S. 1-24 (Beiträge zur Afrikaforschung, 12).

Beck, Ulrich: Risikogesellschaft. Auf dem Weg in eine andere Moderne. Frankfurt am Main 1986.

Ders.: Weltrisikogesellschaft. Auf der Suche nach der verlorenen Sicherheit. Frankfurt am Main 2007.

Ders. / Grande, Edgar: Das kosmopolitische Europa. Gesellschaft und Politik in der Zweiten Moderne. Frankfurt am Main 2007.

Behringer, Wolfgang: Im Zeichen des Merkur. Die Kommunikationsrevolution der Frühen Neuzeit. Göttingen 2002 (Veröffentlichungen des Max-Planck-Instituts für Geschichte, 189).

Beiner, Marcus: Humanities. Was Geisteswissenschaft macht. Und was sie ausmacht. Berlin 2009.

Benjamin, Walter: Das Kunstwerk im Zeitalter seiner technischen Reproduzierbarkeit (1936). In: ders.: Das Kunstwerk im Zeitalter seiner technischen Reproduzierbarkeit. Drei Studien zur Kunstsoziologie. Frankfurt am Main 1963, S. 7-63.

Ders.: Das Passagen-Werk. Hg. v. Rolf Tiedemann. 2 Bde. Frankfurt am Main 1983

Benn, Gottfried: Reisen (1950). In: ders.: Sämtliche Werke. Stuttgarter Ausgabe. Bd. I: Gedichte. Hg. v. Gerhard Schuster. Stuttgart 1986, S. 307.

Berest, Anne u.a.: How to be Parisian wherever you are. Zweite Auflage München 2015 (amerikan. Original 2014).

Berger, Joachim: Reisen zwischen Autopsie und Imagination. Herzogin Anna Amalia als Vermittlerin italienischer Kultur in der Residenz Weimar (1788-1807). In: Rees, Joachim u.a. (Hg.): Europareisen politisch-sozialer Eliten im 18. Jahrhundert. Theoretische Neuorientierung – kommunikative Praxis – Kultur- und Wissenstransfer. Berlin 2002, S. 275-300 (Aufklärung und Europa, 6).

Berger, Peter L. / Luckmann, Thomas: Die gesellschaftliche Konstruktion der Wirklichkeit. Eine Theorie der Wissenssoziologie. Frankfurt am Main 1997 (amerik. Original 1966).

Berkemeier, Christian / Callsen, Katrin / Probst, Ingmar (Hg.): Begegnung durch Verhandlung. Möglichkeiten eines Kulturwandels durch Reise. Münster 2004 (Reiseliteratur und Kulturanthropologie, 2).

Beuchelt, Eno: Psychologische Aspekte der Tourismusforschung. In: Greverus, Ina-Maria / Köstlin, Konrad / Schilling, Heinz (Hg.): Kulturkontakt, Kulturkonflikt. Zur Erfahrung des Fremden. 26. Deutscher Volkskundekongreß in Frankfurt 1987. Bd. 1, S. 387-388 (Notizen, 28).

Bialski, Paula: Becoming Intimately Mobile. Frankfurt am Main 2012 (Warsaw Studies in Culture and Society, 2).

Bien, Helmut M. / Giersch, Ulrich: Reisen in die große weite Welt. Die Kulturgeschichte des Hotels im Spiegel der Kofferaufkleber von 1900 bis 1960. Dortmund 1988.

Bilandzic, Helena: Rezeptionsforschung. In: dies. u.a.: Rezipientenforschung. Konstanz / München 2016, S. 79-116.

Binder, Jana: Globality. Eine Ethnographie über Backpacker. Münster 2005 (Forum Europäische Ethnologie, 7).

Birr, Tilman: On se left you see se Siegessäule. Erlebnisse eines Stadtbilderklärers. München 2012.

Bittrich, Dietmar: 1000 Orte, die man knicken kann. Reinbek 2010.

Bloom, Jessica de: How do vacations affect workers' health and well-being? Vacation (after-) effects and the role of vacation activities and experiences. Dissertation Radboud Universiteit Nijmegen. Nijmegen 2012.

Dies.: How does a vacation from work affect employee health and well-being? In: Psychology and Health 26 (2011), S. 1606-1622.

Dies.: Making holidays work. In: The Psychologist 28 (2015), S. 1-10.

Dies. u.a.: Do we recover from vacation? Meta-analysis of vacation effects on health and well-being. In: Journal of Occupational Health 51 (2009), S. 13-25.

Dies. u.a.: Effects of vacation from work on health and well-being: Lots of fun, quickly gone. In: Work and Stress 24 (2010), S. 196-216.

Dies. u.a.: Vacation from work: A "ticket to creativity"? The effects of recreational travel on cognitive flexibility and originality. In: Tourism Management 44 (2014), S. 164-171.

Bode, Sabine: Nachkriegskinder. Die 1950er Jahrgänge und ihre Soldatenväter. Bonn 2015 (bpb Schriftenreihe, 1552).

Bönisch-Brednich, Brigitte: Autoethnografie. Neue Ansätze zur Subjektivität in kulturanthropologischer Forschung. In: Zeitschrift für Volkskunde 108 (2012), S. 47-63.

Bopp, Petra: Fremde im Visier. Fotoalben aus dem Zweiten Weltkrieg. Bielefeld 2009.

Botton, Alain de: Kunst des Reisens. Sechste Auflage Frankfurt am Main 2013 (engl. Original 2002).

Bourdieu, Pierre: Die feinen Unterschiede. Kritik der gesellschaftlichen Urteilskraft. Siebente Auflage Frankfurt am Main 1994 (franz. Original 1979).

Ders.: Ökonomisches Kapital, kulturelles Kapital, soziales Kapital. In: Kreckel, Reinhard (Hg.): Soziale Ungleichheiten. Göttingen 1983, S. 183-198 (Soziale Welt, Sonderband 2).

Ders. / Darbel, Alain: Die Liebe zur Kunst. Europäische Kunstmuseen und ihre Besucher. Konstanz 2006 (édition discours, 40; franz. Original 1966 / 1969).

Bovermann, Philipp: Deutsche haben weniger Angst vor Corona. Viele glauben nicht, dass sie sich anstecken werden. In: Süddeutsche Zeitung Nr. 160 vom 14. Juli 2020, S. 1.

Brecht, Bertolt: Das Wiedersehen. In: ders.: Kalendergeschichten (1949). Reinbek 1980, S. 117.

Brenner, Peter J.: Einleitung. In: ders. (Hg.): Reisekultur in Deutschland. Von der Weimarer Republik zum „Dritten Reich". Tübingen 1997, S. 1-5.

Bretécher, Claire: Abenteuer Grenzenlos. In: dies.: Touristen. Comics. Reinbek 1994, o.P. (franz. Original 1989).

Dies.: Sonne, Meer und Sand. In: ebd., o.P.

Brilli, Attilio: Als Reisen eine Kunst war. Vom Beginn des modernen Tourismus: Die „Grand Tour". Berlin 1997 (italien. Original 1995).

Bröckling, Ulrich: Empowerment. In: ders. / Krasmann, Susanne / Lemke, Thomas (Hg.): Glossar der Gegenwart. Frankfurt am Main 2004a, S. 55-62.

Ders.: Flexibilität. In: ders. / Krasmann, Susanne / Lemke, Thomas (Hg.): Glossar der Gegenwart. Frankfurt am Main 2004b, S. 82-87.

Ders.: Kreativität. In: ders. / Krasmann, Susanne / Lemke, Thomas (Hg.): Glossar der Gegenwart. Frankfurt am Main 2004c, S. 139-144.

Brössler, Daniel: Urlaubsreisen in Europa sollen wieder möglich sein. In: Süddeutsche Zeitung Nr. 115 vom 19. Mai 2020, S. 1.

Brogi, Susanna / Strittmatter, Ellen (Hg.): Die Erfindung von Paris. Marbach am Neckar 2018 (marbacherkatalog, 71).

Bruckner, Pascal / Finkielkraut, Alain: Das Abenteuer gleich um die Ecke. Kleines Handbuch der Alltagsüberlebenskunst. München / Wien 1981 (franz. Original 1979).

Brückner, Wolfgang: Fotodokumentation als kultur- und sozialgeschichtliche Quelle. In: Das Photoalbum 1858-1918. Eine Dokumentation zur Kultur- und Sozialgeschichte. Ausstellung im Münchner Stadtmuseum. München 1975, S. 11-31.

Ders.: Von Welschen und Itakern. Oberschichtliche Vorurteile und volkstümliche Stereotypenbildung im deutschsprachigen Mitteleuropa (1994). In: ders.: Volkskunde als historische Kulturwissenschaft. Bd. 1: Kultur und Volk. Begriffe, Probleme, Ideengeschichte. Würzburg 2000, S. 410-423 (Veröffentlichungen zur Volkskunde und Kulturgeschichte, 77).

Brunvand, Jan Harold: The Vanishing Hitchhiker. American Urban Legends and their Meaning. New York / London 1984.

Burkart, Günter: Handymania. Wie das Mobiltelefon unser Leben verändert hat. Frankfurt am Main / New York 2007.

Burke, Peter: Cultural Hybridity. Cambridge / Malden MA 2009.

Ders.: Einheit und Vielfalt der Kulturgeschichte. In: ders.: Eleganz und Haltung. Die Vielfalt der Kulturgeschichte. Berlin 1998a, S. 247-284 (engl. Original 1997).

Ders.: Kultureller Austausch. In: ders.: Kultureller Austausch. Frankfurt am Main 2000, S. 9-40.

Ders.: Die Renaissance. Vierte Auflage Berlin 1998b (engl. Original 1987).

Cabré, Jaume: Das Schweigen des Sammlers. Roman. Berlin 2013 (katalan. Original 2011).

Campert, Remco: Eine Liebe in Paris. Roman. Berlin 2007 (niederländ. Original 2004).

Canestrini, Duccio: Schiessen Sie nicht auf den Touristen! Zürich / Berlin 2006 (italien. Original 2004).

Ders.: Trofei di viaggio. Per un'antropologia dei souvenir. Turin 2001.

Certeau, Michel de: Kunst des Handelns. Berlin 1988 (franz. Original 1980).

Chen, Feng: Die Entdeckung des Westens. Chinas erste Botschafter in Europa 1866-1894. Frankfurt am Main 2001 (aus dem Französischen von Fred E. Schrader).

Chotjewitz, Peter O. / Chotjewitz-Häfner, Renate: Die mit Tränen säen. Israelisches Reise-Journal. München 1980.

Damm, Alexandra: Das Naturabenteuer als Gegenpol zum Kulturalltag – exemplarisch am Naturerlebnis in polaren und subpolaren Regionen. In: Cantauw, Christiane (Hg.): Arbeit, Freizeit, Reisen. Die feinen Unterschiede im Alltag. Münster / New York 1995, S. 124-150 (Beiträge zur Volkskultur in Nordwestdeutschland, 88).

Debureaux, Matthias: Die Kunst, andere mit seinen Reiseberichten zu langweilen. Zürich 2017 (franz. Original 2015).

Deinet, Ulrich: „Aneignung" und „Raum". Zentrale Begriffe des sozialräumlichen Konzepts. 2006. URL: http://www.sozialraum.de/deinet-aneignung-und-raum.php [08.07.2010].

Ders. / Reutlinger, Christian: Aneignung. In: Kessl, Fabian u.a. (Hg.): Handbuch Sozialraum. Wiesbaden 2005, S. 295-312.

Deschauer, Martin / Geisler, Nora / Papasabbas, Lena (Hg.): Black Box Brain. Frankfurt am Main 2014 (Kulturanthropologie Notizen, 82).

Doisneau, Robert: Gestohlene Blicke. Erinnerungen eines Bilderdiebs. München 2004 (franz. Original 1989).

Drosdowski, Günther: Etymologie. Herkunftswörterbuch der deutschen Sprache. Zweite Auflage Mannheim / Wien / Zürich 1989 (Duden in 12 Bänden, 7).

Duras, Marguerite: Tourismus in Paris 1957 (franz. Original 1984). In: Uttendörfer, Karin / Wassermann, Annette (Hg.): Paris. Eine literarische Einladung. Berlin 2007, S. 133-138.

Ege, Moritz: Schwarz werden. „Afroamerikanophilie" in den 1960er und 1970er Jahren. Bielefeld 2007 (Cultural Studies, 24).

Egger, Simone: Phänomen Wiesntracht. Identitätspraxen einer urbanen Gesellschaft. Dirndl und Lederhosen, München und das Oktoberfest. München 2008 (Münchner Ethnographische Schriften, 2).

Ehn, Billy / Löfgren, Orvar: Nichtstun. Eine Kulturanalyse des Ereignislosen und Flüchtigen. Hamburg 2012 (amerikan. Original 2010).

Eisenberg, Christiane: Kulturtransfer als historischer Prozess. Ein Beitrag zur Komparatistik. In: Kaelble, Hartmut / Schriewer, Jürgen (Hg.): Vergleich und Transfer. Komparatistik in den Sozial-, Geschichts- und Kulturwissenschaften. Frankfurt am Main 2003, S. 399-417.

Elsrud, Torun: Taking Time and Making Journeys. Narratives on Self and the Other among Backpackers. Lund 2004 (Lund Dissertations in Sociology, 56).

Das Ende der Heuchelei. Lange Zeit hat Deutschland seine Macht in Europa versteckt. Nun übernimmt es die Führung. Ein Gespräch [mit Luuk van Middelaar und Ivan Krastev] über die vielleicht wichtigsten Monate in der Geschichte der EU. In: Die Zeit Nr. 25 vom 10. Juni 2020, S. 4.

Endlich Mallorca. In: Süddeutsche Zeitung Nr. 136 vom 16. Juni 2020, S. 1.

Enser, Stephan: Europa als Mnemotop. Kulturtourismus als Programm der europäischen Identitätsbildung. In: Spode, Hasso / Ziehe, Irene (Hg.) unter Mitarbeit von Christiane Cantauw: Gebuchte Gefühle. Tourismus zwischen Verortung und Entgrenzung. München / Wien 2005, S. 103-120 (Voyage. Jahrbuch für Reise- und Tourismusforschung, 7).

Enzensberger, Hans Magnus: Als Ob. In: ders.: Zwanzig Zehn-Minuten-Essays. Berlin 2012, S. 57-62.

Ders.: Bewusstseins-Industrie (1962). In: ders.: Einzelheiten I. Bewusstseins-Industrie. Siebente Auflage Frankfurt am Main 1971a, S. 7-17.

Ders.: Eine Handvoll Anekdoten, auch Opus Incertum. Berlin 2018.

Ders.: Eine Theorie des Tourismus (1958). In: ders.: Einzelheiten I. Bewusstseins-Industrie. Siebente Auflage Frankfurt am Main 1971b, S. 179-205.

Ders.: Italienische Ausschweifungen. In: ders.: Ach Europa! Wahrnehmungen aus sieben Ländern. Mit einem Epilog aus dem Jahre 2006. Frankfurt am Main 1989, S. 51-117.

Ders.: Notizbuch (1983). In: ders.: Liebesgedichte. Berlin 2008, S. 11-12.

Ders.: Sanftes Monster Brüssel oder die Entmündigung Europas. Berlin 2011.

Ders.: Schaum (1960). In: ders.: Landessprache. Frankfurt am Main 1999, S. 37-48.

Ders.: Tumult. Frankfurt am Main 2014.

Ders.: Der Urlaub (1980). In: ders.: Die Furie des Verschwindens. Frankfurt am Main 1999, S. 22.

Eribon, Didier: Rückkehr nach Reims. Bonn 2016 (bpb Schriftenreihe, 10005; franz. Original 2009).

Ernaux, Annie: Die Jahre. Berlin 2019 (franz. Original 2008).

Espagne, Michel / Greiling, Werner: Einleitung. In: dies. (Hg.): Frankreichfreunde. Mittler des französisch-deutschen Kulturtransfers 1750-1850. Leipzig 1996, S. 7-22 (Deutsch-Französische Kulturbibliothek, 7).

Falkenberg, Regine: Reisespiele – Reiseziele. In: Bausinger, Hermann / Beyrer, Klaus / Korff, Gottfried (Hg.): Reisekultur. Von der Pilgerfahrt zum modernen Tourismus. München 1991, S. 284-290.

Federspiel, Krista / Weiss, Hans: Arbeit. Fünfzig deutsche Karrieren. Frankfurt am Main 1990 (Die andere Bibliothek, 70).

Fendl, Elisabeth / Löffler, Klara: Die Reise im Zeitalter ihrer technischen Reproduzierbarkeit: zum Beispiel Diaabend. In: Cantauw, Christiane (Hg.): Arbeit, Freizeit, Reisen. Die feinen Unterschiede im Alltag. Münster / New York 1995, S. 55-68 (Beiträge zur Volkskultur in Nordwestdeutschland, 88).

Filipová, Lucie: Erfüllte Hoffnung. Städtepartnerschaften als Instrument der deutsch-französischen Aussöhnung, 1950-2000. Göttingen / Bristol, CT 2015 (Veröffentlichungen des Instituts für Europäische Geschichte Mainz, 237).

Fischer-Hachette-Reiseführer: Frankreich. Frankfurt am Main 1986.

Fischer, Hans: Warum Samoa? Touristen und Tourismus in der Südsee. Berlin 1984.

Foenkinos, David: Souvenirs. Roman. München 2014 (franz. Original 2011).

Ders.: Zum Glück Pauline. Roman. München 2015 (franz. Original 2013).

Fontane, Theodor: Modernes Reisen. Eine Plauderei (1873). In: ders.: Von vor und nach der Reise. Plaudereien und kleine Geschichten. Hg. v. Walter Hettche. Berlin 2007, S. 5-15.

Francon, Marc: Le Guide Vert Michelin. L'invention du tourism culturel populaire. Paris 2001.

Frank, Gustav / Lange, Barbara: Einführung in die Bildwissenschaft. Darmstadt 2010.

Freytag, Tim: Making a difference. Tourist practices of repeat visitors in the city of Paris. In: Social Geography Discussions 4 (2008), S. 1-25.

Früh, Anja: "Made in Berlin". Souvenirs nach der Jahrtausendwende. In: Moser, Johannes / Seidl, Daniella (Hg.): Dinge auf Reisen. Materielle Kultur und Tourismus. Münster u.a. 2009, S. 137-151 (Münchner Beiträge zur Volkskunde, 38).

Gainsbourg, Serge: Pensées, provocs et autres volutes. Paris 2006.

Gasser, Hans: Auf nach Deutschland. Für die meisten Länder Europas gilt keine Reisewarnung mehr, doch die Urlaubslust der Bundesbürger hält sich in Grenzen. In: Süddeutsche Zeitung Nr. 158 vom 11. / 12. Juli 2020, S. 1.

Gast-Gampe, Martina: Einstellungsänderung. In: Hahn, Heinz / Kagelmann, H. Jürgen (Hg.): Tourismuspsychologie und Tourismussoziologie. Ein Handbuch zur Tourismuswissenschaft. München 1993, S. 132-136.

Gautrand, Jean Claude (Hg.): Paris. Portrait d'une ville. Portrait of a city. Porträt einer Stadt. Köln 2011.

Gavalda, Anna: Alles Glück kommt nie. Roman. München 2008 (franz. Original 2008).

Dies.: Ich habe sie geliebt. Roman. Frankfurt am Main 2004 (franz. Original 2002).

Dies.: Klick-Klack. In: dies.: Ich wünsche mir, dass irgendwo jemand auf mich wartet. Erzählungen. Frankfurt am Main 2003, S. 123-149 (franz. Original 1999).

Gelfert, Hans-Dieter: Kleine Kulturgeschichte Großbritanniens. Von Stonehenge bis zum Millenium Dome. München 1999.

Gennep, Arnold van: Übergangsriten. Frankfurt am Main 1986 (franz. Original 1909).

Gerndt, Helge: Einleitung. In: ders.: Kulturwissenschaft im Zeitalter der Globalisierung. Volkskundliche Markierungen. Münster u.a. 2002, S. 9-26 (Münchner Beiträge zur Volkskunde, 31).

Ders.: Kleidung als Indikator kultureller Prozesse. In: ders.: Kultur als Forschungsfeld. Über volkskundliches Denken und Arbeiten. Zweite Auflage München 1986, S. 117-126 (Münchner Beiträge zur Volkskunde, 5).

Ders.: Kulturvermittlung. Modellüberlegungen zur Analyse eines Problemkomplexes am Beispiel des Atomunglücks von Tschernobyl. In: Zeitschrift für Volkskunde 86 (1990), S. 1-13.

Ders.: Reise. In: Brednich, Rolf Wilhelm u.a. (Hg.): Enzyklopädie des Märchens. Handwörterbuch zur historischen und vergleichenden Erzählforschung. Bd. 11. Berlin / Boston 2004, Sp. 504-514.

Ders.: Studienskript Volkskunde. Eine Handreichung für Studierende. Münster u.a. 1997 (Münchner Beiträge zur Volkskunde, 20).

Gertz, Holger: Das Meer. In: Süddeutsche Zeitung Nr. 169 vom 25. / 26. Juli 2015, S. 11.

Ginzburg, Natalia: Ungeschickte Reisende. In: dies.: Das imaginäre Leben. Unveröffentlichte Texte. Berlin 1996, S. 12-16 (italien. Original 1974).

Goethes Italienische Reise (1816 / 1817). Textkritisch durchgesehen von Erich Trunz. Kommentiert von Herbert von Einem. Jubiläumsausgabe (= 15. Auflage 2002) München 2017.

Götz, Irene: Deutsche Identitäten. Die Wiederentdeckung des Nationalen nach 1989. Köln / Weimar / Wien 2011 (alltag und kultur, 14).

Dies. / Löffler, Klara / Speckle, Birgit: Briefe als Medium der Alltagskommunikation. Eine Skizze zu ihrer kontextorientierten Auswertung. In: Schweizerisches Archiv für Volkskunde 89 (1993), S. 165-183.

Götze, Karl Heinz: Immer Paris. Geschichte und Gegenwart. Berlin 2007.

Gombrich, Ernst H.: Zur Psychologie des Bilderlesens. In: ders.: Das forschende Auge. Kunstbetrachtung und Naturwahrnehmung. Frankfurt am Main / New York / Paris 1994, S. 11-19.

Goscinny, René / Sempé, Jean-Jacques: Ferienerinnerungen. In: dies.: Der kleine Nick und die Ferien. Siebzehn prima Geschichten vom kleinen Nick und seinen Freunden (1976). Zürich 2003, S. 91-98.

Graf, Bettina: Reiseerleben und seelisches Wohlbefinden. Ergebnisse einer psychologischen Studie. Eichstätt 2003 (Eichstätter Materialien zur Tourismusforschung, 3).

Dies.: Reisen und seelische Gesundheit. Erfahrungs(t)räume zwischen Autonomie und Geborgenheit. München / Wien 2002 (Tourismuswissenschaftliche Manuskripte, 12).

Greverus, Ina-Maria: Kulturelle Ordnung. In: Beitl, Klaus (Hg.): Volkskunde. Fakten und Analysen. Festgabe für Leopold Schmidt. Wien 1972, S. 6-13.

Dies.: Menschen und Räume. Vom interpretativen Umgang mit einem kulturökologischen Raumorientierungsmodell. In: Steiner, Dieter (Hg.): Mensch und Lebensraum. Fragen zu Identität und Wissen. Opladen 1997, S. 121-145.

Groebner, Valentin: Retroland. Geschichtstourismus und die Sehnsucht nach dem Authentischen. Frankfurt am Main 2018.

Groth, Stefan: Optimierung bis zur Mitte. Selbstoptimierung als Konstellation und relationale Subjektivierung. In: Österreichische Zeitschrift für Volkskunde 122 (2019), S. 27-54.

Grümer, Karl-Wilhelm: Wertewandel. In: Hahn, Heinz / Kagelmann, H. Jürgen (Hg.): Tourismuspsychologie und Tourismussoziologie. Ein Handbuch zur Tourismuswissenschaft. München 1993, S. 226-229.

Guérot, Ulrike: Warum Europa eine Republik werden muss! Eine politische Utopie. Bonn 2016 (bpb Schriftenreihe, 1786).

Guntern, Gottlieb: Social Change, Stress and Mental Health in the Pearl of the Alps. A Systematic Study of a Village Process. Heidelberg / New York 1979 (Monographien aus dem Gesamtgebiete der Psychiatrie / Psychiatry Series, 22).

Gyr, Ueli: Reisekultur und Urlaubsanalyse. Standorte und Forschungstrends in neueren Untersuchungen, in: Schweizerisches Archiv für Volkskunde 104 (2008), S. 215-229.

Ders.: Souvenirs. Erfahrungsträger im Spiegel diverser Forschungszugänge. In: Alltag – Kultur – Wissenschaft. Beiträge zur Europäischen Ethnologie 1 (2014), S. 11-38.

Ders.: Tourismus und Tourismusforschung. In: Brednich, Rolf W. (Hg.): Grundriss der Volkskunde. Einführung in die Forschungsfelder der Europäischen Ethnologie. Dritte Auflage Berlin 2001, S. 469-489.

Ders.: Touristenkultur und Reisealltag. Volkskundlicher Nachholbedarf in der Tourismusforschung. In: Zeitschrift für Volkskunde 84 (1988), S. 224-239.

Habermas, Jürgen: Dialektik der Rationalisierung. In: ders.: Die neue Unübersichtlichkeit. Kleine politische Schriften V. Frankfurt am Main 1985, S. 167-208.

Habit, Daniel: Die Inszenierung Europas? Kulturhauptstädte zwischen EU-Europäisierung, Cultural Governance und lokalen Eigenlogiken. Münster u.a. 2011 (Münchner Beiträge zur Volkskunde, 40).

Hachtmann, Rüdiger: Tourismus-Geschichte. Göttingen 2007 (Grundkurs Neue Geschichte).

Häntzschel, Jörg: Das Paradies in der Wüste – Las Vegas. In: Bittner, Regina (Hg.): Urbane Paradiese. Zur Kulturgeschichte modernen Vergnügens. Frankfurt am Main / New York 2001, S. 297-302 (Edition Bauhaus, 8).

Hahn, Hans Peter: Die Aneignung des Fahrrads. In: Beck, Kurt / Förster, Till / ders. (Hg.): Blick nach vorn. Festgabe für Gerd Spittler. Köln 2004, S. 264-280.

Ders.: Cultural Appropriation. Power, Transformation and Tradition. In: Huck, Christian / Bauernschmidt, Stefan (Hg.): Travelling Goods, Travelling Moods. Varieties of Cultural Appropriation (1850-1950). Frankfurt am Main / New York 2012, S. 15-35.

Ders.: Materielle Kultur. Eine Einführung. Berlin 2005.

Hannerz, Ulf: Cosmopolitans and Locals in World Culture. In: ders.: Transnational Connections. Culture, People, Places. London / New York 1996, S. 102-111.

Ders.: „Kultur" in einer vernetzten Welt. Zur Revision eines ethnologischen Begriffs. In: Kaschuba, Wolfgang (Hg.): Kulturen, Identitäten, Diskurse. Perspektiven europäischer Ethnologie. Berlin 1995, S. 64-84 (Zeithorizonte, 1).

Hans, Julian: Party, bis das Räumkommando kommt. In vielen deutschen Städten rückt die Polizei an, um Freiluftfeiern zu beenden. In: Süddeutsche Zeitung Nr. 164 vom 18. / 19. Juli 2020, S. 2.

Haug, Wolfgang Fritz: Kritik der Warenästhetik. Zweite Auflage Frankfurt am Main 1972.

Ders.: Zur Kritik der Warenästhetik. In: Kursbuch 20 (1970), S. 140-158.

Ders. (Hg.): Warenästhetik. Beiträge zur Diskussion, Weiterentwicklung und Vermittlung ihrer Kritik. Frankfurt am Main 1975

Hemingway, Ernest: Fiesta (The Sun also Rises). Novel (1927). In: ders.: The Essential Hemingway. Harmondsworth 1969, S. 9-189.

Ders.: Paris, ein Fest fürs Leben. A Moveable Feast. Die Urfassung. Reinbek 2011 (amerik. Original 1964).

Hennig, Christoph: Reiselust. Touristen, Tourismus und Urlaubskultur. Frankfurt am Main 1999.

Herrmann, Moritz u.a.: Dann eben anders! Wenn der große Sommerurlaub ausfällt, macht nichts. Wir haben ein paar Ideen, wie Sie trotzdem was erleben können. In: Die Zeit Nr. 20 vom 07. Mai 2020, S. 57.

Herrmann, Sebastian: Federleicht und todesmutig. Die Pandemie scheint ihren Schrecken verloren zu haben. In: Süddeutsche Zeitung Nr. 164 vom 18. / 19. Juli 2020, S. 2.

Heß, Ulrike: Die Debatte um die Völkerverständigung durch Tourismus. Entwicklung einer Idee und empirische Befunde. In: Bachleitner, Reinhard H. / Kagelmann, Jürgen / Keul, Alexander G. (Hg.): Der durchschaute Tourist. Arbeiten zur Tourismusforschung. München / Wien 1998, S. 106-115 (Tourismuswissenschaftliche Manuskripte, 3).

Hesse, Hermann: Über das Reisen (1904). In: ders.: Die Kunst des Müßiggangs. Kurze Prosa aus dem Nachlass. Hg. und mit einem Nachwort von Volker Michels. Fünfte Auflage Frankfurt am Main 1977, S. 13-22.

Hobsbawm, Eric: Introduction: Inventing Traditions. In: ders. / Ranger, Terence (Hg.): The Invention of Tradition (1983). Cambridge 2003, S. 1-14.

Hochmuth, Andreas: „Kommt Zeit, kommt Rad". Eine Kulturgeschichte des Radfahrens. Wien 1991.

Hörisch, Jochen: Non plus ultra. Paul Virilios rasende Thesen vom rasenden Stillstand. In: Merkur. Deutsche Zeitschrift für europäisches Denken 47 (1993), S. 784-794.

Ders.: Theorie-Apotheke. Eine Handreichung zu den humanwissenschaftlichen Theorien der letzten fünfzig Jahre, einschließlich ihrer Risiken und Nebenwirkungen. Frankfurt am Main 2004 (Die andere Bibliothek, 239).

Holert, Tom: Sicherheit. In: Bröckling, Ulrich / Krasmann, Susanne / Lemke, Thomas (Hg.): Glossar der Gegenwart. Frankfurt am Main 2004, S. 244-250.

Ders. / Terkessidis, Mark: Fliehkraft. Gesellschaft in Bewegung – von Migranten und Touristen. Köln 2006.

Horkheimer, Max / Adorno, Theodor W.: Kulturindustrie. Aufklärung als Massenbetrug. In: dies.: Dialektik der Aufklärung. Philosophische Fragmente (1944 / 1947). Zehnte Auflage Frankfurt am Main 1984, S. 108-150.

Huber, Martin (Hg.): Literatur und Kognition. Bestandsaufnahmen und Perspektiven eines Arbeitsfeldes. Paderborn 2009.

Huck, Christian / Bauernschmidt, Stefan: Trans-Cultural Appropriation. In: dies. (Hg.): Travelling Goods, Travelling Moods. Varieties of Cultural Appropriation (1850-1950). Frankfurt am Main / New York 2012, S. 229-251.

Hugger, Paul: Abschliessende Bemerkung. In: Horstmann, Inge: Das "Lied von der Arbeit" oder ein Tag im Dienst der A.G. (1948). Bürokultur im kriegszerstörten Berlin. Hg. v. Burkhart Lauterbach. Zürich 2005, S. 13 (Das volkskundliche Taschenbuch, 39).

Illouz, Eva: Versprechen einer Welt danach. Der Kapitalismus und seine Protagonisten haben uns einer globalen Katastrophe ausgesetzt. Aber ohne Gesundheit kann es keine Wirtschaft geben. Plädoyer für einen neuen Gesellschaftsvertrag. In: Süddeutsche Zeitung Nr. 70 vom 24. März 2020, S. 9.

Dies.: Warum Liebe weh tut. Eine soziologische Erklärung. Berlin 2011 (engl. Original 2012).

Interview: Durch Regensburg mit Klemens Unger, dem Kulturreferenten der Stadt. In: Weltkunst. Eine Sonderveröffentlichung des Zeit Weltkunst Verlags. Frühjahr 2019, S. 22.

Jackson, David: Aufruhr und Tradition: die Kunst der Peredwischniki. In: Mössinger, Ingrid / Ritter, Beate (Hg.): Die Peredwischniki. Maler des russischen Realismus. Kunstsammlungen Chemnitz. Chemnitz 2012, S. 16-36.

Jehle, Hiltgund: Ida Pfeiffer. Weltreisende im 19. Jahrhundert. Zur Kulturgeschichte reisender Frauen. Münster / New York 1989.

Johler, Reinhard: Europäische Orte. Territorialisierungsprozesse im „neuen Europa". In: Binder, Beate u.a. (Hg.): Ort. Arbeit. Körper. Ethnografie Europäischer Modernen. 34. Kongress der Deutschen Gesellschaft für Volkskunde, Berlin 2003. Münster u.a. 2005, S. 33-44 (Schriftenreihe Museum Europäischer Kulturen, 3).

Judenkowa, Tatjana: Ilja Repin: Unerwartet, 1884-1888. In: Mössinger, Ingrid / Ritter, Beate (Hg.): Die Peredwischniki. Maler des russischen Realismus. Kunstsammlungen Chemnitz. Chemnitz 2012, S. 184-185.

Jullien, François: Es gibt keine kulturelle Identität. Wir verteidigen die Ressourcen einer Kultur. Dritte Auflage Frankfurt am Main 2018.

Jungk, Robert: Wieviel Touristen pro Hektar Strand? In: GEO. Das neue Bild der Erde. Heft 10 (1980), S. 154-156.

Kästner, Erich: Brief aus Paris (1929). In: ders.: Zeitgenossen, haufenweise. Gedichte. München / Wien 1998, S. 334-335 (Werke I).

Ders.: Moral (1936). In: ebd., S. 277.

Kandel, Eric: Das Zeitalter der Erkenntnis. Die Erforschung des Unterbewussten in Kunst, Geist und Gehirn von der Wiener Moderne bis heute. München 2014 (amerik. Original 2012).

Kappacher, Walter: Touristomania oder Die Fiktion vom aufrechten Gang (1990). Wien 2009.

Kapeller, Kriemhild: Tourismus und Volkskultur. Zur Warenästhetik der Volkskultur. Ein Beitrag zur alpenländischen Folklorismusforschung am Beispiel des Vorarlberger Fremdenverkehrs mit besonderer Berücksichtigung der Regionen Montafon und Bregenzerwald. Graz 1991 (Dissertationen der Universität Graz, 81).

Kaufmann, Stefan: Nachhaltigkeit. In: Bröckling, Ulrich / Krasmann, Susanne / Lemke, Thomas (Hg.): Glossar der Gegenwart. Frankfurt am Main 2004, S. 174-181.

Keitz, Christine: Reisen als Leitbild. Die Entstehung des modernen Massentourismus in Deutschland. München 1997.

Keller, Andreas / Siebers, Winfried: Einführung in die Reiseliteratur. Darmstadt 2017.

Keller, Thomas: Kulturtransferforschung. Grenzgänge zwischen den Kulturen. In: Moebius, Stephan / Quadflieg, Dirk (Hg.): Kultur. Theorien der Gegenwart. Wiesbaden 2006, S. 101-114.

Kemper, Anne / Worthmann, Merten: "Eine Reisewarnung ist kein Reiseverbot". Warum Urlaub in Zeiten von Corona dringend einen Masterplan braucht. Ein Gespräch mit vier Menschen, die daran arbeiten. In: Die Zeit Nr. 20 vom 07. Mai 2020, S. 54.

King, Russell / Warnes, Tony / Williams, Allan: Sunset Lives. British Retirement Migration to the Mediterranean. Oxford / New York 2000.

Kirstges, Torsten: Tourismus in der Kritik. Klimaschädigender Overtourism statt sauberer Industrie? München 2020.

Kittelmann, Jana: Von der Reisenotiz zum Buch. Zur Literarisierung und Publikation privater Reisebriefe Hermann von Pückler-Muskaus und Fanny Lewalds. Mit unveröffentlichten Nachlassdokumenten. Dresden 2010.

Klemperer, Victor: „Jedes Baedekersternchen ist mir ein Warnungszeichen" (1926). In: Stölzl, Christoph (Hg.): Menschen im Museum. Eine Sammlung von Geschichten und Bildern. Berlin 1997, S. 24-35.

Knigge, Adolph Freiherr v.: Über den Umgang mit Menschen (1788). Berlin (um 1935).

Kocka, Jürgen: Die Angestellten in der deutschen Geschichte 1850-1980. Vom Privatbeamten zum angestellten Unternehmer. Göttingen 1981.

Köhler, Michael: Der Eiffelturm. Geschichten, Kuriositäten und Fakten um den berühmtesten Turm der Welt. München 1990.

Köstlin, Konrad: Das kleine Geschenk als Gedächtnisstütze. In: Alber, Wolfgang u.a. (Hg.): Übriges. Kopflose Beiträge zu einer volkskundlichen Anatomie. Tübingen 1991, S. 131-141.

Koetzle, Hans-Michael: Eyes on Paris. Paris im Fotobuch. 1890 bis heute. Mit Beiträgen von Hans Christian Adam u.a. Begleitband zur gleichnamigen Ausstellung im Haus der Photographie in den Deichtorhallen Hamburg. München 2011.

Kortländer, Bernd: Begrenzung – Entgrenzung. Kultur- und Wissenstransfer in Europa. In: Jordan, Lothar / ders. (Hg.): Nationale Grenzen und internationaler Austausch. Studien zum Kultur- und Wissenschaftstransfer in Europa. Tübingen 1995, S. 1-19 (Communicatio, 29).

Koschel, Friederike / Bilandzic, Helena: Medienwirkungsforschung. In: Bilandzic, Helena u.a.: Rezipientenforschung. Konstanz / München 2016, S. 117-161.

Kramer, Dieter: Empirische Kulturanthropologie, Chancen und Grenzen. Frankfurter Studien zur Kulturanalyse. In: Schweizerisches Archiv für Volkskunde 81 (1985a), S. 86-93.

Ders.: Kulturwissenschaftliche Tourismusforschung und Tourismuspolitik in der Konsumgesellsschaft. In: Rolshoven, Johanna u.a. (Hg.): Mobilitäten! Berlin 2014, S. 218-225 (Voyage. Jahrbuch für Reise- und Tourismusforschung, 10).

Ders.: Das Neue in der Geschichte der Arbeiterkultur. Berliner Beispiele und ihre überregionalen Wirkungen. In: Kohlmann, Theodor / Bausinger, Hermann (Hg.): Großstadt. Aspekte empirischer Kulturforschung. 24. Deutscher Volkskunde-Kongreß in Berlin 1983. Berlin 1985b, S. 327-340 (Schriften des Museums für Deutsche Volkskunde Berlin, 13).

Ders.: Theorien zur historischen Arbeiterkultur. Marburg 1987 (Schriftenreihe der Studiengesellschaft für Sozialgeschichte und Arbeiterbewegung, 57).

Krauß, Harald / Kagelmann, H. Jürgen: Selbstaktualisierung. In: Hahn, Heinz / Kagelmann, H. Jürgen (Hg.): Tourismuspsychologie und Tourismussoziologie. Ein Handbuch zur Tourismuswissenschaft. München 1993, S. 208-211.

Krippendorf, Jost: Die Ferienmenschen. Für ein neues Verständnis von Freizeit und Reisen. München 1986.

Kronauer, Brigitte: Der Scheik von Aachen. Roman. Stuttgart 2016.

Kühnel, Jana / Sonnentag, Sabine: How long do you benefit from vacation? A closer look at the fade-out of vacation effects. In: Journal of Organizational Behavior 32 (2011) S. 125-143.

Kulinat, Klaus / Steinecke, Albrecht: Geographie des Freizeit- und Fremdenverkehrs. Darmstadt 1984.

Kureishi, Hanif: The Last Word. Novel. London 2014.

Latour, Bruno: Das terrestrische Manifest. Berlin 2018 (franz. Original 2017).

Ders.: Eine neue Soziologie für eine neue Gesellschaft. Einführung in die Akteur-Netzwerk-Theorie. Frankfurt am Main 2007 (engl. Original 2005).

Ders. / Hermant, Emilie: Paris. Invisible City (2006). Online unter: http://bruno-latour.fr/virtual [07. Juli 2011].

Lau, Jörg: Hans Magnus Enzensberger. Ein öffentliches Leben. Zweite Auflage Berlin 1999.

Lauterbach, Burkhart: Beatles, Sportclubs, Landschaftsparks. Britisch-deutscher Kulturtransfer. Würzburg 2004 (Kulturtransfer, 1).

Ders.: „Die hat was gegen Gemälde!" Überlegungen zur Erforschung touristischer Umweltaneignung. In: Niem, Christina / Schneider, Thomas / Uhlig, Mirko (Hg.): Erfahren – Benennen – Verstehen. Den Alltag unter die Lupe nehmen. Festschrift für Michael Simon zum 60. Geburtstag, unter Mitarbeit von Dominique Conte und Elisa Schuster. Münster / New York 2016, S. 205-217 (Mainzer Beiträge zur Kulturanthropologie / Volkskunde, 12).

Ders.: „Es gab schon Veränderungen…". Ein kulturwissenschaftlicher Beitrag zur Reisefolgen-Forschung. In: Alltag – Kultur – Wissenschaft. Beiträge zur Europäischen Ethnologie 4 (2017), S. 85-110.

Ders.: Kulturtransfer. Ein Beitrag zur Begriffsklärung. In: Die Denkmalpflege 71 (2013), S. 5-12.

Ders.: „Menschen zweiter Klasse"? Die bereisten Einheimischen als kulturwissenschaftliches Forschungsthema, in: Bayerisches Jahrbuch für Volkskunde 2009, S. 23-32.

Ders.: Städtetourismus. Kulturwissenschaftliche Studien. Eine Einführung. Zweite Auflage Würzburg 2015a (Kulturtransfer, 7).

Ders.: Tourismus. Eine Einführung aus Sicht der volkskundlichen Kulturwissenschaft. Dritte Auflage Würzburg 2015b (Kulturtransfer, 3).

Ders. / Brednich, Rolf Wilhelm: Tourismus. In: Brednich, Rolf Wilhelm u.a. (Hg.): Enzyklopädie des Märchens. Handwörterbuch zur historischen und vergleichenden Erzählforschung. Bd. 14. Berlin / Boston 2014, Sp. 1835-1843.

Ders. / Lottermoser, Stephanie: Fremdkörper Moschee? Zum Umgang mit islamischen Kulturimporten in westeuropäischen Großstädten. Würzburg 2009 (Kulturtransfer, 5).

Law, John: Akteur-Netzwerk-Theorie und materiale Semiotik. In: Conradi, Tobias / Derwanz, Heike / Muhle, Florian (Hg.): Strukturentstehung durch Verflechtung. Akteur-Netzwerk-Theorie(n) und Automatismen. München 2011, S. 21-48 (Automatismen. Schriftenreihe des Graduiertenkollegs).

Lehmann, Albrecht: Gefangenschaft und Heimkehr. Deutsche Kriegsgefangene in der Sowjetunion. München 1986.

Ders.: Im Fremden ungewollt zuhaus. Flüchtlinge und Vertriebene in Westdeutschland 1945-1990. Zweite Auflage München 1993.

Lehmann, Klaus D.: Bestimmungsgrößen des Reisens. In: Schmitz-Scherzer, Reinhard (Hg.): Reisen und Tourismus. Darmstadt / Neuwied 1975, S. 18-26 (Praxis der Sozialpsychologie, 4).

Leibetseder, Mathis: Die Kavalierstour. Adlige Erziehungsreisen im 17. und 18. Jahrhundert. Köln / Weimar / Wien 2004 (Beihefte zum Archiv für Kulturgeschichte, 56).

Lenz, Ramona: Mobilität im Fokus – Modeerscheinung oder Paradigmenwechsel? Überlegungen zum sogenannten mobility turn. In: Zeitschrift für Volkskunde 107 (2011), S. 1-19.

Dies.: Mobilitäten in Europa. Migration und Tourismus auf Kreta und Zypern im Kontext des europäischen Grenzregimes. Wiesbaden 2010.

Dies. / Salein, Kirsten: Kulturtourismus und Europäisierung. Europa als Referenz touristischer Raumkonstruktionen. In: Wöhler, Karlheinz / Pott, Andreas / Denzer, Vera (Hg.): Tourismusräume. Zur soziokulturellen Konstruktion eines globalen Phänomens. Bielefeld 2010, S. 295-310.

Lessing, Doris: Vergnügen (1957). In: dies.: Vergnügen. Erzählungen. Dritte Auflage München 1985, S. 226-246.

Levenstein, Harvey: Seductive Journey. American Tourists in France from Jefferson to the Jazz Age. Chicago / London 1998.

Ders.: We'll Always Have Paris. American Tourists in France since 1930. Chicago / London 2004.

Lévi-Strauss, Claude: Das wilde Denken. Achte Auflage Frankfurt am Main 1991 (franz. Original 1962).

Lindenberg, Udo: Reeperbahn (1989). Nr. 3 auf CD 2 der Doppel-CD v. dems.: Panik mit Hut. Die Singles von 1972 bis 2005. Universal Music GmbH. Berlin 2006.

Lipp, Wolfgang: Alpenregion und Fremdenverkehr. Zur Geschichte und Soziologie kultureller Begegnung in Europa, besonders am Beispiel des Salzkammerguts. In: Zeitschrift für Volkskunde 89 (1993), S. 49-62.

Lipphardt, Anna: Auf den Spuren des neuen Nomaden. Zur Karriere einer Figur in Kulturtheorie, Tourismusforschung und Backpacker-Szene. In: Rolshoven, Johanna u.a. (Hg.): Mobilitäten! Berlin 2014, S. 202-217 (Voyage. Jahrbuch für Reise- und Tourismusforschung, 10).

Lodge, David: Paradise News. A Novel. London 1992.

Löfgren, Orvar: The Cult of Creativity. In: Institut für Europäische Ethnologie der Universität Wien (Hg.): Volkskultur und Moderne. Europäische Ethnologie zur Jahrtausendwende. Wien 2000, S. 157-167.

Ders.: Doing an Ethnography of "Non-Events". In: Schwanhäußer, Anja (Hg.): Sensing the City. A Companion to Urban Anthropology. Gütersloh / Berlin / Basel 2016, S. 173-182 (Bauwelt Fundamente, 155).

Ders.: On Holiday. A History of Vacationing. Berkeley / Los Angeles / London 1999 (California Studies in Critical Human Geography, 6).

Ders.: Touristen und Pendler. Wie man sich bewegt, so ist man gestimmt. In: Rolshoven, Johanna u.a. (Hg.): Mobilitäten! Berlin 2014, S. 25-44 (Voyage. Jahrbuch für Reise- und Tourismusforschung, 10).

Lohmann, Martin: Machen Urlaubsreisen glücklich? In: Groß, Sven u.a. (Hg.): Wandel im Tourismus. Internationalität, Demografie und Digitalisierung. Berlin 2019, S. 15-29 (Schriften zu Tourismus und Freizeit, 23).

Loos, Adolf: Antworten auf Fragen aus dem Publikum (1919). In: ders.: Trotzdem. 1900-1930. Unveränderter Neudruck der Erstausgabe 1931. Hg. v. Adolf Opel. Wien 1982, S. 140-160.

Luger, Kurt: Freizeit, Kommunikation, Tourismus. Annäherung an eine Spektrumswissenschaft (2005). In: ders.: MedienKulturTourismus. Transkulturelle Befunde über Weltbild und Lebenswelt. Hg. v. Thomas Herdin u. Franz Rest. Baden-Baden 2018, S. 281-293 (Interkulturelle und transkulturelle Kommunikation, 2)..

Ders.: Horizontverschiebungen. Imagination und Erfahrung von Fremdheit im Tourismus (2004). In: ders.: MedienKulturTourismus. Transkulturelle Befunde über Weltbild und Lebenswelt. Hg. v. Thomas Herdin u. Franz Rest. Baden-Baden 2018, S. 295-311 (Interkulturelle und transkulturelle Kommunikation, 2).

Ders.: Wir und die Anderen. Interkulturelles Begegnungsfeld Tourismus (2010). In: ders.: MedienKulturTourismus. Transkulturelle Befunde über Weltbild und Lebenswelt. Hg. v. Thomas Herdin u. Franz Rest. Baden-

Baden 2018, S. 313-339 (Interkulturelle und transkulturelle Kommunikation, 2).

Lury, Celia: The objects of travel. In: Rojek, Chris / Urry, John (Hg.): Touring Cultures. Transformations of Travel and Theory. London / New York 1997, S. 75-95.

Lutz, Ronald: Der subjektive Faktor. Ansätze einer Anthropologie des Reisens. In: Kramer, Dieter / Lutz, Ronald (Hg.): Reisen und Alltag. Beiträge zur kulturwissenschaftlichen Tourismusforschung. Frankfurt am Main 1992, S. 229-273 (Kulturanthropologie Notizen, 39).

Maase, Kaspar: Grenzenloses Vergnügen. Der Aufstieg der Massenkultur 1850-1970. Frankfurt am Main 1997.

Ders.: „Im Süden ist, glaube ich, alles möglich". Anmerkungen zur deutschen Italiensehnsucht. In: ders. (Projektleitung): Tü amo! Italienisches im deutschen Alltag. Tübingen 2009, S. 13-27.

Ders.: Populärkultur – Unterhaltung – Vergnügung. Überlegungen zur Systematik eines Forschungsfeldes. In: Bareither, Christoph / Maase, Kaspar / Nast, Mirjam (Hg.): Unterhaltung und Vergnügung. Beiträge der Europäischen Ethnologie zur Populärkulturforschung. Würzburg 2013, S. 24-36.

Ders. / Warneken, Bernd Jürgen: Der Widerstand des Wirklichen und die Spiele sozialer Willkür. Zum wissenschaftlichen Umgang mit den Unterwelten der Kultur. In: Dies. (Hg.): Unterwelten der Kultur. Themen und Theorien der volkskundlichen Kulturwissenschft. Köln 2003, S. 7-24.

MacCannell, Dean: Remarks on the Commodification of Cultures. In: Smith, Valene L. / Brent, Maryann (Hg.): Hosts and Guests Revisited. Tourism Issues of the 21st Century. Elmsford 2001, S. 380-390.

Ders.: The Tourist. A New Theory of the Leisure Class. New York 1976.

Machowecz, Martin: Wieder für Sie da. Auf Mecklenburg-Vorpommern ruhen die Hoffnungen deutscher Touristen. In: Die Zeit Nr. 20 vom 07. Mai 2020, S. 56.

Maier-Albang, Monika: Hoffen auf den Korridor. Wann Auslandsreisen wieder möglich sind, ist nicht absehbar. In: Süddeutsche Zeitung Nr. 107 vom 09. / 10. Mai 2020, S. 2.

Malcher, Ingo / Tatje, Claas: Hilfe! Wie kaum eine andere Branche wird die Tourismus-Industrie durch das Coronavirus gebeutelt. In: Die Zeit Nr. 12 vom 12. März 2020, S. 24.

Mankell, Henning: Daisy Sisters. Roman. Wien 2009 (schwed. Original 1982).

Manning, Till: Die Italiengeneration. Stilbildung durch Massentourismus in den 1950er und 1960er Jahren. Göttingen 2011 (Göttinger Studien zur Generationsforschung, 5).

Marcus, George E.: Ethnography in / of the World System. The Emergence of Multi-Sited Ethnography. In: Annual Review of Anthropology 24 (1995), S. 95-117.

Maurer, Michael: Italienreisen. Kunst und Konfession. In: Bausinger, Hermann / Beyrer, Klaus / Korff, Gottfried (Hg.): Reisekultur. Von der Pilgerfahrt zum modernen Tourismus. München 1991, S. 221-229.

Meiler, Oliver: Da sind wir wieder. Die schönste Zeit, um nach Venedig zu fahren? Jetzt, weil die anderen Touristen noch nicht da sind. Von Venezianern, die ihre leere Stadt gerade lieben und doch sehnlichst erwarten, dass der Irrsinn wieder anfängt. In: Süddeutsche Zeitung Nr. 131 vom 09. Juni 2020.

Mezger, Werner: Schlager. Versuch einer Gesamtdarstellung unter besonderer Berücksichtigung des Musikmarktes der Bundesrepublik Deutschland. Tübingen 1975 (Untersuchungen des Ludwig-Uhland-Instituts, 39).

Michelin. Der grüne Reiseführer: Île-de-France. Chartres, Fontainebleau, Versailles. München 2010 (franz. Original 2008).

Michelin-Reiseführer: Paris. Karlsruhe 1990.

Mihm, Andrea: Packend... Eine Kulturgeschichte des Reisekoffers. Marburg 2001.

Miller, Daniel: The Comfort of Things. Cambridge / Malden MA 2008.

Miller, Henry: The Colossus of Maroussi (1941). Harmondsworth 1967.

Ders.: Meine Jugend hat spät begonnen. Dialog mit Georges Belmont. Reinbek 1973 (franz. Original 1970).

Ders.: Tropic of Cancer. Novel (1934). London 1968.

Modiano, Patrick: Aus tiefstem Vergessen. Roman. München / Wien 2000 (franz. Original 1996).

Ders.: Sonntage im August. Roman. Berlin 2014 (franz. Original 1986).

Mohrmann, Ruth-E.: Dingliche Erinnerungskultur im privaten Bereich. In: Bönisch-Brednich, Brigitte / Brednich, Rolf W. / Gerndt, Helge (Hg.): Erinnern und Vergessen. Vorträge des 27. Deutschen Volkskundekongresses

Göttingen 1989. Göttingen 1991, S. 209-217 (Schriftenreihe der Volkskundlichen Kommission für Niedersachsen, 6).

Moser, Johannes / Seidl, Daniella (Hg.): Dinge auf Reisen. Materielle Kultur und Tourismus. Münster u.a. 2009 (Münchner Beiträge zur Volkskunde, 38).

Müller, Susanne: Die Welt des Baedeker. Eine Medienkulturgeschichte des Reiseführers 1830-1945. Frankfurt am Main / New York 2012.

Muhs, Rudolf / Paulmann, Johannes / Steinmetz, Willibald: Brücken über den Kanal? Interkultureller Transfer zwischen Deutschland und Großbritannien im 19. Jahrhundert. In: dies. (Hg.): Aneignung und Abwehr. Interkultureller Transfer zwischen Deutschland und Großbritannien im 19. Jahrhundert. Bodenheim 1998, S. 7-20 (Arbeitskreis Deutsche England-Forschung, 32).

Mundt, Jörn W.: Einführung in den Tourismus. München / Wien 1998.

Ders.: Tourismus. Vierte Auflage München / Wien 2013.

Muri, Gabriela: Pause! Zeitordnung und Auszeiten aus alltagskultureller Sicht. Frankfurt am Main / New York 2004.

Dies.: Wenn die Zeit stillsteht. Die Pause als alltagskulturelles Phänomen. In: Göttsch, Silke / Köhle-Hezinger, Christel (Hg.): Komplexe Welt. Kulturelle Ordnungssysteme als Orientierung. 33. Kongress der Deutschen Gesellschaft für Volkskunde in Jena 2001. Münster u.a. 2003, S. 285-295.

Neckel, Sighard: Erfolg. In: Bröckling, Ulrich / Krasmann, Susanne / Lemke, Thomas (Hg.): Glossar der Gegenwart. Frankfurt am Main 2004, S. 63-70.

Nicholls, David: Us. Novel. London 2015.

Oeljeschläger, Bernd: Dingbiographien in Lieblingsgegenständen. Ein Versuch zur Benennung von Dingbedeutungen. In: Heidrich, Hermann (Hg.): Sach Kultur Forschung. Bad Windsheim 2000, S. 86-94 (Schriften und Kataloge des Fränkischen Freilandmuseums, 32).

Österlund-Pötzsch, Susanne: Pedestrian Art. The Tourist Gait as Tactic and Performance. In: Ethnologia Europaea 40 (2010), S. 14-28.

Das Oktoberfest. Einhundertfünfundsiebzig Jahre Bayerischer National-Rausch. Ausstellungskatalog Münchner Stadtmuseum. München 1985.

Pacelli, Eugenio (Papst Pius XII.): Vom tieferen Sinn und Wert des Reisens. In: Der Fremdenverkehr. Amtliches Organ der Deutschen Zentrale für Fremdenverkehr 4 (1952), 13 / 14, S. 2-3.

Packheiser, Christian: Heimaturlaub. Soldaten zwischen Front, Familie und NS-Regime. Göttingen 2020.

Page, Stephen: Urban Tourism. London / New York 1995.

Pamuk, Orhan: The Museum of Innocence. Novel. London 2009 (türk. Original 2008).

Paravicini, Werner: Der Grand Tour in der europäischen Geschichte. Zusammenfassung. In: Babel, Rainer / Paravicini, Werner (Hg.): Grand Tour. Adeliges Reisen und europäische Kultur vom 14. bis zum 18. Jahrhundert. Akten der internationalen Kolloquien in der Villa Vigoni 1999 und im Deutschen Historischen Institut Paris 2000. Ostfildern 2005, S. 657-674 (Beihefte der Francia, 60).

Parks, Tim: Italian Ways. On and off the rails from Milan to Palermo. London 2014.

Perec, Georges: Zweihundertdreiundvierzig Postkarten in Echtfarbendruck (1978). In: ders.: Warum gibt es keine Zigaretten beim Gemüsehändler. Zürich / Berlin 2014, S. 25-56 (franz. Original 1989).

Pesch, Dorothee (Hg.): Reiseandenken. Was vom Urlaub übrig bleibt. Ausstellungs-Begleitheft Schwäbisches Volkskundemuseum. Oberschönenfeld 2012 (Schriftenreihe der Museen des Bezirks Schwaben, 46).

Petersen, Jens: Deutschland – Italien. Eine fruchtbare und spannungsreiche Nachbarschaft. In: Zibaldone. Zeitschrift für italienische Kultur der Gegenwart 16 (1993), S. 5-16.

Ders.: Das deutschsprachige Italienbild nach 1945. In: Quellen und Forschungen aus italienischen Archiven und Bibliotheken 76 (1996), S. 455-495.

Pfeifer, Manfred: Diskriminierung, ein stetiger Reisebegleiter? Über das Diskriminierungspotential in „Afrika"-Reiseberichten im Internet. Diss. phil. Universität München. München 2012.

Ploder, Andrea / Stadlbauer, Johanna: Autoethnographie und Volkskunde? Zur Relevanz wissenschaftlicher Selbsterzählungen für die volkskundlich-kulturanthropologische Forschungspraxis. In: Österreichische Zeitschrift für Volkskunde 116 (2013), S. 373-404.

Pöttler, Burkhard: Der Urlaub im Wohnzimmer. Dinge als symbolische Repräsentation von Reisen – Reiseandenken und Souvenirs. In: Moser, Johannes / Seidl, Daniella (Hg.): Dinge auf Reisen. Materielle Kultur und Tourismus. Münster u.a. 2009, S. 119-135 (Münchner Beiträge zur Volkskunde, 38).

Polgar, Alfred: Reiseerfahrung. In: ders.: Im Lauf der Zeit (1954). Reinbek 2016, S. 22.

Politycki, Matthias: Schrecklich schön und weit und wild. Warum wir reisen und was wir dabei denken. Hamburg 2017.

Pott, Andreas: Orte des Tourismus. Eine raum- und gesellschaftstheoretische Untersuchung. Bielefeld 2007.

Prahl, Hans-Werner / Steinecke, Albrecht: Der Millionen-Urlaub. Von der Bildungsreise zur totalen Freizeit. Frankfurt am Main / Berlin / Wien 1981a.

Dies. (Hg.): Tourismus. Ditzingen 1981b (Arbeitstexte für den Unterricht).

Queneau, Raymond: Zazie in der Metro. Roman. Frankfurt am Main 1999 (franz. Original 1959).

Ranke, Winfried (Text): Raum 8: Ein geordnetes Abbild der Welt. Die Kunst- und Naturalien-Kammer im Berliner Schloß. In: Preußen. Versuch einer Bilanz. Ausstellungsführer. Hg. v. Gottfried Korff. Reinbek 1981, S. 135-153 (Preußen. Versuch einer Bilanz. Katalog in fünf Bänden, 1).

Rauterberg, Hanno: Was guckst Du? Vermeer, Rembrandt, die Nofretete: Die Berliner Museen hüten die großartigsten Kunstschätze. Warum nur wollen immer weniger Menschen sie sehen? Besichtigung eines Desasters. In: Die Zeit Nr. 52 vom 13. Dezember 2018, S. 41.

Redaktion der ZEIT: Heimaturlaub. Das Jahr der großen Einschränkungen könnte das Jahr der großen Entdeckungen werden – vor der eigenen Haustür. In: ZEITmagazinNr. 25 vom 10. Juni 2020, S. 24-34.

Rees, Joachim: Einleitung. Als der König den Gänsen das Reisen verbot oder von der Kunst, „mit gutem Endzweck und Nutzen andere Länder zu sehen". In: ders. u.a. (Hg.): Europareisen politisch-sozialer Eliten im 18. Jahrhundert. Theoretische Neuorientierung – kommunikative Praxis – Kultur- und Wissenstransfer. Berlin 2002, S. XI-XXVIII (Aufklärung und Europa, 6).

ReiseAnalyse 2019. Detailliertes Modulangebot. Hg. v. FUR Forschungsgemeinschaft Urlaub und Reisen e.V. Kiel 2019.

ReiseAnalyse 2019. Ergebnisbericht. Struktur und Entwicklung der Urlaubsnachfrage im Quellmarkt Deutschland. Hg. v. FUR Forschungsgemeinschaft Urlaub und Reisen e.V. Kiel 2019.

Die Reise nach Berlin. Ausstellungskatalog Berliner Festspiele GmbH. Berlin 1987.

Remarque, Erich Maria: Drei Kameraden. Roman (1936). Dritte Auflage Köln 2019.

Renz, Alfred: Algerien. München 1986.

Reso, Evelyn: Das große Ganze. Intergenerationalität in familiengeführten Tourismusbetrieben in Südtirol. Münster / New York 2016.

Rexroth, Tillman: Warenästhetik Produkte und Produzenten. Zur Kritik einer Theorie W. F. Haugs. Kronberg 1974.

Richartz, W.(alter) E.(rich): Büroroman. Zürich 1976.

Röhrich, Lutz: Sand. In: ders.: Lexikon der sprichwörtlichen Redensarten. Bd. 4. Fünfte Auflage Freiburg / Basel / Wien 1994, S. 1279-1280.

Röthl, Martina: Tiroler Privat(zimmer)vermietung. Dispositive Bedingungen. Subjekteffekte. Aneignungsweisen. Münster / New York 2018.

Rolshoven, Johanna u.a. (Hg.): Mobilitäten! Berlin 2014 (Voyage. Jahrbuch für Reise- und Tourismusforschung, 10).

Rürup, Bert: Arbeitsmigration – Migration der Arbeit. Konsequenzen und Optionen. In: Rat für Migration (Hg.): Migrationspolitik in Deutschland. Eine Zwischenbilanz. Osnabrück 1999, S. 35-41.

Saison am Strand. Ausstellungskatalog Altonaer Museum in Hamburg. Norddeutsches Landesmuseum. Herford 1986.

Schaefer, Kerstin: Zwischen Departure und Arrival. Eine Ethnografie des aeromobilen Unterwegsseins. Münster / New York 2017.

Scharfe, Martin: Berg-Sucht. Eine Kulturgeschichte des frühen Alpinismus 1750-1850. Wien / Köln / Weimar 2007.

Scharnigg, Max: Ach, Wanderlust. Sicher, es gibt viel wichtigere Probleme auf dieser Welt. Aber der Sommer steht vor der Tür, und gegen das Fernweh hilft Vernunft nur sehr wenig. In: Süddeutsche Zeitung Nr. 118 vom 23. / 24. Mai 2020, S. 47.

Scheerer, Sebastian: Terror. In: Bröckling, Ulrich / Krasmann, Susanne / Lemke, Thomas (Hg.): Glossar der Gegenwart. Frankfurt am Main 2004, S. 257-262.

Schmale, Wolfgang: Historische Komparatistik und Kulturtransfer. Europageschichtliche Perspektiven für die Landesgeschichte. Eine Einführung unter besonderer Berücksichtigung der Sächsischen Landesgeschichte. Bochum 1998 (Herausforderungen, 6).

Schmidt, Andreas: Heimweh und Heimkehr. Zur Gefühlskultur in einer komplexen Welt. In: Göttsch, Silke, Christel Köhle-Hezinger (Hg.):

Komplexe Welt. Kulturelle Ordnungssysteme als Orientierung. Münster u.a. 2003. S. 37-48.

Schmidt-Semisch, Henning: Risiko. In: Bröckling, Ulrich / Krasmann, Susanne / Lemke, Thomas (Hg.): Glossar der Gegenwart. Frankfurt am Main 2004, S. 222-227.

Schmitt, Stefan: Berge, Meere, Virus. In den großen Ferien scheint vieles wieder möglich zu sein. Die Verantwortung liegt jetzt bei den Urlaubern. In: Die Zeit Nr. 26 vom 18. Juni 2020, S. 1.

Schmude, Jürgen / Namberger, Philipp: Tourismusgeographie. Darmstadt 2010.

Schnabel, Ulrich: Muße. Vom Glück des Nichtstuns. Sechste Auflage München 2010.

Schneider, Peter: Lenz. Erzählung. Berlin 1973.

Schneider, Thomas: Rezension von Lauterbach, Burkhart: Tourismus. Eine Einführung aus Sicht der volkskundlichen Kulturwissenschaft (Würzburg 2006). In: Volkskunde in Rheinland-Pfalz 22 (2007), S. 170-172.

Schönberger, Klaus: „But first, let me take a selfie" oder eine neue Art, sich selbst zu betrachten und sich mit anderen zu unterhalten? In: Braun, Karl u.a. (Hg.): Kulturen der Sinne. Zugänge zur Sensualität der sozialen Welt. 40. Kongress der Deutschen Gesellschaft für Volkskunde in Zürich 2015. Würzburg 2017, S. 37-53.

Schönholz, Christian: "Seid anders!" Kreativität und Innovation als Gegenstände der Volkskunde. In: Schweizer Volkskunde / Folklore Suisse / Folclore Svizzero 106 (2016) S. 3-7.

Schriewer, Gesine Lenore: Studienbuch Emotionsforschung. Theorien – Anwendungsfelder – Perspektiven. Darmstadt 2014.

Schriewer, Klaus: Herausforderung Europa. Kulturwissenschaftlich-volkskundliche Theoriebildung im Lichte der europäischen Integration. In: Zeitschrift für Volkskunde 100 (2004), S. 31-53.

Schultz, Patricia: 1000 Places To See Before You Die. New York 2003.

Schulze, Gerhard: Die Erlebnisgesellschaft. Kultursoziologie der Gegenwart. Frankfurt am Main / New York 1992.

Schwarz, Uli: Andenken und Photographie. Zeichen im Alltag. In: Berwing, Margit / Köstlin, Konrad (Hg.): Reise-Fieber. Regensburg 1984, S. 78-99 (Regensburger Schriften zur Volkskunde, 2).

Schweizer, Thomas: Methodenprobleme des interkulturellen Vergleichs. Probleme, Lösungsversuche, exemplarische Anwendung. Köln 1978 (Kölner Ethnologische Mitteilungen, 6).

Schwibbe, Gudrun: Wahrgenommen. Die sinnliche Erfahrung der Stadt. Münster u.a. 2002.

Seidl, Daniella: „Unsere Lieblingsprojektion, unser Freilichtkino, unser Allerweltsarkadien". Die große Liebe und das schwierige Verhältnis der Deutschen zu Italien. In: Jahrbuch für Europäische Ethnologie. Dritte Folge, 5 (2010), S. 195-216.

Selle, Gert / Boehe, Jutta: Leben mit den schönen Dingen. Anpassung und Eigensinn im Alltag des Wohnens. Reinbek 1986.

Selzer, Christina: Auf der Suche nach der Erinnerung. Souvenirs aus dem Süden. In: Richter, Dieter (Hg.): Fremdenverkehr und lokale Kultur. Kulturanthropologische Untersuchungen an der Küste von Amalfi. Bremen 1996, S. 201-214.

Sennett, Richard: Der flexible Mensch. Die Kultur des neuen Kapitalismus. Dritte Auflage München 2000 (amerik. Original 1998).

Settis, Salvatore: Wenn Venedig stirbt. Streitschrift gegen den Ausverkauf der Städte. Berlin 2019 (italien. Original 2014).

Siedenberg, Sven: Ich nix Tourist. Warum es schöner ist, nicht in den Urlaub zu fahren. München 2010.

Simpson, Jacqueline: Spuk. In: Brednich, Rolf Wilhelm u.a. (Hg.): Enzyklopädie des Märchens. Handwörterbuch zur historischen und vergleichenden Erzählforschung. Band 12. Berlin / New York 2007, Sp. 1126-1131.

Sola Pool, Ithiel de: Was amerikanische Reisende lernen (1958). In: Kagelmann, H. Jürgen (Hg.): Tourismuswissenschaft. Soziologische, sozialpsychologische und sozialanthropologische Untersuchungen. München 1993, S. 9-20.

Spittler, Gerd: Teilnehmende Beobachtung als Dichte Teilnahme. In: Zeitschrift für Ethnologie 126 (2001), S. 1-25.

Spode, Hasso: Der Blick des Post-Touristen. Torheiten und Trugschlüsse in der Tourismusforschung. In: ders. / Ziehe, Irene (Hg.): Gebuchte Gefühle. München / Wien 2005, S. 135-161 (Voyage. Jahrbuch für Reise- und Tourismusforschung, 7).

Starl, Timm: Knipser. Die Bildgeschichte der privaten Fotografie in Deutschland und Österreich von 1880-1980. München / Berlin 1995.

Steinecke, Albrecht: Destinationsmanagement. Konstanz / München 2013.

Ders.: Internationaler Tourismus. Konstanz / München 2014.

Ders.: Kulturtourismus. Marktstrukturen, Fallstudien, Perspektiven. München / Wien 2007.

Ders.: Märchenschlösser und Autotürme. Architektur als Instrument der Inszenierung von Themenwelten. In: Romeiß-Stracke, Felizitas (Hg.): TourismusArchitektur. Baukultur als Erfolgsfaktor. Berlin 2008, S. 158-170.

Ders.: Populäre Irrtümer über Reisen und Tourismus. München 2010.

Ders.: Tourismus. Eine geographische Einführung. Braunschweig 2006 (Das Geographische Seminar).

Stierle, Karlheinz: Der Mythos von Paris. Zeichen und Bewusstsein der Stadt (1993). München 1998.

Stiftung für Zukunftsfragen. Eine Initiative von British American Tobacco: Forschung aktuell. Newsletter. 36. Jahrgang, Ausgabe 263 vom 01. Juli 2015.

Strauß, Patricia Gloria: Kultur ohne Grenzen. Entstehung und Entwicklung von Barrierefreiheit am Beispiel des Münchner Kulturzentrums Gasteig. Marburg 2016.

Stuff, Britta: Urlaubserzählungen. In: Die Zeit Nr. 34 vom 15. August 2019, S. 51.

Suter, Martin: Die Diskrepanzen. In: ders.: Abschalten. Die Business Class macht Ferien. Zürich 2012, S. 177-179.

Tauschek, Markus: Konkurrenzverhältnisse. Kulturwissenschaftliche Thesen zu Differenz und Homogenisierung in Wettbewerben. In: Alltag – Kultur – Wissenschaft. Beiträge zur Europäischen Ethnologie 1 (2014), S. 123-136.

Temsch, Jochen: Bitte einmal mit Maske. Geschlossene Bäder, Essen im Schichtbetrieb und die Speisekarte auf dem Handy. Was im Urlaub dieses Jahr auf uns zukommt. In: Süddeutsche Zeitung Nr. 107 vom 09. / 10. Mai 2020b, S. 2.

Ders.: Urlaub hinter Plexiglas. Reisen werden in diesem Jahr sehr anders ausfallen als geplant. In: Süddeutsche Zeitung Nr. 90 vom 18. / 19. April 2020a, S. 2.

Ders.: Zu Gast bei Freunden. Deutschland wird als Reiseziel bei ausländischen Gästen immer beliebter. In: Süddeutsche Zeitung Nr. 301 vom 31. Dezember 2019 / 01. Januar 2020, S. 16.

Tenbruck, Friedrich H.: Was war der Kulturvergleich, ehe es den Kulturvergleich gab? In: Matthes, Joachim (Hg.): Zwischen den Kulturen? Die Sozialwissenschaften vor dem Problem des Kulturvergleichs. Göttingen 1992, S. 13-35 (Soziale Welt, Sonderband 8).

Thome, Stephan: Fliehkräfte. Roman. Frankfurt am Main 2013.

Thoms, Ulrike: Sehnsucht nach dem guten Leben. Italienische Küche in Deutschland. In: Mohrmann, Ruth-E. (Hg.): Essen und Trinken in der Moderne. Münster u.a. 2006, S. 23-61 (Beiträge zur Volkskultur in Nordwestdeutschland, 108).

Thurner, Ingrid: Tourismuslandschaften – Sehenswürdigkeiten – Menschen. In: Schnepel, Burkhard / Girke, Felix / Knoll, Eva-Maria (Hg.): Kultur all inclusive. Identität, Tradition und Kulturerbe im Zeitalter des Massentourismus. Bielefeld 2013, S. 151-182.

Thurot, Jean Maurice / Thurot, Gaetane: The Ideology of Class and Tourism. Confronting the Discourse of Advertising. In: Annals of Tourism Research 10 (1983), S. 173-189.

Timm, Uwe: Der Mann auf dem Hochrad. Legende. Köln 1986.

Torrie, Julia S.: German Soldiers and the Occupation of France, 1940-1944. Cambridge 2018.

Treibel, Annette: Migration in modernen Gesellschaften. Soziale Folgen von Einwanderung, Gastarbeit und Flucht. Zweite Auflage Weinheim / München 1999.

Tucholsky, Kurt: Das falsche Plakat von Paris (1924). In: ders.: Gesammelte Werke in 10 Bänden. Band 3: 1921-1924. Reinbek 1989, S. 416-419.

Ders.: Herr Wendriner in Paris (1926). In: ders.: Gesammelte Werke in 10 Bänden. Band 4: 1925-1926. Reinbek 1989, S. 431-433.

Ders.: Luftveränderung (1924). In: ders.: Gesammelte Werke in 10 Bänden. Band 3: 1921-1924. Reinbek 1989, S. 534.

Ders.: Schloß Gripsholm (1931). In: ders.: Gesammelte Werke in 10 Bänden. Band 9: 1931. Reinbek 1989, S. 7-94.

Ders.: Vom Urlaub zurück (1931). In: ders.: Gesammelte Werke in 10 Bänden. Band 9: 1931. Reinbek 1989, S. 292-293.

Turner, Victor: Das Liminale und Liminoide in Spiel, Fluss und Ritual. Ein Essay zur vergleichenden Symbologie. In: Ders.: Vom Ritual zum Theater. Der Ernst des menschlichen Spiels. Frankfurt am Main / New York 1989, S. 28-94 (engl. Original 1982).

Urry, John: Consuming Places. London / New York 1995.

Ders.: Mobilities. Cambridge / Malden MA 2007.

Ders.: The Tourist Gaze (1990). Zweite Auflage London / Thousand Oaks / New Delhi 2002.

Veblen, Thorstein: Theorie der feinen Leute. Eine ökonomische Untersuchung der Institutionen. Frankfurt am Main 1993 (amerik. Original 1899).

Vester, Heinz-Günter: Kompendium der Soziologie I. Grundbegriffe. Wiesbaden 2009.

Ders.: Kulturschock. In: Hahn, Heinz / Kagelmann, H. Jürgen (Hg.): Tourismuspsychologie und Tourismussoziologie. Ein Handbuch zur Tourismuswissenschaft. München 1993, S. 171-174.

Ders.: Tourismustheorie. Soziologische Wegweiser zum Verständnis touristischer Phänomene. München / Wien 1999 (Tourismuswissenschaftliche Manuskripte, 6).

Viciano, Astrid: Paris-Syndrom. In: Süddeutsche Zeitung Nr. 170 vom 25. Juli 2016, S. 16.

Virilio, Paul: Rasender Stillstand. Essay. Frankfurt am Main 1998 (franz. Original 1990).

Vogl, Joseph: Da war ich. Die Mitbringsel und ihre Einrichtung. In: Steinfeld, Thomas (Hg.): Die Zukunft des Reisens. Frankfurt am Main 2012, S. 186-187.

Voswinkel, Stephan: Kundenorientierung. In: Bröckling, Ulrich / Krasmann, Susanne / Lemke, Thomas (Hg.): Glossar der Gegenwart. Frankfurt am Main 2004, S. 145-151.

Wallner, Michael: April in Paris. Roman. München 2007.

Warneken, Bernd Jürgen: Die Ethnographie populärer Kulturen. Eine Einführung. Wien / Köln / Weimar 2006.

Weber, Max: Wirtschaft und Gesellschaft. Grundriss der verstehenden Soziologie (1921). Fünfte Auflage Tübingen 1980.

Weber, Silke u.a.: Wer lässt uns rein? Was in diesem Sommer trotz aller Beschränkungen möglich sein wird – und was wohl nicht. In: Die Zeit Nr. 20 vom 07. Mai 2020, S. 55.

Wegner, Bernd: Das deutsche Paris. Der Blick der Besatzer 1940-1944. Paderborn 2019.

Wehling, Hans-Werner: Großbritannien. England, Schottland, Wales. Darmstadt 2007 (Wissenschaftliche Länderkunden).

Weiss, Peter: Fluchtpunkt (1965). Roman. Frankfurt am Main 1969.

Werner, Michael: Kulturtransfer und Histoire croisèe. Zu einigen Methodenfragen der Untersuchung soziokultureller Interaktionen. In: Braese, Stephan / Vogel-Klein, Ruth (Hg.): Zwischen Kahlschlag und Rive Gauche. Deutsch-französische Kulturbeziehungen 1945-1960. Würzburg 2015, S. 21-42.

Westphalen, Joseph v.: Warum ich trotzdem fotografiere. In: ders.: Warum ich Monarchist geworden bin. Zwei Dutzend Entrüstungen. Zürich 1988, S. 47-51.

Wickert, Ulrich: Alles über Paris. Vierte Auflage München 2009.

Ders.: Frankreich. Die wunderbare Illusion. München 1991.

Ders.: Mein Paris. Hamburg 2015.

Ders.: Die Richter aus Paris. Eine fast wahre Geschichte. Hamburg 2003.

Ders.: Und Gott schuf Paris. Sechste Auflage Hamburg 1993.

Ders.: Vom Glück, Franzose zu sein. Unglaubliche Geschichten aus einem unbekannten Land. Dritte Auflage München 2010.

Widmer, Urs: Liebesnacht. Eine Erzählung. Zürich 1984.

Wiegand, Ralf: Spiel des Lebens. Die Corona-Krise zeigt, welche Politiker gute Nerven und ein Gefühl für Timing haben. In: Süddeutsche Zeitung Nr. 107 vom 09. / 10. Mai 2020, S. 55.

Wiegelmann, Günter: „Materielle" und „geistige" Volkskultur. Zu den Gliederungsprinzipien der Volkskunde. In: Ethnologia Europaea 4 (1970), S. 187-193.

Willemsen, Roger: Der kleine Horizont. Warum das Reisen so viel Literatur hervorgebracht hat. In: Steinfeld, Thomas (Hg.): Die Zukunft des Reisens. Frankfurt am Main 2012, S. 188-203.

Willms. Johannes: Paris. Hauptstadt Europas 1789-1914. München1988.

Wittich, Thomas: Reisegefahren und Urlaubsängste. Die touristische Erfahrung von Bedrohung und Unsicherheit als Gegenstand narrativer Darstellungen. Münster u.a. 2004.

Wöhler, Karlheinz: Pilgern und touristisches Reisen. In: Ders. (Hg.): Touristifizierung von Räumen. Kulturwissenschaftliche und soziologische Studien zur Konstruktion von Räumen. Wiesbaden 2011a, S. 227-250.

Ders.: Reisen als Möglichkeit eines Anderssein-Könnens? In: Rolshoven, Johanna / Maierhofer, Maria (Hg.): Das Figurativ der Vagabondage. Kulturanalysen mobiler Lebensweisen. Bielefeld 2012, S. 255-271.

Ders.: Sustainabilisierung des Tourismus. Zur Logik einer postmodernen Wachstumsstrategie. In: Ders. (Hg.): Touristifizierung von Räumen. Kulturwissenschaftliche und soziologische Studien zur Konstruktion von Räumen. Wiesbaden 2011b, S. 191-200.

Ders.: Tourismus und Nachhaltigkeit. In: Ders. (Hg.): Touristifizierung von Räumen. Kulturwissenschaftliche und soziologische Studien zur Konstruktion von Räumen. Wiesbaden 2011c, S. 201-212.

Ders.: Touristsein als temporäres Sein in alltagsabgewandten Räumen: In: Lauterbach, Burkhart (Hg.): Auf den Spuren der Touristen. Perspektiven auf ein bedeutsames Handlungsfeld. Würzburg 2010, S. 175-198 (Kulturtransfer, 6).

Ders.: Woanders zu Hause. In: Ders. (Hg.): Touristifizierung von Räumen. Kulturwissenschaftliche und soziologische Studien zur Konstruktion von Räumen. Wiesbaden 2011d, S. 21-29.

Wolter, Birgit: Aneignung und Verlust des städtischen Raumes im Alter. In: Bergmann, Malte / Lange, Bastian (Hg.): Eigensinnige Geographien. Städtische Raumaneignungen als Ausdruck gesellschaftlicher Teilhabe. Wiesbaden 2011, S. 195-211.

Die Zeit. Das Lexikon in 20 Bänden. Band 15. Hamburg / Mannheim 2005.

Zips, Martin: Sommer 2020. Ein Drittel der Deutschen hat den Urlaub schon storniert. In: Süddeutsche Zeitung Nr. 90 vom 18. / 19. April 2020, S. 2.

Zschocke, Martina: Mobilität in der Postmoderne. Psychische Komponenten von Reisen und Leben im Ausland. Würzburg 2005.

Filme (DVD)

Pane e Tulipani (Brot und Tulpen, 2000). Regie: Silvio Soldini. Produktion: Universum Film GmbH. München 2009.

Love Actually (Tatsächlich...Liebe, 2003). Regie: Richard Curtis. Universal Pictures Germany. Hamburg 2004.

The Boat that Rocked (Radio Rock Revolution, 2009). Regie: Richard Curtis. Produktion: Universal Pictures Germany. Hamburg 2009.

The Tourist (2010). Regie: Florian Henckel von Donnersmarck. Kinowelt Home Entertainment. Leipzig 2011.

2 Days in New York (2 Tage New York, 2012). Regie: Julie Delpy. Produktion: Senator Home Entertainment GmbH. Berlin 2013.

2 Days in Paris (2 Tage Paris, 2007). Regie: Julie Delpy. Produktion: 3L Film GmbH&Co.KG. Dortmund 2012.

Fragebogen

Prof. Dr. Burkhart Lauterbach
Universität München
Institut für empirische Kulturwissenschaft
Oettingenstr. 67
D-80538 München
Tel. 089/13038204   01.10.2019

Projekt: „Der Urlaub ging zu Ende…"
Was bleibt eigentlich von einer touristischen Reise nach der Heimkehr übrig?

Grüß Gott, Ihr Lieben,

sicherlich kennen Sie das Gedicht „Brief aus Paris" von Erich Kästner aus dem Jahr 1929, dessen erste Strophe so geht:

> „Die Sonne schien. Die Luft war weich.
> Die Menschen sind bekanntlich gleich.
> Und ist man auch kein Lord -
> man zählte Geld. Es war genug.
> Man nahm den Koffer, fuhr zum Zug
> und fort".

Nun, die letzten Zeilen der sechsten und damit letzten Strophe lauten:

> „Am Dienstag geht's dann wieder nach
> Berlin"

Eine Reise lässt sich in verschiedene Phasen unterteilen. Da gibt es zunächst die der Planung und der Vorbereitung der Reise; es folgt die Phase des eigentlichen Unterwegsseins, die von der Abreise über den Aufenthalt in der Fremde bis zur Rückreise reicht; und dann gibt es noch jene Phase, die mit der Heimkehr einsetzt und die das dann folgende Handeln der Akteure umfasst. Es fällt auf, dass in der multidisziplinären Reise- und

Tourismusforschung gerade diese dritte Phase, das Danach, weitgehend vernachlässigt wird und dass es kaum Untersuchungen zur Thematisierung dessen gibt, wie das Leben der Menschen weitergeht, nachdem sie von einer Reise zurückgekehrt sind.

Mit dem Ziel, diese Forschungslücke schließen zu helfen, entwerfe ich selbst gerade ein Projekt, welches Antworten zu finden sucht auf die Frage: Welche Folgen, dies im Sinne von Bewältigungsformen der Reiseerlebnisse, also von Wirkungen, wahrnehmbar anhand von Veränderungen im Alltagsleben, zeitigt das jeweils konkrete Reisen, und welche Bedeutung besitzt dieses Tun primär für die Reisenden selbst, gleich ob in kurz-, mittel- oder gar langfristiger Perspektive?

Und warum interessiert sich kulturwissenschaftliche Forschung für ein derartiges Thema?

Nun, wir müssen uns vor Augen halten, dass es sich beim heutigen (Massen-) Tourismus um ein „Megaphänomen" handelt, welches sich angesichts „gigantischer Dimensionen" weder hinsichtlich seiner ökonomischen Bedeutung noch seiner politischen Bedeutung noch seiner (sozio-) kulturellen Bedeutung allzu leicht „richtig einschätzen lässt". Auf jeden Fall haben wir es mit einem wichtigen, einflussreichen und allgegenwärtigen Industriezweig zu tun, der bisweilen gar als globales „freizeitbesetztes Weltsystem" bezeichnet wird (Ueli Gyr 2001). Das allein fordert bereits dazu auf, die Aus- und Nachwirkungen für die betroffenen Akteure, nämlich die Reisenden selbst, näher zu untersuchen – und zwar dringend und verbindlich, denn es sind eher die Ökologen und die immer jünger werdenden Klimaschützer, welche uns seit Jahren vorführen, wie verantwortungsvolle Zivilisationskritik in Theorie und Praxis aussehen kann.

Wenn Sie das Thema neugierig gemacht hat und Sie Interesse verspüren, sich einmal Gedanken über die von Ihnen selbst erfahrenen Reisefolgen zu machen und mich daran partizipieren zu lassen, dann sind Sie herzlich eingeladen, den hier abgedruckten Fragebogen zu beantworten. In Erwartung Ihrer Antworten sage ich mit Nachdruck: Ganz herzlichen Dank!

Ihr Burkhart Lauterbach

Die Fragen beziehen sich auf *eine einzige, für Sie bedeutende, Urlaubsreise*, gleich, wann sie stattgefunden hat (Jahr, Jahreszeit)

Allgemeines:

- Welchen Beruf haben Sie, welches Alter, Geschlecht sowie welchen Familienstand
- und wo wohnen Sie?
- Was unternehmen Sie hauptsächlich in Ihrer Freizeit?
- Welche kulturellen Interessen haben Sie?
- Und welche Rolle spielt das Reisen in Ihrem Leben?

Vor der Reise

- Wann haben Sie die oben genannte, für Sie bedeutende, Urlaubsreise unternommen?
- Wohin ging die Reise? Und wie lange hat sie gedauert?
- Wie kamen Sie auf die Idee, genau dieses Reiseziel auszuwählen?
- Sind Sie im Laufe Ihres Lebens diesem Reiseziel bereits vor dieser Reise begegnet?
- Wo und wie ist das geschehen? (z.B. Elternhaus, Schule, Arbeitsplatz, Fotobände im elterlichen Bücherschrank, Fremdsprachen-Unterricht, Schüleraustausch, Produktwerbung, Spielfilme, Romanliteratur, Erzählungen anderer Menschen)
- Wie sind Sie mit den Eindrücken umgegangen? Was haben Sie dabei empfunden?

Während des Aufenthalts

- Welche Aktivitäten standen während Ihres Aufenthaltes im Vordergrund?
- Was hat Ihnen am besten gefallen?
- Mit wem haben Sie über Ihre Eindrücke an Ort und Stelle gesprochen?
- Inwieweit hatten Sie auch Kontakt mit Einheimischen?
- Wie haben Sie die Rückreise erlebt? Welche Stimmung hat überwogen?

Nach der Reise

- Welche Erinnerungen an die Reise haben Sie noch heute?
- Wie hat das „Danach" ausgeschaut, also die Zeit direkt nach der Reise-Rückkehr?
- Was haben Sie aus dem Urlaub nach Hause mitgebracht?
- Inwiefern hat die konkrete Reise eine außerordentliche Bedeutung für Sie (gehabt)?
- Wie halten Sie Ihre Reiseeindrücke fest?
- Wie vermitteln Sie diese, zurück in der Heimat? Wer sind die Adressat*innen?
- Was vermitteln Sie? Und warum?
- Welche Veränderungen bemerken Sie in Ihrem Alltagsleben zu Hause, die man als Folgen oder Auswirkungen der konkreten Reise betrachten könnte?
- Welche Bedeutung besitzt die Kommunikation über die Reise für Sie selbst?
- Würden Sie einen Satz sagen können wie zum Beispiel: Seit meiner Rückkehr aus dem Urlaub bin ich nicht mehr dieselbe / derselbe? Ist das positiv oder negativ?
- Und worauf würde sich dieser Satz konkret beziehen?
- Wie lange wirkt bei Ihnen die Urlaubs-Stimmung nach?
- Versuchen Sie, diese Urlaubs-Stimmung zuhause zu verlängern? Was unternehmen Sie, um dies zu erreichen?
- Abschlussfragen: Gibt es einen „Ort" (Stadt, Region, Land), der Ihnen besonders gut tut und wo Sie sich besonders gern aufhalten? Wodurch zeichnet sich dieser „Ort" für Sie aus?

Eingegangene Fragebögen

AA vom 01.10.2019
AB vom 01.10.2019
AC vom 04.10.2019
AD vom 04.10.2019
AE vom 15.10.2019
AF vom 14.10.2019
AG vom 09.10.2019
AH vom 09.10.2019
AI vom 09.10.2019
AJ vom 10.10.2019
AK vom 10.10.2019
AL vom 13.10.2019
AM vom 16.10.2019
AN vom 17.10.2019
AO vom 17.10.2019
AP vom 20.10.2019
AQ vom 24.10.2019
AR vom 26.10.2019
AS vom 30.10.2019
AT vom 08.11.2019
AU vom 03.10.2019 (Briefmail)
AV vom 01.10.2019 (Briefmail)
AW vom 23.10.2019 (Briefmail)
AX vom 15. und 19.11.2019
AY vom 21.11.2019
AZ vom 01.12.2019
BA vom 17.12.2019
BB vom 12.01.2020
BC vom 15.01.2020
BD vom 16.01.2020

Nachbemerkung

Ganz herzlich bedanke ich mich bei sämtlichen Damen und Herren, die sich an meiner schriftlichen Befragung aktiv beteiligt und / oder mich mit weiter führenden Ideen und Materialien versorgt sowie mit guter Laune beflügelt haben.

Burkhart Lauterbach, München, im August 2020